湛庐CHEERS

与最聪明的人共同进化

HERE COMES EVERYBODY

多样性红利

[美] 斯科特·佩奇 ◎ 著
(Scott Page)
贾拥民 ◎ 译

浙江教育出版社·杭州

广受欢迎的“模型思维课”主讲人

密歇根大学复杂性研究中心“掌门人”

圣塔菲研究所外聘研究员

The Difference

研究复杂性与多样性的专家

斯科特·佩奇于1985年获得密歇根大学安阿伯分校数学学士学位，1988年获得威斯康星大学麦迪逊分校数学硕士学位，1990年获得西北大学凯洛格商学院管理经济学硕士学位，1993年获得西北大学凯洛格商学院管理经济学和决策科学博士学位。

佩奇以对社会科学的多样性和复杂性的研究和建模而闻名。具体研究方向包括路径依赖、文化、集体智慧、适应和社会生活的计算模型。研究领域涉及多个学科，包括经济学、政治学、计算机科学、管理学、物理学、公共卫生、地理学、城市规划、工程学和历史学。

他曾多次在高中、大学、公司、非营利组织以及政府演讲，介绍他关于多样性和复杂性的研究。也曾经为国际货币基金组织、美国教育部、福特汽车公司、奔驰汽车公司等提供咨询。

佩奇获得了多项奖金，包括2002年的IGERT奖和2001—2006年的生物复杂性项目SLUCE奖，以及2013年的古根海姆奖(Guggenheim Fellowship)。他还曾多次获得加州理工学院、西北大学和密歇根大学颁发的杰出教学奖，这些大学对他多年来在复杂性和多样性方面的教学成果给予了高度认可。佩奇于2011年当选美国艺术与科学学院院士。

广受欢迎的“模型思维课”主讲人

密歇根大学校长玛丽·苏·科尔曼(Mary Sue Coleman)说：“我们的教师渴望与全世界分享他们的知识，我们的学生对于可以体验全新的教学方式也同样激动。”斯科特·佩奇对此也积极响应，他在Coursera平台上线了“模型思维课”，该课程包括一百多个视频和阅读资料。自课程上线以来，有超过5万名学生注册该课程，超过120万人次观看了课程视频，受到了来自世界各地学生的好评。

佩奇教授鼓励对课程好奇的人们注册学习，并亲身参与其中。他说："这是一个很好的机会，让我们的校友和想要就读密歇根大学的学生们体验一下什么是密歇根大学的教育方式。"

在这门课程里，佩奇讲授了理解和应用模型如何帮助人们做出更好的决策。有证据表明，具备模型思维的人要比没有这种思维的人更优秀，而且能够运用多种模型思考并解决问题的人要比只运用一种模型思考的人更优秀。

佩奇在课程里还着重介绍了几种模型，展示出多样性对创新的重要性。并具体讲解了拥有多样性视角、启发式的群体是怎么比个人表现更好的。

佩奇的课程引用大量的例子，内容生动有趣。他曾在模型思维课程里讲过一个观点：在离散状态马尔科夫（数学模型）过程中，如果把人生看成努力和不努力两个状态，只要状态转移矩阵确定了，长期来看，在每个状态下所停留的时间比例也就都确定了。如果人生的动力源泉是固定的，努力的百分比就是固定的，那么短期内努力或者不努力并不会有什么影响。也就是说，问题的根本不在于你的状态，而在于源动力！所以，在瓶颈期遇到困难实在不想努力的话，多去找一找自己的源动力，想想当初为什么出发。

密歇根大学复杂性研究中心“掌门人”
圣塔菲研究所外聘研究员

佩奇于2002—2009年担任密歇根大学复杂性研究中心副主任，于2010—2015年担任主任。复杂性研究中心成立于1999年，其创始成员是一个现已成为传奇的研究小组——巴赫小组（BACH Group）。巴赫小组始于20世纪80年代，成员包括来自不同学科的研究人员，他们都对各种复杂的适应性系统感兴趣。

巴赫小组最初的成员包括美国数学家亚瑟·伯克斯（Arthur Burks）、遗传算法之父约翰·霍兰德（John Holland）等人。美国进化生物学家威廉·汉密尔顿（William Hamilton）、认知科学家侯世达、认知科学家梅勒妮·米歇尔（Melanie Mitchell）也是巴赫小组的成员。现在，巴赫小组由政治学家罗伯特·阿克塞尔罗德（Bob Axelrod）、物理学家马克·纽曼（Mark Newman）、数学家和公共政策学家卡尔·西蒙（Carl Simon）和斯科特·佩奇等人组成。其中，马克·纽曼、卡尔·西蒙也是复杂性研究中心的成员。

佩奇于1999年被圣塔菲研究所聘为研究员，开始了在圣塔菲研究所十几年的研究生涯，主要研究方向依然是复杂性和多样性。

赞誉

万维钢 科学作家，“得到”APP《精英日课》专栏作者

畅销书的说法叫“群体的智慧”，老百姓的说法叫“三个臭皮匠顶个诸葛亮”。多样性决策为什么有好处，怎么才能避免陷入“乌合之众”的窘境，为什么把一群最优秀但是头脑相近的人放一起决策反而不好，这本书能给你最“硬”的答案。但群体决策还只是冰山一角，斯科特·佩奇最想说的是一个特别高级的思维方法：个人的多样性认知。你会发现，如果不掌握高级的思维方法，所谓“聪明”，只不过是一种肤浅的能力。

段永朝 苇草智酷创始合伙人，财讯传媒首席战略官

多样性无疑是一个“好词儿”，不过人们很难在这个好词儿上思考得更多、更深。佩奇教授的《多样性红利》一书，把这个好词儿，转换成了“好用的词儿”。打开这部精彩的著作，学会建构你的多样性工具箱，享受群体智慧带来的多样性红利吧！

狄增如 北京师范大学系统科学学院教授、院长

多样性广泛存在于自然与社会系统之中。斯科特·佩奇以他广博的多学科交叉研究基础和深邃的复杂性科学洞见，通过在复杂优化问题中群体认知多样性的作用，简洁而清晰地论证了“多样性优于能力”，为我们深刻认识和理解多样性打开了一扇科学的窗口。从更长远的时空演化长河来看，多样性不仅仅是解决复杂优化问题的利器，更是系统科可持续发展的保障。面对未来不确定的、不可预测的风险和挑战，只有多样性才能孕育适应和创新的种子，保证系统长期稳健的生存和发展。

张　江 北京师范大学系统科学学院教授，集智俱乐部创始人

在纽约的地铁车厢中，你能听到数种不同国家的语言；在北京的一家公司中，你的同事来自五湖四海。我们正在拥抱多样性，因为多样性不仅仅蕴藏着信息与秩序，还可以让组织和群体变得更有智慧。多则不同，世界因为多样性而复杂。

吕琳媛 电子科技大学教授，阿里巴巴复杂科学研究中心副主任

万物互联的网络时代充满着多样性和复杂性，斯科特·佩奇的《多样性红利》为我们提供了解决复杂问题的新思路和新方法，多样性浪潮将带来社会经济的历史性变革。

肯尼斯·阿罗 诺贝尔经济学奖得主

斯科特·佩奇在《多样性红利》这本书中告诉我们：无论是解决个人层面的难题，还是团队层面的难题，认知多样性都显得尤为重要。对致力于解决问题的团队来说，多样性比出众的才华重要得多。斯科特·佩奇的写作风格严谨又有趣，这是一本超赞的好书！

菲利普·泰洛克 著名心理学家，畅销书《超预测》作者

《多样性红利》充满了真知灼见和科学新发现，斯科特·佩奇让我景仰不已。

比尔·米勒 美盛资金管理公司董事长兼首席投资官

《多样性红利》这本书是一块很好的试金石，它告诉我们为什么多样性很重要以及如何带来更好的结果，如果你还没读过这本书的话，只不过是在谈论隐喻。买一本《多样性红利》，你就向“多样性专家”前进了一大步！

马克斯·巴泽曼 哈佛大学商学院工商管理教授，畅销书《哈佛谈判术》作者

《多样性红利》是一本非常棒的书！

《多样性红利》测试题

1. 下列选项中哪些属于多样性认知工具箱的框架？（多选题）

A 多样性视角　　B 多样性启发式

C 多样性解释　　D 多样性预测模型

2. 无论是在看待事物时，还是解释事物时，不同人之间通常都有一定的差别。我们将对事物进行“编码”的方式称为视角。正确的视角可以使问题变得更容易解决。下面请选择一组答案（X，Y，Z），使整个数列在逻辑上一致。（单选题）

序列 1：1　4　9　16　X　36

序列 2：1　2　3　5　Y　13

序列 3：1　2　6　Z　1 806

A 25，7，12　　B 25，11，22

C 25，8，32　　D 25，8，42

3. 启发式是一种用来寻找问题解决方案的有效思维工具。启发式告诉我们如何寻找解决方案。下列选项哪些属于启发式？（多选题）

A 反其道而行之　　B 像对手一样思考

C 遗传算法　　D 72 法则

4. 视角往往涉及很多维度，解释仅涉及某个视角下的几个维度，并忽略其他一些维度。假设我们选择用颜色、大小作为视角观察一群狗，会得到如下结果：

（颜色，大小）视角	狗的种类
（白色，小）	玩具贵宾犬
（黑色，中）	拉布拉多犬
（黑色，大）	纽芬兰犬
（褐色，小）	沙皮犬
（褐色，大）	獒犬

请问：如果我们关心哪种狗可以带上飞机，应该采用哪种维度的解释？（单选题）

A 颜色　B 玩具贵宾犬

C 大獒犬　D 大小

5. 一个预测模型能够告诉我们将会发生什么："这天，看起来好像要下雨了！"下列选项哪些是预测模型？（多选题）

A 回归模型　B 因子分析模型

C 基于主体的模型　D 系统动力学模型

6. 下列哪个选项是衡量智能的最好方法？（单选题）

A 智商　B 多元智能

C 三元智能　D 工具箱框架

7. 假设卡尔有 15 个工具，芭比有 14 个工具，现在二人都要用手里的这些工具进行五个一组的组合，请问：芭比工具组合数占卡尔工具组合数的百分比是多少？（单选题）

A 87%　　B 63%

C 52%　　D 43%

8. 多样性优于能力定理告诉我们：在一定条件下，由随机选出的问题解决者组成的团队，能够胜过由个体表现最好的问题解决者组成的团队。下列选项哪些属于这里所说的条件？（多选题）

A 问题难度大，仅靠某个人的力量找不到最优解

B 每个问题解决者都足够聪明

C 群体具有足够的多样性，任何一个非最佳方案，都会有人继续改进

D 群体规模要足够大

9. 下列哪个选项是多样性预测定理公式？（单选题）

A 群体误差 = 预测多样性—平均个体误差

B 群体误差=平均个体误差 + 预测多样性

C 平均个体误差=群体误差—预测多样性

D 群体误差=平均个体误差—预测多样性

10. 阿罗不可能定理是这样定义的：从个体偏好排序出发，如果允许所有可能的偏好，那么不存在完备的、可传递的群体偏好排序，群体偏好满足一致性、非相关备选方案独立性和非独裁性。请问，定义中的“完备”是什么意思？（单选题）

A 随便选出两个备选方案，有时可以相互比较，有时不可以相互比较

B 随便选出两个备选方案，可以相互比较的概率大于不可以相互比较的概率

C 任何两个备选方案都可以相互比较

D 任何两个备选方案都不可以相互比较

扫码获取“湛庐阅读”APP，
搜索“多样性红利”，
获取测试题答案及其他丰富内容。

珍娜，将我们永不停歇的人生中的一个站点献给你

从最早可追溯的宇宙演化到最新的文明成果，我们都能发现，同质向异质的转化就是进步所在。

——赫伯特·斯宾塞，《进步的法则与原因》

那个笨男孩拍手了，只因为其他人都拍手。

——理查德·雨果，“斯普尔金路球场的怪人”

> 唉，不要问“那是什么”，让我们快点去做客。
>
> ——艾略特

前言 多样性如何优于能力

1993年，我获得了第一份真正意义上的工作，在位于加利福尼亚州帕萨迪纳市的加州理工学院担任经济学助理教授。帕萨迪纳市因玫瑰花车大游行而闻名。我的住处距校园一个街区，离加州理工学院体育馆则有一个半街区。我每天都穿短裤上下班，即便在气温降低到15℃以下的那些日子里也是如此。我在那里度过了一段非常美好的时光，除了在一场圣安娜飓风中，被突然从空中降落下来的一片棕榈叶打中了头部之外。确实，加州理工学院为我提供了丰富的资源和自由探索的环境。

1995年冬天的一个夜晚，纯粹是为了好玩，我构建了一个计算机模型：当面对一个棘手的问题时，多个问题解决者（多个计算机程序）如何竞争协作？在加州理工学院，“好玩”的准确含义到底是什么，现在可以暂且不论；无论如何，加州理工学院那些“好玩”的东西在外人眼中是很难理解的，这一点应该没有什么疑问。在模型中，多样性指的是问题解决者对问题进行编码和寻找解决方案之间的差异。我将这些解决问题的方法称为“工具”。在进一步发掘这个模型的意义时，我偶然得到了一个反直觉的发现：由多种多样的问题解决者组成的小组，也就是拥有不同工具的小组，总是会优于清一色地由最好的、最聪明的问题解决者组成的小组。这就是说，如果组建了两个小组，第一个小组的成员是随机挑选出来的，因此是多样性的，第二个小组则是由“个人”表现最好的问题解决者组成，那么第一个小组几乎总是会完成得更加出色。在我的模型中，多样性优于能力。

事实证明，这个结果绝非空中楼阁。在我的好朋友兼合作者卢红的帮助下，我揭开了支撑这个发现的基本逻辑。在研究过程中，卢红和我提出了一个基本思想，也就是在解决问题时，多样性是一个非常强大的东西。当然，多样性并不是总能优于能力，但是它胜出的次数比所预期的要多得多。多样性拥有强大的力量，这不是一个全新的思想。进化生物学家把选择时的偶然性、多样性视为人类得以存在的原因。还有什么比这更强大呢？然而，我和卢红都非常清楚，重视人与人之间的多样性（思维方式的多样性、所拥有认知工具的多样性、观点和视角的多样性）的做法，在这个根据个人才能和成就来进行奖惩的社会中，绝对不是主流，但这是不应该的。进步取决于群体内部的多样性，就像取决于个人的智商高低一样。

多样性至少应该与能力相当，这种观点非常有力，但同时也伴随着非常大的争议。要想说服对此持怀疑态度的人，仅仅依靠罗列相关的趣闻轶事、运用隐喻手法、引用名家的只言片语是远远不够的。因此，本书将构建理论框架，通过模型推导进行分析。我将一步一个脚印地证明，多样性视角、启发式、解释和预测模型是如何提高解决问题、做出准确预测的群体能力的。运用逻辑推理的第一个优点，就是它能给出明确的条件：如果以下条件成立，那么这些结果也将成立。第二优点是，它能够使脑袋被一片“棕榈叶”击中的机会最大化，在这里，“棕榈叶”指概念化的思想。当然，使用模型和逻辑也有“成本”，它们会限制可以给出的结论，我们将被束缚在自己提出的假设上。而且，对模型的解读也要求你付出更多心力。

不过，不用担心，本书并不像你翻过之后就会以便宜的价格在地摊上出售的经济学教科书那么复杂繁难、枯燥乏味。事实上，本书非常有趣。

本书可以从很多个角度来阅读。部分内容与关于群体智慧的两本著作密切相关。第一本著作是美国著名作家、评论家霍华德·雷戈德（Howard Reingold）的《聪明的乌合之众》（*Smart Mobs*），它描述了最近涌现出来的“新新人类”群体是如何执行任务、解决问题的。[1]第二本书是詹姆斯·索罗维茨基（James Surowiecki）的《群体的智慧》（*The Wisdom of Crowds*），它证明群体可以做出准确的预测。[2]但是，这两本书所用的“群体”（crowd）和“乌合之众”（mob）两个词都是有一定误导性的，因为书中描述的直觉既适用于仅有 10 个成员的团队，也适用于有 1 000 个成员的团队。例如，董事会不是一群乌合之众，也不是一个普通的群体，但是它同样可以从多样性中受益。

在本书中，我还考虑了多样性的第三个优点：它使涌现出专家的可能性大为增加。如果扩大搜索人群的范围，那么显然我们更有机会找到一个能够解决问题或者取得重大突破的人。但是，现在所知的相对论，并非来自某群“乌合之众”，而是来自一位思想开放多元的就职于专利局的思想家。

这本书还包含了一些强调身份多样性合法及工具主义利益的观点。在很长一段时间里，我的研究论文和演讲都很少提及身份多样性。它们通常只考虑人们头脑内部的差异，而不考虑肤色、性别或种族的差异。然而，读者和听众执着地把认知多样性（在我们的头脑中我们是谁）与身份多样性（在我们的头脑之外我们是谁）联系起来。并且，向我提议在认知多样性与身份多样性之间建立联系的人往往来自企业。

不过，这一点并没有让我觉得大吃一惊。尽管企业界关心的一直是底线问题，当然几乎从来不会看到很多企业领导人高呼“一个团结的民族永远不会被打败”，但是在过去的几十年里，却有越来越多的企业领导人正在向着有利于多样性的方向前进。两个根本性的变化导致了这种方向性的转变：商业活动变得更加全球化了，因此企业领导人更多地意识到了种族多样性；工作实践也变得更加以团队为核心了，同质性的等级结构已经让位于多样性的团队。[3] 在这里，不妨引用一位企业高管的原话："看吧，公司每年都要花费数十亿美元去管理多样性的员工。这一点永远不会改变。"[4]

有些人却坚称"多样性是有益的"这种论断只是一句空话。是的，人们确实有理由这样怀疑。因为这种论断似乎只是建立在希翼和隐喻的基础上，这使它们容易被忽视。本书的目的就是为这些论断提供更加坚实的基础。身份多样性确实带来了益处，尽管并不是每一次、每一种情况下都能够带来益处，但确实在大多数情况下能够带来益处。[5]

本书还为更广泛的跨学科研究提供了一个逻辑框架。不同学科、不同工具和不同概念，合到一处究竟会变成什么样子？看完本书，你也许会有个概念。说到底，本书是对社会科学的一个贡献。社会科学家的工作就是增强知识的根基。

因此，本书的意义就在于，通过分析解决问题和做出预测的过程为社会科学做出贡献，这个过程经常被社会科学家忽视，或者说它只是一个"黑匣子"。这样说是什么意思呢？以下两个例子有助于阐明我的思想。首先，在社会科学领域，大多数模型都基本上不对解决问题（例如，治疗某种疾病）、预测（例如，预估下一次选举的结果）和信息集结（例如，向多人打听以找到价格最低的杂货店）进行区分。尽管这些任务确实都是不同的，但是许多经济学家还是会回应道（这种回应也许是正确的）："这个嘛，这个嘛，其实，基本上都是信息集结。人们有不同的信息，当信息集结起来后，噪声就消失了。"其次，在政治科学领域，许多模型实际上假设信息是以信号的形式直接送到每个人家门口的。通常的故事情节是这样的：总统提出某项税收政策，某位选民第二天早上一觉醒来，在自己家门口发现了一张标语牌，上面写着"促使经济增长率提高到 3% 的新政策出台了……"。而且，每个选民都会得到一个专门针对他本人的独一无二的标语牌，一般来说这些标语是正确的。但是，为什么它们是正确的？这就是我要剖析的内容。

在本书下面的内容中，我将尽力整合来自不同领域的相关研究，为结论提供支持。只要有可能，我就会指出“聪明的乌合之众”“群体的智慧”、身份多样性、全球化和跨学科研究之间的联系。这样做不仅仅是为了让每个人都开心，而是因为，证明认知多样性如何提高预测市场绩效的逻辑，也同样可以证明身份多样性、经验多样性和职业多样性是如何提高一个团队的绩效的。对此，不妨引用演员丹·阿克罗伊德（Dan Ackroyd）在《周六夜现场》（*Saturday Night Live*）中的一句话：“它既可以当地板蜡用，也可以用来给甜点打顶。”

不过，在展开论述之前，还要先回过头去讨论一下“多样性优于能力”这个最初发现的包含若干含义的逻辑。这个逻辑是否意味着应该放弃精英主义？是否应该把贴在小型货车保险杠上的诸如“我的孩子是尼尔·阿姆斯特朗初中的优秀学生”此类的贴纸撕掉？是否应该让顶尖大学随机分配学位？当然不是。能力很重要，但是多样性也很重要。而且对两者之间的比较（更重要的是多样性还是能力）需要非常小心，这种比较类似于对一个苹果与一个水果篮进行比较。能力是个人财产，就像一个亮闪闪的苹果，一个人和一个苹果一样，仅凭自身是不可能有多样性的。多样性是一群人的财产，就像一个装了许多种水果的篮子。多样性和能力是互补的：单个水果越好，水果篮就越好；其他水果越好，单个水果也越好。因此，我们仍然可以像以前一样，无比自豪地将写着“我的孩子与众不同”这样的贴纸贴到汽车保险杠（任何有两个孩子的人都知道，确实如此）；而且，与此同时，在理想的情况下，我们的孩子将同时拥有个人能力和群体多样性。如果真是这样，那么他们能取得的成就将会使我们感到震惊。

总而言之，我们不应该对多样性持过于保守的态度，相反，应该采取积极进取的态度。应该把多样性看成是可以提高绩效的东西，而不是看成为了避免被起诉而不得不加以关注的东西。我们应该鼓励人们独辟蹊径地去思考。市场将会创造出一定的激励机制，不仅能够激励出色的能力，而且能够激励与众不同。不过，市场本身的激励机制可能会达不到适当的水平，我们还应该做更多的事情。

当然，多样性本身并不会神奇地转化为效益。本书给出的多样性会带来极大益处的这个结论是依赖于一些条件的。在这里暂时还用不着将这些条件一一详细列出，只要指出一点就足够了：多样性必须是相关的。例如，不能指望在一个医学研究团队中增加一位诗人就能够帮他们找到治疗普通感冒的有效方法。而且，在实践中，要想让内含多样性的团队发挥作用，团队中的所有人必须相处融洽。否则，他们之间的认知差异可能永远停留在断断续续、杂乱无章的想法和思路上。因此，多样性与其他任何东西一样（当然，“适度”除外），也有其局限性。

要想洞悉多样性并充分发挥其潜力，需要付出更大的努力。在多样性的领域里，现在已经充斥着太多引人入胜的轶事和隐喻，但是仅凭这些，我们无法继续深入。就像西班牙克米特乐队（Kermit）所唱的，“我们有了这么多关于彩虹的歌曲，但是彩虹桥的另一边究竟是什么，我们并不清楚”。我们更需要的是正式的定义、假设、假说和结论。我们需要关于彩虹的定理，需要构建起关于多样性的逻辑框架。本书所提供的正是逻辑，尽管不是整个体系，但是足以开始起步。

作为这个前言的结束部分，我将给出如下观察结论：作为个人，所能做到的就那么多，一个人的能力是有限的，脑袋里只有那么多神经元和轴突。但是作为群体，却没有这样的限制，我们拥有无与伦比的不同的思维能力。这些多样性是创新、进步和进一步理解的种子。

第 2 部分 多样性工具的价值

5 万名棋手跟卡斯帕罗夫对弈，并能行棋 62 步，这个例子就是“多样性优于能力”的最好证明。不过，前提是要满足 4 个条件。多样性预测定理告诉我们：在多样性存在的情况下，群体误差一定会小于平均个体误差。实际上，查理 · 芒格的投资决策，就是在多样性模型的基础上做出的。

第 3 部分 多样性总是好的吗

多样性偏好可以创造多样性视角、启发式、解释和预测模型。但在多维偏好情形下，偏好集结也会产生不太好的结果，比如：群体偏好可能根本不存在，投票过程有可能被操纵，等等。但总的来说，多样性是有益的。借助多样性，我们可以解决更多的难题，做出更准确的预测。

第 4 部分　认知多样性红利

证据表明：工具多样性确实能够创造出良好的群体绩效。拥有多样性认知工具箱的人，即便他们的基本偏好存在多样性，也能取得更好的结果。身份多样性群体的表现，往往也会胜过同质性群体。只要多样性个体组成的群体不相互争夺共同资源，也不拒绝沟通，认知多样性红利就会滚滚而来。

第 5 部分　实现“多样性优于能力”

“多样性优于能力”不仅仅是一个隐喻，我们已经科学地证明了多样性优于能力定理和多样性预测定理。这些理论完全可以应用于组建团队、招聘和招生。认知多样性的团队，最善于解决各类难题和预测未来。现在，让我们起航，用 12 个干法去实实在在地获取多样性红利吧。

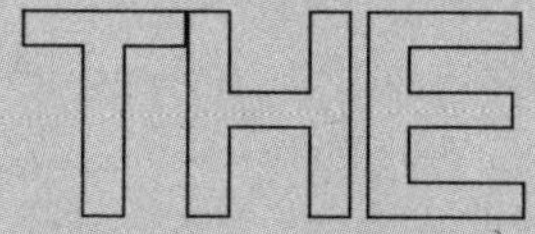

DIFFERENCE

引言

解剖多样性

你看，无线电报就是一只非常非常长的猫。你在纽约拉它的尾巴，它的头就会在洛杉矶喵喵叫。你懂吗？无线电的工作原理就是这样的：你在这里发送一个信号，他们在那边就可以接收到信号。唯一的区别是这儿没有猫。

——阿尔伯特·爱因斯坦

礼来公司的故事

2001年夏天，礼来公司（Eli Lilly）副总裁阿尔菲斯·宾厄姆（Alpheus Bingham，下文将称他为“阿尔夫”）专门为“寻求者”创办了一个网站。不过，这个网站不是为了给热衷于魁地奇球赛的那些青少年寻球手找到金色飞贼提供方便的，而是为各大型制药公司解决科学问题创造条件。制药公司要解决的科学问题千奇百怪，从去除金属杂质、评估乳腺癌风险，到如何检测有机化学物质发生的蒸汽，均在其内。寻求者在网站上公开发布他们的问题，并提供奖金，最高可达10万美元，以奖励成功的解决方案。任何人，只要愿意在这个网站上注册，都可以成为一名问题解决者。毫不意外，问题解决者的职业和身份也是形形色色，从来自远东地区的牙医，到来自美国中西部的物理学家，都能在这里见到。但只有实际负责这个网站运行的管理员才知道寻求者和问题解决者的身份。也就是说，这个网站的参与者双方是“双盲”的。

阿尔夫的网站名为“创新中心”（InnoCentive）。事实上，这个网站就是美国历史上狂野西部通缉告示的现代版。只不过，阿尔夫并没有把自己的告示钉在某棵大枯树上，而是发布在了互联网上。网站建好后，寻求者和问题解决者很快地聚集起来。到 2005 年，就已经有 8 万多名问题解决者在“创新中心”网站上注册了。他们来自 170 多个国家，涵盖了各门科学学科。当然最重要的是，他们已经证明了自己完成任务的能力。

一项关于“创新中心”网站的研究表明，问题解决者找到了接近 1/3 问题的解决方案。[1] 在这些问题中，有一小部分还需要实践检验，也就是说解决方案正确与否必须在实验室中证明。剩余问题中，有 40% 只需用铅笔和纸张给出解决方案就足够了。乍一看，1/3 的成功率似乎不算太高，但是千万不要忘记，在“创新中心”网站以悬赏方式发布问题的寻求者可不是某个七年级的学生，而是像宝洁这样的大公司（宝洁公司拥有 9 000 人的研发团队，每年的研发支出高达 20 亿美元）。因此，1/3 的成功率其实已经很不错了。

那么问题来了：既然像宝洁这样拥有庞大专用性资源的大公司都无法解决的事情，这些科学家个人和小团队又是怎么找到解决方案的呢？四位经济管理方面的学者卡里姆·拉哈尼（Karim Lakhani）、拉斯·博·杰佩森（Lars Bo Jeppesen）、彼得·洛斯（Peter Lohse）和吉尔·帕内塔（Jill Panetta）经研究发现，那些被成功解决的问题有一个特点：它们能够吸引多样性的问题解决者。如果一个问题吸引了一个物理化学家、一个分子生物学家和一个生物物理学家的关注，那么这个问题就会比只能吸引化学家的问题更有可能被成功解决。换句话说，“创新中心”的成功，源于它有效地利用了多样性。

需要注意的是，寻求者所要求的并不是信息多样性，因为他们可以通过搜索引擎网站来解决信息多样性的问题。他们所需要的是解决问题方式的多样性。思考一下这个“悬赏告示”。

THE DIFFERENCE 公告

"创新中心"公告第 3084200 号：减少化学蒸汽排放

发布日期：2005 年 11 月 04 日

截止日期：2005 年 12 月 07 日

奖金：5 000 美元

寻求者希望找到某个特定工业环境下减少化学气体排放的创造性思想。要解决这个问题，你不一定非得是一名化学家。最重要的是你作为科学家既有创造性、又勇于实践的精神。

因此，说到底，"创新中心"其实只是利用了一种新技术宏扬了一个旧观念，那就是，多样性的、有才华的人，更能解决问题。不过，在这里还必须更小心一些，以免过快得出结论。阿尔夫并没有去试图利用"群体的智慧"。他没有做任何类似于对某个群体"给出总评"这样的事情。他只是在"大海捞针"，或者说，只是试图发现能够解决问题或部分问题的某个人或某个团队。

因此，"创新中心"不同于英国著名密码破译组织布莱切利庄园（Bletchley Park）。在布莱切利庄园，所有成员一起工作，当然，他们的相处不一定和睦融洽，因为其中有些人有极强的个性。不过，有一点与"创新中心"类似，布莱切利庄园也有"广撒网"的想法。与"创新中心"不同的是，布莱切利庄园还想让所有不同的"鱼"游在一起。

要想搞清楚布莱切利庄园到底是怎样运行的，需要先了解一些背景知识。在第二次世界大战期间，英国政府在伦敦西北方的布莱切利庄园集中了 12 000 人，试图破解纳粹集团的恩尼格玛密码（Enigma code）。当时，纳粹集团将恩尼格玛密码机分发到各部队，这是一种非常小巧（比手工打字机还要小）的精密机器，能够创造出随机的密码，保障秘密通讯。破解密码成了盟军最优先的任务，因为通过密码通讯，纳粹集团能够协调陆上和海上的攻击，分配所需军用物资，协调远征世界各地的军事力量。德国海军特别擅长利用恩尼格玛密码展开攻击行动，他们平均每个月都要击沉大约 60 艘盟军供给船。

许多人都来到了布莱切利庄园，包括英国人、美国人、波兰人、澳大利亚人……他们在那里接受了当时人们认为适当的训练，学习破译密码的技术。在这些人中，有数学家（其中最著名的是艾伦·图灵）、工程师，当然还有密码学家。此外，还有更多的人在布莱切利庄园的"40 室"和"第 8 小队"等机密场所（读者可以想象一下 007 系列电影中为詹姆斯·邦德开发秘密武器的那些密室）被培养成了语言专家、道德哲学家、古典学家、古代史专家等，甚至是填字游戏专家。试着想象一下，布莱切利庄园日常戏剧性的一幕：

密码学家："快，我们需要一个由五个字母组成的德语单词，第二个字母是 o，整个单词的意思是'爆炸装置'！"

填字游戏专家："Bombe。B－o－m－b－e，bombe。"

语言学家："这个单词的发音是 BOM－bah！"

布莱切利庄园前后两次破解了恩尼格玛密码。丘吉尔把它比喻为"一只会下金蛋的鹅"。就像"创新中心"的问题解决者一样，这只"鹅"也是由许多不同的部分组成的。

不过，尽管这些例子非常令人着迷，但是它们其实并没有充分展现多样性的全部益处。是的，多样性不仅有助于解决问题，也可以帮助人们做出准确的预测。事实已经证明，尽管一群人中没有一个人算得上专家、没有一个人有能力独立地做出预测，但一大群人在一起却能够做出准确的预测。而且，这种成功不是偶然的，而是一贯的，在股票价格预测、彩票投注和信息市场上都能充分地体现出来，艾奥瓦电子市场（IEM）就是典型的例子。詹姆斯·索罗维茨基把这称为"群体的智慧"。

像布莱切利庄园所聚集起来的“聪明的乌合之众”、像索罗维茨基所描述的那种“群体的智慧”，其存在性都没有任何争议。没有群体智慧，分散的市场和民主国家就不可能有效运行。但是，我们至今仍然不完全理解这种群体成功的原因。我们倾向于认为这是一种能力，如果能够使个体更聪明，那就能使群体更聪明，而群体更聪明，团队就更有效率。这个逻辑当然没有问题（只需注意一些细节）。但是在这里将证明，如果让个体变得更具多样性，也会得到同样的效果：更好的团队，更聪明的群体。对其所包含的微妙逻辑的阐述，是本书接下来的主要内容。

多样性猜想

我们从“多样性猜想”入手分析。任何猜想首先都是一个猜测，不过，有的猜测永远都只是猜测，而不会变成猜想。

多样性猜想：多样性导致更好的结果。

如前所述，多样性猜想存在模糊性和不精确性。不过这已经是一个很好的出发点了。我们可以改进它，并确定相关条件，使它不再停留于猜想的层面上。这就是说，可以把它变成一个陈述条件。显然，这个猜想并不是普遍成立的。这也正是为什么要一步一步向前推进、逐渐界定清楚要讨论的各个术语的原因。在定义术语时，需要注意的是，在上述多样性猜想中，不但没有给“多样性”这个术语下定义，也没有给出会“产生更好的结果”的任务。

所以，我们先要做的就是定义多样性，并确定期望会因多样性而得益的任务类型。例如，如果深爱的亲人需要接受心脏外科手术，我们不会希望让屠夫、面包师或烛台制作师来给病人打开胸腔。我们更希望承担这项任务的是一个训练有素的心脏外科医生，这无疑是对的。但是在其他情况下，比如制定福利政策、设计物理实验、破解军事密码或者评估心脏病发作后的治疗方案，却都希望保证多样性。搞清楚多样性什么时候有益、为什么有益，就是本书的目的所在。因为多样性在很多情况下都与能力同样重要，尽管不是每次都这样，有时多样性甚至会优于能力。

本书将通过一系列简单的理论模型和概念框架来阐明多样性的益处。之所以要这样做，是因为简单的模型不仅可以为直觉提供强大的推动力，而且能够有效地澄清直觉。为了说明简单的模型所拥有的澄清思想的力量，不妨考虑下面这两个看似相互矛盾的说法："三个臭皮匠，顶个诸葛亮"，以及"厨子多了煮坏汤"。我们来构建一个"烹饪"模型。烹饪需要一份菜谱，菜谱通常会列出食材，并说明应该怎样将各种材料组合起来，变成佳肴。大多数菜谱都包括一个不可逆转的步骤说明：例如煨洋葱，直到其边缘出现棕色斑点，然后加入两茶匙辣椒。一般来说，烹饪和生活一样，是不能回过头去重来的。洋葱煮熟了，不能让它重新变生；汤加入辣椒了，不能让汤重新变得不辣。这些行动的不可逆转性意味着我们需要一个单一的行动步骤，一份单一的菜谱。同时按照多份菜谱煮汤，是不可能煮出好汤的（正如前述谚语所说）。

不过事实证明，厨师多其实并不是问题。大多数好餐馆都雇用了不止一名厨师，但是关键在于这些厨师只用一套菜谱。而且，一旦燃起了灶火，就需要有一个单一的计划，但在制订这个计划时，则需要大量的厨师。即便是电视名厨茱莉亚·蔡尔德（Julia Child）也不是单枪匹马上场的，她还有西蒙·贝克（Simone Beck）作助手。因此，在打开酒瓶的瓶塞、系上餐巾之前，充分利用多名厨师各自的专长可能会更好。

这个简单的例子足以说明谨慎且符合逻辑思维的价值。通过构建这个简单的以文字表述的模型，我们揭示了那条关于厨师谚语为真的一个条件，也就是不可逆转行为的存在。我们现在知道什么时候应该用这条谚语，什么时候应该引用"三个臭皮匠，顶个诸葛亮"。正如著名哲学家、作家艾茵·兰德（Ayn Rand）所指出的："矛盾其实是不存在的。每当你认为面临矛盾时，请检查你的前提假设。你会发现前提假设中的某一个是错的。"[2]

关于多样性好处的主要结果可能会令有些人觉得违反直觉。常识表明，能力应该比多样性更加重要。只有当我们像动手术的主刀心脏外科医生那样独自一人工作时，这种直觉才是对的。这种专心致志独自工作的工人形象虽然给美国画家诺曼·洛克威尔（Norman Rockwell）为《星期六晚邮报》(*Saturday Evening Post*)创作的封面插图提供了一个很好的主题，但是这种形象对现代经济表征的误导已经变得越来越严重了。

130年前，"老爸"英格尔斯（Pa Ingalls）只手擎天，独自一人就在莽莽荒野中开创了一个家园。①但是在今天，他的后代却生活在群体中，通过网络与其他人相互交往，绝大多数人也都是如此。每个人分别对更大、更复杂的任务做出自己的那部分贡献。例如，我们可能会修改大型计算机程序中的若干行代码，或者给电影剧本增加几句对话。我们将想法、建议和解决方案传递给拥有不同认知技能的其他人，然后大家一起加以改进。在布莱切利庄园完成的工作就是其中一个典型的例子。不过现在，"创新中心"这种类型的协作机会将越来越多。

本书的结构

本书内容是这样安排的：先是篇幅很长的两部分，然后是篇幅较短的三个部分。第1部分给出了一个理论框架，用于对多样性建模，我将这个框架称为**多样性工具箱**（diverse toolbox）。第2部分分析了多样性是否、何时以及如何产生更好的结果。第3部分讨论了因价值观不同而导致的问题。第4部分总结了多样性带来效益的相关经验证据，并加以解释。第5部分对团队、组织、市场和民主国家进行了简要而深入的回顾和评论。最后，在结语中，我试图进一步升华本书的结论，以探讨它们的哲学意蕴。

第1部分：多样性认知工具箱

在第1部分中，我剖析了"多样性猜想"的第一个组成部分，也就是多样性本身。

① "老爸"英格尔斯是美国著名儿童文学作家劳拉·英格尔斯·怀德（Laura Ingalls Wilder）创作的"小木屋"系列作品前两部《森林中的小木屋》(*Little House in the Big Woods*)和《草原上的小木屋》(*Little House on the Prairie*)的主人公，以劳拉的父亲为原型。书中描述了劳拉一家在大森林和大草原克服重重困难的经过。——译者注

如果不进行这样的“拆解”，就只能永远停留在流行的只言片语和含混的隐喻论证上，无法进一步深入讨论。除非先搞清楚多样性究竟是什么，否则就不能说多样性到底好不好。我认为，多样性就是认知差异。[3] 多样性包括如下四个正式框架。

THE DIFFERENCE 多样性框架

多样性视角（Diverse Perspectives）：对环境、条件和问题的不同表示方法

多样性启发式（Diverse Heuristics）：生成解决问题方案的不同方法

多样性解释（Diverse Interpretations）：对各种观点分类或区分的不同方法

多样性预测模型（Diverse Predictive Models）：推断因果关系的不同方法

第一个框架多样性视角刻画的是这样的思想：每个人的观点都可能不同。不那么严格地说，视角代表了某个问题的解决方案。当说每个人都有不同的视角时，意思是指他们发现或设想了一系列不同的可能性。

我们所知道的，是如何表示事物的方式。[4] 在此不妨举一个简单的例子，伊莎贝尔是安阿伯市的一个居民，她这样表示某个相对于她家的位置：“你要去金爵曼餐厅吗？只要从我家出发，沿着州街往前走，然后在一座大天主教堂前左转。”但是，伊莎贝尔的弟弟尼基却可能会利用关于城市街道的心智地图来表示同一个地点：“金爵曼餐厅位于金斯利街和底特律街的交叉处。”分析这两种视角，不难看出尼基更有能力告诉游客怎样从金爵曼餐厅到布朗家的小酒馆（安阿伯市的另一个“地标”）。伊莎贝尔可能还是会告诉游客，从她家出发应该怎么走。或者，像新英格兰人一样告诉游客，“从这里出发，你走不到那里”。视角为人们如何以不同的方式看待世界提供了一个框架。

第二个框架多样性启发式刻画的是人们用来解决问题的不同工具。启发式的范围非常广泛，既包括简单的经验法则，也包括非常复杂、非常专业的技术方法。前者的例子如：处理创伤时，“如果出血了，就绑紧绷带”；比赛中，“如果没有流血，

就没有犯规”。后者的例子如：傅里叶分析或小波变换。[5]启发式必须适用于对某个问题的某种特定表达，也就是某个特定的视角，所以我经常会讨论**视角－启发式**配合。同时，人们经常将若干个启发式组合起来运用，如果掌握了两个启发式，就能掌握第三个启发式，那第三个启发式就是前两个启发式的组合。而且，这些组合而成的启发式远比构成它们的单个启发式强大。

第三个框架多样性解释突出了人们对事件、结果和环境情况进行分类的不同类别。例如，对于公司的分类，一位财务分析师很可能会将公司按股权价值分类，而另一位财务分析师则可能按行业分类。美国的一个选民可能会根据参议员的意识形态立场对参议员进行分类，另一个选民则可能会根据他们所属的州进行分类。根据第一种分类方法，奥林匹亚·斯诺（Olympia Snowe）是一名共和党参议员；而根据第二种分类方法，她将被称为缅因州参议员。正式来说，解释创建了从一组备选项（它们组成了特定的“分类表”）到解释对象的多对一映射。而非正式说法则是，解释会把很多事物都归并到一起。

第四个框架多样性预测模型刻画的是对象或事件之间的因果关系。预测模型是理解世界的一种简化手段。当有人说，内布拉斯加州人是好人，或者说福特牌卡车特别耐用时，就已经将内布拉斯加州人分类到了“好人”这个类别中、把福特牌卡车分类到了“耐用的机器”这个类别中。预测模型可能因人而异：本·富兰克林认为“应该少吃奶酪和咸肉”，而阿特金斯博士却对这种观点不以为然。有趣的是，这两个人的书都非常畅销。

如果将视角、解释、启发式和预测模型结合起来，就创造出了一系列**认知工具箱**（cognitive toolboxes）。[6]这些认知工具箱提供了一种思考智能和能力的新思路。我们经常把人们视为拥有一定智能水平的人。智能是通过某种智商测试来测定的，智商的分数从零开始，一路向上。确实，智商这个指标给我们提供了一个方便的度量工具。但是它还远远不够。从一个度量工具，到一组工具箱，是一个重大转变。这不仅仅是隐喻的转变，这些工具箱改变了我们对智能的认识，也改变了对它们进行比较的方式。正如下文中将会看到的那样，在有了这些工具箱之后，能不能对人进行排序，将变成一件很值得怀疑的事情。

第2部分：多样性工具的价值

第2部分将阐明多样性如何为群体带来效益。当然，这并不是一个全新的思想，柏拉图在好几千年之前就已经这样说过了。而一百多年前，学者张伯伦（T. C. Chamberlain）也用科学语言陈述了这个观点。[7]那么，在今天，当说多样性会导致更好的结果时，到底是指什么意思？是指水利工程问题更好的解决方案吗？是指更准确的天气预报吗？是指更有利的政府福利政策吗？是的！是的！都是的！

在本书中，主要考虑以下两种类型的任务：**解决问题**（problem solving）和**预测**（prediction）。事实上，这些任务已经概括了大部分人的工作：生成一些备选方案，然后评估它们的概率。那么，谁去执行这些任务呢？执行者可能是工作小组，也可能是大型组织，甚至是整个社会。土木工程师组成的团队要计算水流的冲击力量并加以防范，这是在**解决问题**；金融分析师要讨论柯达公司股价的未来趋势，这是在进行**预测**；大学招聘委员会要决定哪个求职者可以成为本校的新员工，需要什么样的学者，也是在进行**预测**：这个人能够胜任研究工作吗？这既是在解决问题，也是在进行预测。

如果希望“收获”多样性红利，就必须建立起上述问题的逻辑关联，了解多样性得以产生效益的条件。我们不能在组建好各种各样的团队之后就撒手不管，然后坐等一个充满着冰激凌、小马、雪松木烤浸过黑松露油、白葡萄酒和三文鱼等好东西的乌托邦突然出现。但是，多样性确实有帮助。[8]

对于解决问题这类任务，关注的焦点是多样性视角和启发式发挥的作用。多样性视角能够大幅增加一群人可以找到解决方案的数量，因为它们能够在可能的解决方案之间建立起各种各样的联系。一个人眼中的一小步（例如，将我们的手套连上一根纱绳穿过我们的外套的袖子）在另一个人看来可能是一个巨大的飞跃。多样性启发式也可以产生类似的效果。给定一个解决方案，有了更多的启发式，问题解决者就有机会去探索更多潜在的改进方法。

对解决问题的分析最终得到了两个主要成果。首先，多样性优于同质性：拥有多样性视角和启发式的一群人能够优于依赖于同质视角和单一启发式的一群人。其次，在一定条件下，多样性优于能力：由智能问题解决者随机组成的集合优于由最好的单个问题解决者组成的同质集合。第二个结果的成立依赖于如下四个条件：问题困难条件、微积分条件、多样性条件、大群体规模条件。

接下来考虑预测任务。人们想预测的事情包罗万象：股票的价格、选举的获胜者、电影的票房收入、体育赛事的冠军、新产品的销售收入等。在进行预测时，人们必须依靠预测模型。汇总预测模型不同于汇总信息：在汇总信息时，某些人知道答案，而其他人则不知道。不完全信息模型在经济学和政治学中早就司空见惯了，但是那些模型依赖于某些信号。预测模型作为一个框架，提供了这些信号的合理来源，并在此过程中确立了认知多样性为民主和市场的顺利运行所发挥的核心作用。

在阐述预测的这一章中将给出两个主要结果：多样性和准确性对群体预测有效性的贡献是相同的，并且一个人群的群体预测必定至少与这个人群中每个人预期的平均结果一样好。这两个结果分别为“多样性预测定理”（Diversity Prediction Theorem）和“群体优于平均定理”（Crowds Beat Averages Law）。不应该认为只有预测能力才是最重要的东西（而预测的多样性是只能在边际上做出一点贡献的东西），能力和多样性同样重要。这个结果绝对不是一个政治声明，它是一个数学定理，就像毕达哥拉斯定理一样。在这一章中，还对一群普通人与专家、信息市场与民意调查的预测进行了比较。阐明了信息市场为准确性和多样性创造激励机制的方式，而且这种激励机制可以解释为什么信息市场比民意调查的预测更加准确。

第3部分：多样性总是好的吗

到目前为止，多样性带来的结果都是幸福和快乐。有人也许据此认为，多样性是一件美好的事情。但那只是因为忽略了不同的偏好，也就是说，所珍视的东西有所不同。偏好多样性与工具箱多样性是不一样的：偏好多样性有可能造成冲突，工具箱多样性不会造成冲突。也正是由于这个原因，几乎所有管理学书籍都强调要对某个共同的目标，也就是某种共同的基本偏好取得共识。如果人们不能就想要做成的事情达成一致意见，那么他们作为一个群体就无法发挥很好的作用。

共同的基本偏好不一定意味着完全一致，人们也可以拥有不同的工具偏好。他们对到达终点最好方式的看法可能是不同的。换句话说，对于目标、对于达成目标的手段，人们都可以有不同意见。工具偏好是对于手段的偏好，所以它们隐含了预测模型。我们喜欢或者不喜欢提高最低工资的政策，是因为认为这会帮助或伤害员工。对基本偏好和工具偏好的这种区分意味着，两个人可以就目的地达成一致意见，比如在芝加哥市的查理·特劳特餐厅享用一顿浪漫的晚餐，但是却无法就如何到达那里达成一致意见，是乘出租车，还是坐地铁？[9]

在研究偏好多样性所导致的潜在问题时得到的结果，其实最多只能起到“抛砖引玉”的作用，也就是，告诉人们，这里有非常值得关注的问题。在这个领域，第一个结果是阿罗不可能定理，定理指出，在给定的条件下，众多个体偏好无法集结为一个群体偏好。第二个结果是由著名经济学家查尔斯·普洛特（Charles Plott）证明的，他指出，在多数票决规则下，任何一个可选提案，都可能被其他某个可选提案击败。政治科学家理查德·麦凯尔维（Richard McKelvey）和诺曼·斯科菲尔德（Norman Schofield）证明的第三个结果则是，如果人们按真实意愿投票，那么多数票决规则下的一系列选择，有可能导致任何一种结果。第四个结果，也是最后一个结果，是由经济学家马克·萨特思韦特（Mark Satterthwaite）和哲学家艾伦·吉布德（Allan Gibbard）同时证明的：人们有动机虚假陈述自己的偏好。

不过幸运的是，只有当我们认为偏好多样性是根本原因的时候，上面这四个结果才会导致一幅暗淡画面的出现。事实上，在许多组织和社区中，所有成员都为了同一个目标而奋斗。在这种情况下，存在多样性的只是工具偏好。既然如此，我认为偏好多样性的负面影响还不算太糟糕。

在本书第 3 部分的最后，简要地分析了工具箱多样性与偏好多样性之间的相互作用。在分析过程中，又把前面几部分中得到的一些直觉结论反转了过来。我们在前面一直“吹嘘”多样性视角是一剂灵丹妙药，但是在这里，它们也有“黑暗”的一面，这会导致人们发现过多的可能选择。如果人们有不同的基本偏好，那么当他们有更多可能的选择时，就不太可能取得共识。不过从另一方面来看，不同的基本偏好虽然会在人们进行选择时引起很多问题，但却对解决问题非常有益。我们想要什么，也就是选择的视角，会影响看待问题的方式。因此，在解决问题方面，具有不同偏好的人群通常比偏好一致的人群更加成功。意见分歧不只会令团队内部纷争不断，有时也会使团队变得高效。[10]

第 4 部分：认知多样性红利

前三部分阐述了多样性的内在逻辑。已经解释了多样性是如何产生效益的。然而，很多人更关心“事实”，他们想知道内在逻辑是否有经验支持、相应理论是否符合事实证据，第 4 部分讨论了这个问题。我在这样做时仍然稍许有些不安。如果还不能肯定某个事物是如何运行的，那么要求找到相应的经验支持可能还为时过早。如果还不理解多样性怎样才能带来红利、为什么会带来红利，那么也许还没有真正认识到那些红利。举个例子，不妨想象一下，在知道原子包含巨大能量与建成核反应堆利用这种能量之间，存在着多大的距离。知道多样性有益处与利用多样性益处之间的距离与之类似，尽管可能更小一些。是的，红利可能就摆在那里，但是不知道如何利用它们。而如果做不到这一点，也就不应该期待支持性的经验证据。尽管有时候，也可能会想知道为什么生活在黑暗时代的人们不使用电灯。

第 4 部分提出了全书的三个核心结论：**第一，多样性视角和工具使人们找到了更多、更好的解决方案，从而提高了整体生产力；第二，多样性预测模型使人们能够准确地预测价值；第三，多样性基本偏好给决策过程造成了障碍。**

把整本书浓缩为上述三个结论，也就宽泛地勾勒出了全书的整体框架。有人可能会指责说，这样做相当于将自然主义绘画大师鲍勃·罗斯（Bob Ross）的画作处理得看上去像新印象派画家的作品。如果真是那样，我也愿意顺其自然。不管是着眼于国家、城市还是群体，大部分证据都证明了上述三个结论。[11] 尽管只是在有些地方证据很有力，而在其他地方比较薄弱。这也没有关系，因为本书并不完全依赖于此。这些证据只是让我们更加确信，本书的洞见确实适用于现实世界。

还有一些读者所认定的“房间里的大象”，也就是明明存在但是却被有意忽视的问题。这些问题涉及身份多样性，也就是存在种族、民族、性别和社会地位等方面的差异。这里可以重新表述这个问题：具有身份多样性的群体在解决问题和做出预测方面表现得更好吗？答案非常明确：是的！确实如此！但是，身份多样性只能间接地产生更好的结果。任何声称身份多样性创造群体利益的论断都需要两个环节：第一个环节将身份多样性与认知多样性联系起来，第二个环节则将不同的才能与相关的问题联系起来。所有公司的广告、大学的招生手册、机构的网站，都包含了可以称之为“多样性咒语”的内容：多样性身份带来多样性视角。[12] 然而奇怪的是，这个“咒语”对多样性视角会带来效益的猜想引而不发。也许，写这些小册子的人相信的确如此。

然而，可能也面临着过分强调身份多样性与认知多样性之间联系的风险。身份不同的人也可能有同样的想法；属于同一种族、年龄、性别、宗教和社会阶层的人也可能有不同的想法。2004 年美国总统大选时，在民主党提名竞争中一度领先的霍华德·迪恩（Howard Dean）与乔治·W. 布什（George W. Bush）一样，都是在富裕家庭中长大，在精英预科中学学习，然后就读于耶鲁大学（布什比迪恩早三年毕业）。然而，他们对这个世界的看法却截然不同。说到底，布莱切利庄园也不是一个彩虹集会。然而，这些群体在认知上确实是多样性的，尽管可能不及他们的身份那么多样性。

至于第二个环节，不应该指望更具多样性的团队在吃甜甜圈或拖地板时表现得更加优异。只有在面对合适任务的情况下，身份多样性才可能有助于得到更好的结果。比如说，正在设计一个建筑物的时候。如果任务并不涉及解决问题或做出正确预测，那么身份多样性就不会有太大的助益。比如说，正准备给一栋房子打个地基。

身份多样性人群的绩效是不是真的比身份同质性人群的绩效更高？如果仔细分析一下相关证据，就会发现无论在哪个层面上，结果都是不一定的。在国家层面，我们发现在发达经济体中，种族多样性是有益的；而在那些较贫穷的国家，种族多样性却会造成问题。在城市层面，也发现了类似的结果。多样性既有益处，也有坏处。认知多样性能够促进创新，偏好多样性则会引发争议。

在群体层面，我们发现结果更加混乱和令人不解。一系列细致的研究表明（这些研究为研究者赢得了不少奖项），多样性带来的效益并不大。甚至连需要多样性团队为不同客户推销产品这样一个结论也无法通过严格的论证。[13]之所以会出现这种结果的原因之一是，群体动力学可能会产生大量非常严重的问题。人们喜欢与自己喜欢的人在一起，而且倾向于以刻板印象评价他人。[14]另外，在针对群组层面进行研究时，可以更精确地检验身份效应，但是这种检验搞混的问题比澄清的问题还要多。例如，可以对 80% 成员是男性的团队和 75% 成员是女性的团队进行比较，也可以找一个几乎完全由 50 ~ 70 岁的男性组成的群体。

整体上看，群组层面的结果与国家和城市层面的结果相类似。如果管理得当，身份多样性也可以创造效益。前提条件是，身份多样性必须与认知多样性相关联，且对于任务的完成的确重要。

现在简要总结一下。种族、性别和族群当然都很重要。我们的经历也是如此：友谊、公路旅行、邂逅、煎饼早餐等结合成了我们的生活。教育和培训也会影响我们的认知工具箱。多样性有很多原因，这不是坏事。

第5部分：实践“多样性优于能力”

第5部分将逻辑进一步推向现实世界。也就是这一部分阐述了如何“主动展开攻势”，也就是，如何利用多样性来产生更好的结果。由于考虑到篇幅问题，在这里没有进一步深入展开。虽然所论述的都是一些初步的内容，但还是提供了一个有意义的出发点。考虑到多样性的强大力量，其他专家学者也会发现更多的应用领域。

这里给出的通常都是一般性的建议，很少是具体的操作指南。我会讨论，组织怎样才能更好地利用多样性、怎样才能将模型用于招聘和录取。有些建议是很直观的，例如，要从外界引入人才。但是其他一些建议则不是这样，例如，鼓励偏好多样性、避免过分归并（不要眉毛胡子一把抓）、仔细区分集结和妥协。最后一条建议是保持谦逊，接受多样性的令人不解之处。了解任何新思想的神秘根源，并取得重大突破是日积月累的过程，不可能一蹴而就。

~ ~ ~

在继续论述之前，暂且先停一下，将多样性红利放在三个更宽泛的情境中来考察。

首先是全球化。多样性的内在逻辑决定了，除了诱人的美食、迷人的音乐、令人惊叹的艺术之外，全球化还带来了许多其他潜在的益处。尽管，文化自觉意识确实可以防止我们在头脑发热时做出某些愚蠢的行为。[15]但是，多样性的内在逻辑表明，劳动全球化带来的益处远远超出了视野仅囿于当地的市场所带来的益处。拥有不同生活经历、接受不同训练、来自不同文化背景的人，可能会以不同的方式看待世界。而这种多样性视角对于解决问题或进行预测来说是非常有价值的。

其次，这种逻辑也可以且应该被视为对跨学科研究的支持。面对同样的问题，接受过不同学科训练的人自然会有不同的理解方式和解决问题的工具。工具多样性可能会带来某些在单一学科环境下本来不会发生的突破，或者说即使突破终究会发生，也肯定会慢得多。现在，许多大学管理层都是在推进跨学科研究。本书为他们提供了打破学科界限的逻辑依据。

最后，这种逻辑还可以用来为平权行动政策辩护。平权行动有多种政策表现形式，不过其本身的理据却已经随着时间的推移而转变了，至少从国家的角度看是如此。起初，平权行动的政策动机是希望纠正历史上和当下的歧视。在20世纪60年代之后，有人又把平权行动政策看作让社会重新团结起来的一种途径。例如，警察部门制定了种族构成目标，以便让警官的种族结构反映他们所服务社区的种族结构。学校也试图让教师的人口学特征与社区的人口统计结果相匹配，但是国家并不总是支持这类政策。

本书的逻辑可以用来为平权行动提供有用的支持。如果多样性确实能够产生效益，那么学校、企业和组织就应该致力于为弱势群体提供支持。这已经成为了最近一个时期以来国家决案的核心。[16] 不过，这种逻辑对基于种族构成的平权行动政策的支持程度取决于经验事实：身份多样性与认知多样性相关吗？或者会不会完全无关？

然而，并非所有倡导平权行动的积极分子都认同这种支持。有些人担心，它可能会成为一块色彩斑斓的“遮羞布”，掩盖了历史上不公正的现象和当前其他的歧视政策。[17] 本书有助于深入思考，什么时候可能会这样，而什么时候则肯定不会。是的，本书能够帮助我们从“无逻辑”中梳理出逻辑来。例如，在密歇根大学法学院招生政策一案中，美国最高法院大法官安东尼·斯卡利亚（Antonin Scalia）在他的反对意见中就声称，密歇根大学陷入了逻辑上的自相矛盾：一方面，密歇根大学希望建成一所“顶级”的法学院（这是法律意义上的“非常好”）；另一方面，它又想实现多样性目标。斯卡利亚法官认为，这两个事实是相互矛盾的。

然而其实并不是。多样性和“顶级”是可以携手并进的：一所伟大的法学院需要多样性视角、解释、启发式和预测模型，一所伟大的法学院肯定会因容纳了各种不同偏好的人而受益，法学院的学生喜欢辩论的程度甚至可能超过律师。所以，如果真的认为种族、性别、族群、身体能力、宗教信仰、性取向等方面的多样性是与认知多样性相关的，那么想要成为“顶级”法学院，就需要身份多样性。而且，即使是在歧视性政策消失很久之后，身份多样性也始终被需要。

需要注意的是，同样的逻辑并不一定适用于每一个行业。大学有着不同于公司的目标。尽管大学有时也会因“养老机构”的不良声誉而蒙羞，但是大学确实承担了研究、教育和服务的社会责任。在大学课堂上，学生和老师互相学习。而在一个雇用员工满世界推销产品的公司中，类似的思想交流则很少会发生。

~ ~ ~

在给出了必要的、引人入胜的例子，描述了背景和基本概念，分析了适用情境之后，现在终于可以转到本书最有意思的内容上来了，也就是理论框架和模型。在构建好框架和模型之后，就可以证明，在面对一个困难的任务时，无论是解决问题、预测未来，抑或是做出选择，我们会因将各种不同的人容纳进来而极为受益。尽管，在面临困难的挑战时，我们的直觉可能是考虑把最好、最聪明的人才聚集到一起，但这是一个不怎么好的方法。还需要关注这些人思想的多样性。“英雄所见略同”这句古老的谚语当然没有错，但正因为如此，才更需要多样性。

这里需要预先做一个“警告”：本书正文包含了一些数学内容。不过请放心，凡是有点难度的数学推理，已经全部被放到注释中去了。在编辑“大砍刀”之下的“幸存者”，相信你是不难理解的。如果你能理解“力等于质量乘以加速度”

（$F=ma$）和勾股定理（$a^2+b^2=c^2$）这个程度的方程式，那么你就完全不用担心了。[18]

当然，另一方面，在这里也要对那些更喜欢数学表达式的读者（我的同事）表示歉意，因为本书的文字表述对他们来说可能有些过于笼统了。书中的许多说法都可以更清晰、更准确地加以陈述。因此，如果想要更加深入地了解技术细节，请仔细阅读我和卢红、珍娜·贝德纳（Jenna Bednar）的相关学术论文，那些论文的语言更严谨，当然也显得更淡漠一些。[19]这些论文充斥着数学符号和严格的推导，与人们在一个持有数学学位的社会科学家的论文中应该会看到的完全一样。

丘吉尔把布莱切利公园称为“一只会下金蛋的鹅”。确实如此。终有一天，“创新中心”这样的机构也会成长为会下金蛋的鹅，它们下的金蛋，可能需要成千上万的卡车来运！我们当然可以这样畅想未来。但是，必须记住，尽管大脑的可塑性极强，可这毕竟首先是每个人自己的大脑。在群体的层面上，大脑的能力是没有止境的，但只能是当它们拥有不同的构造时才会如此。一只灯泡，即使放到爱迪生的头顶上，也不可能像一串五彩的灯泡那么光彩夺目、引人入胜。苹果公司的广告词已经提出了合理的建议：一定要做到“非同凡想”！是的，让我们于差异处听惊雷吧！

THE DIFFERENCE

第1部分

多样性认知工具箱

把多样性视角、启发式、解释和预测模型等方法归并到一起，就会形成认知工具箱。有时，把智能等同于智商，但认知能力很难用一个数字来衡量，三元智能和多元智能的概念也许更加全面。不过，只有当我们从工具箱的角度进行思考时，解决问题和预测未来才真正有了希望。

> 毫无疑问，需要整个社会的共同努力，才能提供我们所追寻的那种对称。斑驳的车轮，必须飞快地转动，才能在我们眼前呈现为白色。
>
> ——拉尔夫·沃尔多·爱默生，《论经验》

作为一本以多样性为主题的书，再没有比引用爱默生的名言更好的起笔方式了。爱默生是讨论多样性方面最伟大的思想家，他不仅仅鼓励多样性、为多样性欢呼，而且还敢于大声嘲笑那些头脑顽固、墨守成规的人，“愚蠢的一致性是小智小慧者的唬人伎俩”。当在礼堂的讲台上看着一大群人的时候，爱默生所看到的从来不是一群人，而是一群**个人**。在他眼里，每个人所思所想的内容、方式，都是有限的，更是多样性的。他认为，我们的经验、情感和认知模式，限制了看透整个世界的能力。他希望在理想的情况下，人们能够升华自己的经验、拓展自己的视野，达成个人的理解。爱默生写道：

> 生命就像一列情绪列车，每一节车厢就像一粒情绪之珠，或喜、或怒、或哀、或乐。而当我们穿行而过时，它们又分明变成了一连串色彩斑斓的透视镜，用各自的色彩将世界描绘得分外光怪陆离，同时每一个镜片所显示的又只不过是它焦点上的那一丁点儿东西。站在山上往四周看，你看见的还是

山。我们让自己所能做的事变得鲜活，我们只能看到这些变得鲜活的事情。无论是大自然，还是书籍，都只属于那些能看到它们的眼睛。一个人能不能发现夕阳或好诗之美，完全取决他自己的心情。每天都有日出日落，世间也随时都有天才诞生。但是，只有在那宁静恬淡的极少数时刻，我们才能欣赏自然的美景、品评天才的诗作。

上面这段话引自爱默生的《论经验》。爱默生认为，我们对世界的体验影响着对世界的看法。这当然是对的。但是这对我们要讨论的各种差异又意味着什么呢？要想回答这个问题，首先需要更好地理解这些差异。在下文中，会以“看山”为例，不过在这里将山称为“崎岖景观”（rugged landscape），并用这个术语来指称难题。不妨再次引用爱默生的一句话：“一个景观与另一个景观之间的差异也许很小，但是它们在观者眼中的差异却很大。”那些能够看到山水美景的观者，我们称他们为天才。尽管有人也许会质疑对天才的这种定义，甚至可能会质疑爱默生的贡献究竟有多大，但是不能否认，他确实看清了让许多人混淆、困惑的东西。因此，从他论述的基础上开始向前推进是合适的。而且，在前行的时候，还要提醒自己：要遵循他的忠告，不妨将脚步放慢点。

之所以放慢脚步，是为了实现一个特定的目的：搞清多样性的潜在效益。我们的目标是了解多样性在什么时候、怎样带来益处。我们试图超越隐喻并达成深刻的理解。最终，我们确实做到了，并将在下文陈述正式的结果。我们已经证明，在解决问题时，多样性是可以优于能力的；而在进行预测时，多样性与能力同等重要。不过，在给出这些正式的结论之前，需要先打好基础。

打个比方，思考这个数学定理：矩形的面积等于长与宽之积。只有明确界定“长”和“宽”的含义之后，这个数学结果才是有意义的，必须给出这些术语的定义。在本书中也是一样。为了证明多样性是有益的，必须先定义一系列术语和概念：**视角**、**启发式**、**解释**和**预测模型**。

给出了上述定义之后，就可以把这些用来刻画多样性的正式方法归并到一起，形成多样性认知工具箱。这也正是看待人能力的方式，也就是将人的能力视为他们拥有的工具的集合。然后，运用这个工具箱框架去探索，工具箱的多样性能不能、为什么、如何、何时会产生效益。不过，还得先暂且等一下。因为，首先必须了解这些工具本身到底是什么。

THE DIFFERENCE

01

多样性视角

那些法国人，他们对每一件事情都有不同的解释。

——史蒂夫·马丁

无论是在看待事物还是解释事物时，不同的人可能会有所不同。要不要支持某个政治家提出的福利政策改革建议？要不要购买一台新的滚筒洗衣机？要不要收藏一只古董陶瓷碗？每个人对于自己面对的问题，都会有不同的表现。每个人都以自己的方式看待事物。我们通常将人们对事物进行“编码”的方式称为**视角**。但是，真要问视角到底是什么，大多数人可能只有一个粗略的概念。本章将给视角一个正式的定义。不过，在此之前，作为例子，先分析一下一个非常著名的视角：元素周期表。

在元素周期表中，每个元素都有唯一的数字编号。这些数字能够将所有元素有条理地组织起来。这就是说，它们给出了一种结构。不妨将这种视角与氧、碳、铜等日常名称的视角比较一下。通常来说，我们都知道这些名称的含义是什么，例如，铜是一种较软的、导电的棕色金属。但是名称本身不会产生任何有意义的结构，它们只是名字。如果愿意的话，也可以将铜改称为“Kamisha”。

门捷列夫的元素周期表则给出了一个有意义的结构。要得到这样一个视角，需要付出艰苦的努力。为了探索元素的结构，门捷列夫为 63 种已知元素分别制作了一张卡片。每张卡片都代表了一个元素的信息，包括其化学性质和物理性质。然后，门捷列夫花了很多时间来研究和排列这些卡片，从而将他所要研究的问题转化成了一个有代表性的“拼图”。最终，门捷列夫将这些卡片钉在墙上，按照从最轻到最重的顺序，排成了7列，可以想象一下用图钉将纸牌钉在墙壁上的情景。当他完成了那张“拼图”之后，就看到了一个结构，但直到30年之后，随着原子量概念的引入，人们才完全理解了这个结构。在门捷列夫之前，人们认为原子量与元素的排列顺序是不相关的。科学家可以按照原子量大小，以从最轻到最重的顺序排列元素，也可以按字母顺序排列，或者按照它们名字的字母多少来排列，好像都没有什么关系。

由于当时还有一些元素没有被发现，门捷列夫的周期表上留下了一些空白位置。很快，新发现的元素就填补了这些空白。这样，门捷列夫把他拥有的信息转化成了“拼图碎片”，并说明了哪些是以往人们所遗漏的。[1] 与确定盐的化学成分这类问题不同，门捷列夫的“拼图”在物理学上没有可以类比的东西。他不是在寻找一个现有的结构，相反，他创造了一个结构。这个结构揭示了构成自身物质的秩序。门捷列夫的故事并不是独一无二的，我们可以在科学发展史上找到许多类似的故事，比如说哥白尼提出日心说、爱因斯坦提出相对论。在这些例子中，科学家们以不同于以往的方式看世界，例如爱因斯坦将时间和空间联系在了一起。这些新的方式使那些原本很模糊、很混乱或根本看不见的东西变得清晰起来了。

很多学科的学者都研究过“个人以及团队如何取得重大突破”这个问题。他们得出了一个相同的答案：不同的视角。正如科学哲学家斯蒂芬·图尔敏（Steven Toulmin）所指出的，“在物理科学中，所有重大发现的核心都是新表示方法的发现”。[2] 新的视角被图尔敏称为“新的表示方法”（novel methods of representation），这往往是带有隐喻性的。例如，典型的地震模型通常包括一些由弹簧连接起来的板块，以便利用数学进行严格分析。[3] 虽然知道多样性视角带来了突破，但是其具体来源却仍然笼罩在神秘的面纱中。必要的因素似乎是艰苦卓绝的努力，以及愿意认真看待被其他人忽视的事物，这也是一个经常重复出现的主题。但是不要忘记，相关的多样性往往很难实现，而不相关的多样性却是容易的。

现在可以给视角下一个正式的定义了。视角就是表示方法，用来给对象、事件或情况编码，使它们都有自己的独一无二的名称。不允许有两张椅子、两个人以相同的方式表示。对此，数学家称之为“一对一”映射或者双向映射。这是一个很有说服力的假设，也是一个很有必要的假设。通过视角分配给各个对象的名称，必须能够刻画对象的底层结构。如果不能做到这一点，那么视角就没有多大用处。

本章中将提出本书的第一个主要论点：**正确的视角可以使问题变得更容易解决**。从历史中已经看到，大多数科学突破和商业创新都是从某个人以不同的方式看问题开始的。疾病的细菌理论将一大堆难以理解的混乱数据转化为一系列连贯的事实。感谢亚当·斯密，我们现在都知道制针厂的故事以及它的高效。但是，许多人却未必知道，第一个制针厂本来是生产坚硬的钢刷子的。当有人意识到，可以将钢刷毛切断并制成针的时候，这家工厂就开始生产针了。多样性视角将一个个刷子视为一丛一丛的针，以不同的视角看待世界为创新提供了“种子”。[4]

让所有人各尽其能鼎力相助

这里先给出一些线索：为什么多样性的世界观有助于解决诸如破解恩尼格玛密码这样的问题。先来考虑一个与破解另一种形式密码有关的问题。本书第 2 部分考虑将多样性应用于解决问题、做出预测和进行选择时，也会用到这个例子。

一群科学家组成了一个团队，他们对一组对象进行了测量，结果发现对象 A 的数量等于对象 B 的数量，对象 C 的数量等于对象 D 的数量。现在暂且不用考虑 A、B、C、D 到底是什么。关键是可以利用这样一个事实做些什么？要怎样理解这样一个事实呢？先来看看不同学科会给这样一个事实戴上什么样的“学术帽”，再看看可以用它来做什么。

我们可以像几何学家那样去思考，想象那些字母分别代表矩形的一条边（见图 1-1）。如果将这个矩形的两条长边分别标记为 A 和 B、两条短边分别标记为 C 和 D，那么就可以利用矩形对边必定相等的性质。这样，就解释了我所发现的事实。当然，在这一步仍然不知道该如何处理这个矩形，但是我们已经有了一个想法：不管发现的是什么东西，它都可能是一个矩形。

或者，也可以假设我们是经济学家（见图 1-2），这样的话，可能会认为 A 是某种商品的供给量，B 则是需求量。或者也可以推断 A 是某种商品的价格，而 B 是其边际成本。也可以认为 A 是某种投入的价格，而 B 是其边际产品。在所有这些例子中，都有某种“力”使这些数量相等。

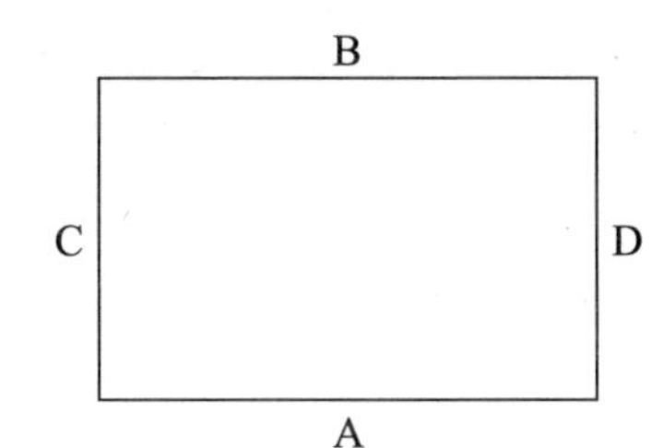

图 1-1　几何学家的视角

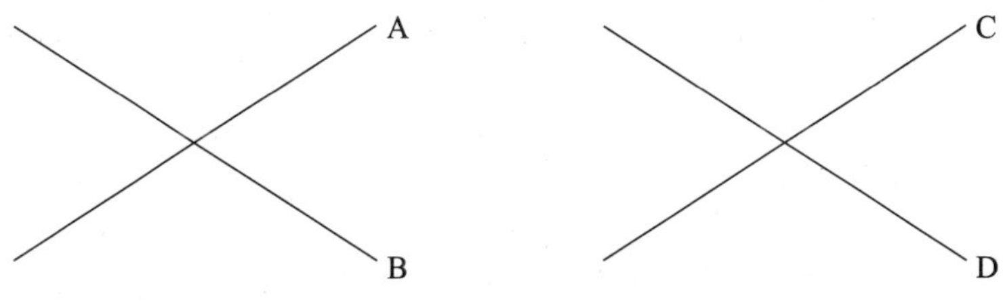

图 1-2　经济学家的视角

或者，也可以把自己想象为一名化学家（见图 1-3）。于是可以推测，某种化学反应产生的分子含有相等数量的 A 和 B 以及 C 和 D。

又或者，可以想象自己是物理学家（见图 1-4）。那么可以推论 A、B、C、D

是一些必须留存下来的属性，比如说既不能失去也不能获得的能量或者物质。

最后，还可以想象自己是戴着漂亮小眼镜的时装设计师（见图 1-5）。这样的话，可能会认为 A 是穿菱形花纹毛衣的人的数量，B 是穿蓝色牛仔裤的人的数量，C 是穿短裤的人的数量，D 是穿褪色 T 恤衫的人的数量。如果每个穿着毛衣的人都穿牛仔裤，穿着 T 恤的人都穿短裤，那么 A=B，且 C=D。

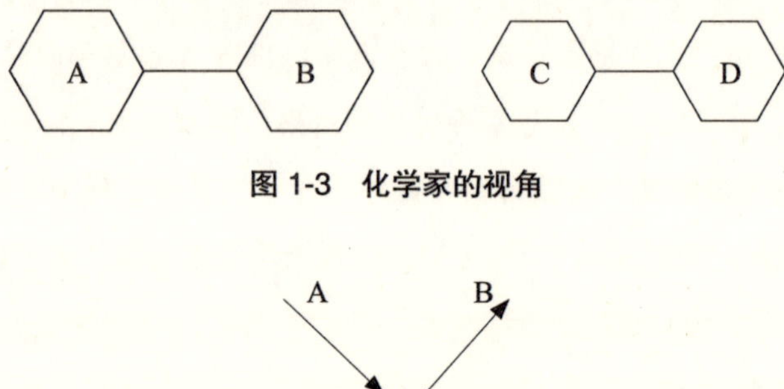

图 1-3　化学家的视角

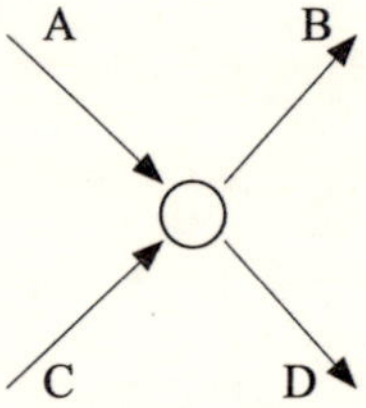

A　B
C　D

图 1-4　物理学家的视角

A　D
B　C

图 1-5　时装设计师的视角

所有上述可能的视角都嵌入了某种基于训练和经验的智能。而且，每一种看待问题的视角都只在某些情况下有用，在另一些情况下没有什么用。

为了进一步说明多样性视角的作用，再来看一个真实的故事：发现 DNA 结构的故事。著名分子生物学家、诺贝尔奖获得者弗朗西斯·克里克（Francis Crick）和詹姆斯·沃森（James Watson）两人在一起“拼凑”出 DNA 双螺旋结构的背后是长期辛苦的工作和许多的“死胡同”。要走出这些“死胡同”，需要他们对自己的问题提出新的视角。下文中将这种“死胡同”称为“局部最优点”，也就是那些在你进一步深入探索之前看上去相当不错的视角。有一个被许多人忽视的查格夫法则（Chargaff's rule），即一个细胞核含有相等数量的腺嘌呤（A）和胸腺嘧啶（T），以及相等数量的鸟嘌呤（G）和胞嘧啶（C）。化学视角是看待这些规则的"自然"方法，也就是认为它们是通过细胞中的某些化学反应等量生成的。但是有一天，克里克突然以时装设计师的视角来看待这个问题，他认为应该将腺嘌呤和胸腺嘧啶、鸟嘌呤和胞嘧啶分别配成对。这种配对在 DNA 的螺旋梯子中形成了"梯级"。现在回想起来，这种配对的思想似乎是很明显的。但是在当时，这是一个重要的突破。

克里克的配对思想最令人惊奇的一点并不在于它提供了解决方案，而在于它解决了第二个难题：配对揭示了 DNA 是如何成为生命基石的。为了说明这里面的工作机理，在这里利用时装设计师的视角，不过用长裤（T）代替蓝色牛仔裤（B），并假设所有褪色的 T 恤衫均为绿色（G），以便有适当的字母可用（A=T，以及 C=G ）。

现在试想一下：很多人排成了一个长队，其中一些人穿着毛衣和长裤，另一些人则穿着绿色的 T 恤衫和短裤。可以用一个由两个字母组成的代码来识别每一个人。AT 是一个穿着毛衣和长裤的人，而 GC 则是穿着绿色 T 恤衫和短裤的人。为了描述整队人所穿的服装，可以列出一个长长的列表：AT、AT、GC、GC、GC、AT、……但是这样做其实完全没有必要。根本不需要用两个字母来识别每一个人。如果知道一个人穿什么裤子，也就知道他穿什么上衣了，反之亦然。因此，只需要识别出每个人穿的其中一件衣服就足够了，可以通过逻辑推理来补上剩余的另一个字母。例如，根据单件服装清单 A、G、T、C、T、T、A、C 就可以推理出完整清单 AT、GC、AT、GC、AT、AT、AT、GC 所需的全部信息，因为毛衣始终与长裤配对，而绿色 T 恤衫则始终与短裤配对。

这也就解释了细胞是如何繁殖的，这似乎很难令人相信，但是事实确实就是如此。当双螺旋分裂开时，每一半都包含了足够的信息来重现失去的另一半。每个 A 可以与一个 T 配对，每个 C 可以与 G 配对……以此类推。单链 DNA 可以被认为是“半穿衣服”，不过幸运的是，细胞化学过程能够通过适当地匹配底部与顶部、顶部与底部来重建完整的双螺旋。

在今天，利用现代电子显微镜，任何一个人都可以揭开 DNA 结构的奥秘。但是克里克和沃森当年可没有现代电子显微镜。他们能够看到的只不过是英国物理化学家、晶体学家罗莎琳德·富兰克林（Rosalind Franklin）拍摄的一些相当模糊的照片。富兰克林没能分享诺贝尔奖，不是因为她是一名女性，而是因为她在克里克和沃森获奖的时候已经去世了。克里克和沃森的理论是一个不朽的科学成就，它需要多样性的思维。克里克和沃森两人都是白人男性科学家，但是从认知的角度来看，他们是多样性的。如果说一个人本身的认知也可以是多样性的，那么克里克就是这样一个人。克里克接受的学术训练涵盖了物理学、化学和生物学，尽管他在所有这些领域都没有获得过博士学位。沃森则拥有动物学博士学位，而且他是一个神童，很年轻时就成了鸟类学家，在研究病毒之后痴迷于 DNA。

如果克里克没有遇到沃森、沃森没有遇到克里克，DNA 结构这个难题能否解开？大多数人都认为不能。科学史家公认，勤奋工作和多样性的技能是沃森和克里克能够取得成功的原因所在。他们充分利用了两人多样性的知识和技能，他们两人共同取得的成就远远超过了两人分开时能够取得的成就。用美国著名思想家罗伯特·赖特（Robert Wright）的一句言简意赅的话来说吧：“这里是 1+1=12 的一个例子！”[5]

1+1 怎么会等于 12 呢？要理解这种奇妙的数学，需要更多的形式。这就是说，要开始进行构建框架和模型这个更难也更能令人满意的工作了。

什么是视角

现在开始详细考虑多样性视角框架。在这个框架中假设，各种各样的对象、情况、事件或解决方案组成了一个大集合，我们必须把这个集合表示出来。集合可能很大，它可以包含数以亿计的东西，但依然是有限的。[6]想一想星星、原子，以及所有大大小小的生物，我们面临的挑战是必须要把它们组织起来。为此，每个人都拥有一个用来描述这些对象、情况、事件或解决方案的“内部语言”。这个内部语言的形式可以是文字、数字或符号，也可以是完全抽象的东西。不同于口头语言或书面语言等外部语言，内部语言可以为同一个对象分配不同的词语。

那么，当说不同的人有不同的内部语言时，具体含义究竟是什么呢？为了说明这一点，在这里将认知科学家丹尼尔·丹尼特（Daniel Dennett）举过的一个例子稍稍改写一下。某个人可能会在自己的“内心中”用两条直角边的长度来表示一个直角三角形，而另一个人则可能会在自己的“内心中”用一个锐角及其两条边来表示同一个直角三角形。这两个人在讨论这个直角三角形时，只需要将它画出来就可以了，并不需要在二人的内部语言之间进行翻译。他们所要做的，就是把内部语言转化为现实。[7]

因此，当遇到某件东西、某个对象或事件时，我们用个人的内部语言来表达。作为类比，可以把产品上的UPC码想象为扫描仪的内部语言，超市里的每一件商品都有唯一的UPC码。这种映射来自现实，并用内部语言来对它进行编码，也就是视角。视角为每个对象都分配一个唯一的名称，数学家把它们称为一对一映射。每个对象、情况、问题或事件都是映射到人内部语言中唯一的词语。

虽然视角是用内部语言来表示解决方案的，但是从这里开始，视角既指对内部语言的映射，也指其表示本身。这种处理方法将使本书的内容更加容易理解，且相对轻松。当说两个人有不同的视角时，所指的是上述两个方面的其中之一。既可以指这两个人将现实以不同方式映射到相同的内部语言上，也可以指他们将现实映射到不同的内部语言上。无论哪种情况，

> **视角（perspectives）**
>
> **视角**是从现实到内部语言的映射，使每一个不同的对象、情况、问题或事件都被映射到一个唯一的词语。[8]

他们的视角都是不同的，而这正是本书的主要关注点。

大多数人在一生中领会的第一个视角是数学中的“进制”（base）。当说某条公路限速每小时 70 英里的时候，使用的是十进制。这样说的意思是每小时 7 个 10 英里。我的大儿子在上幼儿园，班上的老师也用进制的概念来教他们数学。要计算 7+5 等于几，老师会让一个孩子左手抓 5 根吸管，右手抓 7 根吸管，再让他先数出 10 根吸管，这 10 根吸管算一捆，绑在一起；然后将这一捆与剩下的 2 根吸管放到一起，从而得出“一个由 10 根吸管组成的捆与两个 1 根的吸管”或 12 根吸管的答案。或者，老师也可以采用八进制，要求孩子 8 根吸管一捆、8 根吸管一捆地进行计算，那么上述那个任务就变成“8 根吸管组成一捆，然后剩下 4 根吸管”，所以在采用八进制的时候，其答案等于 14。总之，吸管的数量可以根据任何一种进制来重新计算。如果采用四进制，那么答案是 30；而如果采用计算机科学家的语言，也就是二进制，那么答案是 1100。

虽然通常用十进制来思考问题，但并不是必须这样。十进制只是用来表示数字的多种视角之一。事实上，十进制的使用在历史上也算不上是一种普遍现象。玛雅人使用的是二十进制，这或许是因为他们的“脚趾意识”更高。[①] 更令人惊讶的是，有一些文化人类学家报告说，一个前英国殖民地直到今天仍然在使用十六进制，在他们那里，16 盎司等于 1 品脱（约为 454 千克）。

在学习数学的过程中，第二次碰到不同视角通常是在学习三角学这个几乎所有人都喜欢的学科时。在三角学中，空间中的一个点既可以用笛卡尔坐标表示，也可以用极坐标表示。笛卡尔坐标的形式是熟悉的 (x, y)；而在极坐标系中，一个点是通过角度 θ 以及该点与原点之间的距离（称为半径 r）来描述的。图 1-6 表明，笛卡尔坐标系中的点 $(x, y) = (2, 2)$，在极坐标系中为 $(r, \theta) = (2\sqrt{2}, \frac{\pi}{4})$。

① 玛雅人采用手指和脚趾合起来的计算方法，因此是二十进制。——编者注

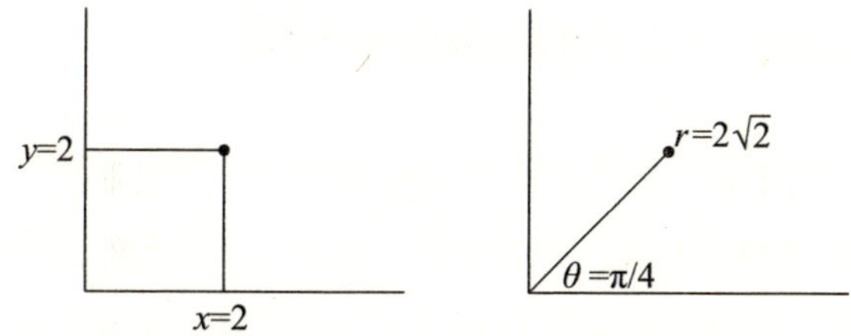

图 1-6　笛卡尔坐标（左）和极坐标（右）

当然，笛卡尔坐标和极坐标都是欧几里得空间中点的视角。这两种视角并没有优劣高下之分，尽管有些人声称“极坐标更酷一些”。笛卡尔坐标通过只标记长度和宽度简化了对矩形的描述，而用极坐标描述一个矩形却需要一个计算器、一张干净的草稿纸和一块橡皮。但是，当必须描述圆和弧时，极坐标就显示出它的威力了。圆是半径为某个固定值的所有点的集合。而要用笛卡尔坐标来描述一个圆，就不得不写出一个 x 和 y 的复杂函数来。因此，极坐标中的简单问题在笛卡尔坐标中可能会变得很困难，反之亦然。[9] 在下文中，还会不时返回到这第一个重要结论上来：视角的选择对问题的难易关系重大。

视角通常意味着施加了某种结构。例如，如果我们的内部语言对数字进行了分配，也就创建了一个完整的排序。1 是最小的数字，2 介于 1 与 3 之间……以此类推。完整的甚至部分的排序可以赋予语言强大的力量，它们可以大大简化被识别的问题。[10] 如果一种内部语言不能创造出结构，那么这种语言就与门捷列夫的元素周期表不同，它对于说明某种关系并没有帮助。例如，一个由诸如伊莎贝拉（Isabella）、罗兰（Rdand）、苏珊（Susan）和雨果（Hugo）等特殊名字组成的结构，即便把这些名字按字母顺序排列起来，也不能了解罗兰和苏珊之间的关系。他们可能是夫妻，也可能是父女。这就引出了一个关键结论：不能创造结构的内部语言对于解决或理解问题毫无帮助。要想具备功能性价值，视角必须嵌入有意义的关联，仅仅分配名字是不够的。

多样性视角的好处

为了更具体地说明一个视角是如何创造结构的，考虑一个本杰里公司（Ben & Jerry）的例子，它讲的是本杰里公司如何开发新口味自制冰激凌的故事。[11] 除了证明视角多样性可以带来效益这个结论（下文将对此展开论述）之外，这个例子还提供了拥有一家自己的冰激凌公司的益处的更多证据。假设，本杰里公司试图为"纽约超级巧克力软糖冰激凌"找到一个很好的新配方，为此，他们将各种口味的冰激凌杯排成了一个二维阵列。他们考虑的两个维度是巧克力软糖的数量和大小。有了这两个维度，就给这些冰激凌杯加上了一个可以理解和操纵的结构。

这个视角使他们能够以多种有意义的方式对不同的冰激凌口味进行比较和调整，可能需要更多更大的软糖。利用这个视角是可以做到这一点的，他们有一个可以利用的结构。如果只是给各种口味的冰激凌取好名字，比如"脆脆队长"或"纽约心情"，再把冰激凌随机地放在一张大桌子上，那么就只能随机搜寻，从而陷入盲人摸象的困境。但是，现在这样有了一个结构化的视角，就可以进行结构化搜索了。图 1-7 显示了本杰里公司的结构化视角，它有助于理解各种冰激凌的不同含义。

4,1	4,2	4,3	4,4
3,1	3,2	3,3	3,4
2,1	2,2	**2,3**	2,4
1,1	1,2	1,3	1,4

图 1-7　本杰里公司的视角：软糖的数量（单位：一打）以及软糖的大小（直径厘米数）

在这里，内部语言由代表巧克力软糖数量和大小的数字构成，这个视角将不同口味的冰激凌映射为数字。虽然很有用，但是也只是若干个视角中的一个，只不过本杰里公司恰好选择了这一个。为了说明另一个视角，假设本杰里公司聘请了一位名叫内莉的顾问，她根据每份冰激凌的热量（卡路里）来排列冰激凌杯（见图 1-8）。

250	252	255	256	258	262

图 1-8 内莉的视角（单位：卡路里）

这两个视角创造了不同冰激凌杯之间的一种独特的空间关系。可以把内莉的视角用本杰里公司的视角表示，方法是用软糖的数量和大小来代替每杯冰激凌所含的热量（见图 1-9）。

3,2	**2,3**	**4,1**	3,3	2,4	4,3

图 1-9 用软糖的数量和大小来表示内莉的视角（卡路里）

在内莉的视角中，含有两打直径 3 厘米软糖的冰激凌杯与含有四打直径 1 厘米软糖的冰激凌杯（在她的视角中以**粗体**显示）相邻。但是在本杰里公司的视角中，这两个冰激凌杯却相隔甚远（见图 1-10）。

4,1			
		2,3	

图 1-10 本杰里公司的视角（软糖的数量以及软糖的大小）

假设，本杰里公司选中了含有两打直径 3 厘米软糖的这种冰激凌，而内莉则认为含有四打直径 1 厘米软糖的冰激凌更好。再假设如果内莉选中的口味确实更好一些，那么对本杰里公司来说，这将成为一个认知上的飞跃，是他们高薪聘请的顾问凭借着自己高超的洞察力带来的。而且，这种巨大的飞跃要归功于视角创造出来的结构。但是，这对内莉来说却只是一小步。

内莉的视角带来了改进，但是这并不能与“天才”混为一谈。天才是像爱因斯坦那样能够把时间和空间联系起来提出相对论的人。内莉则只是考虑到了人们一般会计算食品热量的这个事实，这无疑是一个好主意，但算不上是一个极好的主意。甚至可以推测这个视角的起源。对内莉来说，热量是一个突出的因素。她的某些经验可能会导致她注意到热量，而不太重视软糖大小，比如说她的父亲曾参加过减肥活动。内莉也可能从她在食品行业中从业多年的经验中获得了这个视角，她的从业经验告诉她，热量会对口味有影响。无论如何，这给了她不同于本杰里公司的视角。诀窍就在这里。

当然，并不是所有多样性的视角都会有用。有人带来了一个不同的视角，并不意味着必定会带来更好的解决方案。为了看清楚这一点，不妨考虑另一个顾问汉娜的视角。假设汉娜根据咀嚼并咽下一勺冰激凌的平均时间来决定如何排列冰激凌杯。为了给收取高额咨询费找一个理由，汉娜可能会给这种属性取一个莫测高深的名字，比如“宜咀嚼性”（masticity）。但是，这个视角不会产生有意义的结构。它虽然是一个多样性的视角，但是并没有多大用处。当然，这样说并不意味着它永远只能是一个糟糕的视角。一位看过这个例子的食品行业顾问指出，早餐谷物的“宜咀嚼性”确实很重要。因为早餐谷物既不应该是糊状的，也不应该像树皮和树枝那样让人嚼不动。

本杰里公司的例子阐明了多样性视角对解决问题的益处。在策略性情境中，多样性视角也同样有效。制定策略的难度取决于策略的表现方式。为了说明这一点，考虑如下三个游戏。

三个游戏的启示

这些游戏都需要一定技巧，与国际象棋和围棋类似，尽管这三个游戏的竞技性不那么明确。与“糖果乐园”（Candy Land）或“滑道与梯子”（Chutes and Ladders）这样的儿童棋盘游戏或扑克、桥牌、五子棋等成年人的游戏不同，这里的三个游戏与运气无关。

游戏1称为“抢15”。它是由诺贝尔经济学奖获得者、计算机科学家赫伯特·西蒙（Herbert Simon）首创的。

THE DIFFERENCE **游戏1：“抢15”（Sum to Fifteen）**

游戏规则

游戏设置：将编号为1 ~ 9的9张牌放置在桌子上，正面朝上。

游戏顺序：随机选定一个玩家先拿牌，然后两个玩家交替拿牌。

游戏目标：拿到总和为15的3张牌的玩家获胜。

“抢15”这个游戏创造了两个相互矛盾的激励。玩家一方面要争取拿到总和为15的3张牌，同时还要尽力防止其他玩家拿到总和为15的3张牌。只要完整地玩过一次这个游戏，就会发现它包含了相当高的复杂性。

假设第一个玩家选择5，第二个玩家选择3。在这种情况下，第一个玩家不会接着选择7，因为5+ 3+ 7 = 15，3已经被第二个玩家选走了。假设第一个玩家第二张牌选择的是2，那么手上的牌现在总和为7，所以第二个玩家必须选择8，以防止第一个玩家获胜。现在第二个玩家手上的牌总和为11，而这意味着第一个玩家必须选择4。这张牌被选中后，游戏形势变成了下面的情况：

玩家1：持有2，4，5

玩家2：持有3，8

剩下的牌：1，6，7，9

表1-1给出了第一个玩家持有的牌、当前牌面总和，以及为了保证全部3张

牌的总和为 15 而必须拿到的第三张牌。例如，2 与 4 的和为 6，所以为了最后 3 张牌的总和为 15，第三张牌必须拿到 9。最后一列中加粗的数字是尚未选定的牌。

仔细观察一下表 1-1，不难发现第一个玩家会赢。如果第二个玩家选择 6，那么第一个玩家选择 9 就赢了。如果第二个玩家选择 9，那么第一个玩家就选择 6。那么第二个玩家就不可能选到可以令他赢的牌了。游戏结束。

表 1-1　第一个玩家持有的牌和他需要的牌

持有的牌	当前牌面总和	需要的牌
2，4	6	**9**
2，5	7	8
4，5	9	**6**

游戏 2 为取物游戏，这个游戏更加复杂一些。在这个游戏中，共有 9 个野餐篮，每个野餐篮都装着一组食物，且所装的食物组合不相同（见表 1-2）。这些食物包括：玉米片（N）、鸡蛋（E）、香肠（S）、水（W）、热狗（H）、醋（V）、柠檬（L）和葡萄干（R）。这个游戏的目标是抢到 3 个装了同一种食物的野餐篮。例如，如果任何一个玩家先拿到 3 个柠檬、3 包玉米片或者 3 个鸡蛋，那么这个玩家就获胜了。

THE DIFFERENCE

游戏 2：取物游戏（Unpacking Game）

游戏规则

游戏设置：将装有如表 1-2 所示的食物的 9 个篮子放在桌子上。

游戏顺序：随机选定一个玩家先选择取走一个篮子，然后两个玩家交替选择篮子。

游戏目标：先拿到 3 份同一种食物的玩家获胜。

表 1-2 取物游戏

篮子	所装的食物
1	H，W
2	S，E，R
3	N，V
4	N，E，L
5	H，V，L，R
6	S，W，L
7	S，V
8	N，W，R
9	H，E

为了保持行文简洁，这里不会把玩这个游戏的详细过程列出来，你可以自己去尝试一下。这个游戏相当复杂，对玩家的心算能力要求很高。像“抢 15”游戏一样，这个取物游戏中的玩家也必须做到“有攻有守，攻守平衡”。

游戏 3 是大家都比较熟悉的。在美国把它叫作“井字游戏”，但在英国（该游戏起源于几个世纪以前的英国），它被称为“画圈打叉”游戏（Noughts and Crosses）。井字游戏是一个相当简单的游戏，通常来说，一般人玩几次就没有什么兴致再玩下去了（见图 1-11）。

THE DIFFERENCE

游戏 3：井字游戏（Tic Tac Toe）

游戏规则

游戏设置：画好 3 × 3 的空格子，开始游戏（见图 1-11）。

游戏顺序：随机选定一个玩家，让他在一个空格子中画一个叉。另一个玩家在另一个空格子中画一个圈。两位玩家交替在空格子中画圈、画叉。

游戏目标：先把三个圈或三个叉连成一条直线的玩家获胜。

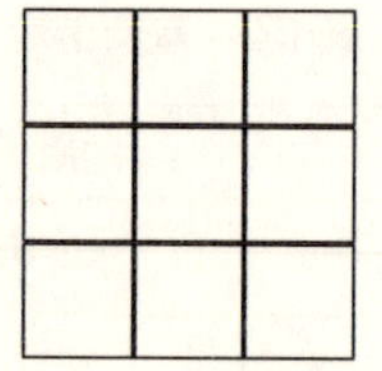

图 1-11　井字游戏

这里不会带着你玩一遍井字游戏。这实在是一个很简单的游戏。现在看看另两个游戏，它们是不是更具有挑战性？

假设有人说另两个游戏并不比井字游戏困难。你可能认为他们要么是数学家，要么是疯子，又或者两者兼是。但事实上，它们不但不比井字游戏难，而且它们本身就是井字游戏，但是这要从不同的视角来看。要想理解井字游戏和“抢15”游戏为什么是相同的，必须先了解有关幻方的知识。你可能会记得，这是数学课上讲过的内容。在一个幻方中，每一行和每一列的总和都是 15，两条对角线的和也是一样（见图 1-12）。在图 1-12 中，最上面一行：8+ 3+ 4 = 15；第二列：3+ 5+ 7 = 15。向上倾斜的对角线：6+ 5+ 4 = 15。每行、每列和对角线上和都是 15。

8	3	4
1	5	9
6	7	2

图 1-12　幻方

现在，在幻方上玩井字游戏。当玩家向幻方中的格子里放入一个圈或一个叉时，他们必须清除格子中的数字，这样一来也就使这个游戏变成了“抢 15”。为了说明这一点，重新考虑一下之前玩过的“抢 15”：第一个玩家选择了 5，在最中间的格子中放了一个叉，然后第二个玩家选择 3，在那个位置上画一个圈。接着，第一个玩家选择 2，第二个玩家选择 8。现在当第一个玩家选择 4 时，他可以通过两种方法赢得游戏，如图 1-13 所示。

O	O	×
1	×	9
6	7	×

图 1-13　幻方上的井字游戏

在“抢 15”中，第二个玩家第三次做出的选择似乎并不是那么糟糕。但是从井字游戏的角度看，它看上去却挺愚蠢。要证明“抢 15”和井字游戏是同一个游戏需要费点功夫。三个数字中有一个是 8 且三个数字之和为 15，这样的数字共有三组，即｛8，2，5｝、｛8，1，6｝和｛8，3，4｝。所有这些在幻方上的井字游戏中都是可能的。有数字 5 且和为 15 的三个数共有 4 组，它们全都存在于幻方当中。对于其余 7 个数字，也可以通过类似的方式来确定结果。

接下来再来看看取物游戏。可以把 9 个篮子看成井字游戏中的 9 个格子。每个格子的内容包含了该格子的各条路径。现在，N 表示北方路径，也就是顶行的三个格子，而不表示玉米片；E 表示东方路径，而不表示鸡蛋。类似地，我们可以定义南方路径 S、西方路径 W、中间水平路径 H、中间垂直路径 V，梯子（向上倾斜）路径 L 和斜坡（向下倾斜）路径 R。这样一来，如图 1-14 所示，取物游戏中的 8 种食品可以视为在井字游戏中获胜的 8 种方式。

N,W,R	N,V	N,E,L
H,W	H,V,L,R	H,E
S,W,L	S,V	S,E,R

图 1-14　取物游戏与井字游戏

如果把篮子的序号填入井字游戏的格子中，那么，也可以得到一个幻方（见图 1-15）。

8	3	4
1	5	9
6	7	2

图 1-15　幻方上的取物游戏

这个例子显示了多样性视角是如何发挥两种不同作用的。每一个能够化繁为简、化难为易的出众视角背后，都可能潜伏着许多个糟糕的观点，它们甚至可能会使我们对策略性情境的理解也变得含混不清。是的，多样性视角既可能简化问题，同时也可能让问题变得复杂。

这个例子也证明了保持思想开放、倾听新思维的价值。一个专注地玩着“抢15”的人，很可能会对其他人就幻方游戏和井字游戏发表的评论和意见视而不见。其他人可能知道玩游戏更好的方式，这些更好的方式需要新的视角。但是要构建新视角其实并不容易。

构建新视角

关于问题的新视角并不会凭空而来，需要经常利用其他视角来构建新视角。这部分内容，将分析这一点是如何做到的，并给出多样性超可加性（superodditivity）[①]的证据：为什么“1+1=12”。准确地说，5 个视角创造了 10 对视角。添加第六个视角就可以再“免费”多创造 5 对新视角。这些配对的视角可以帮助解决棘手的问题。在这里考虑的问题来自智能测试。空间智能测试和分析能力测试能够在一定程度上衡量生成视角的能力。因此，许多用于智商测试的标准问题都要求“按规律填入缺少的数字”。解决这些问题需要对给出的数字进行适当的编码，使其变得有意义。而这就需要找到一个视角，使数字序列变得有规律。考虑如下三个问题，它们都取自真实的智商测试。

---

① 超可加性，数学用语，在此表示叠加。——编者注

智商测试问题：将每个序列中的 X 替换一个数，使整个序列在逻辑上保持一致。

序列 1：1	4	9	16	X	36
序列 2：1	2	3	5	X	13
序列 3：1	2	6	X	1 806	

序列 1 最简单。这是一个平方数序列：1 的平方等于 1，2 的平方等于 4……以此类推，因此缺少的数字是 25。

序列 2 看上去似乎全是质数，其实不然，因为 1 不是质数。而且即使把 1 当成质数，那么由质数 1、2、3、5、7、11 和 13 构成的序列也要求在 5 与 13 之间填入两个数字。如果认为 X 等于 7，那么通常会被称为“错误的好答案”。

令序列 2 有意义的视角是，把每个数字看作它之后的两个数字之差。第一个数字等于第三个数字减去第二个数字，即 1 = 3 – 2，第二个数字等于第四个数字减去第三个数字，即 2 = 5 – 3，以此类推。因此，第五个数字减去第四个数字 5 后等于第三个数字 3，因此，缺少的数字是 8。数字 8 使整个序列变得有意义，因为 13 – 8 = 5。这个序列就是通常所称的斐波那契数列，它有许多很不错的属性，在许多数学课程中都会被讲授。

碰巧在高中数学课中学到过这个序列的人很可能在智商测试中碰到这个问题，因此会表现得“更聪明”一些。而从来没有见过这个序列的人们，则必须先构建出这样一个视角，才能得出正确的答案，因此会觉得这个问题比较困难。在面对压力的考试中，构建这种视角并非易事。

序列 3 是智商测试中最难的数学序列问题之一。它能够很好地将那些具有非常高的数学和逻辑能力的人与那些能力只是不错的人区分开来。在这个序列中，最后一个数字 1 806 似乎很不协调，它太大了。一个合乎逻辑的序列怎么可能一下子从 6 跳到 1 806 呢？可以通过将前两个序列的视角组合成一个新的视角来找到答案。在这样做的过程中，将看到认知工具的超可加性，也就是在现有工具的基础上构建更多的工具。回想一下，解决序列 1 需要把数字看成平方数。而使序列 2 有意义的视角则需要求出前后相继数字之间的差。这些视角都不适用于序列 3。但是，如果将它们组合起来，就能够揭示出序列 3 的规律。

先应用在序列 2 中使用的视角：看看数字之间的差是什么。前两个数字之间的差等于 1（$2-1=1$）。第二组两个数字之间的差是 4（$6-2=4$）。这表明了一种规律，而这正是用来解决序列 1 的视角：平方数。每个数字与它之后的数字的差等于它自己的平方：$1=2-1^2$，$2=6-2^2$。这个想法看起来很不错，但是真的能一下子达到 1 806 吗？确实如此。使用这个规则，下一个数字将是 42（$6=42-6^2$），42 后面的数字正是 1 806，$42=1\,806-42^2$，因为 $42^2=1\,764$。将前两个视角结合起来，就使序列 3 变得有意义了。

上述智能测试题隐含了这样一个假设：智能与创造新视角的能力之间存在着某种相关性。这也许不是一个坏假设。很多人都认为，如果一个人在学校里成绩很好，而且能够解决各种各样的问题，那么他就是一个相当“聪明”的人。成功完成这样的任务需要一个人拥有保留、生成和组合视角的能力。尽管高智商与运用和发展视角并不是同一回事，但是两者明显是相关的。稍后还要回过头来再讨论这一点。

解决上述任何一个排序问题，都依赖于能力、经验以及其他偶然性因素的某种适当的“混合”。所有这三个方面的影响在上面最后一个也是最难的问题中可以看得很清楚。著名作家道格拉斯·亚当斯（Douglas Adams）在他的经典著作《银河系漫游指南》（*The Hitchhiker's Guide to the Galaxy*）中声称，数字 42 是关于生命、宇宙、万物终极问题的答案。[12] 因此对于这道测试题，科幻作品爱好者显然可能比从未读过道格拉斯·亚当斯著作的人更加容易猜到 42 这个数字。而且喜欢数学的科幻爱好者甚至能够在插入 42 后的序列中一眼看出其中的规律，因为 $42-6=36$，这正是一个平方数。

在这些例子中，一旦规律被揭示出来了，问题就似乎变得相当容易了。这里存在着一个关于新颖有用视角的悖论。因为视角能让某个问题或某种情况变得有意义、能够将知识组织起来，所以事后看来这些通常都是十分明显的。谁不知道呢？力当然等于质量乘以加速度，地球当然围绕着太阳旋转，人类当然是从单细胞生物演化而来的，等等。甚至有人可能还会说，我们当然是由具有无数隐藏维度的极小的振动着的弦组成的。好吧，这个视角对普通人可能太难了，也许不是所有的视角都是显而易见的。

视角越多，找到全局高峰的机会越大

为了将这些想法变得更加正式，不妨先来回忆一下英国伟大诗人亚历山大·蒲柏（Alexander Pope）为牛顿撰写的那篇著名的墓志铭中的一个金句："自然与自然的法则都隐藏在茫茫黑暗之中；上帝说，让牛顿来！于是，一切变得光明。"

现在，把这句话隐含的意思扩展为一个更加普通的观点，那就是，人们如何看待问题的方式决定了这些问题的难度。牛顿清楚地看到了各种物理现象：他看到了白光是由所有颜色组成的；他看到了按轨道运行的星体是有引力的。神秘的面纱被揭开，困难也变得容易了。我们可以给出以下结论：

一个待解决问题的难度，取决于对它进行编码的视角。

这是什么意思？从形式上来说，这意味着可以通过对问题进行适当地编码，使它们变得更加容易。当然，也可以不适当地编码，使它们变得很难。为了更准确地阐明这一点，下面先介绍一下**"崎岖景观"**这个概念。

试想一下这个情形：想要生成一个关于某栋房子的视角，以便确定它的价格是否合理。我们在 2005 年秋天浏览了房产中介网站，了解了一下艾奥瓦州西布兰奇市在售的 14 栋房子的情况。这些房子的价格从最低的 88 500 美元到最高的 319 000 美元不等。可以构建一个"建筑面积视角"来考察这些房子的价格，把

14 栋房子按建筑面积从小到大排列起来，然后把它们的价格作为排列序号的纵坐标。1 号房子是最小的房子，2 号房子是次小的房子……以此类推，如图 1-16 所示。

可以把这个图形看作一个“景观”：海拔越高，房价越高。这个景观有几个**局部高峰**（local peak）。局部高峰对应着景观上的这样一个点：你从该点向任何方向移动，高度都会下降。是的，这个点确实是一座山的山峰。与局部高峰相对的是**全局高峰**（global peak），它对应着价格最高的那个点，即最高的山峰。例如，在地球上，华盛顿山是局部高峰，那是一个多风的地方，但珠穆朗玛峰才是全局高峰。

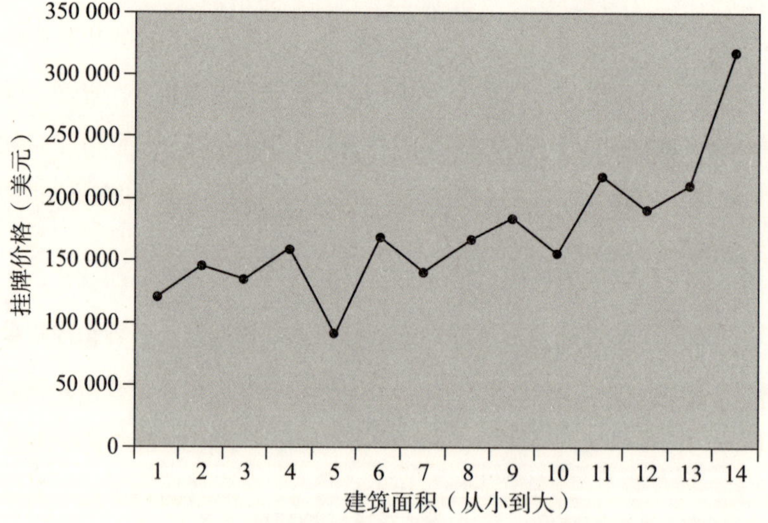

图 1-16　西布兰奇市的房价（建筑面积视角）

建筑面积视角想成为一个好视角的条件是，这个视角下的景观只有唯一一个局部高峰，并且它就是全局高峰。但是，正如在图 1-16 中所看到的那样，现在这个景观是相当“崎岖”的，存在好几个局部高峰。[13] 也就是说，这个视角并没有呈现一个像富士山那样优雅的、唯一的高峰，而是带来了很多起起伏伏的局部高峰。沿着它移动，就像在阿迪朗达克山上徒步旅行。存在多个局部高峰，也就意味着建筑面积视角没能很好地将房价信息组织起来。想找到一栋最便宜的房子（假设不能从网站上获得相关信息），如果使用建筑面积视角，那么可能会从最小的房子开始搜寻。如果观察次小的房子，会发现它价格更高。那么这时也许会认为，最小的那栋房子是最便宜的，但是事实并非如此。第五小的那栋房子才是最便宜的。因此，建筑面积视角在这里并没有帮助。

最好的视角是那种能够生成只包含一个高峰的视角，这就是说，用这种视角组织信息的方式，能够使一个明显的解决方案变得水落石出。对此，不难想象这样一种情景:一个徒步旅行者沿着一路上的各种闪烁标志（即数据点）不断向前走，直到登上山顶。但是如果使用在西布兰奇市找房子时所用的建筑面积视角，就出现了很多个局部高峰（准确地说有 5 个），这可能会使徒步旅行者陷入困境。或者，也可以想象一下，在前面举过的冰激凌例子中，将冰激凌杯按照第一位顾问的热量视角排列整齐，假设有一个人手里拿着一把勺子边走边品尝，直到吃到最美味的冰激凌为止，这似乎是一份挺不错的工作。借用著名英国诗人泰德·休斯（Ted Hughes）的华丽语言，将那个高峰称为“冰激凌之峰”，也就是说左右两边的冰激凌味道都比不上它。

对于西布兰奇市的那 14 栋房子，即使只考虑一维的视角，例如按照房子与道路的距离来排序，也可以构建 8 192 个不同的单峰视角。你可能会问，我们怎么知道有 8 192 个这样的视角？这里是利用一个关于可能数量的视角来得出这个数字的。诀窍在于：给每栋房子分配一个介于 1 ~ 14 之间的编号，只要能保证房子的编号随着价格而上涨就可以。于是，14 号房子的价格最高，而 1 号房子的价格最低。请注意，这是一种与上面的按建筑面积排序不同的编号方法。任何一个一维的视角都可以被认为是这 14 个数字的一个列表。如果某个视角生成了一个单峰景观，那么其列表中的房屋编号必定是从小逐渐增加到 14，然后又逐渐减少。例如，视角 1、4、5、6、9、11、14、13、12、10、8、7、3、2 是单峰景观；但是视角 1、2、3、4、13、5、6、7、8、9、14、12、11、10 却不是。后者在“13”那里出现了第二个山峰。每个不同的单峰景观都有一个唯一的、位于 14 号房子左边的子集。所以，要想计算出能够生成单峰景观的视角数量，只需要计算从 1 到 13 这几个数字的唯一子集数量，而这就等于 2^{13}。[14] 我们可以将这个逻辑推广到以任意数量为对象的更为普遍的情境中。[15]

因此，无论看待什么问题，相应的“富士山”都是存在的。事实上，还存在着许多“富士山”。可以把这一点总结为一个正式的结论，即**学者存在性定理**（Savant Existence Theorem）。[16]

THE DIFFERENCE 定理

学者存在性定理：

对于任何一个问题，都存在着许多能够创造“富士山”景观的视角。

这个定理与上面的例子很相似。根据所有解决方案的价值来排序，给它们编号，编号随着解决方案价值的增大而上升，最佳解决方案的编号最大，然后一路下降。这将创建一个富士山景观。这种方法看上去似乎让人难以置信。确实如此，要运用这种方法，需要先得知每种可能解决方案的价值。而如果掌握了所有这些信息，也就不需要任何一个视角了，只需直接选择价值最高的解决方案就行了。

不过，这并不意味着这个定理不重要。它非常重要。这个定理给了我们希望，它告诉我们，无论对于什么问题，总会有某个牛顿式的专家出现，把一切都弄清楚，并能在南达科他州的荒野上创造一座富士山。不过，对于某些问题，已有的视角并不好，而且可能永远都无法得到好的视角。我们在等待戈多。

学者存在性定理有一个很大的缺点：它带来的视角数量是极其巨大的。因此，可能找不到能够创造出富士山的那一个视角。再回过头去观察西布兰奇市的房地产市场，对房屋的排序不施加任何限制，也就是说，可以选择 14 栋房子中的任何一栋排在第一位，然后在其余的 13 栋房子中选择任何一栋排在第二位，以此类推，那么排序总数就等于 $14 \times 13 \times 12 \times 10 \times 9 \times 8 \times \cdots \times 1$ 所有这些数字相乘的积为 87 178 291 200。所以，有一个能够创造出富士山的视角，就有千百万个无法创造出富士山的视角。怎么办呢？

一般来说，N 个对象的一维视角数量等于 N 的阶乘，即 $N \times (N-1) \times (N-2) \times (N-3) \times \cdots \times 1$，以此类推，数学家将这记为 $N!$。与这个数字相比，能够创造“富士山”景观的视角的数量 2^{N-1} 就小得多了。这些计算似乎有点技术性，但是它们不是没有作用的。这表明，拥有一个独特的视角可能并不像有些人想象的那么难。对于房子，可以根据它们与道路的距离进行排序，也可以根据它们自己的编号进行排序，这两个视角都是独一无二的。这还表明，对于任何问题，许多视角都能使问题变得更加简单。它们可以创造出富士山景观，只需步步紧跟景观标记就可以到达山顶。

然而，相对于视角的总数来说，这种能够简化问题的视角并不算多。只有少数视角能够使问题变得简单，它们弥足珍贵。绝大多数视角都不能创造出有意义的结构。也正因为如此，发现这种能够创造出富士山景观视角的那些人很可能会被人们永远载入史册。共同拥有的视角越多，找到富士山的机会就越大。

喜忧参半的相同视角

到目前为止所讨论的这些内容的其中一个含义是，当人们以同样的方式看待问题时，就可能会全都被困在相同的解决方案中，也就是说如果用相同的视角来看待问题，就可能全都停留在同一个局部高峰上。正如在木杰里公司的例子中看到的那样，如果一个人以不同的方法考虑该公司的问题，那么这个人很可能会得到不同的局部最优点，也就是不同的局部高峰。因此，这个人可以帮助该公司摆脱困境。

你可能会问，除了缺乏想象力之外，还有什么其他原因导致不同的人却拥有同样的视角吗？人们也许会因为某个视角有用而共享它。乍一看，如果有人对某个问题有更好的视角，那么复制他的看法似乎也未尝没有道理。其实不然。复制更好的视角可能并不是一个好主意。这个结论有点违反常理。总的来说，即使某个人拥有很好的视角，但如果我们中的一些人继续使用不那么有效但多样性的视角，处境反而会更好。

持有共同视角的另一个原因在于，共同视角下可以实现快速和无差错的交流。美国行为经济学家科林·卡默勒（Colin Camerer）和卡内基梅隆大学教授罗伯托·韦伯（Roberto Weber）的一项实验研究表明，相互交往的动力会导致人们采取同样的视角，以同样的方式看待世界。[17] 在他们的实验中，两名被试会在计算机屏幕上看到关于一个商务会议的相同画面，不过，在其中一个被试的屏幕上，画面中有一个人是被指定好的，比如说一个穿着绿色衬衫的男人。这位被试发送一条消息给另一个被试，后者必须在那个被指定的人身上最少点击一次，每一次当第二个被试正确地点击了画面中的指定人物时，两个被试就都会得到一笔小额现金的奖励。实验中，被试要在给定的时间内尽可能多地点中正确的那个人，从而尽可能地多赚一些钱。

正如你们所料，被试很快就发展出了一种“情境化语言”，这种语言虽然粗糙，但是却能够帮助他们快速而准确地确定屏幕中的人。比如，穿绿色衬衫的男人被他们用“鳄鱼”来指代，而嘴唇上有颗美人痣的高个女子则被他们视为超模辛迪·克劳福德（Cindy Crawford），等等。相互配对的每一组被试都发展出了自己独特的语言。

随后，卡默勒和韦伯要求被试交换配对，这马上造成了混乱。新配对的被试的成功率不如原来的配对，事实上，成功率下降得太多了。当一个被试向对方传达了“鳄鱼”这个消息时，他的新伙伴觉得困惑不解。“绿色鳄鱼”也没有太大的帮助。当然，如果说的是“穿绿色衬衫的那个50来岁的金发男子！你这个笨蛋！”

这样的消息，还是有效的，但是这也太花费时间了。尽管这些视角是他们自己在几分钟之前刚刚提出来的，但是此时已经不再具备突显性了。

类似的情况同样出现在商界、学界和政界。回想一下本章开头引用的史蒂夫·马丁的那句话。营销人员、工程师、会计师、物理学家、社会学家和生物学家也可能会这样。我们都在说“行话”。虽然可能没有意识到这一点，但是确实在这样做。我们经常试图走捷径来进行沟通，其中一个方法是采用大量的首字母缩略词。首字母缩略词实在太多了，以至于那些参加本专业之外研讨会的人很难听得懂别人在说些什么。而且，很多首字母缩略词是重叠的，这让理解变得更加困难。例如，缩写词“ABM”既表示“基于活动的管理”（activity-based management）“基于主体的模型”（agent-based models），也表示“反弹道导弹”（anti-ballistic missiles），甚至还表示“母乳喂养协会”（Association of Breastfeeding Mothers）……这导致许多人更赞成使用“AFC”，但“AFC”本身又是“不使用缩略词进行沟通”的首字母缩略词。

虽然很多共同的视角是因为模仿和交流的需要而出现的，但是这种情况也经常因为效率低的原因而出现。人是社交动物，也是缺乏安全感的动物。有的时候，某个团队的成员可能会被某个共同的视角所限制，因为他们觉得自己与其他人以同样的方式去思考世界时更加舒服。这些共同的视角可能是群体迷思（groupthink）的一种形式。[18]群体迷思的逻辑依赖于“随大流”的愿望。在一个团队中，如果大多数人都以某种方式去思考问题，他们经常会强迫别人也要以这样的方式思考。他们所坚持的也许是一个好的视角，如果是那样的话，那么这个团队的绩效将会相当好。群体迷思也并不是坏事。但是，这也可能造成团队中每个人都采取了一个无效的视角，导致这个团队做出错误的决定。无论如何，就这项研究而言，最重要的是，不管是好是坏，群体迷思都会减少视角的多样性，并扼杀群体寻找更好解决方案的群体能力。[19]

好视角可以化难为简

在本章中，已经搞清楚了视角是怎样把知识组织起来的。正确的视角可以使一个困难的问题变得很简单。因此，我们把清晰的视角与天才联系在了一起。清晰的视角可以使混沌不明的东西变得清澈透明。视角也会带来超可加性效应：它们可以组合起来形成更多的视角。

因此，如果希望继续创新、得到新的认识，那么就必须鼓励新的、多样性视角的涌现。应该邀请物理学家加入化学系、心理学家加入经济系、政治学家加入商学院。应该邀请工程师参加营销会议、邀请营销人员参加研发会议。在组建委员会和工作团队时，要选择来自不同背景、不同身份的多样性人才。如果做不到这一点，视角就会变得封闭，那样的话，就等于把潜在的专家关在门外了。

当然，有太多不同的视角是没有用的。它们会制造出崎岖景观，而不能带来富士山景观。我们无法保证让不同的人加入进来，就能把“抢 15”变成“井字游戏”。一个新的视角也可能把“井字游戏”转换成“取物游戏”。在面对失败时，爱迪生曾经乐观地表示：“我们现在知道有 1 000 种制造不出灯泡的方法。”爱迪生认为，这种失败是值得承担的成本。因此，如果偶然发现了一个看待问题的好视角，那么也应该引以为豪。

本章将重点放在了新视角的实际效益上：更科学的认识、工程上的突破、组织知识的新方法，等等。虽然这些都非常值得关注和赞赏，但是还是不能忽视不同视角带来的审美快乐。当看到元素周期表和元素的结构时，甚至当看到了“抢 15”如何变成相似的“井字游戏”时，我们都会有非常愉悦的感受。

THE

DIFFERENCE

02

多样性启发式

我们当然会遇上各种各样的问题，这毫不奇怪。好在未来还有千千万万年。我们的责任是学到所能学的、做到所能做的，探索更好的解决方法，然后一代一代地传下去。

——理查德·费曼，《你何必在乎别人想什么？》

在美剧《宋飞正传》（*Seinfeld*）中有一个经典情节是，杰瑞·宋飞（Jerry Seinfeld）的“倒霉蛋朋友”乔治·科斯坦萨（George Costanza）认识到，自己在生活中做出的每个决定都是错误的：应该向左走的时候，却向右走了；应该选择开门的时候，却关上了门；当他应该一走了之的时候，却留下来了；当他本该留下来坚守的时候，却溜之大吉了。多次试错后，乔治终于顿悟了，他应该反其道而行之，做与认知相反的事情。如果脑子里的规矩告诉他要善良，那就应该粗鲁；如果大脑告诉他要早点到，那就应该迟点到；如果规矩告诉他可以随便穿着，那就应该穿得正式一些。在那一季快结束的时候，乔治已经“重生”了。他找到了一个女朋友，还拥有了一份在纽约洋基队的正式工作。

乔治这个“反其道而行之”的方法就是一个启发式。启发式是一种用来寻找解决问题方案的有效思维工具。在耶鲁大学管理学院教授巴里·奈尔巴夫（Barry Nalebuff）与伊恩·艾瑞斯（Ian Ayres）看来，“反其道而行之”这个启发式确实是寻找创新解决方案的一种有效方法。他们举例子说：如果有 900 个电话号码是由你付费打给他们，为什么不能有 9 个电话号码是他们付费打给你？[1]

启发式是在视角范围内应用的。给定一个视角，启发式可以告诉我们去哪里寻找新的解决方案或采取什么行动。作为一种思维方法，启发式的复杂程度可高可低，而且可能是对不同情况即刻的、早期的反应。启发式可以是经验法则，例如“反其道而行之”或“像对手一样思考”。这种经验法则型启发式虽然简单，但是威力却可能很强大。正如著名社会心理学家格尔德·吉仁泽（Gert Gigerenzer）所言，只要在逻辑上一致，它们就可以“让我们变得更聪明”。[2]

当然，启发式也不一定都是简单的。它们可以是很复杂的计算搜索算法，如模拟退火算法（将在下文中进行详细描述），或是复杂的数学技术，如牛顿法。学术界和商界人士通常会针对他们所面对的问题制定适当的启发式。[3]这类启发式可能是基于模式匹配的。以建筑师克里斯托弗·亚历山大（Christopher Alexander）提出的设计建筑时要遵循的一系列模式为例。[4]亚历山大的模式利用了能够改善房间或建筑空间功能的某些特征，这是他从经验中总结出来的，它们构成了有效空间的构件。

例如，其中一种模式是“要有不同的椅子”，因为人们更喜欢有不止一种椅子的房间。另一种模式要求南北通透，因为在两面都有自然光进来的房间里，感觉最舒适。如果光线只能从一面进入，那么由此产生的黑暗角落会让人觉得不舒服；而如果光线从三面或更多面进入，人们就会觉得自己完全“暴露”于外界。甚至亚历山大所使用的“模式”一词，其含义也与术语“视角”有相似之处，但是他的模式却是启发式，是用来改进房间或建筑时所需要的东西。

启发式的来源多种多样。通过训练可以获得更复杂的启发式。当然，较简单的启发式也可能通过训练获得，但是它们一般是从经验中发展起来的。而且，由于经验常常受限于身份，因此启发式也是“依赖身份”的。我们可能不清楚是如何得到某种启发式的，也不能确定它们的来源究竟是什么，就那么自然而然地出现了。而且，只能保留一定数量的启发式。这样一来，在特定领域内威力强大的启发式与威力不太强大但适用于多个领域的启发式之间，就存在着某种张力。[5]

什么是启发式

通常将启发式应用于问题解决型任务。启发式告诉我们如何寻找解决方案。对于某些问题，启发式几乎总能找到最佳的解决方案；而对于其他一些问题，却可能是无效的。不要泄气，找不到最佳的解决方案其实不是什么大不了的事情，很多时候其实都高估了“最优化”。大量证据表明，容易满足的人、不一味沉迷于最好解决方案的人，可能更加快乐。[6]对所能得到的东西感到满意，可能是心理健康的一个标志，这是一件好事。但是对于社会，感到满意的标杆更高一些。在面对政策问题、寻找商业解决方案或希望治愈某种疾病时，人们力求找到最佳的解决方案或与之相近的东西。

接下来，以“反其道而行之”这个启发式为例来说明启发式是如何依赖于视角的。假设要解决的问题有 32 个可能的解决方案。这 32 个解决方案可以用数字 1 ~ 32 来表示，或者，也可以用 5 个由 0 和 1 组成的 32 个字符串来表示：第一个是 00000，最后一个是 11111，中间还有 30 个字符串。“反其道而行之”这个启发式不能应用于用 1 ~ 32 来编号的视角。例如 15 的相反数等于负 15，而负 15 不在 1 ~ 32 之内，这并不是问题的解决方案。但是“反其道而行之”这个启发式却可以应用于用二进制字符串编码的解决方案。与解决方案第 00000 号相反的是解决方案第 11111 号；与解决方案第 10101 号相反的是解决方案第 01010 号。正如这个例子所表明的，启发式往往可以跨越不同的视角。《宋飞正传》中乔治在运用他的启发式时，脑袋里可能并没有考虑过二进制编码，但是它也适用于那个领域。

在应用某种启发式时，找到某个新的解决方案后，必须进行评估。因此，除了需要一个视角之外，启发式还需要某种评估标准，这样才能确定它们是否有效。评估标准通常表现为价值函数的形式，给每个解决方案分配一个数字也就是一个值。对于一个政治家来说，价值函数可能就等于政治家所获得选票的数量；对于一家公司来说，它可能就等于利润；而对于一位统计学家来说，它可能等于预测正确结果的数量。价值函数不一定是一维的。一个政治家可能既关心获得的选票，也坚守自己的原则；一家公司可能同时关注市场的份额、声誉和利润。如果可以对这些不同的维度分配权重，多维价值函数就会“坍塌”为一维价值函数，但是很多时候并不能。

在最简单的情况下，价值函数有明确的数学表达式，例如 $f(x, y) = x + 2y - xy$。如果是这样，就可以妥善利用价值函数的数学表达式，对于这一点稍后还会讨论。在上面这个表达式中，如果想知道当 $x = 2$、$y = 3$ 时的值，只需将这些数字代入表达式就可以得到答案了。但是，一般很难为价值函数找到一个明确的表达式。在这种情况下，确定各解决方案的价值就需要进行一系列测试。有一天，我和儿子们用乐高积木来制作雪橇，看谁制作的雪橇在轨道上滑得最远。没有任何能够表示某种设计形式的雪橇能滑多远的价值函数。事实上，也不需要这样的函数。只需把雪橇放到轨道上，看看到底能滑多远就可以了。然而，在许多情况下，不但找不到价值函数的数学表达式，也没有用来测试解决方案的方法，这时候，就不得不求助于对价值的预测。在预测时，先假设每一个解决方案的价值都是已知的，这种假设能够简化分析。根据定义，启发式是对解决方案发挥作用的，我们最终希望将启发式用于解决问题。解决方案不仅仅是数学问题的答案，往往也是现状。例如，你现在的穿着，就是你面临的“穿什么衣服好”这个问题的一个解决方案。

至此，可以给启发式下一个正式的定义了。

启发式（heuristic）

启发式是一个规则，适用于某个视角中现有的解决方案，该视角能够生成一个或一组新的更好的解决方案。

启发式的这个定义是有限的。它假设启发式能够生成一个完全的解决方案。但是许多启发式能够产生的却只是部分解决办法。而且，这个定义只包含了解决问题型启发式。但是启发式也可以用来组织信息。72 法则就是这样一个启发式，它可以将利率信息组织起来，帮助人们制定良好的投资策略。

THE DIFFERENCE 定理

72 法则：

以 x% 的利率进行投资，翻倍所需的年数大约等于 72 除以 x。

这个法则意味着，如果利率为 9%，那么投资金额在 8 年内可以翻一番；如果利率为 6%，那么资金翻倍所需的时间为 12 年。虽然这个法则简洁有用但它并不能为投资问题提供新的解决方案。因此在这里，72 法则并不在我们所考虑的启发式的范畴之内。我们之所以在这里提到它，是因为我们稍后会用它来说明为什么多样性的小小改善就能够产生长远的效益。

我们对启发式的定义并不需要假设新的解决方案肯定是更好的。如果一个新的解决方案比旧的解决方案具有更高的价值，就应该接受它。不过，如果新的解决方案的价值反而较低，是否接受它就需要进行更深入的思考。在这种情况下，一方面，接受新的解决方案意味着牺牲一定的价值；另一方面，新的解决方案以不同的方式进一步提供了再次应用启发式去搜索解决方案其余部分的机会。启发式的进一步应用可能会带来更好的解决方案。为了改变而改变不一定是坏事。我们还可以用崎岖景观的语言来讨论这种张力。如果一个视角产生了一个崎岖景观，那么要到达一个山峰可能需要先走一段下坡路。当然，反复走下坡路是没有什么意义的。最终，启发式必须找到一个山峰才行。

旅行商问题

为了分析启发式是如何发挥作用的，除了上面举的乔治通过“反其道而行之”这个启发式找到了工作和女朋友的例子之外，我们再来考虑一个著名的旅行商问题。在这个问题中，一个推销员必须到 25 个城市推销产品，然后才能回家，要求是他完成这次旅行所走的路程必须尽可能短。推销员面对的这个问题有很多种可能的解决方案。他可以先去那 25 个城市中的任何一个，然后再去其余 24 个城市中的任何一个……这个选择过程将继续下去，直到他只剩最后一个城市没有去过为止。这些数字相乘，得到的就是全部可能路线的数量，这是一个巨大的数字，远远超过了 10 亿。除了极少数情况之外，在这数 10 亿条路线中，恰好有两条是总路程最短的。为什么会有两条？因为任何一条路线都可以在不改变距离的情况下沿相反方向再走一次。

假设，这个推销员叫奥里特，她是从新墨西哥州阿尔伯克基市开始并结束这个旅程的。将阿尔伯克基市记为 A。同时为了简便，假设奥里特要去的其他城市的名字首字母分别为 B（比如说，波士顿）、C……Z（比如说，俄亥俄州的曾斯维尔市）。

一条可能的路线

> 新墨西哥州阿尔伯克基市（Albuquerque）、肯塔基州路易斯维尔市（Louisville）、明尼苏达州的米苏拉市（Missoula）、伊利诺伊州的开罗市（Cairo）……加利福尼亚州的尤里卡市（Eureka）、加利福尼亚州的圣地亚哥市（San Diego），然后回到阿尔伯克基市。

任何一条路线都可以写成一个以字母 A 开头、并以字母 A 结尾的字母表，两个字母 A 之间有 25 个除 A 之外的所有其他字母。这就是对于可能路线的一个视角。

某个视角中的路线

ALMCVHFNGHUOWZKXQYWIPBTJRESA

旅行商问题是这一类经典难题中的其中一个，计算机科学家将这类问题称为非确定性多项式问题（nondeterministic polynomial, NP）。在一个典型的 NP 难题中，随着城市数量 N 的增大，解决该问题所需要的计算量迅速增加，甚至比 N^2、N^3 增加得更快，有人甚至认为，比 N^n 都增加得快。因此，一旦 N（城市数量）变得比较大，找到最佳路线所需时间就会太多。幸运的是，虽然找到最佳路线需要花费大量的计算时间，但是奥里特还是可以通过使用某种仅需尝试不同路线的搜索启发式找到一条好的路线，甚至是一条相当好的路线。启发式不一定能找到最佳的解决方案，但是可以帮我们找到较好的解决方案。用赫伯特·西蒙的话来说，启发式能够令我们感到满意，因为找到了一个相当好的解决办法。

在解决旅行商问题时，一种广泛使用的启发式是将路线中的相邻城市互换。例如，从上面列出的路线开始，这种启发式可能会要求互换田纳西州的诺克斯维尔市（K）与俄亥俄州的齐尼亚市（X）在路线中的位置。

应用启发式对路线进行互换

ALMCVHFNGHUOWZ**KX**QYWIPBTJRESA

将变为：

ALMCVHFNGHUOWZ**XK**QYWIPBTJRESA

如果新的路线距离较短，那么就将它作为“现状”。这个启发式是“贪婪”的，它可以接受任何改进，可以一次又一次地应用它将城市进行互换，并接受距离更短的路线。不难看出，能够减少路线距离的互换次数是有限的。因此，在运用这种启发式一定次数后，肯定会遇到不可能再进一步改进的情况。用这种启发式最终确定的路线不一定是最佳的，但是在大多数情况下都不会过于糟糕。同样，它足以保证我们会相当满意。

互换城市也不是解决旅行商问题的唯一启发式。也可以随机选择一个城市，并将它随机移动到序列中的某个位置。如果新的路线与旧的路线相比有所改善，就可以接受这个随机切换。像这样的随机启发式效率虽然不是很高，但是却能够避免陷入搜索糟糕的解决方案中。还有另一种启发式则是对被一个城市隔开的两个城市进行互换处理。这种启发式表面看起来似乎有点奇怪，但它是有自己的基本逻辑的。前面列出的路线中，匹兹堡（P）位于印第安纳波利斯（I）和波士顿（B）之间，切换波士顿和匹兹堡或者匹兹堡和印第安纳波利斯没什么意义。然而，如果T代表托莱多，W代表华盛顿，那么将波士顿和印第安纳波利斯互换，就可以让奥里特的路线缩短1 020千米（见图2-1）。

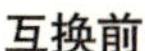

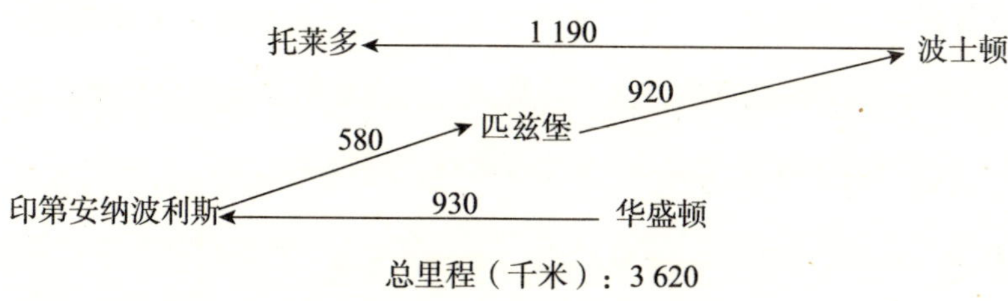

互换后

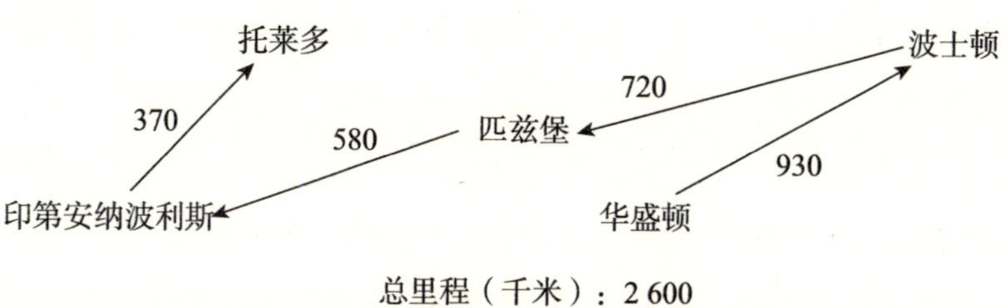

图2-1　被一个城市隔开的两个城市之间的互换

只要稍稍花点功夫，就可以推广这个例子，以说明启发式所拥有的超加性潜力。如前所述，当一条路线陷入了局部高峰时，通过将“互换两个相邻城市”这个启发式改良为“互换被一个城市隔开的两个城市”，这样就可以提高效率。但是，改良后的这个启发式还是可能卡在另一条路线上，这时，就可以重新启用“互换两个相邻城市”的启发式来进一步加以改进。通过这种方式，改进叠加改进，就可以创造超加性效应。

四种常见的启发式

我们还可以从许多可能的启发式类型中进行选择。现在已经知道启发式是什么了，接下来的问题是它们与多样性有什么关系。在这里，先描述四类常见的启发式：拓扑启发式（topological heuristics）、梯度启发式（gradient heuristics）、允许犯错启发式（error-allowing heuristics）和群体启发式（population heuristics）。这些类型的启发式之间有一定的重叠，但是通过这样的分类，能够更清晰地阐明启发式的多样性。

事实上，大多数人都经常使用以上四种类型的启发式。假设，卡特在准备晚餐。他打开了冰箱，盯着鸡胸肉看，心里想着："要不要做个咖喱鸡？"除非他的家人非常喜欢他以前做的咖喱鸡，这样的话，他只需要完全按照以前的方式做就可以，否则他应该尝试一下某种启发式，在他以前做过的最好的咖喱鸡的基础上做得再好一点。再假设他决定加入更多的红辣椒。如果卡特是按类型有序地摆放各种香料的，那么"加点辣椒"实际上就是一种拓扑启发式，因为辣椒在香料柜中的位置是靠近咖喱的。或者，卡特可能听他的家人说过之前咖喱鸡味道太咸了，所以他可能会决定少放点盐。这是梯度启发式的应用，因为卡特正朝着他最应该提高满意度的方向前进。另外，卡特也可能会闭上眼睛，随机选出一种香料，可能是迷迭香，也可能是小茴香，这种方法也许有效，也许没效。在这样做的时候，他遵循的是一个允许犯错启发式，需要注意的是他的家人可能不喜欢这个味道。最后，卡特可能会决定加一点大蒜小茴香酱，因为他在前几天做豆腐的时候也加了大蒜小茴香酱，结果非常美味。如果他真的这样做了，那么他就是在运用一种群体启发式；他借用了另一个解决方案的一部分来帮助找到一个适用于这种情境的解决方案。

由于启发式的类型多种多样，因此一个问题就自然而然地出现了：哪一种启发式的效果最好？我们已经证明，在用于不同问题的启发式之间进行比较是愚蠢的行为。在所有可能的问题上都比其他启发式更好的启发式是不存在的。这个结论也被称为"天下没有免费的午餐定理"。[7] 对于这个定理，可以从两个角度来进行解读。首先，它意味着，对于任何一个给定的问题，既存在好的启发式，也存在坏的启发式。其次，它也意味着，对于任何一个启发式，既存在能让它大显身手的问题，也存在会被它搞得一地鸡毛的问题。如果有一个人不断向你推销声称放之四海而皆准的某种启发式，那么他有可能是“不怀好意”。举个例子，有一个因励志大师史蒂芬·柯维（Steven Covey）大力推荐而广为人知的启发式：先处理更大的问题。试想一下，你必须把一堆大石头和一堆小石子装进一只桶里。如果你先把小石子放进去，那么就不能再放下所有的大石头了；但是如果先把大石头放进去，还可以把小石子塞进大石头周围的空隙里。在很多问题上，都可以应用先处理大问题这个启发式，而且效果很好。再比如，你必须先熄灭厨房里的炉火，再去清洗洗碗机，而不是反过来。

然而，尽管这个启发式在很多情况下都能发挥强大威力，但是说它适用于一切情况的结论仍然与“天下没有免费的午餐定理”的逻辑相冲突。这个启发式不可能在所有问题上都比其他任何方法好。事实上，有时也可以做相反的事情：先处理小问题。也许先处理好了小问题，大问题也就自己消失了，或者变成了小问题。例如，当必须在有很多石头的地面挖洞时，这种“反其道而行之”启发式的效果就非常好。首先得去掉小石子，然后才能轻松地把大石头拉出来。当然，也不一定非得在柯维的启发式与《宋飞正传》中乔治的启发式之间做出非此即彼的选择；事实上应该同时采用他们的启发式。每个启发式都有自己的位置。要想取得成功，一个人最少得拥有七个以上的启发式。

拓扑启发式

最简单的启发式是拓扑启发式。它们依赖于视角的结构，从而搜索邻近的解决方案。在旅行商问题中讨论过的用于改变路线的那几种启发式，都属于拓扑启发式，“反其道而行之”启发式也属于这一类。由视角创建的邻近结构通常隐含或暗示着若干种拓扑启发式，你只需要在“近邻”当中搜索即可。例如，本杰里公司既然将冰激凌杯摆列成了网格状，他们就肯定要考虑在某一杯冰激凌四周的冰激凌。计算机科学家将这些“近邻”称为“冯·诺依曼邻居”，目的是纪念约翰·冯·诺依曼（见图 2-2）。

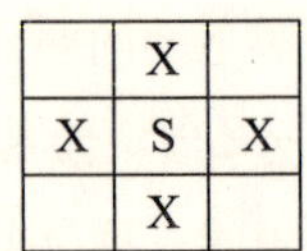

图 2-2　S 的冯·诺依曼邻居

拓扑启发式有效地利用了嵌入在视角中的知识，搜索接近现状的解决方案。除非视角创造了富士山景观，否则拓扑启发式会陷入视角所提供的解决方案集的局部最优点上。在本杰里公司的例子中，如果某一杯口味较差的冰激凌被口味比它还要更差一点的冰激凌所包围，那么这种口味较差的冰激凌就是相对于特定启发式的局部最优点了。

尽管启发式与视角有非常大的区别，但是拓扑启发式也在一定程度上或者说在更加宽泛的意义上刻画了人们以不同方式看待世界的这个思想。拓扑启发式在不同方向上进行搜索。如果两个人在不同的方向上各自寻找解决方案，那么就可以认为他们在以不同的方式看待问题，尽管他们可能以同样的方式，也就是相同的视角来表示问题。

梯度启发式

上文中讨论过，有些问题有明确的数学表达式，但是许多其他问题却没有。刚刚描述的拓扑启发式就不需要数学表达式。只要能够测试解决方案的价值，就可以应用这类启发式。例如，我和儿子们可以将乐高雪橇放在轨道上滑行，看它们能滑多远。在那些可以用数学表达式表示价值的问题中，则可以利用梯度启发式。具体方法是，先计算出价值函数的斜率，然后沿着斜率的最大方向移动。

而且，在很多时候，还可以将梯度启发式应用于价值函数不明确的数学表达式的情况。这也就是说，一个不熟悉微积分的人，也可以表现得“似乎”懂微积分、会计算梯度。例如，我有时会打打篮球，在下场比赛之前，要先分成几支球队。由于对这类竞技游戏通常比较重视，因此希望各支球队的实力能够尽可能地均衡。

各支球队的实力越接近，比赛的价值越高。但是经常会分成几支实力不均衡的球队，这导致某支球队总能轻松取胜。出现这种情况之后，我们就会寻找更公平的方法。为了平衡各支球队的实力，经常使用的一种启发式是，让“强队”中球技最好的球员与“弱队”中球技最糟糕的球员互换。这样做的时候，实际上采用的就是梯度启发式。

当一个解决方案有很多属性时，价值函数在每个属性的方向上都有斜率。例如，如果一个玉米煎饼的价值取决于它的大小和温度，那么就可以计算出，它的价值是怎样随着大小与温度的升降而变化的。在可能的解决方案空间中的任何一点上，都存在着一个方向，它会导致价值获得最大的增长。梯度能够告诉我们的就是在某个点上最陡峭的上升方向是什么。[8] 试想一下，你正站在阿巴拉契亚山径的某个位置上，梯度将你指向所在位置附近最陡峭的斜坡。它可能位于你的左边、右边，或者就在你的前面。

说得更直白一些吧，不懂得梯度的人也就不知道哪一个方向是向上的方向。梯度启发式要求我们朝梯度指示的方向，即最陡峭的方向爬升。如果这样做，就能迅速登上山峰。但是，我们也经常会被困在局部最优点当中。只有在“富士山”景观中，梯度启发式才能发挥最大作用：爬上斜坡，登上真正的最高峰。然而，在崎岖景观中，梯度启发式却可能会把我们困在局部高峰。梯度启发式确实能找到一些高峰，但是从全局来看，这些高峰可能并不高。总体而言，梯度启发式不一定比拓扑启发式更好，而且“天下没有免费的午餐定理”依然成立。

梯度启发式的缺点是，它们会限制搜索的多样性。梯度给出了实现最大改进的唯一方向，只要每个人都拥有相同的价值函数，那么这就是最好的前进方向。但是，如果人们希望得到的东西有所不同，那么他们获得最大改进的方向、他们的梯度就可能不同。在这里看到了一个正反馈的例子。不同的价值观导致了不同的启发式。这种情况经常发生。差异往往会产生更多的差异。

允许犯错启发式

如果视角给问题带来了很多个局部最优点，那么前面两类启发式就很难发挥作用。根据假设，任何“艰难”问题，包括治疗疾病、设计政策，等等，都有崎岖景观。否则，就可以直接登上“富士山”之巅，轻松地解决问题，然后为进步沾沾自喜了。当视角创造了一个崎岖景观时，就需要使用一个更加复杂、更加“久经世故”的启发式。在崎岖景观中，一味强调向上攀登的启发式会陷入困境，特别是在一个拥有大量局部高峰的崎岖景观中，“唯上”型启发式经常会“卡死”。防止陷入局部高峰的一个办法是，每隔一段时间向下爬一次。然而问题是，爬下一个小小的局部高峰再重新开始，这也许是一个好主意，但是如果已经爬上了一个很大的局部高峰呢？那就不行了。

一个更加复杂、更加“久经世故”的启发式会往山下走几步看看，这看起来似乎是在“犯错”，但是它也不会往山下走太多步。对于这种启发式，我们称之为允许犯错启发式。使用最广泛的一种允许犯错启发式是模拟退火算法（simulated annealing）。这种启发式的另一个名称是 Metropolis 算法，它是由圣塔菲研究所学者尼克·麦特罗博利斯（Nick Metropolis）发明的。

错误究竟怎么产生效益呢？这里的逻辑非常微妙，值得好好研究一下。考虑到很少会遇到新的、完全意想不到的直觉，必须花一些时间好好分析一下模拟退火算法的逻辑。而在正式开始之前，应该注意到，这种算法的核心是“模拟”一种自然现象，也就是玻璃和金属的退火，并将其内在逻辑应用于难题解决。为了生产出钢铁，要先将铁矿石加热，然后缓慢冷却，也就是“退火”，使分子排列整齐，从而变成钢。加热会使东西分子起来，而冷却则使分子对齐。运用这种方法来解决难题，正是启发式可转移性的一个很好的例子。

在大多数情况下，模拟退火算法与拓扑启发式有些类似。它在当前的解决方案附近搜索新的解决方案，如果发现了一个更好的解决方案，就转向这个更好的。但有的时候，当它发现了一个更糟糕的解决方案时，也会转向那个解决方案。是否接受更糟糕的解决方案取决于某个特定的温度计划（temperature schedule）。说到底，这个计划制度就是温度不断下降的一个列表。可以把它想象为密歇根州从8月到1月的日平均气温表。它从温暖的27℃慢慢下降到冰点甚至更低。当温度比较高的时候，允许算法出错，也就是可以接受更糟糕的新解决方案，只要它们没有差得太离谱。这就是说，在一开始，模拟退火算法可以接受除了最大错误之外的所有错误，这样一来，它在搜索时就能够遍历整个解决方案空间。同时，由于它拒绝价值大幅度降低，所以模拟退火算法还能够趋向于那些具有更好解决方案的区域。

随着温度的降低，模拟退火算法变得越来越不能"容忍"更差的解决方案。可以这样想象，进入秋天后，随着天气越来越冷，要求越来越严格，而到了寒冷的冬天，就变成非常严格了。到了12月份气温非常低时，这种算法就很少接受更差的解决方案了。最后到了1月份，当温度下降到谷底，就只有价值更高的新解决方案才会被接受。也就是在这一点上，模拟退火算法退化成为爬山启发式（一种拓扑启发式），并在一个局部最优点上稳定下来。

接受新解决方案规则的形式化描述看起来非常复杂，但是要掌握它的内在逻辑完全不难。计算机科学家和物理学家所依赖的是一个包含了自然常数（$e = 2.718\ 28$）的概率函数，当它提高到某个值时就接受新的解决方案。[9] 幸运的是，只需将接受一个新解决方案的概率写成**价值降幅**（Decrease）与**温度**（Temp）的线性函数，也可以把握同样的逻辑。为了尽可能简单地说明这一点，假设所有价值函数的取值范围都介于0 ~ 100之间。有了这个假设，就把变量**价值降幅**的取值范围限定在了0 ~ 100之间。然后，将接受新的解决方案的概率写成如下百分比形式。

接受一个更糟糕的解决方案的概率 =（温度 – 价值降幅）%

如果**温度**等于90华氏度，那么大多数新的解决方案（除了那些非常不好的）

都将会被接受。这意味着搜索不会止步于崎岖景观的某些小山丘上。随着**温度**的不断降低，算法越来越不“愿意”接受更差的解决方案。假设**温度**等于 50 华氏度，某个新的解决方案导致价值下降 40（**价值降幅**等于 40），那么算法只有 10% 的概率会接受这个新的解决方案。这很容易理解，因为这个新的解决方案确实是相当糟糕的。如果**价值降幅**等于 1，那么算法有 49% 的概率会接受该解决方案。因此，这个算法接受小错误，但不接受大错误。最终，当**温度**下降到 0 华氏度时，它就只接受更好的新解决方案了。[10]

不过，模拟退火算法虽然很强大，但它也不是万能的。我们必须牢记“天下没有免费的午餐定理”。没有任何一个算法在所有问题上都比所有其他算法更好。但是，模拟退火算法并不只是一个简单的算法，它其实是一个算法“家族”的总称。只要改变冷却温度表，就能改变算法，从而部分解决“午餐成本高昂”的问题。

模拟退火算法无疑是一个非常有价值的计算搜索算法，但是它似乎离日常生活中的问题有点远。说人们在篮球场上进行求导计算，也许有一些道理的，但是说人们在篮球场上应用冷却温度表，那就可能有点与现实脱节了。但是在真实世界中，确实有很多人一直在运用类似模拟退火算法的启发式，只不过，通常不说他们在“模拟退火”。而称他们在举行“头脑风暴”会议。[11]

“头脑风暴”确实是在模拟“模拟退火”。要说明这一点，不妨考虑一群面临一个重大难题的人，比如说，如何为一个大城市设计地标性的音乐大厅。在 8 月份的时候，他们可能会首先抛出许多解决方案。不难想象，“由于在高温季节”，这个团队愿意容忍很多错误。到了 10 月份，他们可能会将某个解决方案列为主要备选方案，同时只考虑至少与当前这个解决方案一样好的其他方案。如果是这样，就可以认为他们在使用模拟退火算法，它有一个冷却温度表。在这个解决问题的过程接近终点时，可以假设为 1 月份，这时他们就只能接受改进。如果是这样，他们其实是在进一步降低算法的温度。虽然这个团队从来不记录温度，也从来不会把常

数 e 放入某个次方中去计算，但是他们确实变得越来越有鉴别力。他们在“退火”。

个人也经常使用模拟退火算法的启发式。例如，要决定去哪里度假，开始时会想象所能去的任何地方。然后，会变得不那么愿意考虑新的、不能令人动心的替代方案。最终，除非能够改进目前已有的最好的方案，否则我们不会考虑任何其他方案。虽然我们在“退火”，但是可能无法做到以正确的速度“冷却”下来。我们可能“冷却”得太快，导致过早锁定方案；也可能会花费太多的时间来处理各种可能的备选方案。

允许错误启发式在为难度较高的问题找到较好的解决方案时的强大威力，恰恰体现了多样性启发式和多样性视角的优势。即使某个不同的启发式或视角让人找到了一个更糟糕的新解决方案，但从长远的角度来看，这个糟糕的新解决方案也可能是有益的，因为它可以防止我们陷入局部最优点。这里并不是说所有不好的解决方案都是有益的，但是在很多时候，一个价值较低的新解决方案可能会指向一个更好的解决方案。当然关键是，即使走上了一条不如当前解决方案所指的道路，也总是可以追溯每个步骤。但是，任何一个人，或者至少是一个曾经丢掉过车钥匙的人都知道，再走一遍走过的路并不像听起来那么容易。所以，还是要足够小心，一路上时刻注意留下一些可以追踪的痕迹。

群体启发式

群体启发式可以同时搜索多个解决方案。例如，进化就可以被认为是一种群体启发式。可以这么想象，存在着一个由各种各样解决方案组成的群体，也就是由各成员组成的物种，而且，群体中的某些成员繁殖的后代比其他成员更多。如果繁殖率与某种“性能”有关，比如说速度或稳健性，那么随着时间的推移，该群体应该会朝着改善该性能特征的方向进化。我在密歇根大学的同事约翰·霍兰德（John Holland）开发了一种叫作遗传算法的群体启发式，它模拟了基于进化中的群体搜索。大量证据表明，遗传算法是一个很好的通用型搜索启发式，就像进化一样。[12]

在深入研究遗传算法之前，先来考虑一种更简单的同样基于群体搜索的启发式，它被称为蚂蚁算法。在这个启发式中，一群蚂蚁被随机地“扔进”一个景观中，每只蚂蚁都“降落”在一个解决方案上，并对这个解决方案进行评估，然后应用拓扑启发式或梯度启发式在邻域搜索局部更优的解决方案。随着时间的推移，每只蚂蚁都不断找到更好的解决方案，直到陷入局部最优点为止。到目前为止，蚂蚁算法还只能算是“有多个副本”的拓扑启发式或梯度启发式。

当这些蚂蚁到处爬过之后，就可以了解到景观的哪些区域具有更高的价值，于是群体启发式就能够利用这些信息。这是通过“空运”来实现的。那些位于相对较低价值解决方案上的蚂蚁，会被“空运”到位于高价值解决方案的那些蚂蚁附近。最后，一旦所有的蚂蚁都聚集到了同一个地方，搜索就停止，并让蚂蚁们在山顶“聚餐”。

为了更好地说明这种算法，下面举一个例子。想象一下，这些蚂蚁正试图找到美国大陆地区的最高点。蚂蚁会随机降落在茫茫大地上，然后开始攀爬。不久之后，直升机就会开始将漫游在俄亥俄州、印第安纳州和艾奥瓦州的蚂蚁转运到加利福尼亚州、科罗拉多州和怀俄明州。最后，甚至连阿勒格尼山和大雾山的蚂蚁也会被空运到西部。当启发式停止工作的时候，虽然不能保证所有的蚂蚁都“安坐”在惠特尼山[①]上，但是可以确保它们会停留在海拔相当高的地方。

遗传算法就是在蚂蚁算法的基础上构建而成的，不过，遗传算法不是将一个解决方案，也就是一只蚂蚁空运过去，使它变得与另一个解决方案相同。遗传算法是让不同解决方案相互“配对”。让不同解决方案“配对”的含义只不过是让一个解决方案的若干部分与另一个解决方案的若干部分结合起来。假设，我们正在考虑应该把哪些香料放入什锦饭。如果不考虑价格因素，那么可能的香料组合数量将超过 1 000 种。如果香料之间以复杂的方式相互作用，那么要找到最好的香料组合并非易事。

① 惠特尼山，位于加利福尼亚州东部，是美国本土 48 个州中的最高峰。——编者注

在这个问题上，将采用一个显而易见的视角。用一个由“0”和“1”组成的字符串对每种香料组合进行编码。例如，如果不使用红辣椒粉，那么就给红辣椒粉分配一个“0”；如果使用卡宴辣椒，就给它分配一个“1”。通过这种方法，可以把每一种香料组合编码为一个字符串。

假设举办了一个有四位厨师参加的烹饪比赛，每个厨师都使用不同的香料组合，如表 2-1 所示。

表 2-1　最好的什锦饭菜谱

厨师	红辣椒粉	卡宴辣椒	盐	胡椒	牛至	干辣椒粉	小茴香	罗勒	塔巴斯科辣椒酱	大蒜
凯蒂	0	0	0	1	1	1	1	1	0	0
诺厄	1	1	1	1	0	0	0	1	0	0
埃米莉	0	0	0	1	0	1	0	1	1	1
乔伊	0	0	0	1	0	1	0	1	0	0

接下来将展示如何让凯蒂的菜谱和诺厄的菜谱相互“配对”。要做到这一点，首先可以把这些香料字符串想象为什锦饭的“DNA”。当诺厄的菜谱与凯蒂的菜谱相互“配对”时，“生下来的后代”菜谱其中一部分 DNA 来自诺厄的菜谱，另一部分则来自凯蒂的菜谱。可以给这一个“后代”菜谱取名为纳塔莉（见表 2-2）。这个菜谱结合了诺厄的前半部分什锦饭 DNA 和凯蒂的后半部分什锦饭 DNA。为了更容易看清这一点，将诺厄的什锦饭 DNA 用粗体字表示。

表 2-2　通过组合现有菜谱来创建一个新菜谱

厨师	红辣椒粉	卡宴辣椒	盐	胡椒	牛至	干辣椒粉	小茴香	罗勒	塔巴斯科辣椒酱	大蒜
凯蒂	0	0	0	1	1	1	1	1	0	0
诺厄	**1**	**1**	**1**	1	0	0	0	**1**	0	0
纳塔莉	**1**	**1**	**1**	1	0	1	1	1	0	0

我们当然希望，“后代”解决方案会成为很好的解决方案，因为它们能够将好的解决方案组合在一起。如果凯蒂和诺厄都有很好的什锦饭 DNA，那么每个香料字符串也必定包含着很好的香料组合。通过将凯蒂的部分菜谱和诺厄的部分菜谱结合起来，将有可能创造出一个综合了凯蒂与诺厄菜谱中好的部分的更优菜谱。这些“好的部分”也就是约翰·霍兰德所说的“构建模块”或“基本构件”。在理想情况下，让不同解决方案相互“配对”可以将这些构建模块结合起来，从而找到更好的解决方案。例如一家设计椅子的公司已经有了一个不舒适但坚固的椅子原型，同时还有一个舒适但不坚固的椅子原型。那么，通过让这两个原型进行“配对”，该公司可能会设计出一种坚固而舒适的椅子。当然，它也可能会设计出一种既不舒适也不坚固的椅子，这就是“繁殖”的风险。

为了最大限度地减少“生下不良后代”，也就是减少低价值的解决方案出现的风险，遗传算法必须有一个选择算子（selection operator）。这个选择算子会将低价值的“后代”淘汰出去，不允许它们参与配对。这种选择会创造出一个有利于更好解决方案的偏向。另外，遗传算法也允许“突变”，即随机改变香料组合。“突变”与“配对”一起，保持了群体的多样性。选择算子能够将好的保留下来，并将不好的驱逐出去。

遗传算法能够同时利用多样性和个体性能或绩效。只有在解决方案是有价值和多样性的时候，“配对”才能发挥作用。如果解决方案是不好的，那么“配对”就只会围绕可能的解决方案空间做无意义的随机游走。如果解决方案缺乏多样性，那么“配对”则不可能产生任何新的东西。

多样性启发式有助于找到更好的解决方案

这是本章的最后一部分。在这里，将通过比较多样性启发式和多样性视角来给出本章的结论。如果某个人以不同的方式看待问题，那么他就带来了一个不同的视角。通过不同的视角，他又创造了不同的景观。任何其他人的最优解决方案，都可能不是他的最优解决方案，因此他的到来，可能会有助于找到更好的解决方案。如果某人知道用来寻找解决方案的不同规则或算法，那么他就会带来不同的启发式。所以，视角是看待解决方案的方式，而启发式则是构建解决方案的方式，也是围绕可能的解决方案空间移动的方式。

启发式可能很简单，例如“反其道而行之”。也可能像小波变换那么复杂。像克里斯托弗·亚历山大所创造的“两面都要有光”的设计启发式一样，启发式可能是以经验和理论为基础的；但是，启发式也可能只是一个随机出现的想法，“为什么不试试这个呢”。如果是后者，那么它的来源就无法得到很好的解释。然而，无论来自哪里，启发式都带来了希望。它提供了找到更好解决方案的可能性。没有多样性启发式，就不可能指望能够有效地解决难题。如果两个人使用相同的启发式，并从同样的地方开始，那么他们就会得到类似的解决方案。如果使用不同的启发式，他们可能会找到不同价值的解决方案。

还应该把视角和启发式结合起来考虑，并应用于某个给定视角的不同启发式的集合。事实上，一个视角对现实的组织越有效，人们在这个视角下能够创造的启发式就越多。视角和启发式“封装”着人们通常所说的科学范式的部分内容。可以认为，一个范式就是针对一组共同问题的、被人们广泛持有和运用的视角和启发式的集合。在学术领域，新启发式的构建是一个永恒的事业。数学、物理学、统计学、经济学和会计学等各门学科都有一套各自的核心视角，同时每一个核心视角都与各学科专业人士经常应用的一整套启发式有关。

视角和启发式的积累过程也同样发生在学术界之外的公司和其他组织机构当中。例如，很多咨询公司都有一整套核心视角和启发式，所有员工都必须掌握。一个典型例子是，贝恩公司（Bain and Company）依靠的一个启发式，被称为“80/20视角”。这个启发式建立在这样一种信念的基础上：80% 的效益都可以归因于 20% 的事物（员工或努力，等等）。用标准的启发式来说就是关注最重要的前五分之一。贝恩公司的员工在向外界提供咨询服务的时候，都会应用这个启发式（以及其他许多启发式）去解决企业和其他组织在现实世界中面临的问题。事实上，贝恩公司的咨询顾问还拥有许多其他工具。企业或组织构建和创造视角和启发式，“封装”了它们自身的竞争力。更好的公司和组织可以使用更多、更好的启发式，从而更有利于自身的发展。

视角和启发式框架还可以用来对“跳出框框思考”这个既流行又陈腐的观念进行进一步的精炼。一方面，视角是对现实的完整表征，而且事实上并没有任何东西出现在“框框”之外，所以实际上是不能在“框框”之外思考的。相反，应该做的是，提出新的视角来对“框框”之内的东西进行重新安排。门捷列夫没有在“框框”之外思考，他所考虑的原子量和元素性质都是已知的，但是他确实以一种奇妙绝顶的方式重新排列了“框框”之内的东西。

另一方面，新的启发式则会在视角创建的“框框”之内产生意想不到的后果。当启发式改变了某一个被其他人所忽略的维度时，就会发生这种情况。长期以来，人们把可口可乐的市场优势部分归因于它极具标志意义的玻璃瓶。当百事可乐推出两升塑料瓶装饮料时，百事可乐并没有跳出“框框”之外，因为所有人都知道不同的瓶子有不同的容量。[13] 但是，百事可乐采用的启发式改变了一个维度，也就是瓶子的容量，这是之前没有人考虑过的。这导致可口可乐失去了部分市场优势。绿色番茄酱是另一个例子，它也改变了“框框”之内人们意想不到的一个角落。创新来自于启发式的应用：改变颜色能够吸引更多的孩子。这种创新在糖果市场上已经被证明是有效的。例如，引入蓝色的M&M豆和蓝色的“聪明豆”都极大地刺激了这些产品的销量。有人认识到，儿童是番茄酱市场的一股“重要力量”，同时也意识到番茄酱与其他儿童食品一样，也可以有不同的颜色。这个人根据巴里·奈尔巴夫与伊恩·艾瑞斯的建议，提出了这样一个问题：“为什么就不能改变一下颜色呢？”[14]

这两个事例再一次提出了创新与多样性之间的联系。创新，既可以通过重新安排“框框”内的东西来实现，也可以通过探索“框框”内以往被忽视的那些部分来进行，这就是所谓新视角的提出与新启发式的构建。而且，创新也源于创建更精细的分区，例如，将整数分成一半、四分之一和八分之一；创新还源于看到了其他人都忽略的某些维度。为了解释这种类型的多样性，还需要第三个框架：多样性解释。

THE

DIFFERENCE

03

多样性解释

为了描述窗外的景色，或者，甚至只是为了描述房间内花瓶里的一朵花。比如说一枝桂竹香花，深红色，中心颜色较深，尽管边缘已经有点开始枯萎，但是在清晨阳光的照耀下，勃勃生气仍然从花瓶中喷涌而出，映照在一面镜子上……诗人可能需要不停地写下去；而且即便如此，也许仍然不能把这朵花的所有特征都用语言表达出来。如果用共同语言进行探究，我们所称的这种“具体对象”的特殊性、实在性和“物性”已经是如此难以描述了，那么某一刻的心灵，某一种情绪或愿景或态度，又将是何等难以形容啊！

——威尼弗雷德·诺沃特尼，《诗人使用的语言》

阿方先生是一个正方形，生活在一个二维世界里。当然，现实世界有三个维度，但是阿方先生只能看到两个维度，所以他对于所看到东西的解释与其他人有所不同。阿方先生是埃德温·艾勃特（Edwin Abbot）的经典小说《平面国》（*Flatland*）中的一个人物。这本小说重点描述了阿方先生与一个球体相遇后的故事。这个球体试图向这位可怜的、被蒙在鼓里的阿方先生解释第三个维度是什么。在阿方先生看来，这个球体所说的东西，也许与那些声称物理世界存在着隐藏的多重维度的现代弦理论家所说的东西不无相似之处，都是看不到但确实存在的维度。

《平面国》中最有戏剧性的一个场景是，在书中被称为"陌生人"的球体试图向阿方先生说明三维世界是什么样子的。请记住，对于阿方先生来说，陌生人看上去像一个圆，因为球体的二维切面是圆。

> 我（阿方先生）："阁下，你的观点是很容易检验的。你说我有第三个维度，你称它为'高度'。现在，维度意味着方向和大小。请你测量一下我的'身高'，或者，你只需要向我指明我的'高度'的延伸方向。只要做到这一点，我就信你。否则，请恕我不能接受阁下的解释。"

> 陌生人先是自言自语地说:“我也做不到。该怎么说服他好呢? 眼见为实,在跟他讲清楚后,如果能够演示一番,让他亲眼看到就好了。”然后他对阿方先生说:“现在,先生,请你听我说。你们生活在一个平面上。你们所称的‘平面国’其实只是一个巨大的平面,我则称之为流体,你和你的同胞都只在平面的表面上移动,既不会上升,也不会掉下去。但是我不一样,我不是平面图形,而是立体的。你把我称为‘圆’,但是实际上我并不是一个圆,而是由无数个圆所组成的,最小的圆是一个点,最大的圆的直径达到了 4 米,所有的圆一个套一个,就组成了我。当我来到你们平面国的时候,你看到的只是我的一部分,你把这部分称为‘圆’是正确的。因为即便是一个球,这是我在自己国家里的正确名称,如果想把自己展现给平面国的居民看,也必须把自己显示为一个圆。”

当然可以说阿方先生缺乏一个完整的视角。但是他确实有一个自己的解释。不过他的解释忽略了一些维度,把一些不同的东西混同成“一堆”。例如,阿方先生没有办法区分球体和圆。

为了避免混淆,这里会花一些时间来澄清视角和解释之间的区别。视角框架是为了使事情变得简单,假设人们对一切事物都有不同的词语来表示。这就是说,假设人们的头脑中存在一个对现实的“一对一”映射。尽管这个框架为讨论视角提供了一个很好的基础,但是事实证明,人们只会在他们看到的东西之间做出粗略的区分。不可能为每个可能的结果或解决方案都确定一个单独的名称。相反,我们会创建一些类别。这就是说,我们会把许多东西归并成“一堆”,就像阿方先生那样。只不过,阿方先生是由于忽略了空间维度而把许多东西堆在一起的,而我们则可能因为忽略颜色或大小而把事物归并起来。

这种“把事物归并起来”或“把东西堆成一堆”的做法是一种规律,而不是例外,因为这正是每个人都在做的。只需要掌握这么多的细节就足够了,所以我们有意忽略了一些差异。那么,既然人们倾向于“把东西堆成一堆”,为什么还要考虑视角框架呢?之所以这样做主要有以下三个原因。

第一，解释是基于视角的，所以不能只定义一个而不定义另一个。

第二，对视角进行分析更加容易。如果两个人使用不同的解释，那么就意味着他们把一些对象或解决方案放入了不同的类别：迈克尔称为“轿车”的东西，埃里卡会称之为“两厢车”。乍一看，这似乎没有什么大不了的，但是当试图分析求解时就会出现很大的问题。如果一个对象的值等于它所属类别中所有对象的平均值,那么该对象的值就会变得主观。它将取决于谁来解释它。在考虑问题求解时，我们希望避免这种复杂性。

第三，有了视角，就可以区分导致不同解释的两个原因。两个人可以使用相同的视角，并且在共同的视角下创建出不同的类别。比如说，一个人可以通过颜色来识别鸟类，另一个人则可以根据鸣叫声来识别。对于任何一个创建了多个维度的视角来说，那些维度的任何一个子集都可以成为一种解释。因此，对于一个人认为很重要的差异，另一个人可能根本无法区分。比如说，萨姆可能只将客厅内用到的桌子分为两类，茶几和咖啡桌，但是索菲娅却可能会区分出四十个类别来。另外，这两个人还可能会用到不同的视角。如果是这样的话，基于不同视角的解释也必然会有所不同。在下文中，当讨论投影解释时，多样性视角与多样性解释之间的区别将再一次浮出水面。

多样性解释框架是我与卢红共同提出的，同时也借鉴了计算机科学中学习理论的思想。[1]解释可以对情境、事件、对象和问题进行部分表示。解释是对现实的分类。在进行分类时，每个对象或事件都不需要属于自己的词语。相反，不同的事件和对象都可以被解释为或指定为相同的，也就是属于同一类别。因此，解释框架在经验上比视角框架具有更大的合理性。大量有实验支持的心理学文献表明，人类确实以这种方式理解世界。我们构建类别，而且这些类别是不同的。[2]

尽管在心理学领域中，“类别”（category）这个术语已经用得非常广泛了，但我还是把这些更加复杂的现实映射称为“解释”。之所以要引入这个新的术语，是因为我认为这些解释不仅仅是简单的“分区”。“分区”可以是任何形式的分解。一个解释必定会创造或利用一个潜在的结构。例如，要将字母表中的26个字母分成两组，共有5 000多万种方法。这些分区方法绝大多数都不能创建出新的结构。但是，将26个字母分成元音和辅音，就实实在在地创造了一种结构。这是一个解释的例子。因此，解释可以被认为是结构化的分类。我也使用解释这个词，因为它可以使事物合理化，经常利用解释框架也符合我们的正常观念。当人们使用“解释”一词时，他们隐含地指向事件的结构化呈现：“这就是你对所发生事件的解释”。

最常见的解释是基于种族和民族认同的解释。我们会把人分为高加索人、非洲裔美国人、亚洲人、拉丁裔和欧洲人，等等。我们还创建了很多类别，涵盖了人们生活的各个维度：他的职业生涯成就是成为了一名成功的律师、他拥有的房子是一幢豪宅、他驾驶的汽车是一辆美国产轿车、他的饮食结构对心脏健康不太有利、他比乔治·克鲁尼略微重一些，等等。这样做是为了便于互相沟通，强调某些要点的同时，弱化其他一些维度，同时也是为了给出因果推断。

解释往往取决于地位或角色。公司经理们能够看到的公司日常经营活动的各个环节、各个部门，比普通工人要多得多。生产者看待产品的角度与消费者不同。导演对一部戏剧的演绎也可能不同于观众。偏好的差异也有可能导致解释的差异，不过要稍后再来讨论这个思想。素食主义者对餐馆的分类不同于非素食主义者。环保主义者对核电站的看法与投资者也可能截然不同，而环境资本家的看法则可能与前两者都不同。

给物品分类的故事

下面举一个例子来说明不同解释精细程度的差异可以大到什么地步。考虑拉尔夫和恩斯特这两个拎包伙计的故事。拉尔夫和恩斯特面前放了很多纸袋，这些纸袋是用来运送杂物的，你可以把它们叫作大麻袋。他们要把一大堆乱七八糟的东西装进袋子运走，可能是一个拼图中的许多块，也可能是照片、鸟、俄罗斯民间故事书，或者是所有这些东西的随机集合。拉尔夫和恩斯特负责完成以下任务：将所有物品分好类以便装进袋子，要求是：同一只袋子中的物品要相似，而不同袋子中的物品则不相同。

先从水果开始。恩斯特尽责地把水果分好类装进了 4 只袋子：一只袋子装香蕉，一只袋子装梨，一只袋子装橘子，最后一只袋子装苹果。但是，拉尔夫却认为，每一个水果都应该有自己的袋子。他觉得每一个苹果、每一个梨都与其他苹果、其他梨以及所有其他水果不同。最终，拉尔夫用的袋子比恩斯特多得多。接下来，恩斯特和拉尔夫分别拿到了一张纸，上面用 1 ~ 300 的整数印好了刻度。恩斯特把这张纸剪成了 3 片，第一刀剪在数字 32 处、第二刀剪在数字 212 处。然后他把 3 片纸分别放入单独一只袋子里，上面写上冰、水和蒸汽的字样。拉尔夫却把这张纸剪成了整整 300 片，每一片只包含一个整数，然后把每一小片纸分别放入一只单独的袋子里。

恩斯特是个归并者，他把各种东西归并起来，纳入不同的类别，被分入同一类的东西都有类似的特征。不难看出，这个例子所用的恩斯特这个名字影射了著名生物学家和哲学家恩斯特·迈尔（Ernst Mayr）。迈尔参加过一个唯名论辩论，讨论各物种是否真的存在，还是人们创造了它们。迈尔发现，在许多文化中，人们对不同物种之间进行的分类完全相同。换句话说，各个社会中的人，都会把知更鸟放入一只袋子，而把山雀放入另一只袋子。他的结论是，这种做法不是训练或文化熏陶的产物，而是一种自然的分类方法。与恩斯特不同，拉尔夫则是一个细分者，他认为每一个水果、每一个数字都是“与众不同”的。当然，这个例子中的拉尔夫影射的是拉尔夫·沃尔多·爱默生。在爱默生看来，归并就是减少。

需要注意的是，无论是恩斯特，还是拉尔夫，都不应该被认为是完全正确的或完全不正确的。这也就是说，正如马上就会看到的，拉尔夫需要做的可能是多一点归并，而恩斯特需要做的则可能是少一点归并。否则，他们两人都可能在现实世界中遇到麻烦。在这个例子中已经看到这种迹象了。恩斯特对水果的分类可能更有用，因为拉尔夫的“分类”实在太细了。但是另一方面，恩斯特将数字号码分为 3 份的做法又太武断，这种分法只在一个地方可能是有用的：确定水不同的物理状态。而拉尔夫将它划分为单独的数字后，却几乎可以用于任何地方。

用来进行识别的类别通常是构造出来的，尽管在拉尔夫和恩斯特的例子中无法看出这一点。而且，除非将它们构造出来，否则它们并不存在。考虑颜色这个例子。在蜡笔盒里，颜色到底是分成 16 种、32 种，还是 64 种，完全是任意决定的。颜色排列在一个光谱上，如何分配这个光谱完全取决于我们的需要。因此，“海蓝宝石色”并不是一种独特的颜色，这与知更鸟不同，一只知更鸟是一只独特的鸟。各种颜色都是“社会地”构造出来的，每一种颜色都只是连续光谱中剪辑下来的一个片断。

事实上，对颜色进行归并处理的程度是非常高的。人类的感知系统可以区分的颜色超过了 10 000 种。如果将这些颜色制成彩色蜡笔的话，蜡笔盒还放得下吗？但是大多数人可以表达清楚的颜色却少得多，语言反映了这一点。在英语中，描述颜色的单词大约只有 300 个，不过可以通过组合这些单词来“创造”出更多的颜色。在描述某件物品的时候，可能说它是红褐色或绿蓝色的，甚至可能会说是带天蓝色调的洋红色的。

因此，可以将“红色”看作一种“惯例”，让我们把从颜色连续体中随机切出来的一个区间中的这种波长称为“红色”吧。也许，在另外一个以“玫瑰色”为“惯例”的社会中将红色称为“浅红色”。也可以用海蓝宝石色取代绿色，并把现在的 64 色蜡笔盒中的绿色改称为“草绿色”。当然，还有一些颜色，比如说白色或黑色，不是按惯例来决定的。就这些颜色而言，应该期望存在跨文化的普遍认同。毕竟，白色就是白色，黑色就是黑色。或者，至少在你准备粉刷墙壁，试图对玛莎·斯图尔特（Martha Stewart）推荐的“阿第伦达克白色椅子”的白色油漆，与本杰明·摩尔公司（Benjamin Moore）出口的“养殖珍珠白”油漆进行比对之前，会这么认为。

虽然当确定什么是红色、蓝色、黄色和绿色等颜色时，我们可能是武断的，但是，颜色总是被分成这些基本的颜色类别，这一点却是在不同的文化中都相似的。大多数文化都区分出了相同的 11 种基本颜色类别：白色、黑色、红色、绿色、蓝色、黄色、棕色、紫色、粉红色、橙色和灰色。[3] 而且，某一个国家所说的“橙色”，也非常接近于另一个国家所说的“橙色”。其中一个原因可能是，不同文化中的人，看到的是同样的天空和太阳。我们还能看到类似的绿叶植物和棕色动物。不过，除了颜色以外，不一定需要对颜色这样的连续体进行区分。一块馅饼，到底说它是“一大块馅饼”，还是说它是“一小块馅饼”，来自不同文化背景的人有不同的说法，甚至来自同一个家庭的人也有不同的说法。又如，美国人所称的“大杯汽水”，一些欧洲人却称之为“桶装汽水”。

什么是解释

现在，将描述解释的正式框架。解释是完成分类的映射。

> **解释（interpretation）**
>
> **解释**是从对象、情境、问题和事件到词语的一个映射。在一个解释中，一个词语可以用来表示许多对象。

正如在阿方先生身上看到过的那样，解释往往只涉及几个片断，或者更准确地说，解释通常表示只从高维截取少数几个维度。正如在下文中将会看到的，解释涉及的往往是在某个视角下的几个维度。假设我们正在对一堆乐高积木进行分类，并进一步假设每个积木块都有自己的大小和颜色，且没有两个积木块是完全相同的。如前所述，用它们的大小和颜色对积木块进行编码，就构成了一个视角，这是用视角定义的方法，每个积木块都有唯一的标识。而解释则要将积木块分组。其中一种解释是按颜色对积木块进行分类，另一种解释则是按大小进行分类。

现在，就有了一个构造解释的启发式：采取一个视角并忽略维度。例如，当把一道用精选索诺玛兔肉为原料、龙蒿橄榄油耐心腌制、雪松木枝精心细烤，并用波特酒小心收汁的名菜，简单地称为“兔肉”时，就使用了这种启发式。为了进一步说明这一点，再举一个更正式一些的例子。假设有五只狗在公园里玩耍：一只黑色的拉布拉多犬、一只黑色的纽芬兰犬、一只褐色的马士提夫獒犬、一只褐色的沙皮犬和一只白色的玩具贵宾犬。这里可以构建一个视角，使每只狗的颜色和大小构成一对一映射（见表 3-1）。

这种视角为每只狗都分配了一个独特的词语，它可以用来生成两种解释，也就是维度投影。其中一种解释是基于颜色的，另一种解释则是基于大小的（见表 3-2 和 3-3）。

表 3-1　颜色 - 大小视角

（颜色，大小）	狗的种类
（白色，小）	玩具贵宾犬
（黑色，中）	拉布拉多犬
（黑色，大）	纽芬兰犬
（褐色，小）	沙皮犬
（褐色，大）	马士提夫獒犬

表 3-2　颜色维度的解释

颜色	狗的种类
白色	玩具贵宾犬
黑色	拉布拉多犬 纽芬兰犬
褐色	马士提夫獒犬 沙皮犬

表 3-3　大小维度的解释

大小	狗的种类
大	纽芬兰犬 马士提夫獒犬
中	拉布拉多犬
小	玩具贵宾犬 沙皮犬

投影解释（projection interpretation）

投影解释是指忽略了视角某些维度的解释。

这两种解释将这些狗分成了不同的类别。哪一种分类方法最好则依赖于所要实现的目标。如果试图搞清楚，哪种狗可以带上飞机，那么就应该采用基于大小的解释。如果担心让狗待在烈日炎炎的院子里会不会导致它们中暑，那么就应该采用基于颜色的解释。当一种解释只考虑可能的所有维度的某个子集时，就称它为投影解释。

并不是所有的解释都是投影解释。一些解释创造了一系列可能性的聚丛。例如，如果按照是不是符合“风水”的原则来对房子进行分类，就不是从属性空间中截取切片。相反，则会得到某种聚丛，因为要满足所谓的“风水”要求，需要将能够“和谐”共存的诸多属性组合起来。

聚丛解释（clumping interpretation）

聚丛解释创建了由类似的对象、情况、问题或事件组成的类别，这种类别不是简单的属性投影。

例如，当依赖诸如“昆虫”“蚂蚁”或“哺乳动物”这样的类别进行交流时，就是在创建这种聚丛。在这些情况下，我们所做的是，忽视分类表上的某些分支，但是可以把这种做法视为将可能事物的空间划分成了若干聚丛。[4]

“足球妈妈”是一群什么样的人

我们可以不那么严格地直接将解释视为分类。解释把动物（它是一只猫）、厨房用品（把这铲子与其他铲子放到一起）、电影（这是一部浪漫的喜剧片）、衣物（这些就是他们所说的“裙裤”），甚至个性（他是一个 INTJ 性格的人）等。分成不同的类别。通过构建这样的类别来理解世界。要在这个世界上生存，需要把特殊理解转化为更一般的、把一般的理解转化为较具体的。如果我们怕狗，那么可能首先会将所有的狗都归入“可怕的狗”的类别，然后再改进为只把体型庞大的狗归入“可怕的狗”的类别。随着时间的推移，这种推论还可以进一步改进为不愿意去追逐网球玩的大狗是“可怕的狗”；而小狗，除了杰克罗素梗犬之外，则都是可爱的。

当专家分析选举结果时，他们要讨论足球妈妈、纳斯卡爸爸、工会成员、波波族和里根民主党人等的投票模式，这样做是为了解释为什么选举结果会这样。与此类似，将不同的人归并起来，归入不同的群体，有助于解释哪些人会购买哪些产品、观看怎样的电视节目或生活在哪些特定的社区。关键是，这些类别并不是从远古传下来的，它们并未刻在出土的石碑上，是我们将它们构造出来的。

考虑人们可能关注的不同维度，以及每个维度上不同的人的区别（见表 3-4）。表 3-4 的最后一列给出了每个维度上不同类别数量的估计值。

表 3-4　个人维度

维度	类别	子集数量
性别	男性，女性	2
婚姻状况	单身，已婚，离婚，同居	4
年龄	每 10 岁分一类	10
孩子状况	无，一个，两个，三个，三个以上	5
就业状况	就业，失业	2
种族	欧洲裔，非洲裔，亚裔，拉丁裔	4

续表 3-4

维度	类别	子集数量
宗教信仰	基督教，犹太教，佛教，伊斯兰教，其他宗教，无	6
收入	按 5 维度分类	5
财富	按 5 维度分类	5
教育程度	高中，大学，研究生学位	3
地域	东部，南部，中西部，西部	4
是否有住房	是，否	2
居住地	城市，乡村，郊区	3

这些类别并不能将每一个人单独地识别出来，但是它们创造出来众多的不同人的类型十分有用。可以区分不同类型人的数量等于类别与数量的乘积，也就是 2 × 4 × 10 × 5 × 2 × 4 × 6 × 5 × 5 × 3 × 4 × 2 × 3。这个数字超过了 3 000 万。由于美国的总人口只有 3 亿左右，因此这种分类方法将导致归入每个类别的人平均只有 10 人。如果使用了所有这 3 000 万种类型，那么在任何一个子类别中，都无法得出任何具备统计有效性的推断，因为一个类别中的人太少了。

至于可以从这些类别中创建可能解释的数量，就更加多得令人难以置信。假设想要给出这样一个解释，它将考虑表 3-4 中列出的这些维度的某个子集，那么会有 1 000 多种方法来选择 4 个维度、2 000 多种方法来选择 5 个维度。一旦选定了这 4 个或 5 个维度，又有成千上万种方法来创建包含这些维度的类别。

在通常情况下，专家、市场营销人员和社会科学家比较依赖于大的类别，他们希望这些类别可以适用于更多的人。因此，我们就有了足球妈妈这个“类别”：年龄在 30 ~ 40 岁之间，有子女、有工作、有配偶，住在郊区的已婚女性。足球妈妈这个“类别”忽略了很多维度，比如宗教、地区、教育、种族，以及头发的颜色。

足球妈妈这样的类别，只有当这种类型人的行为或行动不同于其他类型的人时，才具有信息价值。否则，这种区分就不能改善预测。有效的市场营销和政治宣传都需要确定相关的类别，我们把这称为有效的解释。如果要把一种产品销售给富裕白人家庭的青少年，那么生产该产品的公司就必须针对这类消费者进行营销活动。在政治领域，如果某个候选人对某类选民缺乏吸引力，或者如果这类选民尚未决定如何投票，那么该候选人就应该针对这类选民发表演讲、提出政策建议、推出专门的竞选广告。我们不会看到政治评论员大谈特谈长着一双特别大的脚的人是如何投票的，因为这类选民的投票行为不会与其他类型的人不同。

再举一个例子。假设一项民意调查的结果如表 3-5 所示。

表 3-5 民意调查结果（%）

选民类型	打算投票给共和党的选民	打算投票给民主党的选民	仍未做出决定的选民
所有选民	38	42	20
足球妈妈	24	22	54
富有的老年公民	54	42	4

超过一半（54%）的足球妈妈仍未决定要给谁投票。因此，民主党和共和党的政治家应该把注意力集中在足球妈妈身上，他们将针对足球妈妈投放广告，甚至会提出专门迎合足球妈妈的政策项目。根据这些数据，政治家将会选择忽略已经决定给谁投票的富有的老年公民。

因果关系才是有意义的解释

由于可能的解释数量非常可观，因此似乎可以认为解释就像视角一样容易创建。事实上，它们比视角更容易创建。对每一个可以创建出来的视角，都存在大量可能的解释。一个解释可以忽略视角的某个维度，也可以忽略视角的一组维度的某个分支，或者说它可以形成微乎其微的差别。例如，如果一种解释是用来预测某人会不会购买蓝莓味鸡蛋华夫饼的可能性的，那么它可能完全忽略教育程度这个维度，或者，它也可能将那些至少接受过高中教育的人排除在外。

现在的研究者，已经可以利用高明的编程技术，让计算机去搜索可能类型的空间，找出行为模型与总体平均值不一样的聚合类型。这种技术被称为数据挖掘（data mining）或法证统计（forensic statistics）。但是，数据挖掘能揭示的只是相关性，而不是因果关系。直接依靠数据挖掘得出的因果关系可能是虚假的。既然可能的维度如此之多，一些与结果相关的建构类型就变得有可能了。最近搬到郊区、喜欢养狗、每天开 6 千米车去上班的人，膀胱癌发病率可能非常高，但是那又如何？这种相关性可能是虚假的。爱养狗或最近搬到郊区，“似乎”都会导致膀胱癌。真正的挑战是，如何对所有的相关性进行排序，并确定哪一个是真正具有因果关系的。

高架列车线路问题

解释的质量往往取决于它的精细程度。专家往往能够给出比新手更好的解释。新手一五一十地计数，而专家则一眼就能够看到第 16 个。当然，这种描述并不是完全准确的。专家们也会有意无意地忽视其他人会考虑到的因素。

专家的解释既非常精细，又十分粗略，这个特点使普通人与专家之间的讨论特别有意思，也特别令人费解。引导游客参观美术馆的专家可能会提及一幅油画的各种细节，比如画布的质地和颜料的类型、画家的笔触和风格，以及画家生平，比如个人生活、历史背景和居住地等。例如，在芝加哥艺术学院，导游往往会让参观者停留在毕加索的《老吉他手》这幅画的前面，而且通常会提到这幅画所用的画布上仍然可以看到一个女子模糊的影子。但是，在给出这种非常专业的解说的同时，这些专家经常会遗漏普通人认为最关键的一些细节。这幅画里的那只狗到底在做什么？为什么有些画有黄金制成的画框？专家忽略了某些维度并将另外一些维度进行分离剖析，在有意忽略某些维度的同时细致地精炼另一些维度，这两者是相关的。忽略某些维度可以保证专家专注于其他维度，从而获得更深入的理解，找到更好的解决方案。但是，作为普通人，我们却仍然想了解被专家们一带而过的那些细节。

专家更精细的解释的价值何在？为了说明这个问题，考虑一个与芝加哥市高架列车有关的例子。在芝加哥，高架列车（当地人称它为“EL”）每天都要运载数万名乘客。负责运营高架列车的是芝加哥运输管理局（CTA），作为一家公共机构，它要尽最大努力将成本控制在最低水平，同时最大限度地保证服务质量。20世纪90年代初期，芝加哥高架列车有三条连接中心市区、各住宅区及交通枢纽的主要路线。在这里，关注其中的两条线路（见图3-1）。第一条路线（在图3-1中用实线表示）始于埃文斯顿（E），在芝加哥市中心的“环路”（LOOP）周围盘旋，然后通往芝加哥南部（S）。第二条路线（在图3-1中用虚线表示）始于奥黑尔机场（OH），绕过环路，前往橡树公园（OP）。

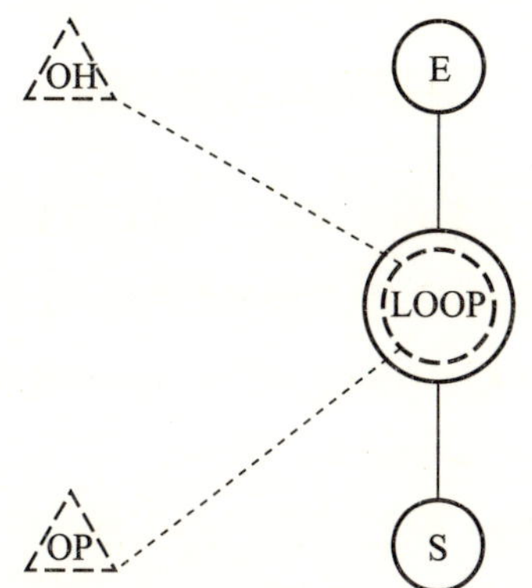

图3-1　芝加哥运输管理局最早确定的高架列车路线

现在的问题是确定所需的列车数量。相关的统计数据是每条路线上乘客数量的最高值。如果芝加哥运输管理局需要运送8万人，每列火车可以乘坐500人，那么至少需要160列火车。这两条线的最大乘客人数大致如表3-6所示。

表3-6　芝加哥运输管理局两条高架列车路线上的乘客数量

路线	最大乘客数量（人）	所需的列车的数量（列）
埃文斯顿－芝加哥南部	80 000	160
奥黑尔机场－橡树公园	70 000	140

1993 年，芝加哥运输管理局宣布，为了节省开支，要重新安排高架列车路线。这一次，芝加哥运输管理局不再认为只有两条穿过环路的路线，而是有意将这两条线路重新认定为四条路线，即橡树公园线、奥黑尔机场线、芝加哥南部线和埃文斯顿线，这四条路线都在与环路相交时结束。显然，这是对高架列车路线的一个更好的解释。现在，最大的乘客数量统计结果如表 3-7 所示。

从这个视角来观察这些数据，一个明显的解决方案就会自动浮现出来：将橡树公园线和奥黑尔机场线连起来，再将芝加哥南部线和埃文斯顿线连起来（见图 3-2）。芝加哥运输管理局就是这样做的，而且成本很低，只需付出铺设一小段轨道、设置新的指示牌和发布线路变更通知的成本。表 3-8 给出了新的线路和列车数量。

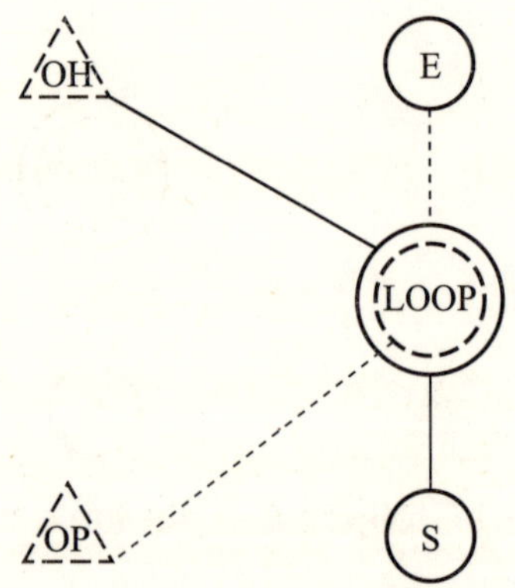

图 3-2　芝加哥运输管理局最新确定的高架列车路线

表 3-7　芝加哥运输管理局确定的新的高架列车路线

路线	最大乘客数量（人）
埃文斯顿 – 环路	80 000
环路 – 芝加哥南部	35 000
奥黑尔机场 – 环路	30 000
环路 – 橡树公园	70 000

表 3-8 新的芝加哥运输管理局高架列车路线上的列车数量

路线	最大乘客数量（人）	列车数（列）
埃文斯顿 – 橡树公园	80 000	160
奥黑尔机场 – 芝加哥南部	35 000	70

根据这个新的安排，所需的列车总数从 300 列减少到了 230 列，从而节省了大量的成本。为什么之前没有发现这个解决方案呢？为什么没有人在与芝加哥运输管理局有关的许多公开会议中提出这个问题？把一条高架列车路线切成两半并重新连接到另一条路线上，需要打破被大多数人认定为一个整体的东西。类似于将裤腿的下半部分视为与上半部分完全分开的独立实体。这个概念也是在 20 世纪 90 年代提出的。这种裤子被称为“转换裤”，即带有“可拆卸裤腿”的长裤，它们随时可以变成短裤。

归并，找到更好解释的妙方

在本章们已经阐明，在很多时候不会给每一种情况、事件或结果都取一个名字，我们不会时刻都使用视角。相反，则会把现实（事物）归并起来，分为若干类别。与法国人不同，我们不一定对所有的事物都有不同的词语来表示。当然，即便是如此，视角模型仍然有巨大的价值。视角构成了解释的基础。通过忽略视角中的某些维度，或者通过将视角切分成聚丛来构造解释。此外，正如上文中已经阐述过的，我们还是会为真实世界中的许多问题构建视角，比如旅行商问题。

拥有这两个框架也有助于区分多样性的两大原因。在前面的章节中，已经了解到，尽管存在着很多的视角，但是只有很小一部分视角能够刻画重要的结构。这些视角中的每一个，无论是好是坏，都会产生许多可能的解释。这些不同的解释导致我们得出不同的推断、做出不同的预测。因此，我们可以做到，以同样的基本方式看待这个世界，但是却以不同的方法将它分类。这就创造了丰富的多样性。这种多样性会影响预测结果和推断因果关系。这正是下一章的主题。

THE DIFFERENCE

04 多样性预测模型

红色的汽车跑得快。

——奥里·佩奇，我 3 岁的儿子

许多日本餐馆经常在橱窗中展示菜品的塑料模型，以此来招徕顾客，宣扬自己价廉物美。但是，美国游客去日本旅游的时候，却往往有意回避这些餐馆。这些游客以为这些不是好餐馆，但事实证明，并不是这样。毕竟，就算是一间小小的华夫饼屋，要制作展览用的塑料香肠和塑料华夫饼也不是一件容易的事情。这些美国游客事实上是在通过解释来衡量未来的事件，他们正在做出预测。解释是对可能性的集合进行分类，而预测模型则根据解释来描述在某种情况下会发生的事情。

我们将某些云归入“雨云”这个类别，并正确地预测了降雨；把某种闪电归类为“热闪电”，并正确地预测未来几天都将会比较干燥。但是，与去日本旅游的美国游客一样，预测模型也可能导致我们误入歧途。日本几乎每家餐馆都有菜品的塑料模型。事实上，这种塑料菜品模型在日本是非常受欢迎的，以至于在东京那条以美食闻名的合羽桥街（Kappabashidori）上，你在鳞次栉比的餐馆里不仅可以品尝美食，还可以买到很多塑料菜品模型。

投票时，会运用预测模型；买房子时，也会运用预测模型。选择人生伴侣或生意上的合作伙伴时、投资时，也都会运用预测模型。在这些例子中，都要根据对世界的解释去预测未来。我们并不能确切地知道某个事件会不会发生以及如何发生，市场价格是上涨还是下跌，学习俄语是不是对自己的职业生涯有利，某个候选人会不会成为一个合格的总统。我们只是做出预测，并争取抓住机会。

为了预测或推断因果关系，先要解释自己面对的情况。在前面所举的雨云的例子中，当仰望天空，并试图预测下雨的可能性时，要对当前的天气做出解释：温度、风速、云的形成、时间和天空的颜色等都分别意味着什么。我们根据自己的经验，将与天气变化相关的一部分从现实世界中抽离出来。然后根据自己的知识和经验进行预测。解释影响预测，但并不决定预测。两个对当前情况给出相同解释的人，有可能做出完全不同的预测，因为他们的经验或直觉可能指向不同的推论。

随着时间的推移，会对预测模型加以改进和完善。我们可能有这样做的现实经济动机，也可能只是希望对现实世界有更深入的理解。预测模型当然需要不断磨砺和完善，但是不一定会导致不同人的解释完全趋同。只有在得到足够丰富数据的情况下，预测才可能会趋同。我们能够学习掌握火与热、冰与冷的因果关系，因为火总是很热，冰总是很冷。环境噪声越小，就越容易得出因果推断。如果只有 51% 的时候冰是冷的，我们可能很难在它是不是很冷这个问题上达成一致，就像在辩论全球是否真的变暖了的时候一样。

虽然大量噪声的存在阻碍了预测能力，但是有的时候，增加一点噪声却会起到意想不到的效果。噪声能够增强对模型的信心，而“信心倍增”则会带来实际的后果。如果想要教会某种动物做某个动作，那么增加一点随机性可能会有所帮助。例如，教一只狗学会坐，你不应该总是给它奖励。虽然大部分时间你应该给它奖励，但是每隔一段时间你应该停止给它奖励。你这样做，狗就会想：“我明明好好地坐着，为什么没有得到奖励？发生了什么事？他没有说让我坐吗？”这种思考有助于它的大脑在你给出的命令、请求与它的行为之间建立起更强、更牢固的联系。这种做法看上去可能像是在进行学术研究，但是事实并非如此。在大多数训狗课程中，都会讲授可变奖励计划。

无论是在嘈杂的环境中还是在安静的环境中学习，每个人的头脑中都运转着一组预测模型。在接下来的论述中，将假设这些预测在给定解释和可用信息下是尽可能精确的。当然，现实世界中的实际情况并非总是如此。进化论已经得到了一个多世纪的实证研究支持，但是还是有很多人不相信。一些政府计划，例如先行教育计划（Head Start），尽管大多数证据证明它们是成功的，但是还是存在很多批评者。[1]

进化论和先行教育计划之所以饱受争议，原因之一是它们是多维度的、高度复杂的。当从政策和行动到结果的联系链条变得复杂化之后，即便是专家也无法完全洞悉其内在机制。所以要进行简化。要使用解释，甚至连专家也在这样做。如果解释不同，就会导致不同的预测。当然，多样性的预测已经被证明是有益的。不过，在说明这种情况的原因之前，还要先详细地了解它的来源。

什么是预测模型

> 预测模型（predictive model）
>
> **预测模型**是一种解释，并对由解释所创建的每个集合或类别进行预测。

预测模型的形式多种多样，包括系统动力学模型、回归模型、博弈论模型、因子分析模型和基于主体的模型，等等。模型简化了世界。事实上，你现在就“浸泡”在一个模型中。当然，“浸泡”在模型中，并不会把你的手软化。模型解释现实，然后输出结果。模型的输出往往采取提供预测的形式。因此在这里，我们要把注意力集中在预测模型上。

对于所有这些框架和概念之间的区别，必须有清晰的认识，为此，先来考虑预测模型与启发式的不同之处。一个预测模型能够告诉我们将会发生什么：“这天看起来好像要下雨了！”启发式则告诉我们应该怎么做：“下雨啦！得快点跑，找一个可以避雨的地方。”或者，启发式也可能告诉我们什么都不要做：“跑得再快也会被淋成落汤鸡！所以还是不紧不慢地走吧。”如果预测模型是思想，那启发式就是行动。

基于粗略解释的预测模型可能非常强大。在《眨眼之间》（*Blink*）一书中，马尔科姆·格拉德威尔（Malcolm Gladwell）阐明要成为专家，就要学会只根据几个特征就做出专家级的预测。不难看出，格拉德威尔其实是在描述基于简单解释的预测模型。[2] 在他的书中举了很多例子。其中一个例子是说，一位专家在瞬息之间就判定一尊据称价值数百万美元的雕塑为赝品，尽管“科学分析”认为它是真货。还有一位专家约翰·戈特曼①只要观察已婚夫妇日常生活中的若干细节，就可以准确地预测他们的婚姻关系能否长期维持下去。格拉德威尔的著作普及了格尔德·吉仁泽和彼得·托德（Peter Todd）关于理性的思考。[3] 运用预测模型框架，不仅可以说明这种快速判断为什么能够做到如此准确，而且可以揭示出，为什么在某些情形下，即便是最擅长“灵光一闪”的人都无法做出准确的预测。

正如格拉德威尔举的那些例子所表明的，不应该认为预测模型只适用于重要的事件，比如股票价格的变化或疾病的起因。事实上，我们几乎每次思考时都在应用预测模型。预测模型依赖于解释。比如，在预测电视节目何时达到收视高峰时，一个相当流行的预测模型依赖于对剧集的分类，而分类是根据剧本特征进行的。

就电视剧集而言，“跃过鲨鱼”②这类事件会因为很多原因而发生。这可能是一个事件，比如结婚、出生或死亡，也可能是节目中出现了某位特殊的客串明星，例如南希·里根（Nancy Reagar）出现在《不同的笔触》（*Different Strokes*）一剧中。[4] 在预测某个节目是否触及了“跃过鲨鱼”这样的临界点时，可以依靠不同的模型。

---

① 约翰·戈特曼是家庭关系、婚姻关系、人际关系研究领域的顶级专家，其著作《爱的沟通》《爱的博弈》《幸福的婚姻》等著作已由湛庐文化策划引进。——编者注

② “跃过鲨鱼”是经典美剧《欢乐时光》（*Happy Days*）中的一个场景，主角方兹（Fonzie）滑水时从鲨鱼身上跳了过去。这一跳标志着《欢乐时光》长期衰落的开始。

有人认为,《美国偶像》是和孔庆翔（William Hung）这个严重走音的歌手一起“跃过鲨鱼”的。而其他一些人则认为，当保罗·安卡（Paul Anka）出现在嘉宾明星席上的那一刻起,《美国偶像》就开始走下坡路了。

为了更正式地阐述预测模型，我构造了一个名为“筛选成功”（Screening Success）的例子。与“跃过鲨鱼”相比，它也许不那么好玩，但是更容易理解。这个例子很重要，在之后分析聚合预测模型时，还会用到这个例子。

经验模型

为了说明粗略的预测模型是如何发挥作用的，先考虑一个以快速评估为常态的情形，那就是对电影剧本进行的评估。在洛杉矶，服务员、冲浪者、酒店门童、购物中心员工，甚至律师、医生和教授当中，都有很多人在撰写电影剧本，所占比例高得惊人。许多这样的剧本都是由电影制作公司的低层员工粗略地评估的，而且他们自己也可能正在写剧本。一些剧本被送到了高层手中，但是大多数剧本都只是在电脑屏幕前被那些低层员工匆匆浏览一下就扔进了垃圾桶。

在这个例子中，有两名电影制作公司的员工雷和玛里莲。他们承担的就是在电脑屏幕上阅读剧本并给出评价的任务。不妨假设，他们的职责是只接受那些会产生利润的剧本。对每个提交给他们的剧本，雷和玛里莲都可以客观地评定其“性”（S）和“暴力”（V）的级别。这两个维度的评定级别分为四类:无、低、中和高（见表 4-1)。一个完整的电影视角要包含更多的维度，这种编码方法是一个解释。

表 4-1 “性”和“暴力”的解释

“暴力”的分级 “性”的分级	无	低	中	高
无				
低				

续表 4-1

“性”的分级 \ “暴力”的分级	无	低	中	高
中				
高				

为了使这个例子尽可能简单，假设存在一个从这些特征到剧本好（G）坏（B）的确定性映射，“好”是指剧本可以成为一部创造利润的电影，“坏”是指剧本应该被丢入垃圾桶。在这里，为了简化，只根据“性”和“暴力”的标准来评价剧本。表 4-2 给出了剧本性质对利润的映射。

表 4-2　剧本性质对利润的映射

“性”的分级 \ “暴力”的分级	无	低	中	高
无	B	B	G	B
低	B	B	B	G
中	G	B	G	G
高	B	G	G	G

鉴于这个结构，如果有人知道上述映射，并能够追踪各剧本中“性”和“暴力”的程度，那么他就应该可以对某个剧本将会被评定为好还是坏做出完美的预测。假设雷和玛里莲做不到这一点，他们两人都没有同时考虑剧本“性”和“暴力”两方面性质的能力、时间或兴趣。假设雷只关注“性”的程度（见图 4-1），而玛里莲只关注“暴力”的程度（见图 4-2），我们把这两者都归类为投影解释。

无	无	无	无
低	低	低	低
中	中	中	中
高	高	高	高

图 4-1　“性”的投影

无	低	中	高
无	低	中	高
无	低	中	高
无	低	中	高

图 4-2 “暴力”的投影

要想将这些解释转化为预测模型，只需要给解释中的每一个集合附加上一个预测即可。假设雷读到了一个没有包含“性”内容的电影剧本，由于雷已经读过很多剧本，拥有丰富的经验，他知道这个剧本拍成电影后有 75% 的可能是无利可图的。同样，他还知道，涉及“性”程度低的剧本有 75% 的可能是坏的，而涉及“性”程度高或中等的电影有 75% 的可能是好的。

当然，雷并不一定总是对的，但关键是，公司之所以付他工资请他来做这件事情，并不是因为他的判断总是正确的，而是因为他能做到快速评估，他必须在眨眼之间就做出决断。雷的预测的总结如表 4-3 所示。这张表格描述了他的预测模型。该表的第一栏显示的是剧本“性”的分级。第二栏给出了雷所观察到的剧本的好坏，例如，在没有“性”的剧本中，3 个“B”才有 1 个“G”。那个被评为“G”的电影剧本是没有“性”的、且包含了温和的暴力。

表 4-3 雷的预测模型

“性”的分级	出现情况	预测
无	3 个 B，1 个 G	B
低	3 个 B，1 个 G	B
中	3 个 G，1 个 B	G
高	3 个 G，1 个 B	G

同样，可以用表 4-4 来描述玛里莲的预测模型。

从表中可以看出，玛里莲的判断也有 75% 的概率是正确的。但是请注意，玛里莲不会和雷做相同的预测。在评估一个没有“性”但包含了强烈暴力内容的剧本时，雷预测它将失败，而玛里莲则预测它将成功。在这种情况下，雷的预测是正确的，而玛里莲的则不是。不过，如果我们看所有情况下的平均预测情况，那么玛里莲可能是正确的，而雷不是。

表 4-4　玛里莲的预测模型

“暴力”的分级	出现情况	预测
无	3 个 B，1 个 G	B
低	3 个 B，1 个 G	B
中	3 个 G，1 个 B	G
高	3 个 G，1 个 B	G

现在，除了雷和玛里莲之外，再增加一个剧本评估专家德博拉。德博拉使用了聚丛解释的方法，创建了一些允许在同一类别下存在两个属性的集合。投影解释将正方形拆分成行或列，而聚丛解释则将它拆分成不同形状的盒子。

为了说明如何给这个解释构建一个正确的框架，不妨先这样想象，德博拉是一个饮用大量健怡可乐的人，平时总是戴着时髦的眼镜，态度严肃。德博拉的解释将剧本分为三类：无趣、极端、和谐。德博拉的分类方法是，“性”和“暴力”等级均为低或者均为中的剧本是“无趣”的；“性”和“暴力”两者之间有一个等级为低或中，而另一个为高或无，则是“和谐”的；“性”和“暴力”两者没有一个等级为低或中，则是“极端”的（见表 4-5）。

表 4-5　德博拉的解释

“性”的分级 \ “暴力”的分级	无	低	中	高
无	极端	和谐	和谐	极端
低	和谐	无趣	无趣	和谐

续表 4-5

"暴力"的分级 / "性"的分级	无	低	中	高
中	和谐	无趣	无趣	和谐
高	极端	和谐	和谐	极端

假设德博拉的经验非常丰富，并假设她的预测可能更准确，那么德博拉的模型将会预测，和谐的电影剧本将是好的，而所有其他电影剧本都将是坏的。她的预测模型如表 4-6 所示。

表 4-6 德博拉的预测模型

"暴力"的分级 / "性"的分级	无	低	中	高
无	B	G	G	B
低	G	B	B	G
中	G	B	B	G
高	B	G	G	B

相对于雷和玛里莲的模型，德博拉的模型似乎有点奇怪。然而，只要把所有情况都核对一遍就可以看出，她也有 75% 的概率给出了正确的预测。她的预测与雷和玛里莲一样准确。由于这几个人在预测方面的概率都一样，他们都会很自信地坚持自己的预测模型。因此，即便是在必须做出相当好的预测的压力之下，人们也不一定会集中到某个共同的预测模型上。是的，选择压力，也就是所谓的适者生存，并不意味着集中到单一的预测模型。在一个竞争激烈的环境中，多样性依然可以存在，这时，多个预测模型可能都会达到差不多的准确程度。在分析选举的时候，20 个专家可能有 20 种不同的方法。是俄亥俄州的福音派选民的支持，还是城市远郊居民的帮助，使小布什在 2004 年总统大选中胜出？两者都有一定道

理。正如将在本书第 2 部分中看到的那样，当试图集结这些预测模型的预测时，这种多样性的存在是有益的。

理论模型

到目前为止讨论的模型，都假设这几位剧本审读专家是根据自己从经验中学到的东西进行预测的。但是，即使没有任何经验，有时也不得不进行预测。在这种情况下，就要根据理论模型来做出预测了。例如，在他们承担这份工作的第一天，玛里莲和雷肯定不得不依靠一些毫无经验基础的理论。这些理论既可能比完全随机猜测好不到哪里去，也可能相当准确，如果有恰当的逻辑支持的话。雷可能会提出这样一个理论，认为“性”程度为中或低的剧本是好的，并构建一个如表 4-7 所示的预测模型。

表 4-7 雷的理论预测模型

“性”的分级	预测
无	B
低	G
中	G
高	B

不难看出，这个模型预测的准确率只有 50%。事实上，雷只要通过抛硬币就可以得到同样的准确率，那样的话，他就不必再忍受有些剧本中可怕的对话或情节的折磨了。

这个例子虽然很简单，但是却告诉我们一个非常重要的道理：一种解释，即使它对特定对象或事件的表示是有意义的，仅凭这种解释本身也是不够的。一个解释可能刻画了一些维度或属性，它们可以揭示潜在的因果关系或相关性，但是，除非这个解释与一个准确的由经验锤炼过的预测模型相结合，否则它也不一定是有用的。

因此，可以对某种给定解释下的预测模型的最大准确度与给定的预测模型的准确度加以区分。从解释中得出的最准确的预测是，如果人们通过经验知道结果的真实概率分布，那么就可以做出准确的预测。正如已经看到的，一个特定理论的准确性不一定能达到这个最大值。另外，在一些情况下，给定解释下预测的最大准确度也可能不高。如果是这样的话，就不可能做出高度准确的快速评估。

换句话说，我们有的时候能够在眨眼之间就做出决断，有的时候却不能。假设从一个共同的视角开始，用它来构建出投影解释和预测模型。然后，在每个维度上都有了一个预测模型。这些预测模型有可能全都无效。如果是这样，眨眼之间做出的预测，也就是基于单一维度进行的快速评估将不会有效。“灵光一现”要求存在一个能够使任务变得容易的维度。正如格拉德威尔在《眨眼之间》一书中所描述的那样，夫妇双方相互“泼脏水”的确切证据是判断婚姻将以离婚而告终可能性的一个很好的预测指标。如果我们的解释只考虑了单一维度，比如某对夫妇是否会做出令人讨厌的、贬损对方的评论，就会使我们更加容易做出预测。

但是一般来说，对于某个给定的预测任务，这样的单一维度却很可能是不存在的。举一个简单的例子，假设要预测一家上市公司的股票价格是上涨还是下跌。如果仅根据该公司的市盈率、销售增长率、过去一年来股票价格变化的趋势等维度中的某个维度，我们对它的股票价格将会上涨还是下跌的预测准确度，将与随机抛硬币没有什么区别。任何单一维度都没有很高的预测价值，这是由市场逻辑所决定的。如果真的存在某个能够预测股价上涨的简单方法，肯定会有人找到它、利用它，从而抬高被低估的股票价格。出于这个显而易见的原因，股票市场上成功的投资者都要运用复杂的预测模型。我们无法在“眨眼之间”判断股价将会上涨还是下跌。

大量证据表明，大多数人的预测，甚至是专家的预测，都不如基于数据的回归模型预测准确。在《点球成金》(*Moneyball*)一书中，作者通过引用比利·比恩

（Billy Beane）的例子，使这个特征事实广为人知。[5] 比利·比恩利用回归分析来管理球队,结果将其他棒球队远远地抛在了后面。这并不是特例。200 多项研究表明，简单的线性回归模型对未来的预测远远优于专家。[6] 这些结果并不令人费解。专家也是人，也会像其他人一样受到各种偏见的影响。

在一项前后持续了 10 年之久的研究中，菲利普·泰洛克（Philip Tetlock）发现，专家无法准确预测复杂的经济和政治过程的结果。在进一步研究中，他还发现，那些囿于僵硬意识形态立场的专家，即所谓的“刺猬”型专家，比那些灵活的专家表现得更加糟糕。而且总的来说，大多数专家都过度自信了。[7] 当然，几乎每个人都有过度自信的倾向，这是人类的天性。大多数人都觉得自己在大多数情况下应该高于平均水平。同时，泰洛克也发现，专家的预测比回归模型的预测效果更差，这与前人研究结果相似。

当然，对于泰洛克的研究结果，不必太过惊讶。必须记住，即便是专家，头脑里也只能装下有限的信息。在进行预测时，专家也最多只能考虑几个维度。他们可能会忽视重要的变量，有时候又会把不重要的变量包括进自己的预测模型。因此，当推断任务变得非常困难时，即便是专家也不得不依靠猜测，这时他们的预测可能不会比抛硬币好多少。

专家的预测不如回归模型精确，这个事实引发了进一步思考：既然如此，为什么还要利用专家的智慧来解决问题呢？为什么不干脆全部使用回归模型呢？人们，特别是专家，已经在利用回归模型了。成功的投资者、预测者和赔率制定者，这些真正的专家不仅仅拥有一种神秘的能力，也就是他们能够预感到可能会发生的事情，而且会大量收集和利用数据，他们一直在进行回归分析。但是，这些回归仍然基于人们所选择的变量，也就是我们所称的解释。因此，回归模型同样渗透了人的因素。回归模型的解释也会忽略某些变量，而将其他一些变量包括在内。鉴于可能存在的多样性解释，我们拥有许多不同的专家。而且，正如将会看到的，这种多样性是有益的。

多样性预测模型的力量

行文至此，应该对本章和前面介绍的诸多概念进行一番总结了，这有助于澄清它们之间的联系和区别。如果想预测什么东西，就必须有一些方法来表示某些实体，这些实体的结果正是所要预测的。视角给出的是一个全面的、完全的表示，但是在大多数情况下，人们不直接运用视角。我们运用的是基于视角的解释，也就是分类。在给定解释的情况下，可以根据经验或理论做出预测。把这些预测和解释一起称为预测模型。因此，预测模型将我们解释中的集合（或类别）映射到结果上。任何解释都有一个最精确的模型，但没有理由相信人们肯定能够用到这个模型。毕竟，我们只是人。

作为人类，不同人选择的解释是不同的。正如在“筛选成功”的例子中看到的，预测模型可以彼此不同。雷可能认为某个剧本是好的，但玛里莲却认为不是。有时粗略的预测模型运行得很好，有时却相当糟糕。如果面对一个复杂的预测任务，那么基于粗略解释的预测模型在大多数情况下都是不准确的。但是，正如在本书的第 2 部分中将会讨论到的，即使单个预测可能是不准确的，多样性的、不准确的预测集合也可能提供准确的预测。

THE DIFFERENCE

05

智能，取决于智商还是认知工具箱

一个人一生中只需要两个工具：一个工具可以让一切动起来，另一个工具则可以让它们停下来。

——G. 维拉赫尔

多样性视角、启发式、解释和预测模型这些框架是每个人可以带到工作台或黑板前使用的工具。我们都带着一个装满了各种工具的工具箱。这个工具箱是一个思考个体认知差异的框架，因为每个人的工具箱都装满了不同的认知技能。这里所说的工具可能是一个视角，比如用另一种语言思考的能力；也可能是一种启发式甚至是一套启发式，比如微积分知识；又可能是一个解释；还可能是一个预测模型，甚至是一类预测模型。我们要尽其所能地利用这些工具。

工具箱框架服务于三个目的。第一，它有助于以新的方式思考智能这个问题。在通常情况下，我们都是根据智商分数来评估智能水平的，而利用工具箱，就可以根据特定的工具或工具集合来思考。第二，工具箱框架能帮助我们重新思考应该如何对智能进行排序。如果从工具的角度来思考人，就不一定能说一个人比另一个人聪明。第三，工具箱框架允许我们计算群体能力。如果把人视为有工具的人，那么就可以推断出一群人将会如何表现。但是不能对智商分数进行相同的计算。

工具箱使我们与众不同：任何两个人都可能拥有不同的工具箱。一个人可能知道如何应用概率论中的贝叶斯规则，另一个人可能知道如何区分不同鸟的种类；一个人可能知道怎样用二进制来表示数字，另一个人可能懂得如何将草药和香料结合使用。工具箱定义、约束、引导我们，决定我们在学校里的表现、应该怎么与别人相处、选择什么职业、赚多少钱、是否能够玩得开心，以及聪明的人怎么看待我们。一个人的工具箱不会是一直固定不变的。在生活中，我们会学习新的工具，偶尔忘记旧的工具。在任何时候，个人的工具箱都取决于天赋、身份、训练和经验。

但是，拥有工具和正确地使用工具是两回事。为简单起见，假设所有人都有能力使用他们拥有的工具。一个更完整的框架还要考虑到一个人使用自己工具的便利性。工具的便利性因人而异。某个人可能很快就能很好地利用自己的工具。另一个人可能很久都无法确定该使用什么工具，不过他在将工具组合起来使用方面却非常得心应手。许多提出了深刻洞见、做出了突破性贡献的人，都是深思熟虑、“慢工出细活”的思想者。再一次强调，很多思维迟缓的人思考也不深入，那个说“静水流深”的人可能从来没有见到过深潭。

到底哪些工具可以进入一个人的工具箱？部分取决于天赋。每个人都天生就有一些获得各种工具的潜能，也天生就有一些限制。有的人学语言得心应手，有的人凭直觉就能学好数学，还有的人把复杂的国际象棋下得特别好。基因并不完全决定我们能够获得哪些认知能力，甚至可以说，基因对所能掌握的认知技能施加了严格的约束，但是基因确实使某些技能比其他技能更容易掌握。当然，是否选择培养有天赋的能力和技能，那又是另外一个问题了。

工具箱的“内容”也是身份、经验和训练的产物。要了解老师和父母让学习的东西，知道他们为我们安排了哪些机会。接受什么训练、获得什么经验，并不是随机的，而是由选择决定的。我们会学习自己和朋友认为有意思的东西。本书后面还会更详细地讨论这个主题。在这里，先专注于工具箱对智能认知的影响。

虽然工具箱可以说是真实大脑运行机制的“简化版”，但是工具箱框架却使对智能的思考变得更加复杂化了。思考智能的标准方法依赖于“测量棒”（measuring stick），我们每一个人都落在测量棒的某一处。智商测试只使1根测量棒，其他方法则可能使用更多的测量棒。例如，著名教育心理学家霍华德·加德纳（Howard Gardner）①就用了7根测量棒，而且一直在考虑第8根。8根测量棒看起来似乎很多，但是在确定一栋房子价格的时候，就至少运用了8根：建筑面积、建造年份、外墙建筑材料、房间数量、浴室数量、卧室数量、占地面积、地板类型等。因此，在衡量人的智能时，尺度只会更多。

为此，我们采取了另一种方法。假设一个人的智能取决于他的工具箱，以及获取、生成工具并应用工具去解决问题、应对环境的能力。在其他条件相同的情况下，一个人拥有的工具越多，解决问题、构建理论、完成其他认知任务的能力就越强。使用工具箱框架让我们的考虑更加智能，更重要的是，组合智能才能变得复杂。如果智能更高只意味着比另一个人拥有更多的工具，那么是可以做这样的比较的。

但是，智能更高也可能意味着某个人可以解决另一个人能够解决的任何问题以及其他更多的问题，而且第一个人在所有情况下都能做出更准确的预测。如果是这样的话，就需要保证第一个人拥有第二个人拥有的每件工具，第一个人的工具箱不仅仅是一个不同的集合，而且包括第二个人工具箱的全部，当然还远远不止于此。工具的超可加性意味着我们也需要知道一个人可能会应用的所有工具及其组合。如果只用一把锯子或一把锤子，不可能建造出令人满意的房子和任何有意义的东西。如果同时拥有两者，就可以建造房子、树木堡垒和围栏了。正如管理大师彼得·德鲁克所说：“有效的工作通常是由许多不同知识和技能的人组成的团队完成的。”[1]

在本章中，将充分展现工具箱框架的威力，并将它与测量棒方法进行对比。比如说，智商分数以及多维智能测验分数。即使是多维度智能指标，也会

① 霍华德·加德纳的《多元智能新视野》《智能的结构》《重塑真善美》已由湛庐文化策划引进。——编者注

因为将认知差异投影到多维空间而低估多样性。而在工具箱框架中，人们的各种能力都可能不同，而且这些能力最多只会转化为粗略的排名。也许可以给出数学家的排名表，但是不能说托尔斯泰是否比牛顿聪明。可以在领域内部排名，但是不能跨领域排名。而且只能在某些领域内进行排名，对物理学家进行排名比对作家排名容易得多。一般而言，不能说这个作家就比那个好。

智能≠智商

美国人非常喜欢排名。无论是城市、学校、汽车、航空公司、狗，还是电影明星，都有排名。我们也倾向于认为可以按智能高低对人进行排序。但是有许多人都相信，认知能力不能用一个数字或数字向量来概括。根据对工具箱框架的分析结果，则反对对人进行完全的排序。但是，也不能满足于直接得出结论说每个人都是不同的，那可能太极端了。至少，可以对人进行分类，然后在类别之间进行一些比较。“伟人”这个类别的人，比如说伟大的小说家和核物理学家，确实比其他人更聪明，但是不能说伟大的小说家比核物理学家“聪明”，也不能说核物理学家比小说家“聪明”。

多样性认知技能，就像城市多样性景观一样，在各种不同的背景下都被证明是有益的。认知技能类似于身体技能，适用于某些领域，而不适用于其他领域。如果有人忘记了身体技能是有“情境依赖”的，那么只要跟他提一提迈克尔·乔丹去打棒球的经历就足够了。虽然从普通人的标准来看，乔丹也可以说是一个非常出色的棒球运动员，但是他显然没有达到大联盟棒球运动员应有的水平，尽管他作为运动员，比所有其他大联盟棒球运动员都更加成功。一位优秀的花样滑冰运动员的身体素质与一位优秀的相扑运动员的身体素质是不一样的，同样，一项任务中要求精通的认知技能与另一项任务所需的认知技能往往很少有重叠之处。

为了揭示原因，心理学家使用了通用型智能测试方法。这些智能测试将人类思维映射到一个单一的维度上。这个单一的维度又被概念化为能力。我们认为，自己比每个智能测验得分更低的人都要聪明，而得分高的人则比我们聪明。但是，鉴于大脑的复杂性和多样性，对个人或群体的这种排序似乎问题重重。从智能这样复杂的东西到一个数字的任何映射，都会浓缩许多信息。试想，你能用一个分数来衡量城市质量吗？你能够把巴黎或纽约，甚至塔尔萨市简化为一个单一的数字吗？当然不能。

不过话说回来，智商测试毕竟还是在测量一些有意义的东西。这种测试能够反映某个人在相对较短的时间内展现一系列认知技能的能力。平均而言，智商高的人应该拥有更多的工具，尤其是能让人快速而准确回答问题的工具。因此，智商测试得分高的人可能并不是多样性的。[2]

在刻画智能方面，工具箱方法与测量棒方法有着根本的区别。智商和工具箱都是解释。它们都将一个人解释为一个集合。在智商框架中，这种集合由数字组成；而在工具箱框架中，这种集合则是工具的组合。一个人的智商得分只能取200个左右值中的某一个。相比之下，特定工具箱集合的数量却可能非常巨大，这一点很快就会论述到。[3]因此，工具箱框架比测量棒方法更能包容多样性。

智商测试通过接受测试的人回答正确的问题数量来确定他的得分。回想一下上面给出的城市类比。要给芝加哥或波士顿打个分，可以要求这些城市回答一些问题：有博物馆吗？有公园吗？空气干净吗？有交响乐团吗？……要想获得高分，一个城市必须给出正确的答案。但是最终得分最高的城市取决于所提出的问题。所以不能说芝加哥比波士顿好或波士顿比芝加哥好。芝加哥可能比波士顿好，波士顿也可能比芝加哥好，这根据所问的问题而定。然而，如果考虑所有可能的问题,那么从“平均成绩”看,巴黎比塔尔萨市或大急流城一般来说会好一些。但是，在某些特定的问题上，比如当地人是否友好？塔尔萨市和大急流城却给出了比巴黎更好的答案。所以不能说巴黎在每个方面都更好。

这种类比值得进一步展开。假设，与姐姐凯莉一同住在芝加哥的萨拉想要搬到波士顿去。萨拉对波士顿一无所知，只不过一份在波士顿的杂志《康泰纳仕》（*Condé Nast*）给芝加哥的评分是 84 分，而给波士顿的评分却是 85 分。萨拉真的可以根据这种评分结果得出波士顿有更好居住环境的结论吗？当然不能。相反，看到这样的评分，她应该得出的结论是，在芝加哥和波士顿这两个城市中，任何一个城市相对于另一个城市都有其优势，而从总体来看，它们不相上下。如果把这种差异类比为智商差异，就可以得出这样一个结论：智商的巨大差异可能意味着智能的显著差异，但智商的微小差异则不然。更加重要的是，过于关注智商得分上的微小差异，会掩盖更关键的认知差异。两个智商得分相同的人对社会做出的贡献可能完全天差地别。

然而事实是，一旦获得了这样一些单一的数字指标，就会迫不及待地开始进行比较。这种比较会导致紧张和压力。与以下这个场景相类似的场景每年都会出现在美国各地不同的家庭中：身高 180 厘米的大卫收到了他的学业能力评估测试分数（SAT），他的父母马上把他的成绩与姐姐杰姬的成绩进行了比较。杰姬身高只有 165 厘米，但是她的成绩比大卫好得多。大卫的父母试图让他冷静下来，因此对他说："我们每个人都不一样。没有任何人比其他人更聪明。"而大卫则想："是的，是这样，我也这么想。"这样一来，大卫就可以接受自己的分数了。但是，如果将这种逻辑贯彻到底，那么他的父母其实也可以告诉他，他和姐姐的身高是一样的。当然，如果接受工具箱的比喻，我们将会认识到，大卫的父母是有道理的。不能把这些分数看得太重了。[4] 可以沿着墙把人排成一排，用一支铅笔做好标记，从而确定每个人的相对身高，但是对于每个人的智能，不可能做同样的事情。

多元智能与三元智能

如果仅有一个数字指标达不到，那么也许可以通过增加维度数量来捕获智能。正如将会看到的，这个想法确实向着工具箱框架的方向迈进了一步，但是远远没有到达终点。尽管如此，它仍然值得在这里展开探讨。

上文中已经提到过，对于智能，最著名的多维度测量方法是霍华德 · 加德纳提出的八大智能维度度量法：语言的、逻辑的、音乐的、空间的、运动的、人际的内省的以及自然观察的。[5] 加德纳所选择的这些维度都不能说是“特别的”。据他所说，每个维度都要满足 7 个标准：相关的智能与大脑的特定区域有关、存在这方面的“神童”、可以按精通程度划分为不同阶段，等等。

著名认知心理学家罗伯特·斯滕伯格（Robert Sternberg）给出了第二种多维度的智能测量方法。它包括三个维度：分析性智能、创造性智能和实践性智能。[6] 分析性智能大体上与人们通常说的智商相对应，它强调的是解决测试问题的能力。创造性智能刻画的是人们将过去的经验应用到新的问题上、并将不同想法组合起来解决问题的能力，这与工具箱框架有相似之处，创造性智能部分测试了组合不同工具的能力。实践性智能则用来刻画一个人将学术知识应用于现实世界的能力。一个实践性智能很高的人，在解决类似“做一张桌子要购买多少木材”这样的问题时能够娴熟地运用自己的工具，但是在解数学问题时却可能表现不佳。一个实践性智能较低的人可能随手就能解出很难的微积分题，但是在重新装修一个房间时却可能会多买五六倍的油漆。幸运的是，这两个人可能会结婚。如果真能那样的话，一切就都尽善尽美啦。

多维度评价的困惑

虽然单维度的智能指标可以用来排名，但是多维度的指标却不一定能。例如，可以说，一个 SAT 语言部分得分 700 分、数学部分得分 700 分的学生，比在这两个分数上都只得了 600 分的学生“考得更好”，但是却不能确定他是不是比那些在数学部分得了 800 分，同时在语言部分只得了 600 分的人“考得更好”。在不知道这两个部分权重的情况下，甚至不能说他比在数学部分得了 710 分，而在语言部分只得了 600 分的人“考得更好”。当然，可以对各部分进行加权处理，这样可以给出一个综合分数以及一个单维的排序。但是这样做的时候，我们已经对各个部分的相对重要性做出了隐含的价值判断，这可能会有问题。更有问题的是，只要改变一下权重就可以改变一群人的排名。

假设希望根据凯瑟琳、帕特里克和保罗的考试成绩对他们进行排名。当然，对他们进行排名就是在每个人的名字之间放入一个大于号，形成如下的式子：

凯瑟琳 > 帕特里克 > 保罗

上面这个式子代表凯瑟琳排在帕特里克之前、帕特里克排在保罗之前。这种排序是可传递的，所以凯瑟琳也一定排在保罗之前。在这种情况下，“>”的关系可以用来表示年龄，即凯瑟琳比帕特里克年长、帕特里克比保罗年长，这意味着凯瑟琳也一定比保罗年长。这种按年龄排序的方法是合理的，因为年龄是一维的。[7] 现假设凯瑟琳、帕特里克和保罗都参加了斯滕伯格的智能测验，并得到了如表 5-1 所示的分数。

表 5-1　三个人的斯滕伯格智能测试得分

人名	分析性智能	创造性智能	实践性智能
凯瑟琳	60	95	80
帕特里克	90	55	85
保罗	55	70	70

仅仅根据这些分数，不能对凯瑟琳和帕特里克进行排序。凯瑟琳的创造性智能得分更高，但帕特里克的分析性智能和实践性智能得分更高。同样的，也不能直接对帕特里克和保罗进行排名。帕特里克在分析性智能和实践性智能上得分更高，但保罗在创造性智能上得分更高。不过，对凯瑟琳和保罗进行排名是可以的，凯瑟琳在三个方面得分都比保罗更高。这种部分排名会导致混乱。凯瑟琳比保罗更聪明，但帕特里克却不比保罗更聪明，同时凯瑟琳又不比帕特里克更聪明。这种悖论性结果之所以会出现，是因为我们把几个维度压缩成了一个维度。在这样做的过程中，损失了信息，混淆了差异。

获得完整排名的一种方法是将这三方面测试的得分加起来，得到一个总分。他们的总分如表 5-2 所示。

表 5-2　三个人的斯滕伯格智能测试总得分

人名	测试总得分
凯瑟琳	235
帕特里克	230
保罗	195

现在可以对他们进行排名了。但是，这种一维排序实际上否定了这三种智能的独立性。而且，它对这三种类型的智能赋予了同样的权重。这种同权重的假设是武断的。在某些情况下，分析性智能可能比创造性智能和实践性智能更加重要。如果分配给分析性智能的权重双倍于创造性智能，那么就会构造出一个“数学权重加倍的斯滕伯格智能测试得分”，于是就会让帕特里克“成为”最聪明的那个人。[8]

改变权重，就可以改变排名，这会造成严重的问题。为了处理多重属性的情况，大多数排名系统采取的方法都是先给每个属性分配权重，然后进行相加。例如，《美国新闻与世界报道》杂志（*U.S. News and World Report*）在对大学进行排名时，就分配了一系列权重。大学有多重属性：学生考试成绩、毕业率、师生比，等等。《美国新闻与世界报道》杂志给每个属性分配一个权重，而每一个权重就决定了该属性的相对重要性。所以，一所大学的得分就等于它各个属性得分的加权和。这样一来，就可以将所有大学按这种一维分数的高低，从最高到最低一路往下排列起来。但是，假设你想申请大学，你希望以不同于《美国新闻与世界报道》的方式来给各种属性分配权重，那又会怎样呢？也许你最想上的学校是一所距离你家 160 千米之内的好大学。你会得出一个与众不同的“大学排行榜”，但是那样的话，许多大学就会失去“大吹法螺”的机会。没有一所大学愿意树立一块硕大的广告牌，上面写着“本大学连续第五年离康拉德家最近”！

当然，如果某所大学在所有属性上的表现都优于另一所大学，那么无论各属性的权重如何，它都会排在比后者更高的位置上，这就像不管三方面智能的权重是多少，凯瑟琳的排名总是高于保罗。然而，随着维度数量的增加，某个人或某所大学所有维度上的得分都高于另一个人或另一所大学的机会会迅速缩小。

权重分配的任意性令我们对这些排名觉得有些不安。再来看一看大学橄榄球碗赛的排名体系，它已经引发了广泛的不满。这种排名也是根据各支球队的分数进行排序的，该分数综合了民意调查、计算机排序、获胜记录、赛程强度和胜利的含金量等方面的因素。在某些特殊的情况下，分数越低越好，因为分数最低的两支球队有权参加大学生橄榄球全国冠军赛，许多人认为这是不公平的。球迷们认为，哪支球队最好，这个问题的答案应该是在球场上决定的。他们希望通过比赛来决定最好的球队。[9]

围绕大学橄榄球碗赛及其排名体系的争论决不是无关紧要的。还可以证明，“在球场上一分高下”这种解决问题的方法，或者说，通过面对面的比赛来确定排名的方法，也可能不起作用。最好的团队可能根本就不存在。同样的逻辑也适用于人。即使能够通过某种方式让人们面对面地竞争，以便搞清楚谁是最聪明的，也可能无法观察到明显的赢家是谁。即使制作了一个名为“世界上最聪明的人”的游戏节目，也可能找不出世界上最聪明的人。尽管这样说可能要向全世界智商最高的人玛丽莲·沃斯·莎凡特（Marilyn Vos Savant）表示歉意。

在这里，可以用“兵力分配博弈”（Colonel Blotto Game）来驳倒面对面的竞争能够得出哪个团队是最好团队这种观念。在经典的“兵力分配博弈”中，有两个博弈（游戏）参与者，每个参与者各有 100 颗棋子（“士兵”）。每个参与者都必须将这些棋子排列在三扇门前面。[10] 无论哪个参与者，只要在某扇门前放下了比对方更多的棋子，就能赢得这扇门（“士兵占领了门”）。“兵力分配博弈”的目标是赢得最多的门。但是，“兵力分配博弈”不存在最优行动。任何位置上任何一颗棋子的摆法都可以被击败。例如，如果第一个参与者在第一扇门和第二扇门前各放 50 颗棋子，而在第三扇门前不放任何棋子，那么第二个参与者可以在第一扇门和第三扇门前分别放 60 颗棋子和 40 颗棋子，这样就可以赢得两扇门，从而在整个博弈中胜出。

可以用“兵力分配博弈”来给大学橄榄球碗赛建模：第一扇门表示第一支球队的进攻组、第二支球队的防守组；第二扇门表示第一支球队的防守组、第二支球队的进攻组；第三扇门表示双方球队的特别组。“兵力分配博弈”还可以对律师的行为建模，这几扇门可以分别代表法律知识、个人魅力和事实盘问。当然，“兵力分配博弈”并不能刻画所有竞争情况，没有任何一个模型能做到这一点，但是它确实是一个相当不错的类比。接下来，假设有 4 支参赛队伍参加一个“兵力分配博弈”锦标赛，它们分别是南加州大学队、密歇根大学队、佛罗里达大学队和俄克拉何马大学队。这几支参赛队采取的策略如表 5-3 所示。

表 5-3 兵力分配博弈中的策略

游戏参与者	第一扇门	第二扇门	第三扇门
南加州大学队	40	40	20
密歇根大学队	35	40	25
佛罗里达大学队	20	35	45
俄克拉何马大学队	33	33	34

南加州大学队、密歇根大学队和佛罗里达大学队都击败了俄克拉何马大学队，因为前 3 支参赛队都在两扇门前各放了 34 颗以上的棋子。而在前 3 支参赛队伍之间，如果南加州大学队与密歇根大学队比赛，那么南加州大学队将胜出，赢得第一扇门和第三扇门；如果密歇根大学队与佛罗里达大学队比赛，那么密歇根大学队将胜出，赢得第一扇门和第二扇门；如果佛罗里达大学队与南加州大学队比赛，那么佛罗里达大学队将胜出。因此，南加州大学队击败密歇根大学队、密歇根大学队击败佛罗里达大学队、佛罗里达大学队又击败了南加州大学队，这就形成了一个循环。在下文中，当讨论不同偏好的集结问题时，也会出现循环现象。既然出现了这种循环，那么这 3 支参赛队当中，没有一支比其他任何两支参赛队更好一些。当然，所有这 3 支参赛队都要比俄克拉何马大学队好。

假设，要让这 4 支队伍参加一场锦标赛来决定谁将成为全美冠军。如前所述，陷入循环的 3 支队伍分别是南加州大学队、密歇根大学队和佛罗里达大学队。再假设，击败俄克拉荷马大学队的是密歇根大学队。在另一场比赛中，佛罗里达大学队险胜了南加州大学队。于是密歇根大学队和佛罗里达大学队进入决赛，他们的比赛在多提士 - 斯巴鲁嘉年华碗（Tostitos-Subaru Fiesta Bowl）的网站公开直播。最后，密歇根大学获胜。成千上万的粉丝走上街头，游行庆祝。第二天，密歇根大学的学生和校友纷纷跑到商店购买纪念帽子、T 恤和杯子，然后在安阿伯市放声高歌：“向勇敢的胜利者致敬，向征服敌人的英雄致敬！”

但是，请先等一下！如果仔细分析一下比赛进程就可以发现，密歇根大学队之所以能够赢得冠军，完全是因为他们在首轮比赛中击败了俄克拉何马大学队。细致的分析表明，任何一支参赛队伍，如果在第一轮比赛中遇到了俄克拉何马大学队，就能赢得全美冠军。[11] 所以，运动商店售出“2008 年全国冠军”纪念衫是名不副实的，更恰当的说法应该是“在第一轮比赛中击败了俄克拉荷马大学队的参赛队”。这个头衔也许不那么有吸引力，但至少是准确的。

在这里应用“兵力分配博弈”模型是否合理呢？答案是肯定的。像南加州大学队、密歇根大学队、佛罗里达大学队这样的循环其实非常普遍。在各种各样“面对面竞争”的赛事中，都可以看到这样的循环，但是我们却通过武断地确定排名和颁发冠军欺骗自己。虽然在事实上，只需要保证冠军头衔的含义是“锦标赛的胜利者”，就可以堵住悠悠众口了。但是，确实不应该把“冠军”与“最好”混为一谈。[12]

在这里先简单总结一下。在存在多个维度的情况下，是不存在明确的赢家的。即便是采取让竞争者“面对面分个高下”的解决方法，也往往无济于事。这种方法能够产生的胜利者，取决于比赛的分组形式和比赛程序。不可能指望找到一支最好的球队、一个最好的律师或者一个最聪明的人。在安抚 SAT 总得分低于其他人的孩子时，会说每个人都是不同的、分数低不代表比别人更不聪明……但是语气总是显得软弱无力，事实上我们完全可以说得大声些、清楚些。每个人确实都是不同的，我们有不同的工具。

工具箱框架

工具箱框架其实相当简单。首先，考虑所有可能的工具，这包括一个人可能获得的所有知识、技能、能力、启发式、解释和视角。当然，一个人可能无法获得所有这些工具，所以一个人的工具箱是可能获得的工具的子集，也就是一个人已经获得的工具。

我们经常会跨领域应用工具。在支付账单、计算收入和购买牛奶时，会运用基本的算术。某个领域开发出来的药物或外科手术方法往往会被应用到其他领域。例如，肉毒杆菌是一种温和的肉毒菌，被用于帮助解决一个不那么可怕的医疗问题，即祛除皱纹。肉毒杆菌通过暂时麻木肌肉来减少面部皱纹，所以如果采用这种去皱法的话，你必须经常去看医生或举办一个肉毒杆菌聚会。麻木肌肉的能力就是一种工具。所以一旦开发出了肉毒杆菌，医生就可以将其用于解决其他涉及刺激肌肉的医学问题，如口吃、某些形式的溃疡、脑瘫，等等。但是并不是所有的工具都能用于解决其他问题。你不能用搅拌机去修理汽车，至少效果肯定不是很好。

这就是工具箱框架。打开工具箱，不仅会带来惊喜，也会带来深刻的见解。

三个模型：扑克牌、梯子和树

现在用工具箱框架来考虑一个二人世界，我们的任务是，找出芭比和卡尔谁是更聪明的那一个，本章结束时将会让更聪明的这个人“晋级”。芭比和卡尔拥有不同的大型工具箱，不过芭比工具箱中的工具比卡尔的更多。芭比已经20岁了，卡尔却只有15岁，所以芭比比卡尔更聪明一些也不足为奇。但是在工具箱框架中，芭比要想比卡尔更加聪明，意味着卡尔拥有的每一个工具，她都拥有，同时她还拥有一些其他工具。如果不是这样，卡尔就可能做出比芭比更大的贡献，可能会更成功，因为他可能有更合适的工具。

可以采取三种方法来确定芭比是不是确实比卡尔更聪明。这些工具是彼此不相关的，就像一副扑克牌中的若干张牌。而在其他模型中，工具之间是存在联系的，要掌握一个工具，可能需要先学会其他一些工具。例如，数学家学起物理学来要比历史学家更容易一些。学习代数需要先掌握加减乘除。可以把这种情况想象成一架梯子上的梯级，或者一棵树上的树枝。

模型 1：扑克牌模型

在第一个模型中，芭比和卡尔从装着 52 个工具的完全相同的箱子中随机选择工具。这些箱子代表了某人可能获得的工具的集合。他们的选择代表了经验、机会、偏好和能力，正是这些使他们能够获得一些工具。为了使这个例子更形象一些，你可以把这 52 个工具与一副标准扑克牌中的 52 张牌联系起来想象。这里想要确定的是，芭比拥有卡尔所拥有的全部工具的概率。要确定这个概率，需要进行三个独立的计算：芭比可以选择的不同工具箱的数量；卡尔可以选择的不同的工具箱的数量；芭比工具箱包含卡尔工具箱的概率。

在进行这些计算的时候，仍然可以利用扑克牌来帮助思考。假设芭比要从一副扑克牌中选择 20 张牌，第一步，她先选择 52 张牌中的任何一张。与此类似，第二步她可以选择 51 张牌中的任何一张……以此类推。通过这种方式，她可以构建的可能的工具箱数量等于 $52\times51\times50\times\cdots\times33$。但是，这个计算方法还考虑了她选择扑克牌的顺序。如果她先选择了红心 A、再选择黑桃 J，与她先选择黑桃 J、再选择红心 A，是属于两种选法的。

因此，为了得到正确的可能的工具箱数量，还必须再除以相同的 20 张牌可以重新排序方式的数量。与此类似，可以先放下 20 张牌中的任何一张，再放下其余 19 张牌中任何一张……以此类推。这样排序的数量为 $20\times19\times18\times\cdots\times2\times1$。于是，用第二个数字除第一个数，就可以得出不同的工具箱的总数为：

$$\frac{52\times51\times50\times49\times48\times\cdots\times33}{20\times19\times18\times\cdots\times1}=125\ 994\ 627\ 894\ 135$$

这就是说，大小为20的工具箱有大约12.6万亿个不同的组合。这个数量不仅仅远远超过了你能够在西尔斯百货和沃尔玛超市找到的工具箱的数量，它甚至也远远超过了从古至今曾经在地球上生活过的所有人的数量（其单位为10亿）。如果将这个数字与可能的智商分数（最多只有几百）进行比较，就可以更加清楚地看到，工具箱框架可以刻画出多大的多样性了。

得承认，当像前面那个例子中大卫的父母那样说“每个人都不一样，每个人都有自己独特的一套技能”时，很多人都会觉得很虚伪。但是，上面的数学计算表明，这种看似“考生之谈”的观点其实是建立在坚实的基础之上的。每个人都可以与众不同。每个人有这么多的工具箱可以选择，即使是美国著名诗人沃尔特·惠特曼和著名天文学家卡尔·萨根这样的人都将对工具箱多样性“肃然起敬”。

上面这个例子还没讲完；还必须对卡尔的工具箱进行类似的计算。计算结果表明，卡尔有4 481 381 406 320个，或者说大约有4.5万亿个工具箱可供选择。这是前两个计算，它们提供了进行第三个计算所需的大部分信息。为了算出这个概率，给卡尔任意分配了15个工具，并计算出了芭比的工具箱中包含这些工具的百分比。从扑克牌中取走卡尔的15张牌，剩下37张牌，芭比可以选择其中5张。与计算芭比和卡尔可能工具箱的数量时所用的方法相同，可以计算出芭比再选择5张牌时可以用的方法数量：

$$\frac{37\times36\times35\times34\times33}{5\times4\times3\times2\times1}=435\ 897$$

现在，我们眼前已经晃动着很多数字了，为了不至于落入“只见树木、不见森林”的陷阱，先回过头来看一下已经计算出了哪些东西。在芭比可以选择的12.6万亿个工具箱中，只有不到50万个包含了卡尔的所有工具。43.5万除以12.6万亿，就可以得出芭比的工具箱包含了卡尔的工具箱的概率大约等于1/289 046 788。这也就是说，芭比拥有卡尔所拥有的每一个工具的概率大约是三亿分之一。在此不妨用美国的情况来做个类比。现在，大约有三亿人生活在美国，所以芭比拥有卡尔所拥有的每一个工具的可能性与你在美国每个人都买一张彩票的博彩中获得唯一大奖的可能性是一样的。

不要忘记，在进行这些计算时，只假设了52个可能的工具，而且每个人的工具数量都不太多。然而，根据对工具的定义，一套可能的认知工具数量可能远远大于52个。工具可能有数千个，而且每个人掌握的工具，甚至是复杂工具的数量也可能大大超过20个。在这里使用比较小的数字，这样就可以运用扑克牌这个比喻来说明很多问题，同时还有利于计算。在现实中，可能的工具箱数量可能远远超出了人类的感知能力。[13]

工具的组合

正如已经讨论过的，认知工具组合起来更有价值。工具是具有超可加性的。由于工具组合的数量远远超过了工具的数量，所以这种超可加性对于我们来说意义重大，尤其是想对不同人的智能进行比较的时候。一个拥有20个工具的人，也拥有190对工具、1 000多套“工具三件套”。当然，并不是所有的工具组合都有“重大意义”，有些工具组合甚至没有任何意义。例如，“72法则”的“反其道而行之”就似乎完全说不通。难不成有个“27法则”吗？而且，有些组合根本不能产生新的工具。例如，法语加上微积分仍然是微积分，尽管在法语中，微积分被称为“calcul”，而不是“calculus”。无论如何，许多工具组合，例如进化博弈论、物理化学和贝叶斯统计都已被证明是极其重要的。

工具组合的重要性还意味着，直接比较工具的比例可能会把我们带入歧途。例如，假设芭比知道卡尔的15个工具中的13个，那么她拥有卡尔工具的13/15或87%，所以有人可能会据此认为芭比几乎知道卡尔所知道的所有工具。但是，这并没有考虑到卡尔拥有的工具组合。卡尔的15个工具可以创造105对工具。而芭比拥有的卡尔所拥有的13个工具却只能创造78对工具。表5-4给出了芭比和卡尔所拥有的各种工具组合（最多由5个工具组成）的数量，以及芭比拥有卡尔拥有的工具组合的百分比，假设芭比拥有卡尔所拥有的 15 个工具组合中的 13 个。

从表 5-4 中的数字可以非常清楚地看出，芭比只拥有卡尔工具组合中的一小部分。卡尔的 15 个工具可以生成超过 3 000 个由 5 个工具组成的工具组合。而芭比的 13 个工具却只能产生不到一半的工具组合。

表 5-4　芭比工具箱包括卡尔工具组合的概率

组合的规模	卡尔工具组合的数量	芭比工具组合的数量	芭比拥有卡尔工具组合的概率（%）
1 个	15	14	87
2 个	105	78	74
3 个	455	286	63
4 个	1 365	715	52
5 个	3 003	1 287	43

模型 2：梯子模型

要计算芭比拥有卡尔所拥有的工具以及工具组合的概率，必须依赖于一个隐含的关于工具相互之间联系的假设，也就是说，假设工具之间不存在任何相关性。敏锐的观察者应该已经注意到了在进行上述计算时有一些“欺骗”行为，这里假设任何人都可以获得任何工具。而这个假设就意味着有人可以不先学会加法就直接掌握量子物理，或者说有人能够先不掌握基础逻辑知识，就可以学会对计算机进行编程。这种假设无疑是粗糙且不切实际的，但是，这有助于推进研究。在这种最简单模型的基础上，可以一步步地修改模型，例如，进一步假设工具服从于某种拓扑或网络结构，比如说梯子或者树，它们会对工具进行某种排序。接下来就来看看这样做会得到什么结果。

获得工具的顺序是非常重要的。要理解这一点，可以想象一架梯子，然后在这架梯子上安排 52 个工具，并用 1 ~ 52 的数字给它们编号（见图 5-1）。现在，任何一个人都必须依序获得工具了。对于一个想获得第 7 号工具的人来说，她必须先获得第 1 号到第 6 号工具。在这个梯子模型中，20 个工具的可能组合数量从 12.6 万亿个骤然减少到了 1 个。芭比的 20 个工具必定是第 1 号到第 20 号工具。同样，卡尔的 15 个工具也必定是第 1 号到第 15 号工具。

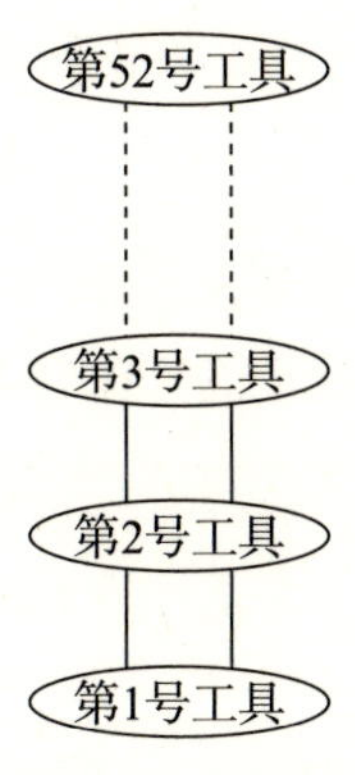

图 5-1　工具之梯

现在，芭比拥有了卡尔所拥有的所有工具。在这种情况下，说芭比比卡尔更聪明完全没问题。芭比拥有卡尔的每一个工具，所以她也拥有他所拥有的所有工具组合。任何卡尔能解决的问题，她也都能够解决。因为她还有卡尔所没有的其他 5 个工具，所以她还可以解决卡尔无法解决的许多问题。

多架梯子

把所有的工具放在同一架梯子里，其实是在另一个方向上犯了错误，我们在工具集上施加了太强的结构。虽然人们当然无法获得可能选择的所有工具，但是他们同样不需要严格按照某个特定顺序去获得所有工具。例如，一个人没有学过物理知识，并不意味着他不可以学习一些化学知识。或者，一个人在懂得怎样造句的情况下，也可以开始学习一点代数知识了，当然，学习代数确实需要知道如何计算加减法。因此，一方面世界上存在着不止一架梯子，另一方面，我们在获得工具时，还可以分层次地安排工具。

为了刻画某些工具之间有层次性、某些工具之间不存在层次性这个特征，可以运用多架梯子。先假设 52 个工具可以安排在两架相同尺寸的梯子上，而且在每架梯子上，工具都可以用 1 ~ 26 的数字编号。这样一来，为了掌握梯子上的第 5 个工具，就必须先学会同一架梯子的第 1 号到第 4 号工具。

在这种情况下，计算芭比工具箱包含了卡尔工具箱的概率变得有点困难，但是仍然可以计算出来。首先要将卡尔的 15 个工具分配到两架梯子上去，要做到这一点，有 16 种不同的方法。可以在第一架梯子上安排 0 ~ 15 个工具，并把剩余的工具安排到另一架梯子上。这就是说，有 16 种可能的组合。同样，芭比有 21 种不同的方法将 20 个工具分配到两架梯子上。运用同样的逻辑，假设卡尔选定了一个包含了 15 个工具的工具箱。如果芭比的工具箱包含了卡尔的工具箱，那么她还剩余 5 个工具可以分配到两架梯子上去。因此，在芭比可以用来分配她的工具的 21 种方法中,对于卡尔的每一种分配,都刚好有 6 种方法包含了卡尔的所有工具。因此，芭比工具箱包含卡尔工具箱的概率是 6/20，即大约为 28%。

表 5-5 给出了芭比工具箱包含卡尔工具箱的概率，它是梯子数量的一个函数。随着梯子数量从两架增加到 3 架、4 架，芭比工具箱包含卡尔工具箱的概率会显著下降。

表 5-5　芭比工具箱包含卡尔工具箱的概率是梯子数量的函数

梯子数量	芭比工具箱包含卡尔工具箱的概率（%）
1 架	100
2 架	29
3 架	9
4 架	1
5 架	1/200

由表 5-5 可见，当有 5 架梯子的时候，芭比拥有卡尔所有工具的概率就低于 0.01% 了。这个数字已经很小了，虽然还不像在假设工具之间不存在结构性关系的情况下那么小。

模型 3：树模型

工具的梯子模型在数学上处理起来相当方便，但是它并没有刻画存在于许多工具之间的分支关系。如果一个人学会了如何烤面包，他通常就很容易学会怎样做馅饼或乳蛋饼。在这里，烤面包是根，乳蛋饼和馅饼是从根里面分出来的枝。不过，学会制作乳蛋饼对于学习制作馅饼没有什么帮助，学会制作馅饼、馅料都对学习制作乳蛋饼有一点点帮助。因此，可以从一棵果树上得到分支，但不能从一架梯子上得到。或者，举一个更专业一点的例子，如果一个人学会了如何求微分，那么他可以进一步学习如何求积分或解微分方程。不过，在解微分方程时，他却不一定会用到积分；求积分时，他也不一定需要知道怎样解微分方程。

为了刻画工具之间的这种根与枝的关系，可以用树模型替换梯子模型。树可能相当复杂，但是为了便于处理，假设所有树都只有两个分支，也就是说每个节点都有两条边（见图 5-2）。

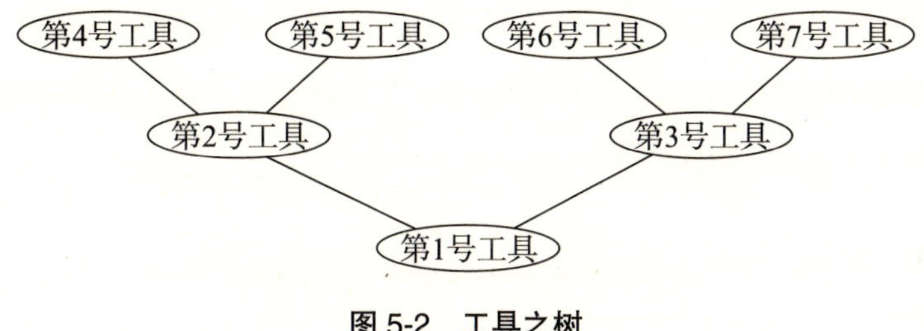

图 5-2　工具之树

再假设，在积累工具的过程中，每个人都沿着一棵树上的一条路径往下走。虽然事实上，人们可以沿着多条路径走下去，但是假设只按一条路径走会使数学处理变得容易得多。给定上面这两个假设，就可以计算芭比拥有卡尔所拥有的每一个工具的概率。这些计算仅需要对梯子模型的计算稍加修改就可完成。首先，把树看成梯子。要想让芭比拥有卡尔所拥有的每一个工具，她在每一棵树上都必须拥有至少与卡尔同样多的工具。她在这种梯子间正确分配的概率与梯子模型中相同。此外，她还必须在每个节点上选择与卡尔相同的分支。如果卡尔最初选择左分支，那么芭比也必须选择左分支。在某个节点上，她选择正确的概率等于

1/2，但她必须在所有分支选择中都做到这一点。

进一步假设，只有一棵树。在这棵树上，卡尔必须做出 14 个分支选择。因此在这棵树上，芭比知道卡尔所知道的每一个工具的概率等于她在每个分支上做出了与卡尔相同的选择概率。这个概率等于 $1/2^{14}$，即大约 16 万分之一。再一次看到，这是一个相当小的数值。而且这还是假设只有一棵树情形下的结果。如果有两棵树，芭比仍然必须正确地选择每一个分支。此外，她还不得不为每棵树都分配足够数量的工具。利用梯子模型可知，她能做到这一点的概率是 29%。这就是说，如果有两棵树，她知道卡尔所知道的所有工具的概率就更低了。

可以从这些计算中得出这样的结论：无论计算涉及的工具是排列在树上还是梯子上，还是根本没有任何结构，一个人知道另一个人所知道的所有工具的可能性都是非常低的，除非可能的工具数量很少。给定任何两个人，每个人可能都拥有一些不为对方所知的工具。然而，如果第一个人拥有更多的工具，那么我们经常会忍不住认为第一个人是更聪明的一位。其实不然。他可能会在标准化考试中取得更高的分数，但是在某个特定的任务中，他不一定会表现得更好，他的未来也不一定会更加成功。另一个人则可能做出更加伟大的科学发现或发明更加宝贵的专利技术。那么，如果我是雇主，应该雇用谁呢？

掌握更多独特的工具很重要

可以追问一下：一个人拥有的工具数量是否可以作为他智能的一个合理的代理变量。如果是这样的话，就仍然可以按照单一维度来进行排名，只不过这个维度所对应的是工具箱的大小。为了方便讨论，将使用**容量**（capacity）这个术语来描述一个人掌握了多少工具。每个人的容量都是不同的。这可能是由于先天的原因，也可能是由于他自己的经验或选择所致。如果只有一架梯子，那么利用容量就能给出一个完整的排名，但是随着梯子或树的数量增加，单凭容量就无法再生成排名了。因为以下这种情况是完全有可能的：一个人的容量比另一个人更大，但是却不一定拥有另一个人所拥有的工具。

梯子和树的数量决定了容量能不能产生排名，这对于解释为什么不同的群体对是否存在衡量智能的客观指标有不同的看法非常重要。

在数学等学术领域内，梯子或树的数量相对来说可能很少。代数需要加法和乘法，微积分需要代数，微分方程需要微积分。一个拥有更大容量工具箱的数学家可能了解另一位其他领域且工具箱容量较小的数学家的大部分工具。而在时装设计等领域，许多工具可能都是视角和解释，也就是看待世界的方式。在这些领域，梯子或树的数量可能是巨大的，因此，容量较大的人并不知道容量较小的人的所有视角，除非容量差距极大。

在文学这样的领域，对某个作者的写作方法或意象的了解都可能被视为一种工具，因而梯子的数量是非常大的。不需要理解英国作家安东尼·特罗洛普（Anthony Trollope）对意象的运用，也能理解美国诗人埃兹拉·庞德（Ezra Pound）的意象。因此，在文学、艺术或哲学领域，学者们不太可能出现根据智能来对人进行排名的想法。而且，也极少有人拥有其他任何人所拥有的全部工具，即使接近也不怎么可能。尽管在不同的人之间，容量可能是不同的，但是它不被视为衡量智能差异的指标，正如身高或体重一样。表 5-6 和 5-7 给出了若干学术和职业领域的梯子和树的数量。

这些表格有助于解释，关于智能的排名是否有可能实现，为什么不同行业的人会歧见丛生。在大学里，文学教授、艺术史学家和哲学家一般都认为各种度量智能的指标都过于简单化了。物理学家和数学家则认为它们还是有意义的。这两种结论在各自的领域内可能都是正确的。与此类似，我们也认可对短跑运动员或拳击运动员的排名，这些职业的梯子或树的数量相对来说非常少。但是，我们认为对小说家的排名是不合情理的。谁能说美国小说家约翰·厄普代克（John Updike）比诺曼·梅勒（Norman Mailer）更好或更差呢？怎么能对儿童文学家 H. A. 雷伊（H. A. Rey）与让·德·布鲁诺夫（Jean de Brunoff）和洛朗·德·布鲁诺夫（Laurent de Brunoff）父子排个先后呢？这样做的话，与对猴子和大象进行比较有什么区别？

表 5-6　学术领域中的“梯子 / 树”的数量

领域	“梯子 / 树”的数量
数学	极少
物理学	极少
工程学	极少
社会科学	若干
医学	若干
商学	若干
文学	很多
哲学	很多

表 5-7　职业领域中的“梯子 / 树”的数量

领域	“梯子 / 树”的数量
短跑运动员	极少
篮球运动员	若干
税收律师	若干
财务顾问	若干
心脏外科医生	若干
艺术家	很多
爵士音乐家	很多
小说家	很多

智能＝认知工具多样性

工具箱框架提供了对用来刻画智能的智商测试得分的另一种解释。有些工具被广泛使用，例如，很多人都知道怎样进行加减乘除计算，但是却很少有人知道如何求逆矩阵；至于更加复杂的工具，比如说通过计算李雅普诺夫指数（Lyaponuv）

来确定动力学系统的稳定性，那就更加只有内行的专家才知道了。一个人的智能取决于他所拥有的工具，而不可能仅仅是智商测试的成绩。当然，智商测试以及其他测量手段仍然是有价值的。加德纳和其他一些学者给出的智能指标是有很坚实的科学基础的。智商测试和 SAT 成绩，确实可以很好地预测人们在类似考试中的表现，就像百米冲刺所需的时间能够很好地预测人们能够以多快的速度追上公共汽车一样。但是一般来说，智能测试成绩并不能很好地预测一个人未来能不能取得成功。

例如，美国研究生入学考试（GRE）成绩与研究生能不能进入论文阶段密切相关，研究生要想进入论文阶段，通常必须通过这个考试。这就解释了为什么会有那么多的大学要求学生先通过这个考试。为什么要录取几年后可能遭受失败的学生呢？研究表明，GRE 成绩并不能很好地预测学位论文的质量。[14] 这也就是说，GRE 成绩不能用来衡量那些需要更多思考和时间才能用好的工具，也不能衡量产生好的研究论文所必需的那些工具。写论文需要创造新的知识，创新需要的工具，不同于应付考试的工具。

一般来说，考试成绩只能提供一个非常粗略的指标。考试成绩方面的小差异并不重要，有时甚至连大的差异也不重要。从工具箱的角度思考，会使我们质疑对人进行排名的可能性，除了很有限的某些特殊领域之外。工具箱能帮助我们看清人的差异。另外，当从工具箱的角度思考的时候，我们会更加坚信个人未来成长具有无限可能性。也许不能一夜之间变得聪明许多，至少组织智商测试的人是这样告诉我们的，但是我们可以添加工具。随着时间的推移，可以变得越来越强大。尽管所有这些，已经构成了利用工具箱、弃用测量棒的充分理由，但是它们本身并不是为什么要构建工具箱框架的原因。之所以建立这样一个框架，是为了便于分析群体解决问题方法和不同人群的预测。这也正是接下来要阐述的内容。

THE

DIFFERENCE

第 2 部分

多样性工具的价值

5 万名棋手跟卡斯帕罗夫对弈，并能行棋 62 步，这个例子就是“多样性优于能力”的最好证明。不过，前提是要满足 4 个条件。多样性预测定理告诉我们：在多样性存在的情况下，群体误差一定会小于平均个体误差。实际上，查理 · 芒格的投资决策，就是在多样性模型的基础上做出的。

THE DIFFERENCE

06

多样性与解决问题

能者达人所不能达，知者见人所未见。

——亚瑟·叔本华

第1部分中已经介绍了什么是认知多样性，并定义了多样性视角、启发式、解释和预测模型。现在将深入探讨本书的另一个重点内容，这里将给出多样性能带来效益的证明。我们将阐明，为什么多样性在某些情况下可能与能力一样重要，甚至在其他一些情况下比能力还重要。简而言之，就是揭示多样性是怎样创造效益的。证明依赖于工具箱框架。你将看到，多样性视角、启发式、解释和预测模型是如何聚集起来发挥作用的。在整个过程中，将避免给出含糊的概括性结论，也就是声称多样性永远是好的或不好的。概括性结论过于宽泛，我不希望细节被忽略。在某个任务中，多样性能不能以及怎样提高绩效，取决于所考虑的多样性类型和被执行的任务类型。不应该指望任何一种多样性在各种情况下都是有利的，正如不应该认为摩擦在所有时候都是一种障碍一样。当我们想要把车停下来时，就需要摩擦力。

接下来的三章内容将阐明为什么多样性的力量会如此强大，以及多样性如何为群体绩效做出不亚于个人能力的贡献。我们将采取抽象的、逻辑推理的方法。通过抽象，可以将逻辑应用于各种各样的环境，从身份、集团、政治到股市预测，再到跨学科研究。这几章的内容可能需要你花上一些时间才能吸收，但是，这种努力是值得的，而且会带来很大回报。如果你想知道多样性是否、如何以及为什么能够创造效益，那就读下去吧，你将大有所获。

难题，多样性视角和启发式的用武之地

先从解决问题开始，将注意力集中在困难的问题上面。解决容易的问题不需要多样性视角和启发式来。2+2=4，这非常简单，但是蛋白质折叠则是困难的。我们面临着不少困难的问题，寻找可再生能源、设计卫生政策、管理生态系统，这些最受关注的问题都是困难的问题。但是困难的问题不仅仅限于这些，还包括设计建筑物、制作电影以及应付考试，等等。困难的问题并非今日才有，远古时代的动物驯化、工业革命时代的蒸汽机技术开发，都不属于“简单问题”的范畴。但是，很多人都认为，在当今社会，问题的多维性以及问题之间的相互联系，导致了一系列比过去更大、更困难的问题。[1]

我们的分析还强调了个人能够做出贡献的情境依赖性。一个人能够在多大程度上改进某一个解决方案，取决于他的工具如何与其他问题解决者的工具相结合，同时又如何不同于其他问题解决者的工具。是的，他能做出的贡献也取决于找到好的解决方案的能力，但是不应该把智能和个人贡献等同起来。那是个错误，事实上，那将是两个错误。

首先，这样做忽略了问题的难度。我们不想奖励那些碰巧选中了或者被分配了相对容易问题的人，同时也不能低估那些试图解决超出群体能力问题的人的能力。现在已经很少有人知道，在20世纪70年代末和80年代初，许多科学家试图解决受控核聚变问题，但是都遭到了失败。而现在，这些科学家的名字已经基本上被遗忘了，这只是因为受控核聚变问题实在太难了。如果利用现在的视角和工具，受控核聚变是一个更容易的问题，那么这些度过“平淡”科学研究生涯的人现在很可能被称为天才了。那些试图把铅变成黄金的炼金术士，以及试图建造永动机的人，也是如此。这些都是用心的尝试，但是问题却太难，实际上这些问题是不可能解决的。

其次，如果把智能和个人贡献等同起来，其实是在假设做出贡献的人具有更高的智能，但事实却可能是这个人只是有一些与众不同而已。突破往往源于多样性视角。但是拥有多样性视角与聪明并不是一回事。有些人只拥有很少的工具，但却都是正确的工具，因此可能会做出重要的突破。

对个体多样性如何集结的研究，以**多样性优于能力定理**为顶峰。这个定理的作用是，它给出了一些条件。在这些条件下，多样性个体的集合优于个人能力更高的个体集合。正如在本书前言中已经提到过的，这个结果并不是某种预期或意愿。这个结论是我在加州理工学院当助理教授时，对一些基于主体的模型（agent-based models）进行了研究和实验之后得到的。

5万棋手对战卡斯帕罗夫

现在将给这些基于主体的模型加入更多的细节。这种详尽的分析有助于理解为什么这个定理能够成立以及它需要什么条件。首先，需要解释一下基于主体的模型的方法论背景。基于主体的模型由人工智能体（artificial agents）构成。人工智能体是一些基于计算机的对象，它们根据用计算机代码描述的规则在时间和空间上进行交互。[2] 这些人工智能体几乎可以代表任何东西：病毒、国家、鸟类、鱼、青少年、企业或政治家。蚂蚁和青少年的行为模式当然不尽相同，青少年的行为模式显然更加复杂一些，不过并不像你想象的那么复杂，但这些都可以用基于主体的模型来建模。

在一个好的基于主体的模型中，人工智能体之间的互动，以及人工智能体与环境之间的相互作用可以告诉我们很多关于现实世界的事情。例如，价格如何在市场中出现？这个模型甚至可以告诉我们暴动是如何开始的。基于主体的模型可以使科学杂志生成各种漂亮的结构化模式，就像植绒鸟一样，但是这种模型有时也会导致无法理解的混乱。

在我的模型中，包括了试图解决难题的人工智能体。可以这样想象：它们在试图解决受控核聚变问题，或者找到使每一粒爆米花都受人欢迎的方法。同时，在模型中，人工智能体的目标是改进现有的方案，以解决一系列预先定义好的问题。人工智能体对现有解决方案改进越大，它们得到的回报（钱）越多。[3] 在第一批模型中，我向人工智能体随机提供了一些视角和启发式。这些随机分配创造了多个认知能力有所不同的人工智能体。我没有通过身份来区分人工智能体，没有把它们染上不同的颜色，这就是我的智能设计理论。

本来打算让人工智能体相互学习，并尝试新的视角和启发式。我希望发现它们在复制和学习他人与寻找新的表示和搜索算法之间的权衡。这种张力在很多情况下都会存在。进化要面对它，组织要面对它，个人也要面对它。当然，探索可能是有风险的，想一想麦哲伦吧。可一旦成功，效益可能是非常巨大的，想一想西班牙征服者埃尔南·科尔特斯（Hernando Cortes）吧。但是，如果探索的问题太多，就不能很好地利用所学到的东西，带来有保证的效益，但是，如果每个人都只顾埋头利用，就将没有新的想法可以利用。

在编写基于主体的模型或者证明数学定理时，准确而及时地发现错误是至关重要的。计算机程序至少包含数百行，甚至包括数千、数万行代码。一个错位的分号或括号就可能会改变模型的性能。在编写好初始代码后，我进行了试运行，以检查有无错误。如果通过赋予更多的视角和启发式来给某个人工智能体分配比其他人工智能体更多的认知能力，那么这个人工智能体是否能赚到更多的钱？是的。如果给所有的人工智能体更多的视角和启发式，那么解决问题的平均表现是否会提高？是的。如果创造更多的人工智能体，平均表现是否会提高？答案再一次是肯定的。最后，我创造了两个经济体，其中一个经济体只由那些表现得最好的人工智能体组成，另一个经济体则随机由一些聪明的人工智能体组成。第一个经济体中的人工智能体是不是比第二个经济体中的人工智能体更能找到更好的问题解决办法呢？答案是否定的。

一杯完美的咖啡

最后一个发现在前言中也已经提到过了，与直觉完全背道而驰。一开始还以为是编程错误所导致的。经过再三检查后，没有发现编程错误。我用不同的计算机语言重写了同一个模型，结果还是没有改变：由个体能力更强的人工智能体组成的经济体表现更差。我决定对模型抽丝剥茧，直指它的核心。为此，我构造了一个只需要解决一个问题的经济体。我认为这个问题非常重要，就是为我的妻子做一杯完美的咖啡。我是一个不喝咖啡的人，因此向来对这个问题感到束手无策。当然，咖啡问题说到底只有两个维度，那些人工智能体所要做的，就是找到加入咖啡中理想的奶油量（第一个维度）和糖量（第二个维度）。

这种模型结构能够在一个平面上将可能的解决方案集合表示出来。在这个平面上，每一个点都有一个水平位移 x，以及一个垂直位移 y。x 的值代表咖啡中的奶油量，y 的值代表糖量。这样，平面内的每个点都代表了奶油量和糖量的一个独特组合（见图 6-1）。

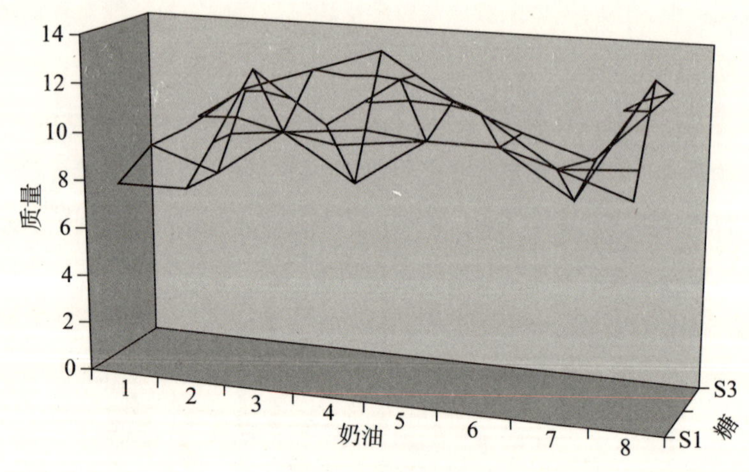

图 6-1　咖啡空间

对于咖啡空间上的每一点，还可以给它分配一个质量，代表我的妻子喜欢喝多少咖啡。在图 6-1 中，质量是第三个维度。假设，咖啡的品质在 0 ~ 100 之间变化：她越喜欢那杯咖啡，它的价值越高。人工智能体要解决的问题，是找到这个空间上的最高点。回想一下前面对视角的讨论，这里可以把平面上每个点的价值看作海拔。价值较高的咖啡具有较高的海拔，而价值较低的咖啡则具有较低的海拔。这种表示自然而然地就形成了一个崎岖景观。

人工智能体使用搜索算法“漫游”了这个二维景观。[4] 无论一个人工智能体被放置在该景观的哪一个点上，它都会同时朝两个方向看。我随机分配了这两个方向。如果一个人工智能体看到了一个价值更高的点，它就会移动到这一点。人工智能体将遵循这个搜索规则四处漫游，直到它看不到任何价值更高的点。在这里可以把每一个点理解为一杯咖啡。由于这是一个崎岖景观，它们停留下来、不再走动的地方并不一定是最好的那杯咖啡所在的位置。但事实上，它们极少能做到这一点。

为了衡量某个人工智能体小组的表现，先让小组中的一个人工智能体出发搜索“一杯好咖啡”。该人工智能体会一直搜索下去，直到它无法再有任何改善为止。然后再让下一个人工智能体从那一点也就是从那杯咖啡开始继续搜索，努力找到一杯更好的咖啡。如果第二个人工智能体有了改进，那么第一个人工智能体就会试图在此基础上找到更进一步的改进。这个过程将继续下去，直到小组中的所有人工智能体都找不到一杯更好的咖啡为止。

这个模型很简单，可以使结果变得更加透明。以通过图形的方式表达人工智能体搜索的两个方向。当把表现最好的人工智能体的两个搜索方向绘成图后，我发现两个方向都指向了平面的右上角。我又绘制出了表现最好的 10 个人工智能体的搜索方向，并在它们的搜索方向中观察到了类似的方式：都在向平面的右上角搜索。这就是说，它们都去往同一个地方找好的咖啡。然而，当我把随机选择的人工智能体的搜索方向绘制出来时，却观察到了不同的模式。它们指向平面上的每一个方向，就像自行车车轮的车条一样。

由此，以前觉得违背直觉的结果现在有了一个合乎逻辑的解释：最好的问题解决者往往都是相似的，因此，最好问题解决者集合的表现比其中任何一个最好问题解决者个体都要好一点。而随机的、聪明的问题解决者的集合则会趋于多样性。正是这种多样性使它们组成的群体表现更好。或者，可以把这个结论表达为更肯定的形式：**多样性优于能力。**

绿鸡蛋与火腿

现在需要搞清楚的是，我是不是已经在无数可能的模型中成功地“大海捞针”？刚才描述的这个发现的一般性有多高？为此，我又构建了几个解决问题模型，把可能的解决方案空间从平面变为线段、树状、球体。而且我还改变了人工智能体的复杂程度。在绝大多数情况下，都得到了同样的结果：多样性优于能力。但是，这个结果的出现似乎必须满足某些必要条件。必须创造出足够多的人工智能体，必须设定适当的小组规模，必须使要解决的问题变得困难，而且必须将所有问题解决者设定为“聪明”的。但是，这些条件都是非常符合直觉的。把许多三年级的学生召集起来应该不能推进对全球变暖问题的研究吧？

当然，这些计算实验的结果有很强的启发性，但却并不是决定性的，仅仅凭借它们并不能确定多样性优于能力。我把这个结果称为“绿鸡蛋与火腿”。在著名教育学家、儿童文学家苏斯博士（Dr. Seuss）的《绿鸡蛋与火腿》（*Green eggs and ham*）一书中，萨姆试图说服他的朋友在各种各样的地方试试绿鸡蛋和火腿的味道，但是他的朋友不愿意在公共汽车上、箱子里、火车上或狐狸身上吃东西。我则照着萨姆的建议做了。在箱子里、树上或者图上都进行了计算实验，结果都是一样。多样性优于能力这个结论在所有这些地方都成立。

但还有一个问题，一个与我的专业有关的问题。尽管计算实验能够说服大多数物理学家、数学家和生物学家，但是这种方法在经济学家所在的领域并不通用，而我恰恰是以经济学家的身份领取薪水的。经济学家倾向于这样看：不错，计算实验结果没有问题，但还需要正式的定理和证明。规范的逻辑有助于准确理解什么时候以及为什么会得到这样的结果而不是那样的结果。为了构造一个正式的证明，我联系了卢红，请她助我一臂之力。卢红和我锤炼出了一个数学证明，给出了“绿鸡蛋与火腿”结果的充分条件。2004 年，我们在《美国科学院刊》(*Proceedings of the National Academy of Sciences*) 上发表了这些结果。[5]

5 万棋手对战卡斯帕罗夫

还有一个问题：这种情况在现实世界中真的可能发生吗？多样性团队真的能够优于高能力团队吗？这里有一个来自国际象棋领域的著名例子。1999 年 6 月 21 日，以国际象棋大师加里·卡斯帕罗夫（Garry Kasparov）为一方，以来自全球各地大约 5 万名国际象棋棋手为一方，进行了一场别开生面的国际象棋比赛。卡斯帕罗夫当时是卫冕世界冠军，与他对弈的另一方有很多人却只是国际象棋的业余爱好者。微软公司赞助了这场比赛，目的是展示互联网在群体解决问题方面的力量。卡斯帕罗夫先行，随后的每一步都在 48 小时后才下。为了决定下一步应该怎么走，与卡斯帕罗夫对弈的那些棋手在论坛上公开提出建议，并举行投票。

这些人确实得到一些帮助。在下每一步棋前，一个由多名 20 岁以下的年轻国际象棋大师组成的小组提出若干种可能的走法，经讨论后由棋手团投票决定。虽然作为年轻棋手，这些国际象棋大师已经相当不错了，但是他们作为个人，仍然远远没有达到卡斯帕罗夫的水平。无论如何，比赛开始了。在卡斯帕罗夫下了第一步的 48 小时后，棋手团举行了一次投票，然后走了获得票数最多的那种走法。卡斯帕罗夫也有 48 个小时的时间来走下一步……在 62 步之后，卡斯帕罗夫赢了。在国际象棋比赛中，一盘棋要下 62 步之多，就说明这是一场势均力敌的比赛。卡斯帕罗夫只是险胜。很显然，这个群体的表现比它任何一个成员个体可能达到的表现都要好得多。

个体多样性与问题解决团队

在解决问题时，一个多样性的团队，如何能够优于一个由更有能力的个体组成的团队呢？这无疑值得多花费一些时间和精力去深究。为了证明这个结果，需要使用视角和启发式。我们将从一个解决问题模型开始，提出可应用于当前问题的视角和启发式。[6]首先考虑视角，然后再考虑启发式，最后比较这两种类型的多样性。为了使分析尽可能简单，当研究多样性视角时，假设每个人都使用相同的启发式；同时，当研究多样性启发式时，假设每个人都使用相同的视角。

在推进这个分析时，我们观察到了多样性视角与多样性启发式之间的差异和相似之处。甚至可以观察到这两种多样性在什么情况下是等价的。当然，这种等价性不可过分强调。就某个人而言，视角和启发式发挥作用的方式是不同的。多样性视角更有可能带来突破、也更有可能带来沟通问题。而多样性启发式更有可能导致一些更小但可重复的改进。

多样性视角与解决问题

一个视角是某种现实到某种内部语言的“一对一”映射。如果将现实映射到不同的内部语言上，或者将不同的现实映射到同一种内部语言，就会有多样性视角。为了刻画相同启发式下有多样性视角这种情形，考虑下这个例子：多个视角将解决方案映射到一条线上。假设在一个停了 1 000 辆车的停车场里，要解决的问题是找到耗油量最低的那辆车。每辆汽车都有很详细的行车记录，包含除了每加仑汽油可以行驶多少千米之外的所有相关信息。同时假设确定一辆车的耗油量要付出很昂贵的成本，需要将汽车开出去很长一段路程才能确定。

要对这些汽车进行排序，有很多可能的视角都可以利用。有人可能根据它们的重量来排序，认为越重的车每加仑汽油行驶的千米数越小；也有人可能会根据空气动力学指标来排序；还有人则可能会以汽车的轴距为指标，他们认为轴距代表了整车的大小。这些视角都能帮助更好地了解油耗的原因，但没有一个视角能够完全预测每加仑汽油能够行驶的千米数。因此，利用这些视角中某一个视角产生的一维景观将会是一个崎岖景观，但不会太崎岖。其他对理解这个问题没有帮助的视角，比如说按照颜色或者车灯直径来对进行排序，则会导致非常崎岖的景观。

为了给逻辑推理奠定一个坚实的基础，可以将这些视角应用于 23 辆 2005 年中型车的实际数据，并获取官方公布的耗油量。[7] 图 6-2 显示了整车重量视角，在这个视角下，有 8 个局部最优点：丰田凯美瑞、雪佛兰迈锐宝、大众捷达、别克世纪、三菱戈蓝、沃尔沃 S60、庞蒂亚克 G6，以及萨博 9-5。图 6-3 考虑的是轴距宽度，这个视角下有 7 个局部最优点：雪佛兰迈锐宝、丰田凯美瑞、沃尔沃 S60、别克世纪、日产创世纪、庞蒂亚克 G6，以及宝马 525。图 6-4 则以汽车高度为视角，创造了 9 个局部最优点：道奇层云、现代索纳塔、沃尔沃 S60、马自达 6、庞蒂亚克 G6、大众捷达、铃木维罗纳、雪佛兰迈锐宝和丰田凯美瑞。

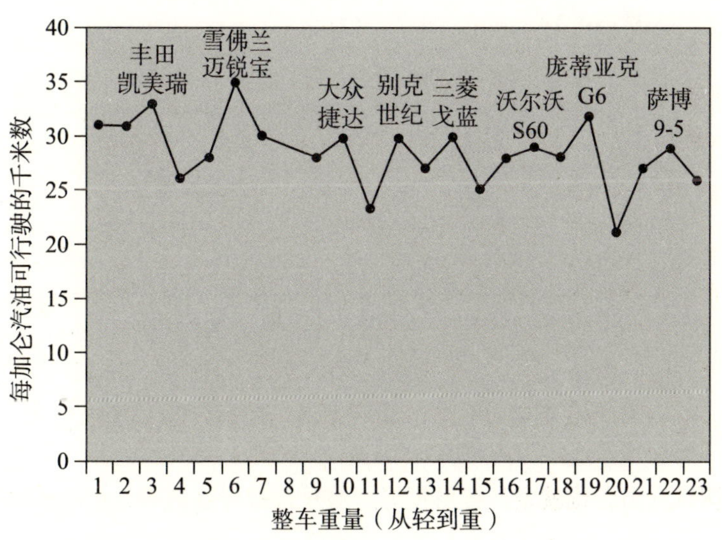

图 6-2 每加仑汽油行驶的千米数，以整车重量的视角

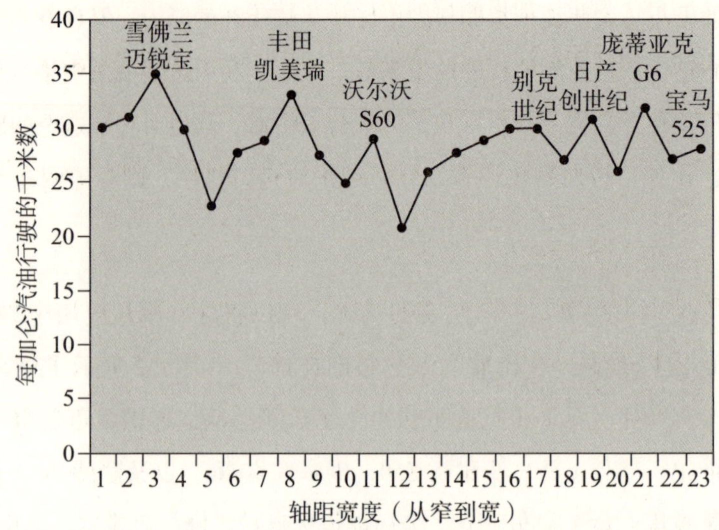

图 6-3 每加仑汽油行驶的千米数，以轴距宽度的视角

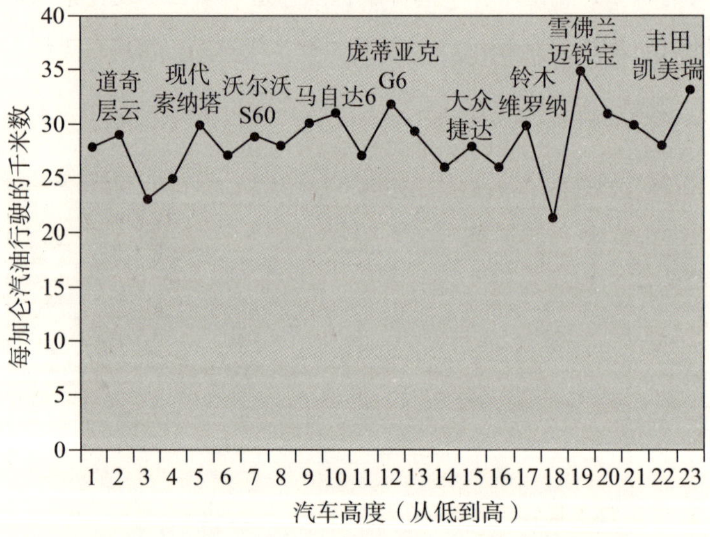

图 6-4 每加仑汽油行驶的千米数，以汽车高度的视角

假设测试人员，也就是问题解决者，会从他们所在的视角中随机选定一辆车开始测试，以确定每加仑汽油能够行驶的千米数。然后每个测试人员再测试相邻的一辆车，如果这辆车的行驶里程更远，他就继续沿着同一个方向测试下一辆车，直到找到局部最优为止。如果测试的第二辆车比第一辆车的行驶里程更短，那么如果有必要他就按照相反的方向进行测试并搜索，直至到达局部最优。使用这种启发式，每个问题解决者都会停留在所在景观的某个山峰上。不要忘记，测试这些汽车是需要花费时间和精力的。这就是为什么这些问题解决者只在给定的视角下进行搜索的原因。

再假设，这些问题解决者是按每三个人组成一个小组的形式开展测试的。每个景观都有若干个局部高峰，某一个解决方案对于某个人来说是局部最优的，但是可能并不是其他人的局部最优解。因此，如果组成团队一起工作，那么当一个人陷入局部最优解时，另一个人可能会发现进一步的改善，而且经第二个人改进的解决方案还可能会被其他人更进一步改善。

对于一辆汽车来说，要成为这个小组局部最优解的条件是：它必须是这个群体每辆汽车的局部最优解。将所有局部高峰的名字制成表，就可以看出有 4 辆车在所有 3 个视角中都是局部最优，它们是雪佛兰迈锐宝、丰田凯美瑞、庞蒂亚克 G6，以及沃尔沃 S60。如果问题解决者知道这个信息，就会选择最高的那个局部最优解，但是他们并不知道，所以卡在其中的某个“高峰”。雪佛兰迈锐宝、丰田凯美瑞、庞蒂亚克 G6 在耗油量方面排名前三，而沃尔沃 S60 则只排在第十位（见表 6-1）。

表 6-1 各个视角下的局部最优车型

视角	车型排名								
整车重量	雪佛兰迈锐宝	丰田凯美瑞	庞蒂亚克 G6	沃尔沃 S60	别克世纪	大众捷达	三菱戈蓝	萨博 9-5	
轴距宽度	雪佛兰迈锐宝	丰田凯美瑞	庞蒂亚克 G6	沃尔沃 S60	别克世纪	日产创世纪	宝马 525		
汽车高度	雪佛兰迈锐宝	丰田凯美瑞	庞蒂亚克 G6	沃尔沃 S60	大众捷达	铃木维罗纳	道奇层云	现代索纳塔	马自达 6

注意这个例子有几个特点。首先，在这些视角中的任何一个视角下，都可以找

到每加仑汽油行驶千米数最好的汽车，也就是雪佛兰迈锐宝，但是由于景观实在“崎岖”，问题解决者很难找到它。其次，多样性视角创造了许多可能的解决方案。在所有这 23 个车型中，有 13 个是三个问题解决者中的某一个人或更多个人的局部最优解。因此，可以期望多样性的小组能够给出大量的解决方案，但并不能期望所有这些解决方案都是好的，有些可能很糟。只要小组能够确定所有提出的解决方案中最优的一个就没问题。在这种情况下，确实能够做到这一点。

弦理论 5 个模型 = 5 个互补视角

前面“理所当然”地假设存在多样性视角。有人可能会问，人们为什么不统一采用一个共同的视角呢？采用多样性视角有一个显而易见的理由，那就是，每一个视角都可能适用于一个问题的不同部分。研究弦理论的物理学家依赖于多个视角，因为每个视角下都有一系列子问题，而且这些问题都是有用的。

对有些人来说，以下事实可能会使他们非常惊讶：长期以来，物理学家并不知道他们一直在使用多样性视角。当然，在这里不会深入研究弦理论，那是一个非常高深的问题。只需要记住以下几个事实就足够了：到 20 世纪 90 年代初，物理学家已经提出了 5 种不同的弦理论模型，创造性地将它们命名为 I 型、IIA 型、IIB 型、O 混杂型（Heterotic - O）和 E 混杂型（Heterotic - E）。这些理论模型全都把宇宙描述为一个除了通常的时空之外，还包括 6 个额外维度的宇宙。这些额外维度是折叠起来的，所以无法注意到它们。

是的，弦理论学家确实认为，早餐吃的华夫饼内隐藏着 6 个维度，这简直有点不可思议。但这与我们的重点无关。20 世纪 90 年代中期，美国物理学家、数学家爱德华 · 威滕（Edward Witten）证明，所有这些弦理论模型其实都是一样的，只是同一事物的不同数学表示，它们不是互替的，而是互补的。改用我们的术语来说，它们不过是同样弦的 5 个不同的视角而已。威滕这个重要发现使弦理论家接受了所有 5 种模型。关于一组问题的 5 个视角创造了 5 个景观，借用美国物理学家布赖恩·格林（Brian Greene）在《宇宙的结构》（*The Fabric of the Cosmos*）一书中的一段名言来说吧。

> 弦理论家们发现，对于某些问题，这5个弦理论模型中的某一个可以给出清晰的物理含义，而另外4个的描述在数学上却是非常复杂的。威滕这个发现的重大意义就在于此。在他取得突破之前，遇到很困难的、难以求解的方程式时，弦理论研究者就会被卡住。但是威滕的研究表明，每一个这样的问题都可以接纳4种数学“翻译”，也就是4种数学重构。在许多问题重新表述之后，再证明它会简单得多。因此，在很多情况下，一本用来对这5种理论进行相互翻译的字典，提供了一种将不可能的难题翻译成比较简单的问题的方法。[8]

因此，弦理论也提供了多样性视角有助于解决问题的另一个例子：不同的视角创造了不同的景观，不同的景观有不同的高峰，不同的高峰防止人们被锁定在同一点上。

多样性启发式与解决问题

接下来考虑多样性启发式怎样有助于解决问题。这里将以“换鞋”问题为例来说明。假设有理查德、昌西、本、拉希德和泰肖恩5个人，每人都穿42码的鞋子。现在每人都从5双鞋子中随机地选取两只鞋子。这5双鞋子是：休闲鞋、网球鞋、凉鞋，靴子和尖头皮鞋。这几个人不在意自己选中的是怎样的鞋子，只关心选中的鞋子是不是配成对的。我们可以通过鞋子类型和左右脚来分辨，例如，“休闲鞋左”表示左脚这只休闲鞋，“尖头皮鞋右”表示右脚这只尖头皮鞋，等等。鞋子的初始随机分配如表6-2所示。

表6-2　鞋子问题

人名	鞋1	鞋2
理查德	休闲鞋左	靴子左
昌西	凉鞋右	尖头皮鞋右

续表 6-2

人名	鞋 1	鞋 2
本	网球鞋左	凉鞋左
拉希德	休闲鞋右	靴子右
泰肖恩	尖头皮鞋左	网球鞋右

第一个启发式是，只有当两人都愿意交换时，才允许交换。根据这种启发式，理查德和拉希德之间会发生“交易”。因为理查德有左脚的休闲鞋和左脚的靴子，拉希德有右脚的休闲鞋和右脚的靴子。他们不在乎到手的是休闲鞋还是靴子，只在乎自己脚上的鞋子能不能配成对。而交换会使两人各得一双。理查德和拉希德之间的“交易”是这种启发式能够引发的唯一“交易”。其他人之间任何可能的交换都只能使其中一人获益。

第二个启发式则允许三个人之间进行交换。与第一种启发式一样，只有当参与交换的每个人都成功时，“交易”才会发生。昌西可以使用这种启发式将右脚的凉鞋交换给本，本则可以将左脚的网球鞋交换给泰肖恩，泰肖恩则可以将左脚的尖头皮鞋交换给昌西。完成这个“交易”之后，这三个人都有了一双成对的鞋子。理查德和拉希德之间则没有“交易”发生,因为他们的“交易”只涉及两个人。因此，这两种启发式本身都不是全局最优的，但是它们合在一起就是全局最优了。

这个例子再一次证明了之前讨论过的一个结论：局部最优解是相对于一个视角来定义的，而启发式则适用于这个视角。如果一个人有很多启发式，她就可能是一个很好的问题解决者。回想一下旅行商问题。有些解决方案是一个启发式的局部最优解，但却不适用于其他启发式。那个例子隐含了一个有普遍意义的结论：工具箱中的工具越多，“卡住”的机会就越少。

三个重要结论

现在已经触及到了一个重要的想法：以各自的局部最优解，也就是景观中的高峰来表示问题解决者。问题解决者（或问题解决程序）通常拥有许多局部最优解，而且他总会有一个最优的解决方案。所有人都同意珠穆朗玛峰是世界最高峰！问题解决者可能找不到珠穆朗玛峰，但是如果把他放上珠穆朗玛峰，他会认出这是一个高峰。接下来将提出三个观察结论，它们能够将问题解决者的特征与各自的局部最优解联系起来。

观察结论一描述的是较好的问题解决者与局部最优解之间的关系：

个人表现更好的问题解决者有更好的局部最优解：那些个人表现更好的问题解决者往往会被锁定在价值相对较高的局部最优解上。

这个观察结论说明，价值相对较高的局部最优解是有优势的。再次以旅行商问题为例。如果某个问题解决者有两个局部最优解：一个是总里程为 2 300 千米的路线，其实这就是全局最优解，另一个是总里程为 2 400 千米的路线，那么这个人可能会比其他有两个别的局部最优解的问题解决者表现得更好，例如其中一个总里程为 2 900 千米。需要注意的是，在这里假设这两个问题解决者找到他们各自的局部最优解的可能性相等，稍后将放宽这个假设。

观察结论二是，更好的问题解决者倾向于只拥有较少的局部最优解。他们所使用的视角、所创建的景观不那么崎岖；根据定义，不那么崎岖的景观的局部最优解相对较少一些。或者，他们可能拥有更多的启发式，可以更容易离开各自景观中的高峰。无论具体原因是什么，他们都会较少被卡在局部高峰上。

更好的问题解决者所拥有的局部最优解较少：那些个人表现更好的问题解决者倾向于拥有更少的局部最优解。

要解释这个结论，所需要的直觉也很简单。局部最优解就是可能会让问题解决者卡住的点。但是，这些局部最优解中必定有一个是最佳解决方案，其他局部最优解的价值都比不上它，卡在其他解决方案上会导致更糟的结果。一般来说，局部最优解越多，搜索就越容易卡在某个局部最优解上，从而问题解决者的表现就越差。

还可以把前两个观察结论组合起来。“个人”表现好的问题解决者应该具有相对较少的局部最优解，而且他们的局部最优解都具有较高的价值。相反，可以预期“个人”表现差的问题解决者具有很多局部最优解，但是其中许多局部最优解的价值都比较低。

上述结论虽然有很强的说服力，但是用问题解决者所拥有的局部最优解数量以及价值来刻画他们的特征，并不能到达目的地。问题解决者找到每个局部最优解的概率也很重要。假设一个问题解决者只有两个局部最优解，其中一个是全局最优解，另一个是价值相对来说更低一些的局部最优解。但是如果几乎总是找到低价值的局部最优解，那他的平均表现就会很差。反过来，如果几乎总能找到全局最优解，那他的平均表现就会很好。为了更正式地说明这个观点，在这里引入一个“吸引盆”（basin of attraction）的概念。笼统地说，一个局部最优解吸引盆的大小，就等于问题解决者被卡在那个峰值上的概率。

吸引盆这个术语源于物理学，可以通过想象厨房或浴室中的各种盆得到一个直观的理解。试想一下，把一个超级弹跳球扔进一个放满各种大小和形状水槽的房间里会怎样？球将从一个水槽跳到另一个水槽，最后停留在某个水槽底部。在其他所有条件都相同的情况下，可以预测，一个水槽越大、越深，球落在这个水槽底部的可能性就越大。也可以将同样的直觉应用于登山，但是必须将画面颠倒过来看。物理学家经常讲最小化，问题解决者则希望实现最大化，因此，对于问题解决者来说，“盆”的深度和大小，可以用来类比山峰的高度和宽度、（见图 6-5）。

尽管个人和团队都在试图实现最优化，但这里还是遵循学术上的惯例，使用“盆”这个术语。

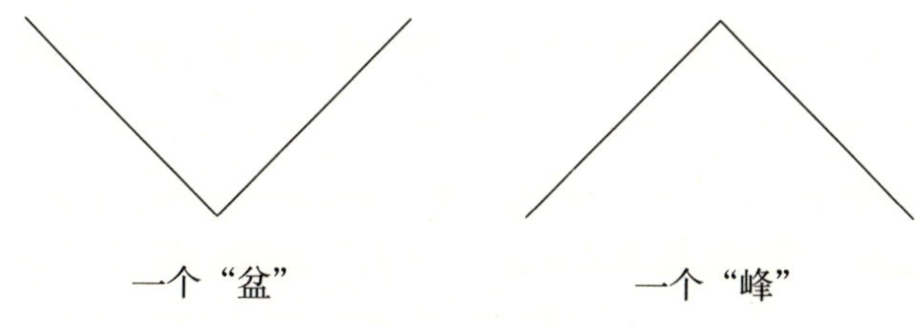

图 6-5 盆与峰

凯伦和保罗是两个在南美洲种植香蕉的农场主，他们正在尝试培育一种保质期更长的香蕉。假设，最好的香蕉在被采摘后有 30 天的保质期。凯伦使用的是传统的遗传育种技术，这是她的启发式。假设这种技术会导致三个局部最优解：最好的解决方案，保质期为 30 天；次好的解决方案，保质期为 24 天；再次的解决方案，保质期为 12 天。保罗则依赖于转基因技术。他的启发式也有三个局部最优解：能够分别生产出保质期为 30 天、25 天和 20 天的香蕉。如果这两个问题解决者能够找到他们的每个局部最优解，那么保罗的表现将比凯伦更好。

$$凯伦解决方案的期望价值：22=\frac{1}{3}(30+24+12)$$

$$保罗解决方案的期望价值：25=\frac{1}{3}(30+25+20)$$

为了说明吸引盆大小的重要性，再假设凯伦的最佳解决方案有一个更大的吸引盆，这就是说，她在 2/3 的时间内都能够找到最优的解决方案，而只在 1/6 的时间内会以发现其他两个非最优解决方案中的某一个而告终。同时假设保罗找到他的三个解决方案的机会都相等。在这些假设下，凯伦的平均表现将更好。

$$凯伦解决方案的期望价值：26=\frac{2}{3}(30)+\frac{1}{6}(24+12)$$

$$保罗解决方案的期望价值：25=\frac{1}{3}(30+25+20)$$

由此，可以得到观察结论三：**吸引盆的大小是重要的，好的问题解决者往往有更大的吸引盆，从而更容易到达更好的局部最优解。**

在目前为止所阐述的内容的基础上，可以将问题解决者描述为一组局部最优解，以及停留在每个局部最优解上的概率。在上面这个例子中，可以将凯伦这个问题解决者描述为：有三个局部最优解，其集合为{30，24，12}，每个局部最优解的的概率为（$\frac{2}{3}$，$\frac{1}{6}$，$\frac{1}{6}$）。同样，可以把保罗表示为：有三个局部最优解，其集合为{30，25，20}，相应的概率是（$\frac{1}{3}$，$\frac{1}{3}$，$\frac{1}{3}$）。当然，需要注意的是，在这些局部最优解中已经包含了全局最优解。两个人都必须找到最好的解决方案。

这种将问题解决者描述为局部最优解的集合以及找到概率的方法是非常有用的，但它不是问题解决者集合的一种视角。接下来将会证明，两个问题解决者即便有完全不同的视角和启发式，也仍然能够产生相同的局部最优解与相同的找到局部最优解的概率。因此，从问题解决者到一个附加了概率的局部最优解集合的映射，应当被视为一种解释，它能够对问题解决者进行分类。这种分类从表面上看似乎过于琐碎了，但是事实并非如此。它使我们能够在内部解决问题多样性与外部解决问题多样性之间做出区分。这是一个重要的区分。

内部的解决问题多样性与外部的解决问题多样性

在开始讨论这个区分之前，先回过头去"盘点"一下已经学到手的东西。一个人的视角和启发式定义了某个现有解决方案的"邻居"，即问题解决者打算去搜索的解决方案，也就是视角、启发式能够识别出来的解决方案。视角和启发式是解决问题的**内在**因素，外部观察者不一定知道它们。外部观察者可以观察到的是解决问题的**外在**因素，也就是问题解决者如何通过各种方法来找到解决方案。当然，仅仅是了解这些东西，也需要观察者付出一定的努力，但是在这里，暂且忽略这一点。

下面给出的一个例子需要你放慢阅读速度，仔细研究。这个例子并不困难，但需要耐心。先重置一下你的认知框架，就像某个大城市的公共交通系统图一样，看上去似乎一团糟，但是有一个基本的逻辑在里面。在这个例子中，两个问题解决者的视角和启发式都不相同，但是都同样是外部的，他们在解决方案的空间中以完全相同的方式进行搜索。

先从视角开始讨论。在图 6-6 所示的两个视角中，每一个视角都以各自的方式组织了 8 个可能的解决方案，分别用立方体上的字母 A ～ H 表示。阿尔法视角组织解决方案的方法是，按字母顺序以逆时针方向排列在每个层级上。混杂视角则随机排列立方体上的字母。

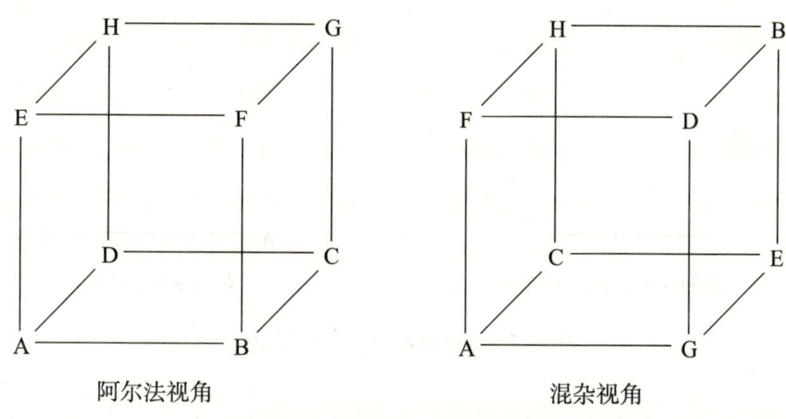

图 6-6 一个立方体的两种视角

有两个问题解决者，萨姆和麦迪。萨姆使用了阿尔法视角，而麦迪所使用的则是混杂视角。同时萨姆和麦迪还使用了不同的启发式，每人都有三个启发式。定义他们的启发式，要用到立方体的各条棱。麦迪的三个启发式都需要沿着这些棱移动。从混杂视角中的解决方案 A 出发，麦迪要沿着立方体的三条棱，找到解决方案 G、C 和 F：G 位于 A 的右边，C 位于 A 的后面，F 位于 A 的上面。

与麦迪相比，萨姆则使用了更加复杂的启发式。他的第一个启发式要沿着左右维度及前后维度移动。从 A 开始，萨姆找到了 C。他的第二个启发式方法沿着左右维度及上下维度移动。再一次，从 A 开始，萨姆找到 F。他的第三个启发式要在所有三个维度上移动。这种启发式导致他移动到了立方体上最远那个角落。这是“反其道而行之”启发式的立方体版。使用这个启发式，萨姆直接从 A 跳跃到了 G。

图 6-7 有助于理解萨姆和麦迪对他们视角的搜索。

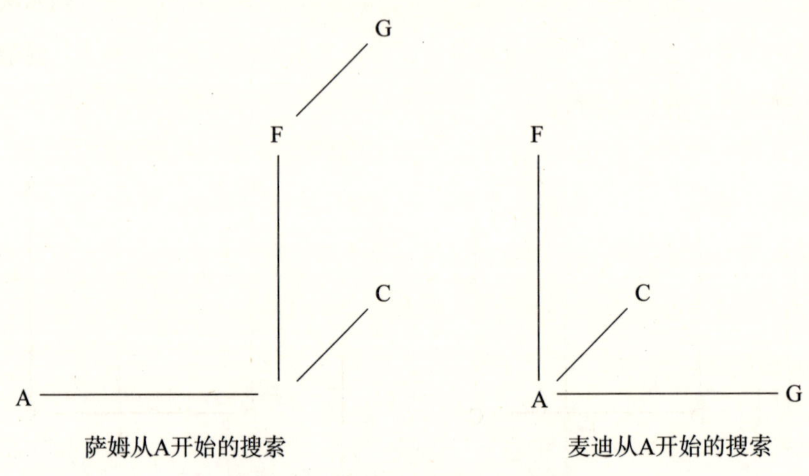

图 6-7　内部多样性及外部等价性

如图 6-7 所示，萨姆和麦迪都要从 A 出发找到同样的三个解决方案。不过，只要花点工夫就可以证明，无论从哪里开始，这种等价性依然成立。例如，使用如上所述的启发式，如果麦迪从解决方案 D 开始，那么他将找到 F、B 和 G。萨姆也是一样，如果他从 D 开始，那么他路过 A 横走到 B、路过 C 上行到 G，并跳到对角的 F（见图 6-6）。

理解这个例子需要付出一些努力。喜欢数学的人可能觉得它很酷，但是你需要关注它的含义吗？[9] 是的。这个例子表明，内部多样性（多样性视角和多样性启发式）不一定会导致外部多样性（在解决方案空间中的不同搜索方式）。人与人之间当然会有不同，但是他们仍然可能会以同样的方式去寻找解决方案。具有多样性视角和启发式的人们在解决问题时仍然可能类似。[10] 换句话说，多样性的视角和启发式可能会相互抵消。这种抵消可能不会非常频繁地发生，但是不能保证，两个使用不同表示方法并且应用不同问题求解技术的人，肯定会以不同方式去寻找解决方案。因此结论是：多样性的人也可能不会以不同的方式去解决问题。

多样性 > 能力

在给出了上述背景知识之后，现在可以开始正面阐述多样性优于能力这个观点了。首先证明多样性优于同质性。假设，现在有两个问题解决者组成的小组，一个是多样性的，另一个是同质性的。如果所有这些问题解决者的“能力”（我后面会给出能力的正式定义）都是相同的，那么多样性的小组将会找到更好的解决方案。这个结论虽然不如多样性优于能力那么令人惊讶，但是它有助于理解为什么多样性是有益的。

证明的第一步要构建一个模型，说明一个由若干问题解决者组成的小组怎么来解决一个问题，无论是多样性的还是同质性的。在这个模型中，设定的问题解决过程与“一杯咖啡”中描述过的过程相同：让小组成员依序运用各自所拥有的解决问题的能力，也就是说，让一个人去搜索，直到他陷进了某个局部最优解为止，然后让下一个人从那个点继续开始搜索。通过这种方式，每个人都可以在他之前的问题解决者找到的最佳解决方案基础上继续搜索。让他们站在“前人的肩膀上”去寻找解决方案。只有当没有任何一个问题解决者能够找到更好的解决方案时，这个过程才会宣告终止。

不要担心，这里所说的顺序搜索假设只是出于便利性考虑，没有这个假设，结果不会受到任何影响。我们同样可以构建这样的模型，让所有问题解决者同时去寻找问题的解决方案；或者也可以让问题解决者在找到一个更好的解决方案后，立即将它发布到公开的留言板上，以便让其他问题解决者立即从这个新的更好的解决方案开始搜索新的解决方案。

多样性优于同质性定理

为了说明多样性到底是怎样优于同质性的，将建立一个包含了两个问题解决者小组的模型。在第一个小组中，每一个问题解决者都是独特的，也就是说，每个人都有一个独特的视角和一组独特的启发式。基于萨姆和麦迪的例子，将假设这种内部多样性会导致解决问题的不同方法。在第二个小组，每个人都是相同的，也就是每个人都使用相同的视角和启发式。并且，两个小组中的所有问题解决者都拥有大致相同的个人能力。这里所说的“相同的个人能力”是指问题解决者在单独工作时，每一个人的表现都同样好。

在上述假设同时成立的前提下，多样性小组一般都会优于同质性小组。这个结果背后的直觉是非常清晰的：同质性小组实际上与只有一个人的情况没有什么区别。[11] 同质性小组中的每一个人都具有相同的视角和启发式，所以他们都有相同的局部最优解集合。因此，在第一个人找到最优解之后，这个小组就没有人能够进一步加以改进了。他们都会找到同一个解决方案。在这种情况下，三个臭皮匠并不能顶一个诸葛亮，因为那三个臭皮匠其实只能算是一个人。

接下来考虑由异质问题解决者组成的多样性小组。第一个问题解决者运用他的视角和启发式去搜寻解决方案，直到找到一个局部最优解为止。在此基础上，下一个问题解决者试图找到一个更好的解决方案。由于第二个问题解决者依赖于不同的视角和启发式，他可能会找到更好的解决方案。如果碰巧第一个问题解决者已经找到了最佳解决方案，即全局最优解，那么当然它也必定是第二个问题解决者的局部最优解。如果发生了这种情况，这个多样性小组已经完美地解决了问题。如果第一个问题解决者找到的不是全局最优解，那么第二个问题解决者可能会改进该解决方案……这种持续改善的可能性解释了为什么多样性能够优于同质性。

以下这个简化的例子可以将上述逻辑彰显出来。假设每个小组中都只有两个问题解决者，而要解决的问题是把尽可能多的物品放进一个盒子里，例如把一只鞋子、一个汽水罐、一本书、一辆玩具车、一台桌面电话机……全都放进一个盒子里。先考虑由两个同质问题解决者组成的那个小组。假设他们两人都依靠史蒂芬·柯维提出的“大问题优先”启发式。再假设这个启发式导致三个局部最优解，其中一个必定是全局最优：10 件物品都放进了一个盒子。不妨假设另外两个局部最优解分别是放进了 8 件物品和 9 件物品。

假设这三个局部最优解发生的概率是相同的，而且这些局部最优解中的哪一个能够被发现，取决于哪个物品最先被放进盒子。三个局部最优解的吸引盆大小都相同，每个问题解决者的局部最优解的期望价值也就是期望物品个数是：$\frac{1}{3}\times 10+\frac{1}{3}\times 9+\frac{1}{3}\times 8=9$。两个问题解决者的期望价值也是 9 件物品。一旦第一个人提出了一个解决方案，第二个人就没有办法改进它，因为后者以同样的方式看待问题。

而在多样性小组，第一个问题解决者布莱尔所使用的视角和启发式几乎总能让她把 9 件物品装进盒子里。当然，装下 10 件物品的解决方案对她来说也必定是一个局部最优解，但是她几乎从来没有发现过它。她的期望价值也大约为 9，与第一个小组的问题解决者相同。第二个问题解决者卡尔使用了与布莱尔不同的视角和启发式。卡尔被困在了两个局部最优解上。第一个是最好的解决方案也就是 10 件物品，第二个是 8 件物品。假设卡尔发现这两个局部最优解的机会是相等的，所以他的期望价值也是 9。这样就引出了最关键的结果：如果布莱尔和卡尔一起去解决这个问题，那么就一定能找到最优解决方案，他们的期望价值等于 10。

接下来看看具体过程。不妨假设布莱尔先着手搜寻解决方案。她要么找到了全局最优解（但这是不太可能的），要么找到了自己的一个局部最优解，也就是把 9 件物品放进盒子里。假设发生的是第一种可能性，否则，他们就已经发现了全局最优解，证明结束。根据模型的设定，布莱尔发现的能够放进 9 件物品的解决方案不是卡尔的局部最优解，因为他只能停留在能够放进 8 件或 10 件物品的解决方案。如果卡尔所在的位置不是自己的局部最优解，他就可以从这一个解决方案出发去搜索更好的解决方案。因此，如果卡尔从能够放入 9 件物品的解决方案开始，就必定能够找到全局最优解，因为他的另一个局部最优解还不如能够放进 9 件物品的解决方案更好。

或者倒过来，假设卡尔先采取行动，逻辑还是一样的，不过需要多走一步。如果卡尔找到了放进 10 件物品的解决方案，那么已经成功了，因为找到了最佳解决方案。所以在这里假设，卡尔只找到了能够放进 8 件物品的解决方案（见图 6-8）。然后，布莱尔可以改进这个解决方案，因为能够放进 8 件物品的解决方案不是她的局部最优解，所以她必定能找到放进 9 件物品的方法，或者是找到全局最优解。如果她找到的是前者，那么根据上面的逻辑，卡尔将会再一次接着往下找，从而找到能够放进 10 件物品的解决方案。因此，卡尔和布莱尔总是会找到能够放进 10 件物品的解决方案。

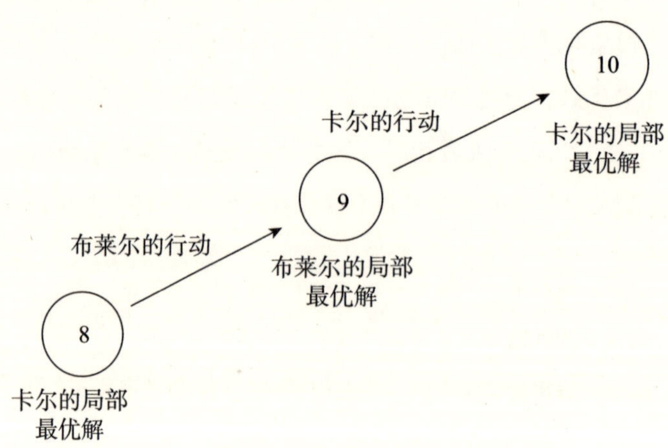

图 6-8　布莱尔和卡尔寻找全局最优解的过程

用局部最优解来表示问题解决者的一个益处是，可以使多样性优于同质性这个观点背后的直觉突显出来。这种解释的基础是所谓的交集性，它说的是，两个人都卡在同一个局部最优解上的唯一可能就是两人都被卡住了。确实，这听上去有点像是循环论证，但是它的含义要比表面上看起来深刻得多。它意味着，一组人唯一的局部最优解，是该组中每个人的局部最优解。这个结论，在前面讨论如何找到汽油里程数最高的汽车时，就已经呈现过了。

交集性 (intersection property)

一个问题解决者集合的局部最优解等于该群体每个个体局部最优解的交集。

利用这个属性将例子改写一下，使分析过程变得更加技术化一些。这是值得的，要记住，我们的目标是超越隐喻，理解内在逻辑。现在，两个同质问题解决者每人都有三个局部最优解，分别记为 X、Y 和 B，其对应的价值分别为 8、9 和 10。这些局部最优解的交集仍然是集合 X、Y 和 B。显然，1+1=1。相反，布莱尔只有两个局部最优解，Z 和 B；卡尔也有两个局部最优解，W 和 B。这两个局部最优解｛W，B｝和｛Z，B｝的交集就是最优解 B。这也就是说，无论卡尔和布莱尔之间谁先谁后，只要两人合力就必定能够找到 B，这也是唯一一个对这两个问题解决者来说都是局部最优解的解决方案。因此，利用交集性原理，可以清晰地看到为什么多样性能够优于同质性。

THE 定理
DIFFERENCE

多样性优于同质性定理：

如果两个问题解决者集合都只包含了个体能力相等的问题解决者，并且第一个集合中的问题解决者是同质性的，第二个集合中的问题解决者是多样性的，那么平均而言，它们的局部最优解将会有所不同，而且由多样性问题解决者组成的集合将优于由同质性问题解决者组成的集合。

证明这个定理很简单。同质性问题解决者都拥有相同的局部最优解。因此，在计算机程序中，由这种人工智能体组成的集合能够找到解决方案的预期价值不可能比任何一个人工智能体能够找到的更好。但是这个结果并不适用于由多样性问题解决者组成的集合，因为它们的局部最优解是不同的。因此，就像前面的例子告诉大家的一样，当一个问题解决者陷入局部最优解时，另一个问题解决者能够发现某个更好的局部最优解。交集性为“站在巨人的肩膀上”提供了一个逻辑基础。在某个人的视角和启发式下的局部最优解，在另一个人的视角和启发式下不一定也是局部最优解。正如爱默生所说：

> 每一个所谓的终极事实都只不过是某个新系列的第一个事实。每一个一般规律都只不过是即将呈现出来的某个更一般规律的一个特定事实。对于我们来说，没有界外、没有围墙、没有圆周。有一个人完成了对他理论的证明。啊，好样的！多伟大！多有决定性！他的理论足以使世界万物改观！他顶天立地！……咦！那边又出现了另一个人，在我们刚刚看到的这个圆的的外面画了一个更大的圆。[12]

爱默生认为，我们从未到达过全局最优解，这种可能性是存在的。但是，我们丝毫不必在意爱默生在他的文章中对问题解决者的小小嘲弄。事实上，爱默生的观点与我们的逻辑是一致的：多样性创造了反复迭代的改进。这种改进将会一直持续下去，直到问题解决者集合找到了一个最佳解决方案为止：该解决方案位于所有问题解决者局部最优解的交集处。

当然对于某些人来说，多样性优于同质性这个结论也许算不上石破天惊。[13]这种态度不足为奇。重要的是，我们在学习、在改进，尽管可能只是一点一滴。许多直观的结论并不像表面上看起来那么正确，牛顿物理学就是其中一个例子。所以，虽然多样性优于同质性这个定理不难理解，但是它很重要。在解决问题的时候，不同的两个人要比完全相同的两个人要好。

多样性优于能力定理成立的 4 个条件

现在开始阐述一个更加令人惊讶的定理，也就是多样性优于能力。需要指出的是，这个定理与多样性优于同质性定理相比有一个非常重要的区别。这个定理是在一些不同假设的基础上得出的。多样性优于同质性定理假设所有的问题解决者都拥有相同的能力，而能力则是通过对问题的期望价值来衡量的。多样性优于能力定理则假设，多样性问题解决者的平均能力较低，它同时还允许能力更高的问题解决者之间也存在某种差异。这里并不需要假设在由能力更高的问题解决者组成的集合中，每个人都是同质性的，只需要假设他们的能力是“好”的。

先从潜在问题解决者的初始“池子”开始讨论。先从这个“池子”里“抽出”一些问题解决者，组成两个集合。假设在这个初始“池子”中，有 N 个问题解决者。N 可以是某家公司工作的员工总数，也可以是某所大学的教师总数。然后，将 M 个表现最好的问题解决者的群体表现与 M 个从初始“池子”随机选定的问题解决者的群体表现进行比较。多样性优于能力定理的基本内容就是，给出能够保证上述“随机集合”优于“精英集合”的充分条件。

为了便于阐明这个定理的内在逻辑，这里用各个问题解决者找到的局部最优解以及他们获得该局部最优解的概率来呈现。这种方法与直接分析他们的视角和启发式相比，有很大的优势。这样一来，就可以把“精英”问题解决者描述为这样一些问题解决者：他们只会被困在更少的局部最优解上，而且这些局部最优解往往具有更高的价值。而普通的问题解决者则会困在更多的局部最优解上，而且其中许多局部最优解可能只具有较低的价值。

必须记住，多样性优于能力定理并不总是成立，它只在一定的条件下成立。接下来逐一分析这些条件，然后再以一种稍有不同的方式回过头去看看前面的直觉结论。下面这些内容很重要，要完全理解多样性优于能力定理，必须细细品味。

第一个条件考虑的是，如果问题非常容易，以至于某个或几个问题解决者就一定能找到最好的解决方案，那么包含了这个或这几个问题解决者的“精英”问题解决者集合也一定能找到最好的解决方案。相反，随机选定的问题解决者集合却并不一定包含总是能找到最佳解决方案的人。因此，要保证多样性优于能力，要解决的问题必须是困难的问题。例如，要找到一个微积分问题的答案，通常会去请教这个领域的某个专家。专家可以提供正确的答案，而随机选出的一组人则可能不会。但是，如果面对的是一个很困难的、以前从未有人解决过的数学问题，就会想到去咨询很多位不同的数学家。类似地，当面临的问题是设计产品、治疗疾病或者改善教育体系时，多样性的优势就会显现出来。而且，并不需要把这个条件视为一个限制性的假设。

条件 1：问题困难条件

没有任何一个问题解决者总能找到这类问题的全局最优解。[14]

对于这个条件，还要补充说明一点。在这里，假设问题是相当困难的。这个假设似乎与之前对视角的讨论相矛盾，在那里所说的是在旁观者眼中问题有多困难。一个人视角下的崎岖景观，在另一个人的视角下可能是富士山景观。所以，还要更精确一些：这里所假设的是，从问题解决者的视角来看，这个问题是困难的。

第二个条件涉及问题解决者的能力。所有可能的问题解决者都必须具备一定的问题解决能力。这就是说，他们的视角不能创造出过分崎岖的景观。不能认为把一堆人文学者赶进化学实验室里去就万事大吉了。在这里将这个条件称为微积分条件，因为懂得微积分的人可以求出导数。而导数能够告诉我们的正是函数的斜率。一座山的斜率可能是正值（上坡）、负值（下坡）或零（峰顶或高原）。在峰顶上，导数等于零，斜率既不增加，也不减少。因此，懂得微积分的人就可能找到高峰，不懂微积分的人则可能会被卡在任何一个地方。这种随时可能陷入困境的人，对于一个试图解决困难问题的小组来说，不可能会做出太大贡献。只有掌握了与当前问题相关的微积分知识的那些问题解决者，才拥有刻画这个问题结构的视角。他们有合理数量的局部高峰。[15] 当解决方案的数量是有限的时候，例如在旅行商问题中，这个条件是不难满足的。

条件 2：微积分条件

每一个问题解决者的局部最优解都可以写在一个列表中。换句话说，全部问题解决者都是足够聪明的。

微积分条件为什么重要？要说明它的重要性，不妨先假设它不成立，看看会发生些什么。如果很多问题解决者都有无数个局部最优解，那么随机选定的问题解决者集合将与一群在打字机上乱敲乱打的猴子没有什么区别。虽然据说，如果无数多的猴子在无数多的打字机上随机打字，并持续无限久的时间，那么在某个时候，它们必定能够打出莎士比亚的全部著作。这样的问题解决者集合，不可能优于由精英问题解决者组成的集合。再举一个例子：随便找来的一群人在解决统计问题时的表现不可能超过一群专业统计学家。因为对这种问题而言，大多数普通人都无法满足微积分条件，他们会陷入几乎任何一个解决方案里。

第三个条件要求除了全局最优解之外，任何一个解决方案都可以进一步改进。换句话说，所有问题解决者的局部最优解交集只包含全局最优解。这个条件称为多样性条件，因为它假设问题解决者之间存在多样性。

条件 3：多样性条件

除了全局最优解之外的任何一个解决方案，对于某些问题解决者来说，都不是局部最优解。

这个条件的含义并不是说，给定任何一个解决方案，某些问题解决者能够立即跳到全局最优解上。后面这种假设要更强，而且很少能够实现。相比之下，这里假设只要求存在某个问题解决者，能够去寻找一个更好的解决方案。这种改进的幅度可能很小。在卡斯帕罗夫与一大群人进行国际象棋比赛的例子中，这个假设可能并不成立。在那些人当中，可能并不包括某一个能够阻止大家下出“昏招”

的人。而且，卡斯帕罗夫的优势很可能正是由于他们无法正确地评估每一步棋而得到的，因为他们缺乏参加这种高水平比赛的经验。在接下来的两章中，还会更加详细地讨论这个主题。

为了在一个更加规范的情况下讨论这个问题，现在回头去看一下旅行商问题。想象这样一个情形：若干问题解决者组成了一个集合，每个问题解决者都有一系列自己的启发式。其中一些启发式可能会涉及切换线路上四五个城市的顺序。多样性条件意味着，给定任何一条非最优线路，总是会有这样一个问题解决者出现：他利用自己拥有的某个启发式，可以找到改进线路的方法。当然，这个问题解决者也不一定能找到最好的线路，他只是做了一个改进。这种改善也许只能使总里程缩短几千米，甚至是几米而已。

第四个条件则要求，问题解决者的初始集合必须相当大，而且组成那两个小组问题解决者的集合也不能太小。只要分析一下极端情况，这个条件背后的逻辑就会变得很清晰：如果初始集合只包含了 15 个问题解决者，那么由 10 个“精英”问题解决者组成的小组将很可能优于由随机选定的 10 个问题解决者组成的小组。这是因为，在问题解决者初始人数如此之少的情况下，最好的前 10 个问题解决者只能是多样性的，这也就是说，他们必定有不同的局部最优解。而且，由于他们的个人表现又是最好的，所以他们的群体表现理应比随机选定的 10 个问题解决者的群体表现更好。

这个条件还要求，在以随机抽取的方式组成未来将“一起工作”的团队时，群体规模必须足够大，这样才能保证随机选定的问题解决者的多样性。为了说明这一点，假设两个集合分别只包含一个问题解决者。根据定义，由“精英”问题解决者组成的集合的表现将优于由随机选定的问题解决者组成的集合。即使每个集合各包含两个问题解决者，几乎可以肯定，“精英”问题解决者组成集合也会表现得更好。所以需要从一个足够大的“库”或“池子”中进行挑选，很多企业、组织和大学都是这样做的，而且至少必须挑选出两个以上的人。

条件 4：大群体规模条件

问题解决者的“初始群”必须足够大，而且一起去解决问题的工作团队必须包含多个问题解决者。

不过，我们不可能明确指出这些集合的规模究竟多大才能保证多样性优于能力定理成立。集合中问题解决者的确切数量取决于问题的难度以及问题解决者初始集合的多样性。问题越困难，局部最优解的数量就越多，也就越需要更多的问题解决者来克服局部最优解重叠的问题。同时，问题解决者越具有多样性，要求的集合规模就越小。因为不同的问题解决者会被困在不同的局部最优解上，所以当他们一起来解决同一个问题的时候，几乎不会被困在同一个局部最优解上。

问题困难条件、微积分条件、多样性条件以及大群体规模条件是多样性优于能力的充分条件。虽然多样性优于能力这个结果在其他条件下也有可能出现，但是只要这些条件得到了满足，多样性就能优于能力。

THE 定理 DIFFERENCE

多样性优于能力定理：

给定条件 1 ~ 4，由随机选出的问题解决者组成的团队能够优于由个体表现最好的问题解决者组成的团队。

这个定理不是一个比喻，更不是那种或许能够“保用 10 年”的处世秘诀。它是一个合乎逻辑的真理。[16]

要明白这为什么是一个真正意义上的定理，得回到开始的地方——问题解决者拥有自己的视角和启发式。为了将内在逻辑尽可能透明地呈现给你，假设每个问题解决者都只有一对视角和启发式。可以将视角和启发式的空间用一个盒子来表示（见图 6-9）。而且，就像对问题的处理那样，也可以为这里设定的视角和启发式构造一个景观，方法是令视角和启发式对应的高度与它被用于解决难题时的平均价值相匹配。这个景观，是问题解决者的景观，必定存在一个全局最优解。[17] 问题解决者景观中的全局最优解代表着最好的个体问题解决者，用字表 B 来表示。但是，请注意，由问题困难条件 1 可知，没有一个视角和启发式每次都能找到全局最优解。

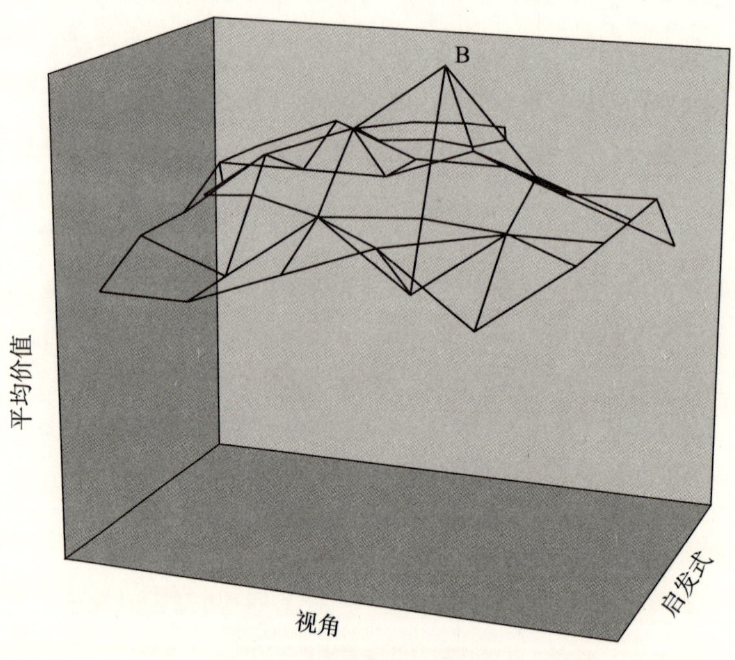

图 6-9 视角和启发式盒子

接下来，我们要生成大批大批的问题解决者。可以用图中的点来表示这些问题解决者。如果创造出了足够多的问题解决者，那么在最好的 10 个或 20 个问题解决者中，大多数都会位于接近问题解决者景观全局最优解 α 的地方。为什么会这样？做个类比：如果随机地将数 10 亿人抛在喜马拉雅山上，那么所在位置海拔最高的那些人，大部分人都是在珠穆朗玛峰上。然而，即便是最好的问题解决者，也就是那些站在珠峰之巅的问题解决者，也不能凭一己之力就解决问题。为什么？因为对于难题，即便是全局最优解决者也找不到全局最优解。

如果只创造几十个问题解决者，那么最好的 10 个或 20 个问题解决者必定会分散到整个视角和启发式盒子的各个角落。这就是关键所在：当问题解决者的初始集合变得越来越大时，必定会有一些最好的问题解决者聚集到靠近 α 的地方，这是不可避免的，也就是为什么需要大群体规模条件的原因。

因为有一些最好的问题解决者聚集到了 B 附近，或者聚集到了其他的一个或两个地方，而且这些最好的问题解决者都有类似的视角和启发式，所以他们的群体表现并不会比仅凭个体能力去解决问题时好多少。相反，随机选定的问题解决者集合中的成员则通常会遍布整个视角和启发式盒子。这种多样性使他们的群体表现比他们的个体表现更好。当然，仅凭这一点还不足以保证他们能够超越最好的问题解决者集合。他们还必须聪明，因此，需要微积分条件。并且还不能让这些多样性的问题解决者全部陷入一堆低价值的解决方案中。因此，需要多样性条件。就这样，我们有了这个定理：多样性优于能力。它不总是无条件成立的，但是在满足上述条件时确实是成立的。

那么，在现实世界中该怎样应用这个定理呢？很简单。当要从数千人中挑选 200 名员工时，如果人们都很聪明，那就应该想起这个定理，而不能用一些武断的、给能力打分的标准来对他们进行排序，试图从中选出最好的。在这种情况下，应该追求多样性。而当你从一个由 60 名学生组成的班级中选择 4 人组队参加科学竞赛时，也要牢记这个定理，但是请记得要选择最好的那 4 个，除非他们的技能明显差不多。

那么，这个定理是否意味着让一个诗人加入一群化学家的团队，就能让化学家从中受益呢？当然不能。但是，如果加入的是一位物理学家，也许能令化学家受益匪浅。这个定理是否还意味着从一所学校毕业、受过相同学术训练、在考试中总能得高分的一群人所组成的团队，可能还不如教育经历和学术训练更具有多样性，但 SAT 和 GRE 考试成绩或智商测试分数稍稍低一点的另一群人组成的团队呢？答案是有可能的。如果你就职于一家大公司，里面满是哈佛大学、沃顿商学院和密歇根商学院的毕业生，你可能会有一丝怀疑：公司是不是应该增加员工教育背景的多样性呢?

一定要记住，上述 4 个条件是多样性优于能力的充分条件，但是却远不是必要条件。正如冰激凌是让我的两个儿子安静下来的充分条件，但是却不是必要条件。这个结果在其他一些条件下也可以成立。此外，上述 4 个条件中最强的一个条件，即多样性条件，通常是可以放宽的。事实上，在最初的基于主体的模型中，正是这些模型激发了现在的分析，多样性条件几乎从未得到满足。只要作为不同人工智能体的局部最优解交集的解决方案的价值不低，多样性群体的表现就会更好。理由很简单，因为它们的局部最优解更少。

“自然选择”是把双刃剑

多样性优于能力这个定理是无可争议的。它在逻辑上是真理，正如 1+1=2 这个真理一样。然而，这个定理只适用于数学对象，不能直接适用于人。它讨论的其实是多样性视角和启发式怎样才能集结起来的问题。为了理解这种区分的意义，再次回到旅行商问题上来。考虑两个思想实验。在第一个思想实验中，我们召集 1 000 名本科生，向他们解释旅行商问题，并要求每个本科生各构造一个解决这个问题的算法。一个算法由对该问题的编码（视角）和解决方法（启发式）组成，所以这个实验完全符合我们的模型。根据这些算法解决样本问题，也就是推销员要在 80 个城市之间旅行时的表现，将它们从最好到最差进行排序。可能会发现，在这 1 000 个算法当中，存在着很大的多样性，同时也可能发现最好的一批算法是相似的。如果是这样，那么随机选定的 20 个算法组成的集合，可能会优于由最好的 20 个算法组成的集合。

在第二个思想实验中，给同样的 1 000 名本科生做一般智能测试。接着让最好的 20 名学生组成一个小组，再随机抽取 20 名学生组成另一个小组。然后要求这两个小组提出能解决旅行商问题的办法。在这种情况下，我们还能不能肯定地预测随机组会表现得更好呢？答案是否定的。一般智能测试的得分与诸如雄心、努力和专注等因素相关，这意味着高智商组有可能表现得更好。对这里的论述来说，重要的是，具有类似智商的人也完全有可能以不同的方式解决旅行商问题。这就是说，高智商组很可能也是多样性的。[18]

这两个思想实验告诉我们，在思考视角和启发式时，要注意到其中包含的微妙之处。在第一个思想实验中，人们是本来头脑中就已经有了现成的视角和启发式，还是“临时抱佛脚”地到了现场才提出某种视角和启发式，这种区别不重要，更不必在意。而在第二个思想实验中，上述区别就很重要了。如果人们能够随机应变地创造出启发式，那么群体动力学特征就更加重要。举例来说，假设高智商组能够认识到他们需要多样性启发式去解决问题，那么这个小组就很可能会比随机组做得更好。[19]

利用前面给出的工具箱模型可以更好地理解这两种情况的不同之处。一般智能测试得分高的人可能拥有更多的工具。当然，无论是得分较高的人，还是较低的人，都可能懂得测试组织者认为不重要的某些东西，例如，如何说“儿童黑话”，你说的是“ooh”，他们说的却是“yahoo”。如果对高智商组与随机组加以比较，可能会发现高智商组有更多的工具。也可能会认为，高智商组工具集合中独特工具的数量比随机组更多。因此，高智商组的表现可能会更好。

但是必须小心，不要妄下结论。且先把工具箱内的工具全部“倒在地上”，看看能够发现什么。假设每个高智商的人平均有 30 个工具，而随机组的成员则平均有 25 个工具。再假设每个小组的规模均为 20 人，那么高智商组将拥有 600 个工具，即共有 20 个人每个人 30 个工具，而随机组则拥有 500 个工具。这里的关键是，所有这些工具并不都是独特的。真正重要的是对每个小组拥有的独特工具的数量进行比较。理所当然地，我们可能会认为拥有更多工具的小组应该也拥有更多独特的工具。但这是一个很糟糕的想法。高智商组的构造方式决定了其各个成员拥有的工具并不是随机的。这些工具，正是让他们在智能测试中取得好成绩的那些工具。而且，测试选择的问题，也正是那些高智商的人擅长解决的问题，SAT 考试和 ACT 考试也是如此。这种选择问题的规则，使在测试中得高分的人的工具比随机选择问题时更加相似。而随机组的构造方式则不存在任何东西会使他们的工具彼此相似。

测试的准确度越高、针对性越强，这种效应会变得越明显。如果根据每个人在解决旅行商问题时的表现来选择“精英”组，那么“精英”组的成员将更有可能拥有相似的视角和启发式。为什么会这样？这是因为，能够帮助某个人在解决旅行商问题时表现出众的那些启发式，比如说让两个城市互换，或者让间隔一个城市的一对城市互换，都是“专门化”的启发式。因此，“精英”组的所有成员可能会以同样一种或两种方式来思考问题。在工具上的重叠，可能会使他们在面对其他问题时处于劣势。[20]

根据智能测试成绩，或者根据人们在解决诸如旅行商问题这样的问题时的表现来挑选“精英”团队成员的做法会减少多样性。事实上，对于类似的现象你应该不会太陌生。可以在达尔文那里找到一个例子：自然选择减少了多样性。尽管可能会认为我们选择的是能力，但是同时也不能忘记能力取决于工具。所以，归根结底，选择是发生在工具上的。通过选择那些表现更好的人，可能会让人们拥有更多的工具，这有助于群体表现；但是同样有可能会让人们变得减少多样性，这对群体表现有害无益。这就是为什么由最优秀的人组成的团队不一定是最好团队的原因。

个人贡献的偶然性和必然性

多样性优于能力这个定理也揭示了个体贡献的情境依赖性。当然，一个人能够在多大程度上改善目前的解决方案，取决于个人的天赋，但是他实际做出贡献的大小还取决于相对于其他也在致力于解决问题的人的多样性。他可能正站在别人的肩膀上，朝着稍微不同的方向探索，因此在一个别人没有看到的地方做出了小小的局部改进。或者，他也可能会站在一个完全不同于前人的地方，做出了巨大的改进。这对这里的讨论不重要。在这里要强调的是，要做出贡献，必要条件是去尝试不同的东西。而且显而易见，这种“与众不同”性，不是一个人独处时能够拥有的性质，而必定是一个人相对于他人的一种性质。无论怎样尝试，一个独自生活在森林里的人也不能说他是“多样性”的。

个人贡献的这种情境依赖性在“论功行赏”时面临很大的困难。举个例子来说明这一点。假设有两位土木工程师贝琳达和戈登。两人都在努力试图解决同一个难题：如何以最小的成本将 500 栋住宅产生的污水抽到一个陡峭的山坡上。这个问题有很多不同可能的解决方案。为了“注入”多样性，不妨假设贝琳达和戈登用来解决这个问题的视角和启发式是不一样的。

有一天，戈登想到了一个好主意，这个主意能够对现有最好的解决方案做出一个重大改进，可以节省 10 万美元的成本。现有方案需要使用一个装备巨大电机的水泵。戈登意识到，如果减少管道的周长，就可以减小电机的体积。他通过群发电子邮件公布了他的改进方法，包括贝琳达在内的所有人都为这一突破感到高兴。这是一个很好的解决方案，但仍然不是更好的解决方案，因为较小的管道需要使用专门定制的配件。两个星期后，贝琳达在戈登突破的基础之上，发现了一个更好的解决方案。她的想法是把小管子放进正常大小的管子里，这样就不再需要昂贵的定制配件了。贝琳达的解决方案的附加价值是 50 万美元，她得到了来自各方的赞赏。毕竟，只有优秀的工程师才有可能解决这个问题。真的是这样吗？也许不是。下面分别考虑三种情景。

情景 1：贝琳达只是运气不错

给定现有的解决方案，戈登所拥有的视角和启发式可能会引导他做出很多改进。他找到的那个价值 10 万美元的缩小管道的解决方案可能只是第一步。贝琳达的视角和启发式则可能被困在了当前的解决方案上，她的视角和启发式能够映射的唯一更好的解决方案就是戈登的那个突破。也许，贝琳达从很小的时候开始，就养成将小吸管套在大吸管里面喝奶昔的习惯。所以，贝琳达是幸运的，因为戈登公开了他的小管道解决方案。

情景 2：贝琳达确实配得上她得到的赞赏

贝琳达凭借自己的视角和启发式也能想到小管道解决方案，然后进一步想到用大管道套小管道的方法。

情景 3：命运之轮翻转

贝琳达可能会建议，仍然使用原来的管道，但是把它们套在更大的管道内。毫无疑问，这个建议可能会被认为是一个愚人之见。但是从这个建议出发，戈登将会意识到可以将套在里面的管道做得更小一些。如果那样的话，戈登将成为那个做出了重大突破的人。

贝琳达发现了实现重大改进的方法，并获得了巨大的赞赏，而戈登却被认为是一个小角色。然而事实是，只有上述第二种情景下，贝琳达才是实至名归的。在第一种情景下，贝琳达的成功在很大程度上只是一个随机事件。如果戈登找到并公布的是另一个不同的解决方案，那么贝琳达将无法运用她拥有的大吸管套小吸管喝奶昔的经验。而在第三种情景下，贝琳达受到批评是应该的，而戈登受到赞许也是应该的。贝琳达是因为戈登首先公开了自己的改进而受益的；如果贝琳达先行动，那么她的贡献将被视为不重要的。这个结果颇有讽刺意味。

暂且忽视贝琳达和戈登如何以及为什么会陷入僵局的问题，因为这些细节相对来说不那么重要。重要的是，这些情景揭示了确定某人贡献价值的难度。现代经济体是由许多通过解决问题来谋生的人组成的。这些人当中的许多人，比如医生、工程师、科学家、建筑师、咨询顾问以及计算机程序员等都需要以群体的形式去努力解决问题。在获得重大改进的情况下，要搞清楚谁应该得到多少奖赏可能是非常困难的。正如上面第一个和第三个情景所表明的，对最终解决方案做出最大贡献的那个人其实可能有些“沽名钓誉”。

这个发现具有一定的普遍性。能力相等的问题解决者，即对于某个特定的问题拥有同样好的视角和启发式的人在群体工作时，对最后的解决方案的贡献可能并不相等。

THE 定理
DIFFERENCE

任意贡献定理：

给定具有相同能力的问题解决者，他们的贡献可能是任意的。

也就是说，任何问题解决者都可能做出任意贡献。[21]

任意贡献定理告诉我们，必须非常小心，不要因为某人在某个特定问题上的贡献而做出过强的推论。一个伟大的发现可能只是一次意外好运的结果。但是，如果看到某个人持续地做出贡献，就可以断定这个人有一个非常强大的工具箱，或者至少有一个独特的工具箱。

人机之争：谁的视角更多

在结束本章之前，请允许我简略地说两句题外话。在本章中介绍的大部分内容都可以同样有效地应用于拥有视角和启发式的人，以及搜索算法的计算机，这些算法也对解决方案的集合进行编码，并且会继续搜索改进的方法。我们通常会认为人不同于计算机。确实如此。事实上，通过本书给出的框架，可以看到人在解决问题时发挥着重要的作用，这令我们对作为问题解决者的人类充满了希望，人永远不会变得毫无价值。当然，也可以利用这个框架来考察人在创造各种人造产品这件事情上的价值。

为此，不妨回想一下萨姆和麦迪的例子。这个例子展示了立方体上的视角和启发式之间的等价关系。虽然是多样性视角和启发式，但是它们却产生了完全相同的解决问题方法。理解这个结果的另一种方法是，将某些视角视为等同于启发式。应用于新视角的同一个启发式，等同于应用于现有视角的新启发式。

虽然视角与启发式之间在数学上存在这种等价关系，但是在现实世界中，它们之间的区别却有重要的意义。如果人们使用相同的视角，就可以对新的解决方案轻松地交流看法。例如，一个人可能会说："我们得让巧克力豆看上去更加摇滚一些。"这句话其实是不够准确的，但是与他对话的另一个人却确切地知道他的意思是什么。执行并行搜索或并行计算的计算机就很好地利用了这种便利的"翻译"。当一台计算机"发现"了一个改进时，新的解决方案就马上可以传递给其他计算机，因为所有解决方案都是以相同的方式，也就是二进制代码表示的。计算机甚至不需要把整个新的解决方案完整地发送出去，它们只需要发送对原来最佳解决方案的更新即可。

当人们有多样性的视角时，交流可能会变得很困难。这样，当一个人找到了更好的解决方案时，他可能无法向其他人解释这个新的解决方案到底是什么。回想一下爱默生的那句名言："大人物难免遭误解。"如果巴里的妻子建议，给房间选择一种"更合适"的黄色油漆，巴里很可能只能粗略地理解她所要表达的意思。当然，他会同意她的视角。如果一个人看问题的方式与众不同且缺乏将自己的视角表达清楚的能力，那么他可能陷入低效的工作状态。例如，其他人很可能会忽视他提出的让车后的挡泥板"少一些阳刚之气"并"唤醒海滩生活方式"的建议。

不同视角之间的错误沟通甚至可能导致非常可怕的后果。1999 年，美国国家航空航天局耗资 1.25 亿美元之巨的"火星气候探测器"就是因为不同视角之间的沟通不畅而永远消失的。这个人造卫星飞了足足 6.66 亿千米，到达火星后，却因为导航员将英制和公制搞混而坠入宇宙深渊。试想一下，有人告诉你，你的汽车保险杠和路缘石间还有两英寸的距离，但是你却误认为他说的是还有两米，并且因此猛踩了一下油门，会发生什么后果。火星气候探测器消失的故事说起来简直可笑。洛克希德·马丁公司（Lockheed Martin）在对卫星计算机编程时用的是英制单位“磅”，但是喷气推进实验室的导航员却以为应该以牛顿为单位来计算推进动力。牛顿是公制单位，1 磅相当于 4.5 牛顿。在这次航行过程中，推进器火箭发射了很多次，但是设计推进动力与实际推进动力之间的不一致却一直没有被注意到。到了 1999 年 9 月 23 日，这种度量单位上的差异导致了过于强大的推进动力，试想一下，本来应该用 2 磅力实际上却用了 9 磅力，这让轨道卫星一头撞进了火星大气层。

多样性的视角也会减少构造精致的、巨细无遗的启发式动机。因为在一种视角下有效的启发式在另一个视角下可能没有用处。在一个景观中轻易到达高峰的启发式在另一个景观中却可能随时搁浅。上面这两个问题，也就是难以沟通和弱化构造更复杂、更精巧的启发式的激励，可能会导致有人做出这样的结论：在增加多样性时，应强调启发式的多样性。但是，这种直觉是错误的。多样性启发式往往倾向于导致更温和的变化和更多的迭代。新的启发式不太可能使问题变得简单。因此，如果共同的视角创造出了一个崎岖景观，那么考虑另一个视角将比让一大群人浪费时间去攀登一大批局部高峰好得多。虽然有可能用一个启发式来模拟一个视角，但是这样的启发式可能会非常复杂。而且，如果有人能够不根据某个视角进行逆向工程就得出一个启发式，那么这个启发式就有可能不是一个真正的启发式。

重要的是，尽管多样性的视角可能会带来一些问题，但是确实需要多样性视角。回想一下之前关于科学突破的讨论，他们依靠的是视角的多样性，而不是启发式的多样性。而且，横跨多个不同视角进行工作的能力，可能是人类相比于计算机的一大优势。我们能够通过人造产品、通过解决方案的物理表示，在多样性视角之间进行交流，这是一项非凡的能力。这种人造产品可以显著地减少交流错误。现在有一个团队，面临一个困难的设计问题，例如，设计椅子、汽车或激光打印机。

团队中的每个人都可能以不同的方式思考问题，也就是说，每个人都有不同的视角。假设团队要利用人造产品来构建原型，他们可以用泡沫塑料和黏土制作汽车模型，或者在纸上画出椅子草图。这些人造产品为交流创造了一个共同的视角，让人们保持个人的多样性视角，同时又回避了人们是否都能看到相同的现实的深层哲学问题。通过这种方式，有效利用了人造产品，它们使我们的头脑有同解的概念，并能够善用我们之间的差异。

多样性的好处

如果说，本章只有一个核心信息，或者说，只有一个可交付的成果，那就是在解决问题的时候，多样性可能与个人能力一样重要，甚至可能更重要。由此可以推断，致力于解决问题的组织、公司和大学应该寻求具有不同经验、学术经历和身份的人，这些人才可以带来多样性视角和启发式。说得更明确一些吧！仅仅从排名最靠前的一两所名校录取高绩点的学生，效果反而可能不如从不同背景、不同专业的一组多样性的学校招收优秀学生。

当然，本章的信息不止一个。第二个信息是，多样性会带来益处这个原则也适用于个人。每个人都应该设法获得多样性视角和启发式，这样才能做出更大的贡献。这些工具应该是多样性的，但是也不用过于多样性，否则它们将很难组合起来。如果群体是多样性的，那么群体的状况可能会得到很大改善。不难想象，当实现了多样性的多样化，也就是说，有一些人是多样性的，还有一些人是专业化的，同时每个人都拥有很多工具，最有可能做到最好。有了更多的工具，一个人就更有能力实现多样化，积累起更有价值的视角、启发式以及视角和启发式的组合。这里有点矛盾的是，多样性的最佳途径是让自己有能力，即拥有大量的工具。

第三个信息则与这些思想的应用有关。人们很容易想出一些能力优于多样性的例子。毕竟，卡斯帕罗夫在那场比赛中获胜了。而且，如果他是与一群随机挑选出来的人比赛，那么他将取得碾压式的胜利，这没有错。在前面给出的多样性优于能力定理成立的条件中，微积分条件只是一条模糊的界线，它必定会随着人们的不断学习而不断移动，而且这条界线在不同的情况下可能会有所不同。本书的最后一部分将会更深入地讨论这个问题。

第四个信息，也是本章给出的定理的最后一种应用，即它会给我们带来很大乐趣。多样性视角和启发式可以成为快乐的引擎。孩童之所以能够给沉闷的世界带来更多的快乐，原因就在于采用了多样性视角和启发式。他们试图以一种成人无法想象的方式去解决问题。他们剥开香蕉后，又会重新包好，只因为突然改变了主意。他们用吸管吃意大利面，把袜子穿在鞋子外面。还会告诉你，面粉的味道太难闻了，只因为它闻起来没有花香。

孩子般的视角和启发式可能有助于研究新的,有趣的且有意义的东西。而新的、有趣的、有意义的东西，就像科学领域的突破一样，往往是超可加性的。一开始，人们发明了飞盘。现在，有了飞盘高尔夫、飞盘足球（极限飞盘），当然最好玩的是狗追飞盘。充分利用多样性，能够在科学和商业领域取得重大的进步。这当然是好的，但是也应该把它应用于生活，让自己的生活更有乐趣。

THE DIFFERENCE

07
信息集结

我长大成人后坚信，唯一值得做的事情是把全世界的准确信息集结起来。

——玛格丽特·米德，《纽约时报》，1964 年 8 月 9 日现在讨论多样性对人类做出准确预测的帮助，也就是所谓的“群体的智慧”。许多人往往会在一些特定的情境中才会想到预测。例如，在看到天气变化时预测是不是会下雨，或讨论体育比赛结果时预测老虎伍兹能不能赢得比赛，但是预测其实是无所不在的。公司要预测销售额，大学要预测会有多少学生报考，政府要预测政策变化的影响。如果不能合理、准确地进行预测，社会就会无法正常运行。

许多人都倾向于认为，知情程度比较有限、知识水平不是太高的人组成的群体无法做出非常准确的预测。但是这种看法不一定正确。大量证据表明，多样性的人群往往可以预测得相当好。如果不是这样的话，又怎么能期望市场和民主制度能够很好地运转下去呢？说到底，股价难道不是一种预测吗？选举或公民投票难道不是一种预测吗，例如对政治家将会推出什么提案、全民投票将会推动什么政治力量上台的预测。

当然，价格的预测和投票结果的预测都不一定与市场和民主制度的实际结果完全一致，但是即便有所偏离，也不会太过离谱。否则，肯定会看到更加频繁的股市崩溃和更多的政治混乱。当然，也不能说股市崩溃和政治混乱完全不存在。它们确实也存在，但是并非特别广泛，不然也就等于实质上已经放弃了市场或民主制度。事实上，有人指出，以市场为基础的民主制度标志着“历史的终结”。

股票市场价格和大型选举结果都是大规模人群给出的预测。除了这些社会层面的预测之外，还在中小型团队的层面上进行大量的预测，例如陪审团、公司管理层、董事会、工资谈判小组以及院系员工，等等。在本章和下一章中将考虑许多但不是全部来自真实世界的例子，这些例子都是描述由相当多的人组成的群体是如何做出预测的。我们似乎觉得，1 000 个人的群体做出的准确预测比 3 个人一起做出的准确预测更加令人惊异。而且，在群体规模达到了数千人甚至更多的情况下，内在逻辑仍然是一样的。群体预测依赖于平等个体的准确性和群体的多样性。也正是因为这个原因，这里也举了几个“不太现实”的、只包括几个人的例子。

在本章中，将考虑几种不同类型的信息集结模型，这些模型不是基于我们的框架。相反，这些信息集结模型是社会科学家构建的相关模型的代表。社会科学家为什么要构建这类模型，将在下文中给出解释。在这里，首先需要了解什么是信息集结（information aggregation），以及它与预测模型集结（predictive model aggregation）有什么不同、为什么不同。关键在于，在信息集结时，人们可以得到一些关于结果的“信号”。可以把这些信号看作信息,也可以直接把它们看作预测。但是我们将会发现，如果把它们看作预测，那就是等于认同粗略的思考和草率的结论，而这正是我们试图避免的两件事情。至于预测模型集结的概念，将在下一章介绍。

在本章和下一章中，我们强调个体多样性及其在群体预测准确性中的核心作用。如果个体预测不是多样性的，那么要得到准确群体预测的唯一可能途径就是保证绝大多数个体预测必须是准确的。在那种情况下，可能会得到这样的结果：好的个体预测导致了准确的群体预测。但是，这并不是一个令人意外的结果。然而另一方面，有很多例子可以证明，人们在个体预测时并不准确，但是他们的群体预测却非常准确。这个结果所隐藏的奥秘才是我们想要解释的。

索罗维茨基提出了一群人做出准确预测的三个必要条件。这些条件是：有多样性的预测模型；人们是相互独立的，不允许人与人之间产生相互影响；预测过程是分散的，人们不会相互交流。所有这三个条件都意味着，存在多种预测模型。如果人们不是相互独立的，他们拥有多样性预测模型的可能性就会降低。如果集结预测的过程不是分散的，那么参与者就可能共享同样的预测模型，从而减少所用模型的多样性。因此，从某种意义上说，第三个条件可以说是隐含在第二个条件中的。

为了给"认知工厂"提供一些材料，先给出一些人们做出了准确预测的例子。其中一些是趣闻轶事，大多数例子都给出了系统的证据，它们足以表明，由人组成的群体可以做出准确的预测。这是一个很重要的区别。可以提出一个理论，说男人来自金星，女人来自火星。即使这个理论只能准确地预测 10% 的男性和女性的行为，它也与数以百万计的"事例"相符。因此，需要系统的证据。在系统地审核了证据之后，再来回答如下问题：来自社会科学的信息集结模型能否完成解释这些例子的任务？答案是不能！

群体的智慧

在很多具体的例子中，人们群体做出的预测非常准确，准确到了几乎令人难以置信的程度。在这里介绍的一些例子来自索罗维茨基所著的《群体的智慧》一书。需要指出的是，这些例子不是来自只有十几个被试参加的实验室实验。它们来自拉斯维加斯、大型集市和游戏节目。还有一些证据则来自股市，股市价格包含了一大群人对未来股息流的预测。这些预测确实可以说是非常准确的。1986 年，在"挑战者号"航天飞机失事后不久，莫顿聚硫橡胶公司（Morton Thiokol）的股票价格就一路下降，但是直到很久之后才发现，正是该公司生产的 O 型环导致了这个空前的航空大灾难。可以将这种准确的预测视为纯粹的运气，但是这种情况已经多次出现，事实一再证明，市场是相当有效的预测器。[1]

期货市场上的交易者所确定的橙汁价格走势，往往比气象学家对未来会不会出现冰冻灾害天气的预测更加准确。[2]当然很显然，市场价格并不是一个完美的预测指标，因为市场泡沫和市场崩溃会不时发生。但是，正如索罗维茨基所指出的那样，市场之所以会产生泡沫，部分原因在于市场本身并没有一个预先确定的结束交易日期，这就给那些趋势交易者提供了强大的激励，他们以为自己可以逐浪而行，从不断上涨的价格中持续获利。

除了股票市场之外，还有很多市场也是预测性市场，比如好莱坞证券交易所（HSX）、艾奥瓦电子市场等。[3]在好莱坞证券交易所中，投资者购买的是一种特殊的股票，根据电影的票房收入来支付股息。人们还会买入以某些明星未来将上映的电影票房收入为担保的债券。例如，安吉丽娜·朱莉主演的电影的票房收入可能比伯特·雷诺兹主演的电影更高。一项研究表明，对于2000年3月至9月间上映的50部电影的票房收入，好莱坞证券交易所通过证券价格"给出的"预测，几乎与业内最顶尖专家预测的一样好。好莱坞证券交易所预测的平均误差大约为31%，而票房专家布兰登·格雷（Brandon Gray）预测的平均误差则为27%。[4]

稍后，还会讨论足以证明艾奥瓦电子市场以及体育博彩行业预测准确性的系统性证据。这种证据很重要。总能找到两三个事例，说明一群人奇迹般地预测到了某个结果，但是这种事例本身并不能证明群体真的拥有"智慧"。我的父亲在20世纪90年代中期曾经打出过一杆入洞的好成绩，但是这并不能证明他的球技与老虎伍兹的不相上下。

必须有系统性的证据才能说服社会科学家，但是这并不意味着有趣的事例完全不重要。趣闻轶事往往更加令人着迷。我曾经让很多学生猜我的体重，他们猜测的平均误差一直在 1 磅（约为 0.454 千克）之内。一磅之内啊！当我重 194 磅时，他们的平均猜测结果是 193 磅。第二年，当我的体重下降到了 185 磅时，学生们的猜测是 186 磅。类似这样的趣闻或轶事提供了展开分析的入口和知识上的激励。

在《群体的智慧》一书中，轶事就很好地发挥了这两个作用。在这里不妨再简略地引述一下。1906 年，英国科学家弗朗西斯·高尔顿（Francis Galton）分析了西英格兰肉畜肉禽展的肥牛竞猜大赛的参赛者对一头肥牛体重的猜测结果。787 名参赛者对那头肥牛体重猜测的平均值为 1 197 磅，而它的实际重量则为 1 198 磅。当然，关于这头肥牛的味道究竟如何，则没有得出一致意见。顺便提一下，高尔顿本人对索罗维茨基的分析是不满意的，因为他主张以中位数为预测基准而不是平均值，原因是仅仅一个疯狂的猜测就可以操纵平均值。

尽管高尔顿提出了上述反对意见，但是讨论的关于群体如何做出准确预测的信息集结模型，一般都要利用索罗维茨基那种基于平均值的分析。社会科学家投入了大量的时间和精力，试图模拟人们在各种各样的经济和政治环境中是怎样进行预测的。这些模型突出了人们所拥有信息的重要性以及让他们真实地揭示信息的激励的重要性。但是，这些模型都没有去尝试解释那头肥牛自身的性质，下一章中介绍的基于预测模型框架的模型则给出了很好的解释。

此外，我还想补充一点，以免被上面这个例子带歪了，因为猜测一头肥牛的体重并不是一个“难问题”。作为一个前业余牛仔，我和妻子曾经在一段时间内拥有过 9 头牛，我的经验告诉我，一个不懂得伽罗瓦理论、也不会解微分方程的人，也能估计一头牛的体重，而且误差不会太大。这就像能够估计一个又高又壮的人的体重一样。而且，高尔顿并不是在进行一个很难给出答案的随机实验，例如，站在街头随机地问经过的人，一定比例的果冻和机油的混合物的粘度是多少。参加肥牛竞猜大赛的那些人知道一头肥牛大概多重，因为他们很清楚，肥牛比人要重，但比大象要轻。然而，正如著名经济学家托马斯·谢林（Thomas Schelling）曾经指出的那样，这种结果还是会令人啧啧称奇。

信息集结的四大模型

上面举的这几个例子，都是社会科学领域内标准的信息集结模型例子。信息集结与预测模型集结之间的区别是相当微妙的，而且通常是模糊的。如果问一个人，俄勒冈州的首府是哪里，那么我们是要求他们提供信息或事实，而不是给出预测。如果要求同样的人预测一下俄勒冈州下一次参议院竞选的结果，这就是在要求他们用模型来预测未来。

在信息集结模型中，人们得到的是与答案有关的信号。从根本上说，各种类型的信息集结模型涉及的都是对人们所知的假设，关于人们所知共有三个假设。最终，它们都会成为关于信号的假设，但是在这里从它们提供的信息角度来进行描述。这些模型假设人们知道答案的概率，或者一部分答案，或者得到关于答案的模糊信号。

第一个假设是指有些人知道答案，其他人则不知道。信息集结过程允许知道答案的人去揭示它。

第二个假设则指不同的人分别知道一部分答案，而且各部分答案可以被集结到一起，以揭示整个答案。很早以前，亚里士多德就看到了这一点。有人把这种情况称为“合取法”（summation argument），著名法学家、政治哲学家杰里米·沃尔德伦（Jeremy Waldron）则用了一个更加堂皇的术语——众“智”成城原理（doctrine of the wisdom of the multitude）。[5] 亚里士多德在《政治学》一书中是这样描述的：

> 人人贡献一分意见和一分思虑；集合于一个会场的群众就好像一个具有许多手足、许多耳目的异人一样，他还具有许多性格、许多聪明。群众（多数）对于音乐和诗人的作品的批评，常常较［少数专家］更为正确，情况就是这样：有些人欣赏着这一节，另些人则被另一节所感动，全体会合起来，就完全领略了整篇的得失。①

① 此处采用著名翻译家吴寿彭先生的译文。——编者注

在这段话中，亚里士多德所讨论的是诗歌和音乐，而不是微软公司股票的价格或政治家的能力，但是他的见解也适用于后者。亚里士多德认为，因为每个人都知道解决方案的一部分，所以全部人聚在一起就可以把握整个解决方案。这个“整体为各部分之和”的逻辑确实可以解释某些类型的群体智慧，但是它并没有描述人们是如何在模型的基础上做出预测的。

第三个假设是，人们通常只能看到一些关于现实的模糊画面，这些画面只能刻画出视线被阻挡或被扭曲时的某些东西。对这个假设加以变换和延伸，可以得出一个关于预测的假设。可以把上面说的这种扭曲看作预测模型中的误差，并假设噪声只是真实状态的附着之物，或者说，只是给正确答案“画蛇添足”。当然，在实际的预测中，这种情况不太可能是真的：预测是完全准确的，只不过被添加了或遗漏了什么东西。因此，这个假设只能刻画人们看不清结果或事件本身的那些情形。[6]

在前面列出的所有来自现实世界的例子中，人们都要预测未来或者未知的事件，比如未来的某个价格，或眼前这头肥牛的体重。为了做出预测，人们不仅仅要回忆起一些信息，尽管有时确实会发生这种情况，下文要考虑的一个游戏节目的例子就是如此。但这只是例外，而不是市场环境和政治环境中的规律。有些人试图这样来捍卫关于信息集结的社会科学模型，宣称它们的抽象性，并假设人们能够获得信号，使它们能够被重新改造成关于正在进行预测的人的模型。这确实可以做到。但是，正如将会看到的，这样做其实已经隐含地假设了多样性的预测模型。如若不然，这些人怎么会收到不同的信号呢？

在下文中，将通过一些简化的信息集结模型来分析关于信号的各种假设。这些模型揭示了信息集结方法的局限性，但是，揭示这种局限性并不是要研究它们的目的。我们不想先扎一些稻草人，然后把它们打倒了事，这有些小题大做了。恰恰相反，我们想让这些稻草人走下木头架子，沿着正确的“黄砖路”走向问题的答案。通过分析这些简单的模型，将学会如何添加信息。一个信息一个信息地添加并不困难，而以信号形式添加信息则有点困难，添加预测模型比前面的方法还要困难得多。事实上，如果不先学会添加信号，那么添加预测模型是不可能的。因此，首先要看一看现有模型是怎样的，然后才能发现它们缺少什么。通过这种做法，就能获得理解信息如何集结所必需的专业知识，也就是各种工具。

模型 1："百万碎片"模型

在这里，先给出第一个模型：玩具信息集结模型。在这个模型中，人群中的每个人都拥有关于要解决的问题的正确答案的部分信息。他们集结各自拥有的部分信息的途径是投票。我将使用《群体的智慧》一书中的另一个例子来构建这个模型，该例子涉及一个非常热门的游戏节目《谁想成为百万富翁》。在这个节目中，参赛者必须在四个可能的答案中进行选择。如果某位参赛者连续选对的次数足够多，那么他就可以赢得 100 万美元。如果某位参赛者被某个特定的问题难住了，他还可以使用自己的"救生索"，救生索有两条，一条是打电话向他人求助，但只能使用一次。通常来说，参赛者求助的对象一般是一个专家，而不会是从初中玩到大的"死党"。另一条救生索是让参赛者请现场观众投票选出正确的答案。顺便说一下，现场观众中，会有《大不列颠百科全书》的编辑或加州大学伯克利分校的教师。

这个电视游戏节目的数据表明，参赛者求助对象的选择，只有不到 2/3 的准确率。在这里假设，这些求助对象至少表面上是一个专家。还可以假设参赛者只有在遇到难题时才会求助于"专家"，因为不会有人愿意浪费一次宝贵的机会去问"杰克逊五人组"这个乐队有几个成员这样的问题。尽管，用 20 世纪 80 年代的摇滚偶像密特 · 劳弗（Meat Loaf）的话来说，在困难的问题上，2/3 的准确率也算是不错的了。但是，这种准确率与观众群体预测的准确率却完全无法相比。当被要求投票决定哪个选项时，现场观众 10 次中有 9 次是正确的，9/10 的准确率是惊人的。事实上，这样高的准确率不仅仅是令人震惊的，有时甚至可以说是非常神奇的。

虽然有人可能会认为群体预测的准确性是从某个既深奥又神秘的过程中浮现出来的。但是，这里其实没有什么神秘的东西。错误的答案相互抵消了，从而让正确的答案像奶油一般浮出了水面。为了说明这到底怎么发生的，我构建了如下这个模型。

门基乐队是20世纪60年代的一支“因电视而生”的乐队，现在假设有个问题与门基乐队（The Monkees）的四名成员有关。

问：**下面哪个人不是门基乐队的成员？**

A. 彼得·托克（Peter Tork）

B. 戴维·琼斯（Davy Jones）

C. 罗杰·诺尔（Roger Noll）

D. 迈克尔·内史密斯（Michael Nesmith）

THE DIFFERENCE

由于时代关系，可以假设不是每个人都很熟悉门基乐队，事实也是如此！能够认出上面这个名单上有三个门基乐队成员的那些观众，应该很容易看出罗杰·诺尔不是门基乐队的成员。观众投票把他选了出来。当然，这些人应该没有多少人知道，罗杰·诺尔是斯坦福大学的经济学家。接下来假设，那些不认识门基乐队成员的观众，会从上述四个名字中随机选择一个；而对于那些能认出两个门基乐队成员的人，假设他们会在另外两个名字之间进行随机选择；而对于那些只认识一个门基乐队成员的人，假设他们会在其他三个名字之间随机选择一个。

接下来想象一个规模为100人的假想群体，其中有7人认得出给定名单上所有三个门基乐队成员、10人认得出两个门基乐队成员、15人只能认出一个，其他68人则认不出任何一个门基乐队成员。因此平均而言，这个群体算不上非常了解情况，因为只有不到10%的人知道答案，2/3以上的人则完全不知道。

现在，让这些人投票。7 个知道答案的人会给罗杰 · 诺尔投 7 票，10 个认得出两个门基乐队成员的人平均会给罗杰 · 诺尔投 5 票，因为这 10 个人会在两个名字之间随机进行选择，15 个只认得出一个门基乐队成员的人则平均会给罗杰 · 诺尔投 5 票，因为这 15 个人会在三个名字之间随机选择。最后，那 68 个完全不知道答案的人也会将 1/4 的票投给罗杰 · 诺尔，那将有 17 票。把这些票数全部加起来，平均而言，罗杰 · 诺尔会得到 34 票。[7]

如果假设人们的投票是随机的，那么另外三个名字中的每一个都应该得到剩下的 66 票的 1/3，即每个名字得到大约 22 票。因此，罗杰 · 诺尔应该会“胜出”，毫无疑问 34 比 22 大。不太聪明的人组成的群体却充满了智慧！更令人惊讶的是，即使人群中没有任何一个人知道正确的答案，罗杰 · 诺尔也有可能“胜出”。要说明这一点，不妨假设每个人都知道正确的答案是罗杰 · 诺尔或另三个名字当中的某一个。如果每个人都参加投票，随机选择罗杰 · 诺尔或另一个名字，那么平均而言，罗杰 · 诺尔可以获得一半的选票，而其他三个人则每人各得到 1/6 的选票。在这种情况下，群体知道哪个人不是门基乐队的成员，但组成群体中的个人却没有一个人知道。

当然，在现实世界的电视游戏节目中，并不是每次投票的结果都是罗杰 · 诺尔。第一个原因是，请记住，观众预测 10 次，正确的只有 9 次，而不可能是做到每发必中。由于如此随机选择的票数实在太多，另一个名字是有机会获得更多的选票的。正如抛硬币一样，有可能抛 10 次就有 8 次朝上，随机选择也有可能“特别钟爱”某个错误的选项。不过，这种类型错误发生的概率是可以使用统计方法来预测的。以这个例子中的数字来说，观众组成的群体出错的概率是 10% 左右。[8] 罗杰 · 诺尔没有被选中的第二个原因是，不知道正确答案的那些观众可能不会随机做出选择。他们可能会受到某种共同的偏见或偏差的影响，因而频繁地预测某个名字。例如，如果这个问题是与海员有关的，就可能出现一个相关错误。在这种情况下，戴维 · 琼斯这个名字可能被认为与“葬身鱼腹”（Davy Jones’s locker）这个与大海和海员有关的俗语相关，从而可能导致相关错误。

上面这个模型很简洁很优雅，但是它只是片面地解释了“群体的智慧”。它告诉我们，如果人群中的某些成员拥有正确的信息而其他人没有，那么不正确的信息就可以被随机性抵消。它用数学的方法描述了亚里士多德的逻辑，但不是全部。而且不幸的是，它并不能解释本章一开始就给出的那几个例子。在那些例子中，群体成员中没有任何一个人知道正确的答案。例如，据我们所知，在高尔顿观察的那种公开竞猜肥牛体重的活动中、在赛马比赛中、在政治选举中，从来没有人预先知道准确的答案。我本人也非常确定，我的班上从来没有人见过我称体重。

模型 2：“区域销售”模型

第二种类型的信息集结模型适用于群体中每个成员都知道答案的一部分的情形，它可以说是亚里士多德的“整体为部分之和”原理的正式表示。假设一家企业的销售服务部门分别服务于欧洲、亚洲、非洲、北美洲和南美洲五个大区。每个大区经理都知道自己所辖地区的销售状况，但是对其他地区的销售情况却知之甚少或完全不了解。再假设这些经理现在面临的任务是预测总销售额。这个问题表面上看起来很简单，只要每个经理都如实地将他所辖地区的销售额报告出来，然后对各个地区的销售额进行加总，不就得出正确的答案了吗？但是真正的内在逻辑要比这复杂得多，因为经理们要预测的是总销售额，而不仅仅是报告各地区的销售额。以具体数字为例，假设每个地区的实际销售情况如表 7-1 所示。

这些经理怎么进行预测呢？将考虑两种情况。在第一种情况下，经理们对过去的销售情况有一些了解。假设在过去，每个地区的销售额平均为 5 万，总销售额平均为 30 万。这些假设意味着每个经理都会预测总销售额等于 30 万加减他所在地区的实际销售额与 5 万之间的差额。例如，亚洲大区经理将预测总销售额为 30 万 +（6 万 – 5 万）= 31 万。将这种预测方法称为按过去销售额预测法（Past Sales Scenario）。在这种情况下，这 5 位经理的预测将如表 7-2 所示。

表 7-1 实际销售情况

大区	大区销售额
亚洲	6 万
欧洲	5 万
非洲	9.5 万
北美洲	7.5 万
南美洲	4 万
总销售额	32 万

表 7-2 各大区经理按过去销售额给出的预测

大区经理	预测总销售额
亚洲	31 万
欧洲	30 万
非洲	34.5 万
北美洲	32.5 万
南美洲	29 万
平均预测总销售额	31.4 万

表 7-2 最下面一行表明，平均预测总销售额为 31.4 万。这个预测并不完全准确，因为实际销售额高于预测销售额。他们对过去平均销售额的依赖拉低了预测。不过，他们预测的方向是正确的。实际销售额高于平均水平，他们给出的预测销售额也高于平均水平。事实上，按过去销售额预测未来销售额时，都会出现这种结果。对总销售额预测的方向永远都会是正确的，只不过有时预测额不够准确。

在第二种情况下，假设经理们没有可以作为预测依据的过去销售额。因此，他们直接假设其他地区的销售额与他们所辖地区的销售额相同。将这种预测方法称为相关销售额预测法（Correlated Sales Scenario）。于是，亚洲大区经理预测总销售额为 30 万，欧洲大区经理预测总销售额为 25 万，等等。表 7-3 列出了所有大区经理的预测。

表 7-3　各大区经理根据相关销售额给出的预测

大区经理	预测总销售额
亚洲	30 万
欧洲	25 万
非洲	47.5 万
北美洲	37.5 万
南美洲	29 万
平均预测总销售额	32 万

对总销售额的这个预测是完全正确的。而且，只要经理们使用这个方法进行预测，那么结果总是会如此。这个结果背后的逻辑很容易理解：直接对预测求平均值。[9] 虽然这个方法总能够产生正确的答案，但是如果经理们知道过去的销售额，他们很可能不会使用这种方法。非洲大区的销售额达到了 9 万，非洲大区经理知道这是一个很高的数字，因此他可能不会预测其他大区也能做到这一点。同时，他可能也会预测其他地区的销售情况与他自己所辖地区的销售情况有一定的相关性。所以他实际采取的预测方法可能介于按过去销售额预测与相关销售额预测之间。其他大区经理也可能像他一样进行预测。由此产生的群体预测则可能介于 31.4 万到 32 万之间。这个预测也是相当准确的。[10]

虽然说这是一种预测，但是这个例子所涉及的其实主要是如何集结多样性的信息。每个人都知道答案的一部分，而且这些不完整的答案可以拼到一起，形成一个完整的答案。这个逻辑可以解释很多情况，但是仍然不足以解决其他一些问题。在这个例子中，每个经理都知道相关信息的一部分，而在高尔顿的例子中却不是这样。对于这头肥牛，一个人知道蹄子的重量，另一个人知道尾巴的重量，还有一个人知道头的重量……每一个部分的重量都被某个人知道，这怎么可能？

当然，这样说绝不意味着这种集结信息的方法是完全行不通的。这种方法其实很有效。它的内在逻辑很强大，而且很有用。假设你是一名经理，你可能不时会遇到这样的情况：你需要回忆起某些深藏在公司档案中的信息，例如两种产品设计中哪一种生产成本更低。你可以去搜索公司档案中的信息，也可以向你的下属询问。或者，你也可以在公司内部群发电子邮件，询问哪种产品设计生产成本更低。那些回忆起正确答案的人会为你提供正确的信息，那些不记得正确答案的人则会随机提供答案，而这种随机化正是你需要的。总而言之你会找到正确的信息。

仍旧假设你是一名经理，你需要知道在周末前一天打电话请“病假”的员工总数。你可以要求下属各个部门的主管报告有多少人打电话请了“病假”。但是他们可能不愿意告诉你这些信息，因为这可能会暴露出他们所在部门的糟糕状况。但是，你可以反过来，让他们做个预测：在全公司范围内，他们认为有多少人打电话请了“病假”。在这种情况下，主管们也许仍然有动机说谎，但是这种动机将会弱得多。而你则可以从他们预测的平均值中得出一个相当准确的估计。

模型 3：“真相引力”模型

最后给出的两个模型略有不同。在第一个模型中，将假设信号是离散的，例如硬币是字朝上还是花朝上，答案是对的还是错的，等等。而在第二个模型中，假设信号是连续的，它们可以取任何一个实数值，例如一个人或一头肥牛的体重。这两种模型在概率论课程中都有讲授，经济学家和政治学家用它们来解释为什么市场和民主制度会如此运行。但是，大多数人都觉得概率模型令人困惑，而且没有多少趣味。确实如此。概率模型涉及使用 p 和（$1-p$）等符号进行大量计算。也正因为如此，在有些时候，为了让更多人理解，我们必须带领他们穿透复杂计算的迷雾。

下面要考虑的第一个模型依赖于两个可能的离散信号。一个是准确的，另一个是不准确的。一个人获得准确的信号的概率是 3/4。假设的预测任务是，确定刚刚从危地马拉进口的一批毛衣究竟是用羊毛 (wool，W）制成的，还是用人造纤维（artificial fibers，A）制成的。为了更加容易理解，进一步假设，所有的毛衣实际上都是用人造纤维制成的，尽管在衣领后面缝有“100% 羊毛”的标签。在这里，假设这些标签都是用真的羊毛制成的，所以“从技术上讲”，标签是准确的。

在这个模型中，三个产品检验人员分别拿起一件不同的毛衣，并都可以得到一个关于它的组成成分的信号。那么这个信号是什么呢？这里没有铃铛，没有警报器，也没有神奇戒指，所以直接假设这些产品检验人员根据自己的皮肤会不会对毛衣产生过敏反应来预测，也就是说，每个人都拿毛衣在自己的手臂上擦一下，如果皮肤起了红疹，他就认为毛衣是用羊毛制成的；否则，他就认为毛衣是用人造纤维制成的。但是，这种“皮肤测试”的结果并不总是准确的。假设，在测试真的羊毛毛衣时，产品检验人员有 25% 的可能性不会出现过敏反应；而在测试人造纤维制成的毛衣时，产品检验人员有 25% 的可能性会出现过敏反应，这可能是由于羊毛标签导致的。那么根据这些假设，在 75% 的概率内，产品检验人员可以从人造纤维制成的毛衣上得到信号 A，从羊毛制成的毛衣上得到信号 W。或者，换成概率论的语言来说，得到准确信号的概率为 75%。

进一步假设这些信号是相互独立的：任何一个产品检验人员获得的信号都不依赖于另一个产品检验人员获得的信号。用规范的语言来说，这个性质被称为世界状态的独立性条件。在这个例子中，世界的状态就是指毛衣是用什么材料制成的。假设独立性就意味着多样性，而且是非常丰富的多样性。如果人们对毛衣的反应相同，那么他们也会得到相同的信号。因此，为了获得不同的信号，他们必须做出不同的反应或者测试不同的毛衣。

用不着多少高深的数学技巧，就可以计算出所有可能信号组合的概率。接下来给出了详细的数学计算过程，这种数学计算是工程师的挚爱，但是却可能会导致诗人读者略过整个段落。假设这三个产品检验人员分别是霍华德、米塔和里克。

其中一个可能性是这三个产品检验人员都获得了信号 A。根据假设，每个人得到正确信号的概率均为 3/4。由于这些信号都是相互独立的，所以第一个和第二个产品检验人员都得到信号 A 的概率等于（3/4）×（3/4）、全部三个人都得到信号 A 的概率则等于（3/4）×（3/4）×（3/4）。类似地，可以计算出所有可能信号组合的概率，如表 7-4 所示。

表 7-4 个体信号与群体预测

信号			群体预测	结果的概率
霍华德	米塔	里克		
A	A	A	A	$\frac{3}{4}\times\frac{3}{4}\times\frac{3}{4}=\frac{27}{64}$
A	A	W	A	$\frac{3}{4}\times\frac{3}{4}\times\frac{1}{4}=\frac{9}{64}$
A	W	A	A	$\frac{3}{4}\times\frac{1}{4}\times\frac{3}{4}=\frac{9}{64}$
W	A	A	A	$\frac{1}{4}\times\frac{3}{4}\times\frac{3}{4}=\frac{9}{64}$
A	W	W	W	$\frac{3}{4}\times\frac{1}{4}\times\frac{1}{4}=\frac{3}{64}$
W	W	A	W	$\frac{1}{4}\times\frac{1}{4}\times\frac{3}{4}=\frac{3}{64}$
W	A	W	W	$\frac{1}{4}\times\frac{3}{4}\times\frac{1}{4}=\frac{3}{64}$
W	W	W	W	$\frac{1}{4}\times\frac{1}{4}\times\frac{1}{4}=\frac{1}{64}$

为了证明群体的智慧，可以让霍华德、米塔和里克对他们必须买下的一大批毛衣进行投票；在投票的时候，他们将会透露所接收到的信号。[11] 表 7-4 表明，群体预测在前四种情况下是正确的，而在后四种情况下则是不正确的。从表中还可以看出，前四种情况比后四种情况更有可能出现。简单地计算一下，我们就可以看出，这个三个人的群体做出正确预测的概率高达 54/64，即大约 84%。这个数字超过了人们分别得出正确预测的概率，后者只有 75%。

由个体组成的群体的预测更加准确，因为有一种力量“拉着”群体趋向正确的答案。对于这种力量的基础，可以用一个比喻来说明。请你想象两个房间。一个房间的门上标着代表人造纤维的字母 A；另一个房间的门上标着代表羊毛的字母 W。再想象一下，两扇门外排着一个长长的队伍。两个房间中的某一个代表正确的答案。假设给每个人都发了一张卡片，它以概率 p 告诉他们哪扇是正确的门，以概率 $1-p$ 告诉他们错误的门，同时假设 p 大于 1/2。这些信号是进入房间的通行证。进入门上标了 A 字母的房间需要 A 通行证，进入门上标了 W 字母的房间需要 W 通行证。这样一来，当有 10 个人进入两个房间后，进入正确房间的人数预计为 $10p$ 人，进入错误房间的人数预计为 $10(1-p)$ 人。平均而言，进入正确房间的人比进入错误房间的人多。

如果 p 接近 1/2，那么就可能会有更多的人进入错误的房间，只要原来排队的人不是太多。然而，假设有 100 万人进入了这两个房间，那么即使 p 接近 1/2，100 万乘以 p 的结果也会比 100 万乘以 $(1-p)$ 的结果大得多，所以会有更多的人进入正确的房间。统计学家用大数定律来解释这个现象。随着更多独立信号的产生，p 的真实价值就显现出来了。如果假设 p 大于 1/2，那么一个由很多人组成的大群体最终将会得出正确的答案。

这种推理还有一个不太明显的含义，那就是，应该在群体规模与准确性之间进行一些权衡。具体地说，一个由 3 个人组成的群体，每一个人都有 3/4 的概率获得正确的信号，这个群体预测的准确性，将不如一个由 11 个人组成，且其中每一个人都有 3/4 的概率获得正确信号的群体。加州大学数学教授伯尼·格罗夫曼（Bernie Grofman）将这个规律称为准确性与群体规模间的权衡。如果能在群体中增加更多的人，是可以牺牲一点准确性的。[12]

这个模型似乎可以解释群体的智慧，真理的引力终将胜出。有人可能会说，这个结论似乎来得过于容易了。确实如此，凭什么可以假设人们会得到独立的信号？虽然社会科学家经常假设这种形式的独立性，但是为什么一定要相信它的存在？群体中的每个人真的都可以获得独立的信号吗？我们将在本章结尾处和下一章中考虑这些问题。就目前而言，只需要认识到，这个模型隐含地假设了信号之间丰富的多样性,而且这种多样性使整个人群更有智慧。这也就是有些人所说的“大胆的假设”。

而且，在这种严格的假设条件下，这个模型也不适用于在本章开头所举的任何一个例子。那些预测任务都不是关于二元选择的，它们都要求预测者给出一个数值。在竞猜肥牛体重的那个例子中，没有任何人以概率 p 接收到正确信号，也没有人以概率（$1-p$）接收到错误信号。然而，尽管如此，这个模型仍然有助于加深对群体智慧的理解，因为它表明，独立的随机误差错误是怎样被抵消的。如果能找到某种方法，保证群体成员所出的错误都是随机的，那么就可以得到一个智慧的群体了。

模型 4：“噪声平均”模型

接下来给出本章最后一个模型。它也假设人们可以接收到模糊的信号，但是这些信号具有真实的价值。像之前一样，通过一个具体的假想例子来分析这个模型。假设一个 6 人的群体被分配了这样一个任务：确定麦当劳是否有必须将咖啡的温度保持在 77℃的制度。一群人到麦当劳去喝咖啡，条件是他们不会同时去同一家麦当劳，假设每个人都会接收到一个接近于世界真实状态的独立信号，也就是指麦当劳关于咖啡温度的制度。

如果麦当劳咖啡机装备的恒温器确实将咖啡温度设定在 77℃，那么咖啡温度的分布应该是，其均值为 77℃，再加上一些小小的误差，实际温度可能会高一点，也可能会低一点。将第 i 个人购买的那杯咖啡温度的误差记为 E_i。这样一来，这个人接收到的信号就等于麦当劳关于咖啡温度的制度所设定的真实温度 T 加上这个误差项。再令 S_i 表示第 i 个人收到的信号，那么可以得到 $S_i = T+ E_i$。这些下标可能会让有些读者觉得困扰，但是一会儿就会明白为什么它们是必不可少的。在这些假设都成立的条件下，去麦当劳喝咖啡的那群人就可以非常准确地揭示出麦当劳关于咖啡温度的制度。每个人对真实温度的认定等于制度规定的温度加上一个小小的误差。在这里，假设这个群体的预测是每个人预测的平均值，并记为 T^{pred}，它等于这个群体个人预测值之和除以 6：

$$T^{pred}=\frac{T+E^1+T+E^2+T+E^3+T+E^4+T+E^5+T+E^6}{6}$$

把分子中所有的 T 提出来，则得到：

$$T^{pred}=T+\frac{E^1+E^2+E^3+E^4+E^5+E^6}{6}$$

如果各误差项之和接近于零，那么这个预测值就接近 T。如果某些误差项为负数，某些误差项为正数，那么所有误差项的平均值应该小于任何个别误差项的绝对值。如果假设这种误差的均值为零且它们是相互独立的，那么这 6 个误差项的平均值将接近于零。如果有更多的人参与预测，那么误差项的平均值将更接近于零。这种减少误差大小的方法可以用大数定律来加以形式化，但是在这里不打算这样做。我们要关注的是根本性的内在逻辑。卢梭在讨论所有人的意志即“众意”与“公意”的区别时，相当准确地描述了这一点。

> 众意（will of all）与公意（general will）之间经常有很大的差异；公意只着眼于公共的利益，而众意则着眼于私人的利益，众意只是个别意志的总和。但是，除掉这些个别意志间正负相抵消的部分之外，剩下的总和仍然是公意。①

在上面引用的这段话中，卢梭用“误差抵消”这几个字就概括了所有社会科学家用一大堆数学符号试图阐述的道理。如果每一个人都能观察到由真实的答案加上一个误差项，误差即使相当大也没有关系，只要各误差均值为零且相互独立，那么群体就是智慧的。独立性假设的作用是，它保证只要有足够多的人，各自的错误就可以相互抵消。但是，这真的有可能发生吗？有时确实能。预测麦当劳咖啡温度的那个例子可能就是如此。[13]

① 出自卢梭《社会契约论或政治权利原则论》(1762)，此处采用了何兆武先生的译文。——译者注

最后这个模型尽管非常优雅，而且很综合，但是，它是不是真的能很好的描述群体的智慧呢？它是否能解释人们如何预测选举结果、股票价格、体育赛事的冠军以及某个人的体重？如果要将这个模型应用于肥牛竞猜那个例子，就得回答这个问题：为什么应该假设人们的猜测服从某个有适当均值且误差相互独立的分布？麦当劳的员工可能是训练有素的，因为麦当劳的创始人雷·克罗克（Ray Kroc）调教有方。但是，在肥牛竞猜大会上，却没有人会拿出纸条来写下那只肥牛的真实体重（再加一点或再减一点）。

因此，这个模型所缺少的是对信号源的解释，信号似乎是直接从黑盒子里出来的。这个模型也没有解释做出预测的人们的头脑中发生了什么。事实上，这个模型并不包含解释和预测模型。相反，该模型只描述信号。而且，就像魔法一样，每个信号都有恰当的均值，并且都独立于其他信号。这些事情到底是怎么发生的？在现实世界中会不会发生？可能不会，即使发生，也只是在极少数情况下。因此，这个模型也不能成为一个预测模型，尽管它是模糊视界下的一个相当不错且容易应用的模型。

多样性让群体预测更准确

前面四个信息集结模型都提供了很有价值的结果。现在快速回顾一下。我们看到，群体可以预测正确的答案，即使群体中只有一小部分人知道正确的答案（模型 1）。由于可能不知道群体中哪些人知道答案，因此可以选择依靠群体来揭示信息。还看到，如果每个知道信息的人都根据过去信息进行预测，或者都假设其他人拥有的信息与自己的一样，那么他们作为一个群体就能做出准确的预测（模型 2）。这两个模型都可以解释群体准确地做出预测的情况，但是不能完整地解释在本章一开头给出的例子。还看到，如果人们能够接收到独立的、生成的信号，无论这些信号是离散的（模型 3），还是连续的（模型 4），它们的误差都会被抵消。因此群体预测非常准确。最后这两个模型适用于人们能够观察到的质量或价值再加上或减去一个小误差的情况。它们不太适用于人们根据模型进行预测的情况。

重要的是，所有这些模型都隐含假设了一定的多样性。这就是我们一定要记住的：即使没有明确地认识到，所有关于独立性的假设也都是关于多样性的假设。然而，这两个概念，即多样性预测模型和独立的预测之间的联系并不是正式的。只能依靠直觉来判断这些预测是否相互独立、平均而言是否正确。在某些情况下，这些统计假设可能是有效的。但是在另外一些情况下，做出这种统计假设却可能把类似于“伟大而强大的奥兹”①藏在了薄薄的窗帘后面。因此，要理解多样性在促进群体智慧方面的作用，必须对这些预测来自哪里以及它们之间的差异进行分析。我们需要直接审视这些差异。一旦完成了这个任务，就可以更加深入地了解这些模型何时合理、何时不合理。

总而言之，如果希望理解群体的智慧，就需要构建一个关于人们如何进行预测的模型。这样一个模型到底是怎么样的？作为一个预览，回过头去看肥牛竞猜大赛的例子。但是每个竞猜人都从不同的角度看到了称这头大肥牛的秤，每个人都预测它的体重是真实体重加某个误差，这种情况不太可能发生。更有可能的是，每个人都有一个原始的关于那头肥牛的模型。这些模型导致了对肥牛体重的预测。当然，这种预测并不是凭空瞎猜。1906 年，人们对肥牛已经有了很多了解。参加那次展览会的农民可能根据肥牛的各种特点，如大头、瘦臀、高肩、大胸等进行分类，然后再进行猜测。从高尔顿的数据来看，这些模型都是稍有所不同，否则，人们的预测将会是一样的。

但是，当然，这些人预测的多样性并不能解释为什么他们的群体预测如此准确。真正令人惊讶的是，加上他们适当的能力，他们的多样性使群体预测非常准确。所以我们似乎既需要一定程度的个人预测的准确性，也需要一定程度的群体多样性，这样才能组成一个有智慧的群体。但是，这只是一个粗略的直觉，我们需要的是逻辑。

---

① 电影《魔镜仙踪》里的人物。——编者注

THE DIFFERENCE

08

多样性与预测

预测非常难，特别是关于未来的预测。

——约吉·贝拉

在本章中，将运用预测模型框架来解释“群体的智慧”。我们分析的最终结果是如下两个定理:“多样性预测定理”和“群体优于平均定理”。第一个定理说的是，群体准确率等于个体的平均准确率减去群体预测的多样性。[1] 因此，就预测任务而言，“多样性有多重要”这个问题的答案是“与能力一样重要”，不多也不少。第二个定理说的是群体预测的准确性不可能比其成员预测的平均准确性低。这也就是说，群体必然比其一般成员预测得更准确一些。所以，群体预测的平均水平要高于个体预测的平均水平。此外，群体多样性的程度越高，群体预测优于其成员平均水平的概率也越大。

在这一章中，一方面将会看到，运用不同解释框架的人组成的群体预测，为什么会比基于独立信号模型的预测更加准确。独立性假设尽管可以带来很大方便，但是这种假设也可能会低估小型群体的预测能力。另一方面，还会看到，这种假设夸大了大规模群体的能力。除了分析群体的智慧之外，还会对群体与专家预测的准确性进行比较。我们将确定，在哪些条件下群体的预测会优于专家，而在哪些条件下则不能。甚至还会考虑由专家组成的群体，也可以简单地称之为模型的群体（crowd of models），这类群体给出的预测可能是最好的。最后，将阐明有效的激励机制如何提高群体预测的准确性，从而在一个侧面为信息市场的有效运行提供正当的理由。

我们将把本章的讨论限制在由人组成的群体上，尽管也可以将其他“物种”组成的群体包括进来，例如，蚂蚁、乌鸦和野牛，甚至机器和算法。以野牛为例，它们的行为提供了人类之外的其他物种是如何利用多样性线索。野牛在翻山越岭的时候会走不同的线路。每头野牛都会留下一条小路，事实上是两条，一条由连续的足迹构成，另一条则由被忽略的离散足迹构成。走同样线路的野牛越多，那条线路就会变得越明显，这样的线路体现了野牛的群体智慧。随着时间的推移，野牛群体留下的足迹将变得越来越有效率。诺曼·约翰逊（Norman Johnson）构建了描述这种现象的模型，有兴趣的话可以看一看。[2]

本章的主题牵涉甚广，为了阐明有关内容，需要在若干种不同类型的模型之间来回切换。这对许多读者来说可能会是一个不小的挑战。本章的分析包括了一些数学计算。这些计算其实都不是太难，其中最难的计算是求两个数之差的平方，但是计算的数量确实不少。最后的结果将证明这种努力是值得的，我们推导出了两个定理。这两个定理不是政治宣言，而是数学真理。为了理解这些定理，必须下点功夫，使自己不会被几个相当简单的公式吓到。

但请记住，我们已经隐含地假设只考虑有挑战性的预测任务，而且只讨论有智能预测者的预测。简单的预测任务，例如明天中午明尼苏达州的国际瀑布城和加利福尼亚州的圣地亚哥市，哪里天气更暖和一点，这样的预测任务既不需要群体，也不需要专家。同样，如果预测者个体几乎什么都不懂，那么群体的预测也可能好不到哪里去。例如，如果要求 10 000 名一年级小学生猜测一架满载的波音 747 的重量（大约 40 吨），那么应该料到他们的平均猜测结果不会很准确。有的小学生可能会猜测它的重量只有 45 千克，而有的小学生则可能会猜测它的重量为数 10 亿吨。毕竟，“巧妇难为无米之炊”！

一个关于“群体智慧”的例子

作为本章其余部分的基础，先回过头去讨论一下“筛选成功”的例子（在“多样性预测模型”一章中已经讨论过），这一次让雷、玛里莲和德博拉组成一个群体。我们将发现，这个群体确实是有智慧的。接下来，将说明为什么群体必定比组成群体的个体更加聪明，以及为什么这个群体表现得如此出色。现在，且先领略一下他们智慧的奥秘吧。

请你回想一下，“筛选成功”任务要求人们预测某个给定的电影剧本是否能够成为一部创造利润的电影。预测者雷要考虑的是剧本“性”的程度，玛里莲则考虑剧本的暴力程度。“性”与暴力是他们对剧本的两个基本解释。德博拉使用了一个更加复杂的解释，也就是考虑“性”和暴力的内容是否平衡。我们将在下一段中重新审视德博拉的预测模型，以及雷和玛里莲的模型。表 8-1 给出了从电影剧本性质到电影是有利可图（即“好”，用字母 G 表示）还是无利可图（即“坏”，用字母 B 表示）的映射。

表 8-1　剧本性质与电影质量的映射

“暴力”的分级 / “性”的分级	无	低	中	高
无	B	B	G	B
低	B	B	B	G
中	G	B	G	G
高	B	G	G	G

现在请先记住，雷的预测是，包含了中等或高等水平的“性”内容的剧本是好的，其他剧本则是坏的。玛里莲的预测是，那些中度或高度暴力的剧本将会成为好电影。而德博拉的预测则是，只有那些平衡的剧本才是好剧本。他们三个人的预测模型如表 8-2、8-3 和 8-4 所示。

表 8-2 雷的预测模型

“性”的分级 \ “暴力”的分级	无	低	中	高
无	B	B	B	B
低	B	B	B	B
中	G	G	G	G
高	G	G	G	G

表 8-3 玛里莲的预测模型

“性”的分级 \ “暴力”的分级	无	低	中	高
无	B	B	G	G
低	B	B	G	G
中	B	B	G	G
高	B	B	G	G

表 8-4 德博拉的预测模型

“性”的分级 \ “暴力”的分级	无	低	中	高
无	B	G	G	B
低	G	B	B	G
中	G	B	B	G
高	B	G	G	B

为了说明由这三个人组成的群体如何做出预测，假设他们根据自己的预测进行投票。由于每个人都只能预测电影是好的还是坏的，所以不会出现平局。假设

雷和玛里莲都认为一个剧本是好的，那么德博拉对这个剧本的看法就无足轻重了。根据假设，雷和玛里莲会在“性”和暴力内容相对较少的剧本以及“性”和暴力内容相对较多的剧本上达到一致意见。可以把这种情况称为雷和玛里莲的共识集合（见表 8-5）。这个新增的术语可以带来不少帮助。

表 8-5　雷和玛里莲的共识集合

“性”的分级 \ “暴力”的分级	无	低	中	高
无	B	B		
低	B	B		
中			G	G
高			G	G

在他们的共识集合里，雷和玛里莲可以掌控话语权，德博拉的意见是无关紧要的。但是，在这个共识集合之外，德博拉就变得举足轻重了。如果在政治学领域，政治学家会称她为关键投票者，因为她的预测决定了群体的预测。从表 8-5 中不难看出雷和玛里莲在 8 种情况下都做出了不同的预测，这些格子不在他们的共识集合内。只要在这 8 个空白处填入德博拉的预测，就可以给出群体的预测，如表 8-6 所示。

你应该觉得表 8-6 看上去很熟悉。是的，它就是从属性到结果映射的原始表格。这也就是说，群体每一次都给出了准确的预测。惊人吧！但是，这里的雷是我父亲的名字，玛里莲是我的母亲的名字，德博拉则是我的姐姐的名字。难道这全是偶然？我故意精心设计了这个例子，目的只有一个，就是告诉大家，多样性预测模型能够以非常微妙的方式集结起来，远比亚里士多德所说的不同部分组成整体更加微妙。前面所说的大数定律不能让你 100% 准确地做出预测，将误差抵消的方法也不能。

表 8-6 群体的预测

“性”的分级 \ “暴力”的分级	无	低	中	高
无	B	B	G	B
低	B	B	B	G
中	G	B	G	G
高	B	G	G	G

为了理解这个群体的预测是如何能够精确到 100% 的，不妨对这个例子与检验毛衣的例子（见“信息集结”一章）进行一番对比。在这两个例子中，每个人都能以 3/4 的概率做出准确的预测。不同的是，在检验毛衣的例子中，整个群体只能在 84% 的时间里做出准确的预测。那么，这种区别是什么原因导致的？在毛衣的例子中，我们假设了独立的个人信号：每个产品检验人员对羊毛的反应都是相互独立的。而在筛选成功这个例子中，却没有给出这样的假设。筛选成功模型中的预测不可能是独立的。他们的预测应该比独立的预测更好，事实确实如此。在雷预测错误的情况下，玛里莲预测准确的概率超过了 3/4。因此，她是有目的地消去了雷的错误。我的父母在日常生活中也是这样的。这就减少了群体出错的可能性。统计学家将这种情况称为负相关。本书下文将会阐明，群体的智慧恰恰部分体现于存在负相关或不存在正相关的情况下。

为了在数学上证明负相关性，需要证明当雷预测正确时，玛里莲不太可能正确预测；同时负相关性也意味着当雷预测不正确时，玛里莲更可能正确预测。只有这样，她才能抵消掉雷的错误。为此，先把雷预测正确的剧本记下来，然后再把其中玛里莲也预测正确的剧本予以强调显示（见表 8-7）。

表 8-7 雷给出的正确预测

“暴力”的分级 / “性”的分级	无	低	中	高
无	**B**	**B**		B
低	**B**	**B**	B	G
中	G		**G**	**G**
高		G	**G**	**G**

从表 8-7 可见，雷每预测 16 个剧本，就有 12 次是准确的。而玛里莲在雷预测准确的这 12 次当中，只有 8 次是准确的，或者说，玛里莲的准确率只有雷的 2/3。如果玛里莲预测准确的概率不依赖于雷预测准确的概率，那么她的预测准确率将会达到 3/4，也就是在 12 次预测当中有 9 次是准确的。显然，8<9。这就是说，现在玛里莲预测的准确率与独立于雷的时候相比，已经低于预期了。用正式的统计学语言来表示，这就说明他们预测的准确率是负相关的。[3]

这个例子是人为给定的，但这并不影响它对更深层真相的揭示。雷和玛里莲预测之间负相关性是这里的关键所在。请注意，他们两人关注的是同一视角下的不同属性，也就是上文中所称的投影解释。雷和玛里莲的投影解释不包含任何相同的属性，所以精确起见，应该称之为不重叠的投影解释（nonoverlapping projection interpretations）。[4] 在那些答案为“是”还是“否”、“好”还是“坏”的预测任务中，不重叠的投影解释总是会导致负相关的预测。这里这个例子就是如此。[5]

投影性质 (the projection property)

如果两个人基于同一视角下的不同变量构建预测模型，在形式上，这意味着他们使用了不重叠的投影解释，那么他们在进行二元预测时的准确性是负相关的。

要理解投影性质，需要花些心思。这个性质说的是，如果两个人考虑的是同一视角下的不同属性，也就是不同维度，并且如果要完成的预测任务是预测好还是坏、成功还是失败这样的二元结果，那么当其中一个人的预测是正确的时候，另一个人就可能不是正确的。因此在这种情况下，他们组成的群体的预测，就会比他们在独立情况下的预测更准确。

乍一看，这个结果似乎难以令人置信，或者至少不是那么直观。然而，只要真正理解了，其实也是挺简单的。我们知道，这两个人既然是进行二元预测，那么他们的预测一定有可能出现当一个人更准确时另一个人不那么准确的情况。而要做到这一点，最显而易见的一个方法就是做出不同的预测。还有什么比依据不同属性来进行预测更容易做出不同预测的吗？

投影性质意味着，在群体中将多样性特征的人包括进来，是一种明智的做法。然而，这种观点很难像所希望的那样得到充分利用。视角的维数决定了不重叠的投影解释的数量。假设某个视角只能创建一个关于事件或情况的五维表示，那么该视角就最多只能支持五个不重叠的投影解释。同样，创建了十个维度的视角最多只可以支持十个不重叠的投影解释。

因此，为了避免群体随着人数的增加而出现正相关性，人们必须使用聚丛解释，或者说，他们必须以不同的视角为基础来进行解释。德博拉的解释就是前者的一个例子。虽然也基于相同的视角，但是聚丛解释并不是投影解释。事实上，在政治学和经济学领域，许多论文甚至包括一些开创性论文，都假设存在无数可以得到独立信号的人。因为无穷性假设在数学上处理起来更加容易。如果这些信号是来自预测模型的，那么这种假设就是没有逻辑基础的。构建能够导致独立信号的聚丛解释是可能的，但是这样的例子都是人为构造的。这确实很方便，但是这与假设面包会自动烘烤没有什么区别。要想构建一个好的模型，就不应该把方便的假设和真正好的假设混为一谈。由于假设了信号的独立性，上述那些论文的作者实际上假设了比现实更大的多样性的存在。[6]

多样性预测定理

上面是通过一个人为构造的例子来说明的，接下来将开始转而阐述若干更普遍的定理。这些定理充分揭示了群体存在不同预测模型的重要性。事实上，这些定理的不同版本在计算机科学、统计学和计量经济学中都可以找到。[7] 为了叙述这些定理，需要两个指标：第一个指标用来刻画一组预测模型相互之间在多大程度上存在不同，另一个指标刻画各个模型的准确性有多高。幸运的是，这两个指标都基于同一种度量准确性的方法：平方误差法。在统计学中，误差要取其平方，以保证负的误差和正的误差不会相互抵消。如果直接将各误差相加，那么人们就可能高估或低估数据，将有误差的情况误以为没有误差，例如 $-5+5=0$。如果先对误差进行平方，那么正负误差就不会相互抵消，例如 $(-5)^2+5^2=25+25=50$。

为了更容易理解我们的定理，还是先构造一个例子。假设米歇拉和朱利安娜开发了一些模型来预测三名学生玛吉、科尔和布罗迪在即将开始的鲁迪 · 朱利安尼小学拼字大赛中取得的名次。表 8-8 给出了他们的个人预测、平均预测以及拼字大赛的实际结果。

表 8-8　对鲁迪 · 朱利安尼小学拼字大赛名次的预测

	米歇拉的预测	朱利安娜的预测	平均预测	实际结果
玛吉	6	10	8	6
科尔	3	7	5	5
布罗迪	5	1	3	1

首先要计算出米歇拉和朱利安娜预测的平方误差。米歇拉预测玛吉将会得第六名，误差为零；她又预测科尔拿第三名，结果科尔得了第五名，误差为两名；她还预测布罗迪拿第五名，但是他拿了第一名，误差为四名。先求这三个误差（0、2、4）的平方，再求出它们的和：

米歇拉的个体平方误差：$(6-6)^2+(3-5)^2+(5-1)^2=0+4+16=20$

接下来用同样的方法计算出朱利安娜预测的平方误差。她对玛吉的名次预测错了四名，对科尔的名次预测错了两名，而对布罗迪的名次预测则是完全正确。

朱利安娜的平方误差和也是 20。

朱利安娜的个体平方误差：$(10-6)^2+(7-5)^2+(1-1)^2=16+4+0=20$

米歇拉和朱利安娜的平方误差和都等于 20，所以她们的平均平方误差和也等于 20。我们称之为平均个体误差。到目前为止，似乎没有什么特别的，因为两人的误差是一样的。

平均个体误差，也就是个体平方误差的平均值：$\frac{20+20}{2}=20$

接下来再计算两人群体预测的误差，也就是她们个人预测的平均值。她们的群体预测是，玛吉将取得第八名，结果她拿了第六名，误差为两名。她们对科尔将取得第五名的群体预测是正确的。而她们对布罗迪的预测误差也是两个名次。对这些误差的平方相加总和为 8。我们把这称为群体误差。

群体误差，也就是群体预测的平方误差：$(8-6)^2+(5-5)^2+(3-1)^2=4+0+4=8$

不难看出，她们的群体预测比个体预测更加准确。这可以用她们预测的多样性来解释。当其中一个人预测得太高、另一个人预测得太低时，她们的误差虽然不一定完全能相互抵消，但也会将误差缩小一些。为了更清晰地呈现预测多样性与群体预测准确性之间的关系，可以计算一下两人的预测究竟有多么不同。为了做到这一点，将分别计算出米歇拉和朱利安娜的个人预测与她们的群体预测之间的平方距离，然后再求出各自的平均值，这就是统计学家所称的预测的方差，不过在这里，则称之为预测多样性。

先计算米歇拉与群体预测之间的平方距离。米歇拉和朱利安娜对玛吉的群体预测是第八名，米歇拉对玛吉的预测则是第六名，差了两名。对科尔的群体预测是第五名，米歇拉对科尔的预测是第三名，差了两名。最后，对布罗迪的群体预测是第三名，米歇拉则预测他为第五名，也差了两名。这些差距的平方总和为 12。

米歇拉的平方距离：$(6-8)^2+(3-5)^2+(5-3)^2=4+4+4=12$

由于在这个例子中只有两个预测者，所以朱利安娜的预测与平均值之间距离必定与米歇拉的相同。其计算过程如下所示：

朱利安娜的平方距离：$(10-8)^2+(7-5)^2+(1-3)^2=4+4+4=12$

预测多样性等于上述两个距离的平均值。在这个例子中，预测多样性等于 12。

预测多样性，也就是个体预测与群体预测之间的平均平方距离：$\frac{12+12}{2}=12$

由此不难看出群体误差 8、平均个体误差 20 与预测多样性 12 之间的关系：群体误差等于平均误差减去多样性。值得注意的是，这个等式并不是所构造的例子特有的，它总是真实存在的，而且，甚至还有更好的。这个等式适用于存在任何数量预测者的情形，而不仅仅适用于像这个例子这样只有两个预测者的情形。因此，我们将其称为多样性预测定理。

THE DIFFERENCE 定理

多样性预测定理：

由一组预测模型组成的一个群体，必定有群体误差 = 平均个体误差 – 预测多样性

在应用这个定理的时候，必须非常小心，既不能高估它的重要性、也不能低估它的重要性。这个定理所说的，并不是我们不希望群体由预测完全准确的人组成。如果每个人都能完美地进行预测，他们就不可能是多样性的。如果平均个体误差等于零，那么多样性也必定等于零。还要注意的一点是，预测多样性等于群体预测的平均距离，所以增加一个会给出不同预测的人并不一定会增加整体预测的多样性。只有在增加的人的预测平均来说比其他人的预测更加不同时，预测多样性

才会增加。这就意味着，能够拥有的预测多样性是有限度的。如果一个群体成员的平均个体误差为 1 000，那么他们的预测多样性就不能超过 1 000。不断加入更多的多样性让群体误差为负是不可能的。

上面给出的这些警告恰恰揭示了这个定理的微妙之处，必须牢记这个定理的核心：个体能力（平均个体误差）和群体多样性（预测多样性）对群体预测能力有同样的贡献。“不同”与“好”同样重要。按单位增加预测多样性与平均预测能力，对减少群体误差的贡献完全一样。

如果对多样性优于能力定理与多样性预测定理进行一番对比，还可以发现一些重要的区别。在进行预测时，由随机选择出来的预测者组成的群体做出的预测，既可能会、也可能不会比由最好预测者组成的群体更加准确。随机选择出来的预测者一般来说更具多样性，但是他们同时也不太准确。这两个效果是相反的。所以，我们不能期望，一个随机组的预测一定比精英组的预测更加准确。

但是，就解决问题而言，多样性优于能力这个强大的结论是成立的。之所以会这样，是因为表现不好的人在问题解决团队中不会“拖后腿”。举例来说，如果把社会科学家加入到奶酪制造工厂里来，虽然他缺乏相关的工具，但是并不会影响奶酪的生产，这时可以直接无视他。如果让他去搞生产，他可能会造成延误或损失；但是如果他只是提出了诸如生产薄荷味奶酪之类不好的设想，只需要不采纳他的想法就行了。但是，如果任务是预测需要生产多少奶酪，则不能肯定他有没有这方面的能力，当他的预测与其他人的预测一样用于计算平均值时，他也许会令整个群体变得不那么聪明。

多样性预测定理的基本含义是，多样性的群体预测总是比个人预测的平均值更加准确。这个规律与我们的直觉背道而驰；在这里，将它称为“群体优于平均定理”。

THE DIFFERENCE 定理

群体优于平均定理：

任意一个多样性的预测模型集合，群体预测必定比平均个体预测更加准确，也就是说：群体预测误差 < 平均个体误差。

群体优于平均定理可以从多样性预测定理推导出来。多样性预测定理告诉我们，群体误差 = 平均个体误差 – 预测多样性。同时，只要预测不同，预测多样性就必定是正的。因此，群体误差必定小于平均个体误差。虽然得出这个定律不需要什么高深的数学推理，但是它非常强大。

现在，对于群体的智慧，已经可以给出合乎逻辑的解释了。在一个理想世界里，这些正式定理无疑可以取代诸如“三个臭皮匠，顶个诸葛亮”此类的谚语警句，但是在日常生活中，它们还不够琅琅上口。不过，可以尝试让它们变得更通俗一些。或许可以用“群体的智慧平等地依赖于能力和多样性”来取代“多样性预测定理”，用“群体的预测比群体中个人的预测更准确”来取代“群体优于平均定理”。这样不但不难记，而且也相当准确。

选秀专家的例子

为了巩固对上述内在逻辑的理解，分析一些来自真实世界的数据。纯粹的理论家更喜欢人工构造出来的例子，因为它们非常“干净”且清晰。但是，在有些时候，即便是理论家也忍不住要偷偷看一眼窗外的世界。不过，既然要分析真实数据，最好还是看一些比较有意思的东西，例如橄榄球选秀。表 8-9 显示了 7 位选秀专家对 2005 年美国职业橄榄球大联盟选秀的前 10 名球员的预测。球员是按照他们被选中的顺序排列的。每个选秀专家都给出了参加选秀的球员的排名。之所以采用美国职业橄榄球大联盟的选秀数据，是因为这个数据集看上去非常“干净”，只包含整数值数据，同时也因为可以将它看作前面那个朱利安娜和米歇拉的例子的一个增强版，还因为这些选秀专家都是在细致的分析的基础上进行预测的，选秀专家的名字可不是白叫的。这些人要花很长时间去评估各支球队的需求、球员的技能以及其他一系列因素。

只要看一看他们给出的预测就可以发现，他们预测的准确性截然不同。从表8-9可以看出，有些选秀专家的预测比其他人准确得多。顺便说一下，该表的最后一栏显示了群体的预测。[8] 当然，在这个例子中，所谓群体，就是指所有7位选秀专家的集合。

表中给出的数据有力地证明了群体优于平均定理是成立的。个体误差的平均值等于137.3。如该表最后一栏所示，群体误差只相当于平均个体误差的1/4，只有大约34.4。而且，在这个例子中，群体的预测甚至比它最准确的成员还要准确，尽管群体优于平均定理并不要求这一点。[9] 这个例子也同样证明了多样性的力量。这些选秀专家是多样性的，因此他们组成的群体能够做出很好的预测。

更加值得注意的是，将群体的预测与它最准确的成员的预测进行对比，其实是不公平的。事后再来选择预测最准确的人，这实际上是对群体玩了弄虚作假的把戏。除了克拉克·贾奇自己，没有人会有比他更准确的预测，但是在未来，他可能不是最好的预测者。

表8-9 选秀专家对2005年美国职业橄榄球大联盟选秀前10名球员的预测

选秀专家 / 球员	斯科特·赖特	詹姆斯·艾尔德	Fanball.com的分析师	Spotsy news的分析师	保罗·齐默	皮特·普里斯科	克拉克·贾奇	群体
亚历克斯 史密斯	1	1	1	1	1	1	1	1.0
罗尼·布朗	2	2	4	2	2	5	2	2.7
布赖隆·爱德华	3	3	2	7	3	2	3	3.3

续表 8-9

球员 \ 选秀专家	斯科特·赖特	詹姆斯·艾尔德	Fanball.com 的分析师	Spotsy news 的分析师	保罗·齐默	皮特·普里斯科	克拉克·贾奇	群体
塞德里克·本森	4	4	13	4	8	4	8	5.9
卡耐尔·威廉斯	8	5	5	5	4	13	4	6.4
亚当·琼斯	16	9	6	8	6	6	9	8.1
特罗尔·威廉森	13	14	12	12	13	7	7	9.7
安特瑞尔·罗利	6	6	8	10	9	8	6	7.9
卡洛斯·罗杰斯	9	8	9	9	16	9	9	9.9
迈克·威廉斯	7	7	7	6	7	12	12	8.0
德马库斯·韦尔	11	15	14	24	11	11	13	13.9
肖恩·梅里曼	12	11	3	11	12	10	11	10.1
平方误差	158	89	210	235	112	82	75	34.4

再举另一个与金钱直接相关的例子。在投资中取得成功的投资基金，每年都有所不同。如果在年初就可以选出年底投资成绩最出众的基金，那么投资就会很轻松且效益可观了。但这是不可能的，所以我们需要多样性。通过与群体一起前行，就只需承担较小的风险。只有当我们知道，一个专家比其他专家准确得多且其他专家也做出了类似的预测时，才应该跟着这位专家一起行动。

点和面

到目前为止，我们一直只讨论预测和结果之间的区别。然而，在许多情况下，我们可能想知道最好的情景和最坏的情景是怎样的，想了解可能的范围有多大。例如，在建立股票投资组合的时候，投资者可能会关心价格的变动范围。股价可能会上涨多少？可能会下跌到什么价位？在预测潜在的政治动荡时，政策分析师可能不太在乎能不能得出一个准确的局部预测，而是想搞清楚最糟糕的结局和最好的情况。这里可以把最好和最坏的预测与实际结果列出来（见表 8-10）。很显然，在任何情况下，结果都在预测的范围之内。

表 8-10　对 2005 年美国职业橄榄球大联盟选秀前 10 名球员预测的范围

球员	实际位次	最低预测位次	最高预测位次
亚历克斯 · 史密斯	1	1	2
罗尼 · 布朗	2	2	5
布赖隆 · 爱德华	3	2	7
塞德里克 · 本森	4	4	13
卡耐尔 · 威廉斯	5	4	13
亚当 · 琼斯	6	9	16
特罗尔 · 威廉森	7	7	14
安特瑞尔 · 罗利	8	5	9
卡洛斯 · 罗杰斯	9	8	21
迈克 · 威廉斯	10	5	12
德马库斯 · 韦尔	11	11	15
肖恩 · 梅里曼	12	3	13

这个结果令人惊异吧？其实不，考虑到预测的多样性，这不值得惊异。

群体的疯狂

到目前为止，还没有讨论过群体成员之间的沟通。如果人们可以分享各自的预测，那么他们就可能会变得不那么多样性。用苏格拉底的话来说，群体很容易"随大流"，也就是说，人们经常改变自己的预测以便与他人的预测保持一致。因此，不一定能观察到群体智慧的涌现，反而会观察到群体的"疯狂"。是的，可能会看到投机者以疯狂的价格购买郁金香。我们也可以用多样性预测定理来解释群体的疯狂。不过在这里要明确的是，当说一群人陷入了群体疯狂的时候，所说的是一群人都采取了同一种行动，而且那种行动在反思时会被认为完全没有道理。

说一个群体陷入了疯狂，意味着这个群体的成员系统性地做出了同样的错误决定。如果人们是在某种非常紧迫的情况下做出了这种决定，比如说在沙发起火燃烧时，或许可以把这种情况归结为人类的某种倾向，下文将讨论这个问题。如果人们在有时间去构建他们认为合理的预测模型时做出了这种决定，那么就可以归因于群体缺乏多样性了。多样性预测定理意味着，只有当群体成员既缺乏准确性又缺乏多样性的时候，才会产生这种令人震惊的错误。

因此，这个定理表明，深思熟虑也是一把双刃剑。如果人们彼此交流、相互分享信息和评估彼此的模型，那么他们可以提高模型的准确性。但是，这样做同时也会减少模型的多样性。事实证明，人们经常抛弃准确的预测模型，而偏爱不那么准确的模型。在一个经典的实验中，美国社会心理学家所罗门·阿希（Solomon Asch）让参加实验的被试比较几条线段的长度。被试看的每幅图片上都有一条参照线和另外三条分别标记为 A、B 和 C 的线段。[10] 图 8-1 给出了阿希所用的其中一幅图片。

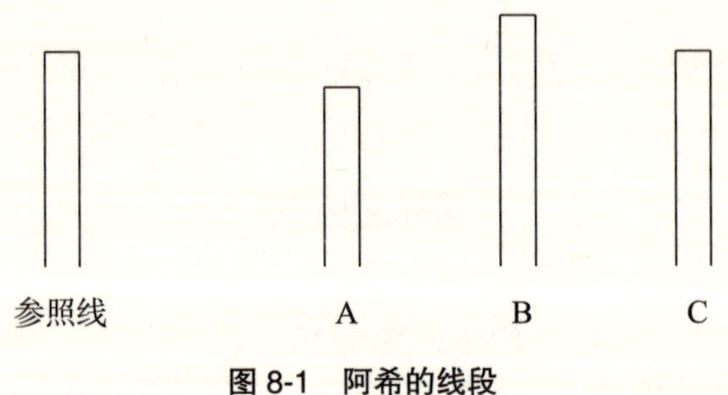

图 8-1　阿希的线段

被试们排队进入一个房间，主试按顺序问他们哪一条线段比参照线长、哪一条线段与参照线的长度相同、哪一条线段比参照线短。第一个回答问题的被试是阿希事先安排好的，他按照阿希的授意，故意给出错误的答案。结果发现，大约

1/3 的被试都给出了错误的答案。在这个实验中，人们放弃了他们对线段长度的判断。因此，当他们在预测股票市场走势、房价上涨趋势和彩票中奖号码时放弃了自己的判断，我们也不必感到惊讶。

当然，导致群体疯狂的不仅仅是从众心理。事实上，在群体环境中，人们在大多数意见的方向上往往会走得太远。所以，如果人们普遍认为价格会上涨的话，那么这个群体就可能会陷入疯狂：他们会开始相信，因为大多数人都认为价格将上涨，所以价格会大幅上涨。

多样性的免费午餐

为了进一步深入分析为什么群体是有智慧的、群体是如何变成有智慧的，还可以利用前文阐述过的另一个观点：多样性解释会导致多样性预测模型。在“筛选成功”那个例子中可以看到，多样性解释是如何通过投影性质导致负相关预测的。这个事实告诉我们，群体有时可能会比所预期的要聪明得多。

为了进一步阐明这种联系，接下来先分析一些人们使用多样性投影解释的例子。在这些例子中，所有的解释都依赖于一个共同的视角。然后，还将分析一个不同的例子，在这个例子中，群体的成员以多样性的视角为基础进行解释。我们将会看到，在某些情况下，基于多样性视角的解释可以使预测性任务比使用基于某个视角解释的预测模型时更容易。我们好像有某种神奇的力量，事实上，这种神奇的力量就来自多样性视角。

同一视角的不同部分

在做出一个重要预测的时候，比如预测谁将赢得大选、经济是否会增长，或者发生武装冲突的可能性有多高，肯定要考虑许多变量或属性，不然就无法做出准确的预测。确实，我们头脑中一直都保持着很多变量。也许会先试一试某个单变量模型，但是这种模型成功的机会不大。《纽约时报》记者托马斯·弗里德曼

（Thomas Frieman）曾经注意到，如果两个国家拥有麦当劳餐厅，那么它们之间就不会爆发战争。这个“金拱门定律”直到 1999 年才被推翻，在那一年，北约轰炸了南斯拉夫联盟。[11] 由此看来，根据快餐店的位置来决定外交政策并不是一个好主意。

然而，人们通常并不愿意花费数小时去开发一个有许多变量的复杂模型，而更愿意使用简单的单变量模型或双变量模型。例如，我们可能会认为，经济形势大有好转了，因此现任总统有可能再次当选。或者，也可能会认为，现任总统从来没有采取过什么重大的政策举措，所以他很可能会落选。这两个模型似乎都有一些道理，而且每个都只考虑一个变量。

要搞清楚这些简单的模型是如何集结到一起给出准确的（或者至少是相当准确的）预测的，不妨想象一下，当想要预测一个位于泽西岛上的热狗摊的年销售额时会发生什么。假设，当前的销售额可以表示为 10 个属性（在统计中，它们被称为变量）的一个线性函数。这些属性包括平均夏季温度、降雨量、天然气价格、道路状况等，甚至包括牛肉价格。假设热狗中有牛肉；在某些情况下，这是观念的一个飞跃。

接下来，召集一大群人，让每个人都在上一个夏天的销售额的基础上进行预测。在这个群体中，每个成员在预测时都可能会考虑上面所说的这些属性中的某几个属性。假设这些群体成员对属性的选择是随机的。这样一来，群体就可能包括、也可能不包括所有的属性。[12] 为了方便，假设群体中的每个人都使用线性回归模型。线性回归模型的特点是，将结果预测为一个常数再加上每个相关变量乘以某个系数后的积。例如，基于温度的变化来预测销售额的线性回归模型的形式可能如下所示：

$$\text{销售额}=0.3+1.2\times\text{温度}$$

在这个例子中，销售额是上述 10 个属性的线性函数。为了使模型尽可能简单，假设每个变量的系数都等于 1。进一步假设每个属性的取值都介于 – 1 和 1 之间，这个假设使销售额的期望变化等于零。如果用 a_1、a_2、…、a_{10} 表示各属性，那么总销售额变化表示如下：

$$S = a_1+a_2+\cdots+a_{10}$$

接下来，再假设群体中的每个人都根据自己随机选择的三个属性来进行预测。用稀疏数据来运行回归时，系数估计值都是近似值。因此，基于属性 1、属性 4 和属性 8 来做出预测的群体成员 i 的预测模型可能如下所示：

个体 i 的预测模型：$S^i= 1.1a_1+1.08a_4+0.991a_8$

将群体各成员的预测模型加起来，并对它们的预测进行平均，就可以得到群体的预测模型，如下所示：

群体的预测模型：$S^C = 0.32a_1+ 0.42a_2+ 0.28a_3+ 0.37a_4+ 0.36a_5+ 0.35a_5+ 0.33a_7+ 0.38a_8+ 0.29a_9+ 0.34a_{10}$

群体的模型预测包含了所有的属性，但是各属性的系数却远远算不上准确。这种准确性的缺乏不仅仅是因为个体在近似时的误差，尽管这种误差确实是存在的。更重要的原因是，平均而言，群体中只有 30% 的成员会把每一个属性都考虑进去。因此，对所有预测进行平均时，即使每个群体成员对系数的估计都是正确的，群体预测也会低估每个属性的影响。这种求平均值的过程弱化了每个人预测模型的影响。

这个例子揭示了多样性的群体给出预测的两个特征：覆盖性和粗略近似性。

这两个性质结合在一起，可以保证群体做出平均来说准确性相当高的预测。但是，它们同时

覆盖性（coverage property）

群体任何一个成员的预测模型所包括的任何属性或属性组合，必定被群体的预测模型所包括。

> **粗略近似性（crude approximation property）**
> 群体预测模型粗略地近似于任何属性或属性组合对结果的影响。

也意味着，我们不能期待完美的准确性。因为群体包含了太多变量，所以如果变量的某些子集的出现了意外的值，也用不着太过惊奇。即使群体的系数只能接近实际值，但是大多数时候群体都不会犯下很大的错误。在热狗摊的例子中，可能只有一部分人考虑到了道路交通状况这个因素。如果进行大规模的道路建设，那么这些人对销售额的估计值就会很低，从而会降低整个群体的估计值，使之更加准确。

这个人为构造的例子看上去似乎不如真实世界中群体智慧的例子那么“性感”，比如对一头肥牛体重的估计误差在一磅之内，对一个罐子里糖豆数量的估计误差在一两粒之内。但是，本来就不应该期待每次都能得到这样的结果。我们的分析表明，多样性的群体预测相当准确，但不是在所有情况下都会非常准确。有的时候，群体很幸运，它们的预测极其准确。下面就来看看这种情况是怎样发生的。是的，在过分强调临床和统计意义之前，得先把魔法收回瓶中。

瓶中的魔法

在那个预测热狗摊销售额的例子中，假设每个人都是在同一个变量集合中进行选择的，这样就限制了多样性的程度。可以这样说，这些人都是用同样的视角来解释的。但是，没有理由认为人们在所有情况下都会这样做。只要人们不这样做，就可以拥有更多的“魔法”。在下一个例子中，覆盖性和粗略近似性都仍然保持不变，而且会以一种更有趣的方式表现出来。

在这个例子中，考虑一个相当复杂的函数，它根据三种化合物的存在或不存在，给出由化学反应产生的能量。对于 A、B、C 三种化合物，如果任何一种化合物存在，就赋值为 1；如果不存在则赋值为 0。将化合物存在与否映射到结果的函数如下所示：

产生的能量: $E = 2A + B + C - 2AB - 2AC - 2BC + 4ABC$

就是类似这样的函数，使数学蒙上了晦涩难懂的坏名声。但是，俗话说得好，“各花入各眼”，有人以为丑陋的，旁人却可能认为很美丽。在下文中，这只丑小鸭就会变成美丽的白天鹅。但是在这里，还是先将就着用一下这个“丑陋”的函数吧，只需代入 A、B、C 的值即可。幸运的是，这些变量都只取 0 和 1 这两个值。如果 A = 0，B = 1，C = 1，则该函数的值等于 B+ C – 2BC，即 1+ 1 – 2=0。

假设有两个孩子，名为奥里和库珀，他们对科学现象有着浓厚的兴趣。假设他们并不了解这个复杂函数的具体形式，只是试图预测结果。奥里的预测模型只考虑了第一种化合物 A 的存在。为了确定奥里对总能量的预测，必须先确定每一种化合物组合产生的总能量（见表 8-11）。

表 8-11 化合物的存在所产生的能量

化合物存在 {A，B，C}	产生的能量
{0，0，0}	0
{0，0，1}	1
{0，1，0}	1
{0，1，1}	0
{1，0，0}	2
{1，0，1}	1
{1，1，0}	1
{1，1，1}	2

在存在化合物 A 的情况下，化学反应产生的平均能量等于 1.5。在化合物 A 不存在的情况下，化学反应产生的平均能量等于 0.5。因此，奥里的预测模型如下：

奥里的预测模型：$E^{O} = 0.5 + A$

这看上去似乎与原来的函数完全不像。但是再强调一次，奥里只是一个孩子啊。

库珀则依赖不同的视角，他向来以用独特的方式看待事物而闻名。他没有考虑单一的化合物，而是研究了化合物的组合。然后他又使用了一个独特的解释，只考虑组合中包含的化合物的数目是偶数还是奇数。基于此，他建立的预测模型的形式将会是：

库珀的预测模型：如果 A+ B+ C 为偶数，那么 $E^{C} = 0.5$；否则 $E^{C} = 1.5$

这与他们试图预测的那个“丑陋”的函数表示完全不相似。奥里和库珀的联合预测等于他们两人预测的平均值。对于他们联合预测的准确性，似乎不应抱太高的期望。表 8-12 给出了他们两人对每种化合物组合的预测值和每种化合物的实际能量水平。

表 8-12　实际生出的能量与预测的能量的对比

化合物存在 {A，B，C}	实际应产生的能量	群体预测的能量
{0，0，0}	0	0.5
{0，0，1}	1	1
{0，1，0}	1	1
{0，1，1}	0	0.5
{1，0，0}	2	1.5
{1，0，1}	1	1
{1，1，0}	1	1
{1，1，1}	2	1.5

令人难以置信的是，奥里和库珀完全准确地预测了 8 种组合中的 4 种能量水平，而且另外 4 种也只错了一半。尽管他们的预测模型非常简单，同时他们试图预测

的函数却非常复杂，但是却得到了如此不错的预测结果。这种情况是怎么发生的？在这里，群体似乎比任何一个成员都要聪明得多。

这种惊人的准确性可以用他们视角的多样性来解释。奥里的视角考虑的是化合物的存在，而库珀的视角则关注化合物的组合。[13] 当将库珀的预测模型转化为奥里视角下的预测模型时，可以清晰地看到多样性视角的神奇力量。它看起来就像一只白天鹅。

库珀的预测模型：$E^C = 0.5 + A + B + C - 2AB - 2AC - 2BC + 4ABC$

要推导出这个式子需要费点心思，但是只要验算一下就不难发现，任何奇数化合物的组合都会给出 1.5 的取值，任何偶数都会给出 0.5 的取值。尽管这个公式看起来似乎非常复杂，但是库珀其实并没有做什么复杂的事情。他只需要计算一下化合物的数量，确定是不是偶数。然而，如果转化为另一个视角下的预测模型就非常复杂了，而且确实与真正的函数很相似。如果对这个预测模型与奥里的预测模型进行平均，就可以得出群体的预测模型：

群体的预测模型：$E = 0.5 + A + 0.5B + 0.5C - AB - AC - BC + 2ABC$

就像热狗摊销售额的例子一样，在这里，各系数也是其实际值的粗略近似值。但是，只要有了这些粗略近似值，群体就能以相当惊人的准确度进行预测了。[14]

刚刚看到了，如果将基于不同视角的两个简单的预测模型组合起来，那么群体的预测模型就可能变得非常复杂。这就进一步加强了第一章中提出的一个观点：在一个视角下很容易表示的东西，放在另一个视角下其表示形式可能会变得非常复杂。所以，没有什么经验的人组成的群体有时也可以预测非常复杂的函数，只要他们使用了基于不同视角的解释。

接下来还将看到，基于聚丛解释的预测模型也可以起到类似的作用，因为这类模型也能够刻画变量之间的交互关系。请你回顾一下“筛选成功”那个例子中德博拉的预测模型，那个例子中的预测模型可以转化为用数学函数来表示。要做到这一点，只需要用 0 ~ 3 的数字分别表示“性”和暴力从无到高的属性，然后再用 S 和 V 分别表示某个剧本的价值。如果将结果值 1 分配给一个有利可图的剧本，将结果值 0 分配给一个无利可图的剧本，那么稍微花点功夫就可以把德博拉的预测模型写成下面这样的形式：[15]

德博拉的预测模型：$V=\frac{1}{2}(3S^2V+3SV^2-S^2V^2-9SV-S^2-V^2+3S+3V)$

这个函数表达式看上去非常可怕。这就是要点。基于聚丛解释的预测模型包括了很多交互项。根据定义，聚丛就是要将不同的变量结合起来。也正是因为这个原因，某些很好的聚丛解释本身可能是很难解释的。爱默生的说法是对的：与众不同的经常会被误解。

不同视角（如库珀的）和聚丛解释（如德博拉的）所拥有的将交互效应包括进来的巨大潜力，证明了多样性预测模型一个近乎神奇的性质：简单的多样性模型可能同时也是非常复杂精巧的。用前面提到过的“天下没有免费的午餐定理”，也就是没有任何一个启发式在所有问题上都比其他启发式更好作为对比，可以把这个性质称为“群体可能有免费午餐定理”。

THE DIFFERENCE 定理

群体可能有免费午餐定理：

聚丛解释以及基于不同视角的解释可以生成包含交互效应的预测模型。拥有这样预测模型的群体有时能够预测一个复杂的函数。

之所以称之为“可能的免费午餐”，是因为不能预先保证这些交互项都是适当的，而且，根据粗略近似性，我们知道群体模型中这些交互项的系数其实是有误差的。然而，即便如此，上面这个例子和“筛选成功”例子都有力地表明，做出非常准确的预测仍然是完全有可能的。

群体 VS 专家

现在已经讨论了群体是如何做出准确预测的。但是，通常来说，有意义的是对群体的预测与专家的预测进行比较，下文中还会讨论这个问题。应该由谁来做出决定，是一个多样性的群体，还是一个专家？华纳兄弟公司是不是应该雇用一位专家来预测电影 DVD 的销售情况，还是应该在公司里找出 40 个人来做这种预测？政府是不是应该雇用一些专家、组建一个办公室来预测预算盈余或赤字，还是应该在网上创建一个预测市场？

到目前为止，通过分析已经掌握了一些如何在群体与专家之间进行权衡的方法。群体的预测模型不仅可以将许多属性包括进来，甚至还可以将这些属性之间的相互作用包括进来，尽管模型中这些属性及其交互项的系数只是粗略近似的。相比较而言，专家的模型则比群体中任何一个成员的模型都要精细，而且要比群体的群体模型显得更加“突出重点”。尽管专家的模型可能只包含更少的变量和更少的交互项，但是可以假设专家对系数的估计更加准确。

为了加深理解，可以先来看一下，专家的预测模型在什么时候比群体更加准确。如果专家的解释是提炼了群体成员的解释结果，那么这种情况就会出现。在发生这种情况的时候，就可以说专家占优群体。如果群体任何一个成员的解释中的任何一个集合都包含了专家解释中的一个集合，就说**专家占优这个群体**。

上面给出的条件意味着，专家的模型包含了群体中任何一个成员的预测模型所包含的任何属性以及属性之间的交互关系。或者，换一种专业性不那么强的说法，专家在每个属性上都比群体的任何一个成员更好地解析了现实。

下面这个推论则指出，平均来说，占优群体的专家的预测，要比群体的预测更加准确。当专家占优群体时，专家的预测模型比群体的预测模型更加准确，也就是说平方误差更小。

这个结论的内在逻辑很容易理解。在专家的解释中，会把平方误差降到最小。而群体解释的子集是对专家解释的子集的归并，因此平均而言，群体所做的预测最多只能与专家的预测一样好。但是群体实际上往往做不到这一点。因此专家预测平均来说必定更加准确。[16]

现在，我们已经触及了真正微妙的地方。即使占优群体的专家的预测平均来说更加准确，但是专家并不会在所有情况下都能预测得更加准确。而且更加重要的是，当群体的预测更加准确时，我们可以找到其中的模式。

接下来，想象一场有 15 位选手参加的保龄球赛。为了方便起见，假设这 15 位选手的姓氏非常整齐：第一位选手姓氏的首字母为 A，第二位为 B，……，最后一位为 O。每位选手在保龄球赛中的平均得分介于 100 ~ 250 分之间。为了便于讨论，在这个例子中，还假设选手姓氏的首字母越靠后，他的平均得分就越高。在这里，将比较一个专家苏珊与一个群体预测的准确性。专家苏珊，这里用一个更时髦的名字苏贝来表示，群体则由拉里、莫和柯里这三个臭皮匠组成。这里将构造一个场景，使苏贝占优这个群体。苏贝将这些参赛者分成 5 组，每组三人（见表 8-13）。

表 8-13　苏贝的解释和预测

集合	苏贝 1	苏贝 2	苏贝 3	苏贝 4	苏贝 5
保龄球选手	A，B，C	D，E，F	G，H，I	J，K，L	M，N，O
得分	110，120，130	140，150，160	170，180，190	200，210，220	230，240，250
预测	120	150	180	210	240

拉里的解释创造了三个集合（见表 8-14）。这是他把苏贝的集合 2、集合 3 和

集合 4 进行归并后的结果。

表 8-14 拉里的解释和预测

集合	拉里 1	拉里 2	拉里 3
保龄球选手	A，B，C	D，E，F，G，H，I，J，K，L	M，N，O
得分	110，120，130	140，150，160，170，180，190，200，210，220	230，240，250
预测	120	180	240

类似地，莫则分别将苏贝的集合 1 和集合 2、集合 4 和集合 5 归并到了一起，而对苏贝的集合 3 则予以单独考虑（见表 8-15）。

表 8-15 莫的解释和预测

集合	莫 1	莫 2	莫 3
保龄球选手	A，B，C，D，E，F	G，H，I	J，K，L，M，N，O
得分	110，120，130，140，150，160	170，180，190	200，210，220，230，240，250
预测	135	180	225

最后，柯里把苏贝的所有 5 个集合都归并成了一个集合。因此，柯里的预测是，每位选手在比赛中的得分都是 180 分。这个预测其实不算太差，其他人的预测可能还会更糟，至少他得出了正确的平均数。

请注意，在拉里、莫和柯里的解释中，每一个集合都至少包含了苏贝的一个集合。因此根据我们的定义，苏贝占优这个群体。当然，这个事实并不意味着苏贝的预测总是更加准确。表 8-16 给出了苏贝和这个群体对那 15 名保龄球手得分的预测，并列出了谁才是更加准确的预测者（苏贝的各个集合以水平线划分）。

从表 8-16 可见，尽管苏贝占优群体，但是在 15 次预测中只有 10 次比群体更加准确。在这 15 次预测中，有两次群体的预测比苏贝的预测更加准确，还有三次是双方平手——群体和苏贝做出了同样准确的预测。因此，即便是占优群体的专家，在有些情况下也不如群体准确。

表 8-16　苏贝的预测与由拉里、莫和柯里组成的群体的预测的比较

保龄球选手姓氏	保龄球选手	苏贝的预测	群体的预测	更准确的预测者
A	110	120	$\frac{120+135+180}{3}=145$	苏贝
B	120	120	$\frac{120+135+180}{3}=145$	苏贝
C	130	120	$\frac{120+135+180}{3}=145$	苏贝
D	140	150	$\frac{180+135+180}{3}=165$	苏贝
E	150	150	$\frac{180+135+180}{3}=165$	苏贝
F	160	150	$\frac{180+135+180}{3}=165$	群体
G	170	180	$\frac{180+180+180}{3}=180$	平手
H	180	180	$\frac{180+180+180}{3}=180$	平手
I	190	180	$\frac{180+180+180}{3}=180$	平手
J	200	210	$\frac{180+225+180}{3}=195$	群体
K	210	210	$\frac{180+225+180}{3}=195$	苏贝
L	220	210	$\frac{180+225+180}{3}=195$	苏贝
M	230	240	$\frac{240+225+180}{3}=215$	苏贝

续表 8-16

保龄球选手姓氏	保龄球选手	苏贝的预测	群体的预测	更准确的预测者
N	240	240	$\frac{240+225+180}{3}=215$	苏贝
O	250	240	$\frac{240+225+180}{3}=215$	苏贝

一个由不那么聪明的个人组成的群体的预测，可能比占优群体的专家的预测更加准确，这种可能性使我们对通过收集相关的趣闻轶事来证明群体的智慧的做法产生了怀疑。是的，我们总能找到群体的预测比专家的预测更加准确的例子。也可以在网上轻松地获取这些趣闻轶事，这就解释了为什么社会科学家要把重点放在系统性的证据上。

现在，再回到这个例子上来。经过更细致的分析，我们发现了一个模式，它说明什么时候群体的预测比专家的预测更加准确。只有当结果位于苏贝的预测与平均结果之间时，群体的预测才会更加准确。例如，群体预测保龄球手 F 的得分为 165 分，他的实际得分为 160 分，而苏贝的预测则是 150 分。在这种情况下，群体的预测位于 180 分这个平均分与苏贝预测的 150 分之间。这种偏向于平均值的趋势，恰恰是因为群体的解释更加粗略所导致的。

投影解释之群体对决专家

上面对专家苏贝和群体预测的分析表明，即使是只拥有准确度中等偏下模型的群体，在一定情况下也可以与专家一争高下。不过很显然，专家占优群体，平均来说肯定更有利于专家。因此，现在让群体与专家在更加平等的位置上“相互竞争”。为此，我们扩展了前面举过的预测热狗摊销售额的例子，方法是系统性地改变专家的能力和群体的规模，然后进行比较。

首先假设，这个例子中的专家根据 10 个属性中的 E 个属性构建了一个预测模型。E 值越大，专家的能力越高。如果 $E = 6$，并且如果专家考虑了前 6 个属性，那么专家的预测模型可以表示如下：

专家的预测模型：$S = 0.994a_1 + 1.02\,a_2 + 1.003\,a_3 + 0.98\,a_4 + 0.992\,a_5 + 1.04\,a_6$

与此相反，假设群体中的每个人都基于随机选择的 C 个属性构建了一个预测模型。要确保 $C<E$；否则，群体将比专家还要更“专家”。然后，改变 C 和 E 的取值，进行各种尝试。C 越大，群体就越“聪明”。C 的值相对于 E 越大，群体的预测就越可能比专家的更加准确。

表 8-17 和 8-18 对群体与专家的预测进行了比较。在表 8-17 中，C 变化，同时 E 保持 8 不变。而在表 8-18 中，E 变化，同时 C 保持 4 不变。[17]

这两张表显示的结果正如预期：群体中的人越复杂，群体的预测越准确；专家越复杂，专家的预测也越准确。

表 8-17　见多识广的专家（E=8）对能力可变的群体

群体的复杂程度	群体胜出的概率（%）
C=2	33
C=3	40
C=4	44
C=5	54
C=6	66

表 8-18　群体（C=4）对能力可变的专家

专家的复杂程度	群体胜出的概率（%）
E=5	71
E=6	65
E=7	46
E=8	44

过度拟合悖论

上面这些例子引出了一个有意思的问题：为什么专家不在自己的模型中包含更多的属性？专家事实上是有可能覆盖所有属性的。如果专家精确地计算出了每个属性以及属性组合的效应，那么由于群体预测模型的粗略近似性，专家应该可以比任何群体都能更加准确地进行预测。

这真的是可能的吗？似乎是。然而不幸的是，这种逻辑有三个缺陷，所以我们总是需要群体。

首先，它假设专家能够构建任何复杂程度的模型并运行详尽的回归。不然的话，由于天生的认知约束和认知偏见的存在，当专家考虑太多的信息时预测反而会变得更加不准确。其次，这种逻辑也没有考虑“可能的免费午餐”。群体成员的模型可能依赖多维视角和聚丛解释。如果是这样的话，那么专家可能无法构建出一个与群体模型同样复杂的模型。这种可能性是存在的，不过可能不是那些主张利用群体的智慧的人愿意经常提及的。免费午餐是可能的，只不过我们没有理由认为它永远存在。最后也是最重要的一点，这种逻辑假设总是存在足够的数据，而且专家总是可以获得所需数据。但是在现实世界中，专家可能无法构建包含了许多属性的复杂模型。在没有足够数据的情况下，如果专家考虑了所有的属性，他的预测模型就会出现过度拟合问题。

过度拟合意味着，相对数据而言，预测模型使用了太多的变量，并试图精确地估计这些属性的系数。这样做会导致估计不准确的风险。下面这个例子可以帮助我们更好地理解过度拟合的含义。

假设一家咨询公司从某个顶级商学院聘请了一位顶尖专家玛格达。该咨询公司指定她承担一项重要任务：预测公司早餐所需的华夫饼数量。这家公司的合伙人要求公司的年轻员工长时间工作且保持良好的工作状态。计算需要准备的华夫饼数量 W 的模型如下：

实际的华夫饼数量：$W = 4P+ 2A+ F$

其中，P 表示公司的合伙人的数量，A 表示公司的员工数量，F 等于掉到了地板上的华夫饼数量。

我们在这里感兴趣的问题是过度拟合，所以不想给玛格达提供太多的信息，那样她构建模型就太容易了。所以假设玛格达只有两个数据点来构建她的预测模型：4 月份的早餐和 3 月份的早餐。4 月份的早餐是这样的：有 10 名合伙人和 20 名员工就餐，同时没有一块华夫饼掉落在地板上。只要计算一下，就知道早餐要准备 80 块华夫饼。[18] 3 月份的早餐是这样的：有 15 名合伙人和 15 个员工就餐，同时有 15 块华夫饼掉落在了地板上。这需要准备 105 块华夫饼。再假设玛格达的预测模型只包括合伙人和员工的人数，但是不考虑华夫饼掉落到地板上的可能性。因此玛格达的预测模型可能采取以下形式：

玛格达的预测模型：$W =\beta P+\alpha A$

不难证明，只要稍作变形，玛格达的预测模型可以改写成 $W = 6P+ A$。[19] 只要代入数字，就可以看出，她的模型很好地拟合了现有的数据。但是，由于该模型过度拟合数据，所以无法成为一个合适的预测模型。真实的系数离 6 和 1 太远了。

接下来，为群体构建一个模型。这个群体的成员只有两个人：乔希和安娜。乔希的模型只考虑到了合伙人的人数，而安娜的模型则只考虑到了员工的数量。利用相同的数据，可以得到如下预测模型：[20]

乔希的预测模型：$W = 7.4P$

安娜的预测模型：$W = 5.3A$

如果对这两个模型加以平均，就可以得到群体的预测模型：

群体的预测模型：$W = 3.7P+ 2.65A$

很显然，群体的预测模型更接近于实际的华夫饼数量：$4P+2A+F$。在绝大多数情况下，群体的预测都要比玛格达的模型更加准确。[21]

那么，玛格达的预测出了什么问题？在将合伙人和员工都包括进来时，玛格达低估了员工吃华夫饼的数量。之所以会发生这种情况，原因在于，在第一个数据点上，就餐的员工人数比合伙人多，而且没有什么华夫饼掉落在地板上。因此她只能推断，员工不会吃很多华夫饼。

这个例子还可以说明一个更大的问题。一些计量经济学家之所以会认为包括了太多变量的模型是值得怀疑的，也正是因为这个原因。[22]只有少数几个变量的模型则不会遇到这样的问题。我们可以把一系列简单的模型加起来，从而创建出一个更大的模型。而且这种总体模型不会出现过度拟合问题。它可能成为一个更好的预测器；不过，它也可能只是一个粗略的近似价。

那么，专家为什么不去平均多个模型呢？第一个原因是，专家的目标通常不仅仅限于预测，他们还想解释属性的影响。专家可能想搞清楚教育对收入的影响，同时尽可能准确地预测收入水平。第二个原因是，作为专家，他们就得这样做才能像个专家的样子，而且他们已经这样做了很长一段时间了。早在 20 世纪 70 年代，将预测与解释结合起来的做法就在经济学家当中开始流行起来了。[23]随着计算机功能的日益增强，将多种模型结合起来已经成为进行预测的一种行之有效的方法。这些集成方法（ensemble method），正如他们所说的那样，通常比被集成的任何一个模型都要精确得多。[24]根据群体优于平均定理，若干模型的平均必定比一般的模型要好，但是不能确定它一定能优于最好的模型，虽然实际上确实如此。

集成方法也不一定要假设各模型具有相同的权重，但是等权重确实是一个很好的基准。一种用于改善等权重的方法依赖于贝叶斯统计原理。这种方法被称为贝叶斯模型平均法（Bayesian Model Averaging），它对所有可能的模型进行平均，同时根据每个模型在给定数据的情况下正确的可能性来选择权重。[25]与由个人组成的群体不同，由统计模型组成的群体的规模不能太大，至少目前是这样。如果组合了 20 多个模型，那么计算所花费的时间就会太多。贝叶斯模型平均法并不是加权模型的唯一方法。另一种同样很受欢迎的方法被称为引导聚合法（bootstrap aggregation）或装袋法（bagging），它会增加那些能够捕获其他模型误差的模型的权重。[26] 正如接下来将会看到的那样，按准确度加权的模型具有一定优势，同样正如将会看到的，市场也为此提供了足够的激励。

能力很重要，多样性也很重要

在投票中，每个人预测的权重是相同的，即便是那些不好的预测也是一样。一种更好的方法是根据模型的准确性对模型进行加权。信息市场可以赋予一些模型比其他模型更大的权重。[27] 在信息市场中，人们要用自己的钱去“下注”。那些相信自己预测模型准确的人会下更大的注，而那些不确定的人则可能只会下小注。激励机制会把不准确的预测者驱逐出市场。市场同时还可以减少人们做出不同预测的动机。如果其他聪明人认为股票价格应该比你所想象的更低，那么你或许应该降低你对股份的预期。事实上，如果确实存在关于理性最大化行为的常识，那么市场上所有人的预测都应该是一致的。[28]

现在假设信息市场上有许多参与者，而且每个参与者都可以投下不同大小的注。同时假设一个人的模型越准确，他所下的注就越大。换句话说，人们知道他们自己的模型在什么时候是准确的。在某些情况下，这可能是一个过强的假设。[29] 如果所下的注大小与预测的准确性是正相关的，那么信息市场就可能比等权重的投票更有优势；但是，这个结论也不一定总是正确的。为什么会这样？可以用多样性预测定理来说明。在假设更准确的预测模型会获得更大权重的情况下，预测的平均准确度会上升。但是，预测的多样性则可能会降低。因此，信息市场是否能产生比投票即所有模型的平均更准确的预测，取决于平均能力的增加是否超过了多样性的下降。

回想一下上面对群体与专家预测的准确性进行的比较。我们可以把专家视为一个特殊的群体，也就是把所有的权重都赋予最好的那个预测群体。在许多情况下，专家之所以无法像群体一样准确地进行预测，就是因为多样性的损失超过了准确性的增益。把所有权重都赋予某个单一的预测是一个极端，而另一个极端则是对所有预测都赋予同等的权重。信息市场介于这两个极端之间。那么，这是否意味着信息市场的预测更加准确呢？答案取决于具体的加权方法。一个经常用来确保准确性的增益超过多样性的损失的方法是，把极其不准确的预测驱逐出信息市场。我们把这种方法称为“末位淘汰法”或“驱逐傻瓜法”。

驱逐傻瓜法（fools rush out）

预测模型非常不准确的人可以回答民意调查中的问题，但是不能在信息市场中下注。

如果最不准确的预测模型被驱逐出去了，那么准确性的提高幅度可能会相当大。虽然会损失一些多样性，但是这种损失能够被精确度的增加所抵消。[30] 作为这方面的一个例子，回过头去看一下前面橄榄球选秀的例子。假设两个最不准确的预测者都失去了进入信息市场的信心，或者说，他们被驱逐出了信息市场。接下来，考虑在放弃这两个最不准确的预测者之后采用新的加权方案。在采取等权重下注方案时，剩下的预测者下的注全都相同。而在采取加权下注方案时，每个预测者下的注与自己的排名成正比。最好的预测者得到的权重为 5，次好的预测者的权重为 4，以此类推，最差的预测者的权重为 1。表 8-19 给出了投票即群体预测、最好的个体预测者克拉克大法官，我们称之为专家，以及信息市场在这两种加权情况下的预测。

表 8-19 投票、专家和信息市场对 2005 年美国职业橄榄球大联盟选秀预测的对比

	平方误差
最好的专家（克拉克 · 贾齐）	75
7 位专家投票	34.4
最好的 5 位专家投票	40.7
加权下注额	31.4

克拉克·贾齐的情况最糟糕，而表现最好的则是加权下注情形。特别有意思的是，7 个预测者投票时的情况要比只有最好的 5 个预测者投票时更加好。这个例子表明，即使把最差的预测者排除出去，并赋予更准确的模型更大的权利，也有可能在减少多样性的同时降低群体预测的准确度。当然，这里必须很小心，不能对一个例子进行过多的解读，但是它确实有力地支持了我们的结论——多样性和能力同样重要。

激励的双重力量

信息市场会创造激励，一方面让那些不够自信的人留在市场外面，另一方面让那些有足够信心的人在市场中投下更大的注。只要不是过于极端，这两种激励都可以改善总体预测。否则，将只有最准确的那个预测者才会下注。因此，应该将激励措施包括在内，但是必须适度。在一些经济学家看来，调节激励机制是很困难的。经济学家喜欢激励的方式，就像植物学家喜欢植物一样。激励是很强大的力量。正是因为有了激励，信息市场才拥有了相对于投票的巨大优势。激励也是自由市场得以有效运行的原因。但是，必须控制激励，以保证适当的多样性。我们是想抛弃一些不好的模型，但是并不想抛弃全部模型。

激励机制还会以一种更深入、更微妙的方式运行，对此还没有讨论到。在许多信息市场中，效益不仅取决于自己的预测是否正确，还取决于其他人做出正确预测的概率。

许多市场都有“失望越大、效益越大”的性质。也正因为如此，这些市场的参与者有很大的激励机制去发展出多样性的预测模型。假设你可以构建一个模型，当大多数人预测错误的时候，它可以给出正确的预测，那么这个模型就会带来极其巨大的回报。因为如果预测正确的话，奖金只会被很少的几个人分享。因此，市场创造了两个投票机制无法创造的激励效应：第一个激励是追求准确性，第二个激励是追求多样性。这两个激励效应都能提高群体预测能力。正确的预测能够让一个人赚到钱；不同于他人的预测则能够让一个人赚到更多的钱。

在这里讨论这么多与金钱相关的东西，似乎显得有点怪异。当然，金钱只是这个领域通行的一种说法而已。预测市场也可以与名声有关。例如，考虑前面举的橄榄球选秀那个例子中的选秀专家。他们之所以给出与他人不同的预测，其中一个原因很可能就是上述多样性激励所致。这些预测者要建立自己的声誉，就要在市场上相互竞争，所以每个预测者都有激励给出不同于所谓“共识”的预测。

芒格是怎样做决定的

现在总结一下。本章的主要内容是：对于一个群体来说，要想有“智慧”，它的成员在个体层面必须是聪明的，或者在群体层面必须是多样性的。当然，理想情况是两者兼备。有时候，当群体成员的预测模型依赖于多样性的解释时，群体甚至可以享受到“免费的午餐”。简单的、多样性的个体预测模型可以形成复杂的群体预测模型。这些群体的表现甚至可能比专家的表现还要好，因为它们的覆盖面越来越大，有效地弥补了群体预测的粗略性。当群体已经考虑到被专家所忽略的某个属性或变量具有意想不到的价值时，这种情况就肯定会发生。

如果不让群体进行投票，而是创建一个信息市场，让人们可以自由地投入不同金额的注，那么就可以使群体的预测更加准确。市场激励可以将最不准确的预测者驱逐出去，并将更大的权重赋予更准确的预测者，只要准确的预测者知道自己是准确的。这两种效应似乎都会导致群体预测的准确度更高，但是不能将这个逻辑推得过远。如果只有最好的预测者继续留在市场中，或者将绝大部分权重都赋予最好的预测者，那么最终将会得到一个单一的专家，他的预测可能并不比群体更好。最后，如果人们知道信息市场将会发挥作用，那么他们就有充分的激励机制去追求多样性，就像有充分的激励机制去追求准确性一样。而这些将会进一步改进群体预测。

所有这一切都指出这样一个结论：在理想情况下，我们将会有一大堆模型，它们在市场上相互竞争。最好的预测应该来自多样性的模型组成的集合。这些模型应该以不同的方式解析现实。它们应该或者依赖于基于不同视角的解释，或者依赖于在同样视角下看待不同的属性的解释，又或者依赖于将同一视角分割成不同的聚丛解释。如果真的是这样，那么每个模型都将是准确的，同时模型的集合则将是多样性的。准确性和多样性的结合，将创造出一个有智慧的群体。

创建一个群体模型的方法如下：组建一个群体，其成员具有多样性的（且相关的）身份、经验和培训经历，赋予他们适当的激励，并加入一些“百搭牌”。例如，在预测 5 个营销计划中哪一个最好时，化学知识也许不如社会学或心理学的知识那么重要，但是让化学家加入可以保证更大的多样性。然后，要给这些人足够的激励，让他们去建立各种各样的模型，这里所说的并不是数学模型或实证模型，而是内在一致的预测模型。不要去训练他们如何思考要解决的问题，那会破坏他们的多样性。最后，设置一个入门壁垒，以保证只有那些认为自己能够做出合理预测的人才能加入到群体中来。群体规模不一定很大。有时七八个成员就足够了。不过，在成员人数较少的那些群体当中，比如说管理层、陪审团、劳工委员会、董事会，等等，必须努力确保人们会使用多样性的模型，这可能是更加重要的。而在规模较大的群体中，某种程度的多样性几乎肯定会出现。87 个人不太可能想法完全相同，但是 8 个人却有可能。

甚至连个人也可以建立起自己的群体模型。华尔街最好的那些投资者就是这样做的。事实上，传奇投资家查理 · 芒格和沃伦 · 巴菲特就是如此。他们两人一起为伯克希尔 - 哈撒韦公司的投资者决定数以十亿计的美元资金的投资方向。查理 · 芒格的投资决策就是基于他所称的心智模型格栅（lattice of mental models）做出的。这是一系列逻辑上一致的多样性模型，芒格在它们的基础上做出了准确的预测。当然，在这里只能猜测，芒格的群体模型必定是一个有智慧的、多样性的群体。

第 3 部分

多样性总是好的吗

多样性偏好可以创造多样性视角、启发式、解释和预测模型。但在多维偏好情形下，偏好集结也会产生不太好的结果，比如：群体偏好可能根本不存在，投票过程有可能被操纵，等等。但总的来说，多样性是有益的。借助多样性，我们可以解决更多的难题，做出更准确的预测。

THE DIFFERENCE

09

多样性偏好

己所不欲，勿施与人。每个人的口味可能不尽相同。

——萧伯纳，“革命家箴言：金科玉律”

每个人的偏好都有所不同。有些人喜欢人工建造的古董房子，有些人却更喜欢开放式的现代住宅；有些人喜欢拉丁爵士乐，有些人却更喜欢重金属摇滚；有些人喜欢辛辣的肉食，有些人却是素食主义者。这正是街上到处都是各类小吃店的原因。正如人们常说的那样，百人百味，这是天生的，没法解释。[1]或者说，对于口味，没什么解释的必要。虽然无法解释口味，但可以对它进行建模。在这一章中，就来做这项工作。

之所以要对口味，或者更正式地称之为对多样性偏好进行建模，是因为它们带来了一些问题，甚至是一些巨大的问题。不同的目标也许都有价值，但是如果仅仅停留在重视不同目标这一点上，就可能无法就什么是好的解决方案、什么是我们要的预测结果达成一致。而且,这种潜在的分歧可能导致我们错误地表达感受。而且，有人可能会试图操纵程序和议程，制造出互不信任和互不喜欢的感觉。多样性工具箱所创造的诸多益处就有可能被不同的价值观所抵消。当然，如果拥有多样性工具箱的人，并不拥有多样性偏好，那么我们就不需要关心多样性偏好了。但是通常人们都拥有多样性偏好。

要真正理解由不同价值观而导致的问题的严重性，必须追溯到问题的根源。

我们需要框架和模型。在本章中，将先了解一些基础知识，接下来再来应用。对偏好理论的讨论既不是完整的，也不是传统的。事实上，在许多学科中，都有大量以整本书的篇幅探讨偏好和偏好理论的著作。[2] 大多数著作所阐述的偏好理论都带有大量的符号，这使理论与现实世界的联系变得非常复杂。因此，我决定偏向另一个方向，只要有可能就放弃使用符号来表示变量。这种处理是“非传统”的，因为它强调的是基本偏好（也就是对结果的偏好）与工具偏好（也就是关于如何获得想要的东西的偏好）之间的区别。对结果的偏好是根本性的，例如喜欢吃鱼和吃玉米饼、希望有强健的膝盖或者经济持续增长。而有关行动或政策的偏好则是工具性的，例如要不要节食、加强拉伸运动或者改变税收政策。行动本身并不是目的、结果，它们是实现结果的手段。

多样性的基本偏好不一定意味着多样性的工具偏好，反之亦然。这个发现对如何思考偏好多样性具有很大的启发意义。对于拥有不同基本偏好的人，说他们拥有不同的价值观。而对于拥有不同工具偏好但是拥有相同基本偏好的人，说他们拥有相同的价值观，但是对世界如何运行有不同的信念。无论是哪一种不同，人们都可能无法就采取什么样的政策或行动达成共识，但是只有在第一种情况下，偏好多样性才会导致问题的出现。在后一种情况下，偏好多样性反而是有用的。将证明这一点。

我特别强调这个区别，是因为多样性的工具偏好源于多样性预测模型。而且，这两种多样性很容易混淆。将不同的预测模型与不同的视角联系起来，预示着将会面临非常复杂的情况。框架 - 视角、启发式、解释、预测模型和偏好，所有这一切都可以连接起来；而且在很多情况下，一个领域的多样性，通常会在另一个领域导致多样性。

偏好的排序

在描述偏好之前，首先必须注意到它们与选择不同。偏好描述的是对事物有多看重或多渴望，而选择就是我们所选择的。偏好指导了选择，而选择在一定程度上显示了偏好。当遇到一个不熟悉的人时，会试图通过他的选择来推断这个人的偏好。他穿什么衣服？开什么汽车？午餐时点了些什么？甚至可以利用自己的选择了解自己的偏好信息。看着一个装满了黑色衬衫的衣柜，可能会突然意识到你喜欢黑色，或者喜欢约翰尼·卡什（Johnny Cash）①。

在讨论偏好问题时，标准做法是假设一个备选方案集合，人们对这些备选方案有自己的偏好。这里所说的备选方案，可以是位置、产品设计、公共政策等。它们既可以是结果，也可以是行动或政策。[3] 如前所述，这一区分非常重要，这是区分基本偏好和工具偏好的基础。

思考偏好问题最基本的方法是，用偏好想象对一组行动、政策或结果进行排序。为了便于表述，把这些称为备选方案集合。一个偏好关系，用符号“>”来表示，以描述备选方案的排序。表达式 A> B 意味着备选方案 A 比备选方案 B 更受人青睐。例如，可以问乔，在玉米煎饼、玉米卷和玉米卷饼之间，最喜欢什么，如果他最喜欢玉米煎饼、最不喜欢玉米卷，那么他的偏好可以表示为：

玉米煎饼 > 玉米卷饼 > 玉米卷

当然，也有可能在某两个结果之间无差异，他喜欢玉米煎饼的程度与玉米卷的程度完全一样。如果是这样的话，就说他对玉米煎饼和玉米卷的偏好是无差异的，那么他的偏好可以表示为：

玉米煎饼 = 玉米卷

偏好通常被假设为理性的。这里所用的“理性”这个术语有一个正式的定义，它意味着完备性和可传递性。如果可以比较任意两个备选方案，那么偏好就是完备的。

① 约翰尼·卡什，美国乡村音乐创作歌手，因其黑色装束以及特立独行的作风被称为“黑衣人”（The Man in Black）。——编者注

或许可以认为，每个人的偏好都是完备的，因为每个人都可以对任何两个备选方案进行比较。但是，完备性并不是一个空洞的假设，因为人们往往会对某些结果产生相互矛盾或无法取舍的感受。但在有的时候，人们也许不能或者也不愿意在不同结果之间做出选择。如果有人问你更喜欢父亲还是母亲，或者你更喜欢你的哪一个孩子，你可能就会发现这种问题无法回答。

完备性（complete）

如果给定任意两个备选方案 A 和 B，都有 A> B，或 B> A，或 A=B，那么偏好就是**完备**的。

偏好的可传递性是指偏好不允许循环。一个拥有可传递偏好的人，是不能承认布包石头、石头砸剪刀、剪刀剪布这样的循环偏好的。

偏好必须具备可传递性这个条件，从技术的角度来看，似乎也是一个“卑之无甚高论”的明显条件。在个体层面上看，确实如此。如果拉维喜欢冰激凌多于酸奶、酸奶多于豆腐，那么他就应该更喜欢冰激凌而不是豆腐。对于个人来说，偏好的可传递性通常是成立的。

可传递性（transitive）

如果偏好不是循环的，那就是可传递的。例如，如果一个人喜欢苹果多于香蕉、香蕉多于梨，那么他就喜欢苹果多于梨。

当一个人必须从若干结果中进行选择时，除非还没有思考清楚，否则是不太可能出现偏好循环的。为了让母亲高兴（一个结果），劳拉比较了给她买礼物（一个行动）的各种方案。劳拉可能会认为母亲喜欢项链多于花，因为项链可以恒久保存；喜欢花多于园丁工具，因为花更美丽；喜欢园丁工具多于项链，因为园丁工具更实用。如果是这样，就将形成一个偏好循环。它不是一个行动。但是，只要劳拉想得更仔细一些，这个循环应该会消失。

尽管个人偏好循环可能是很罕见的，但是这种现象在群体中却是相当常见的。在下一章中，当讨论如何把不同偏好集结起来的时候，将会看到在一群人当中，偏好的可传递性会被违背，群体可能出现偏好循环，尽管组成群体的这些人在个人层面上不会。一个由理性的人组成的群体可能会喜欢豆腐多于冰激凌，尽管他们喜欢冰激凌多于酸奶、酸奶多于豆腐。

如果偏好是完备的、可传递的，那么偏好就是理性的。

理性偏好的假设似乎是合理的。虽然完备性和可传递性不算太强的假设，但是它们仍然严重限制了可能存在偏好多样性的数量。为了更清晰地阐明这一点，我们将在一个排除了无差异偏好的有限制的框架内讨论，这也就是说，不允许人们在两个备选方案之间表现出无差异。

考虑一个人对可能针对自己“面部毛发”采取的 5 种行动的偏好：留山羊胡、络腮胡、八字胡、大胡子以及虬髯胡。这些不同“须型”也可以认为是不同的结果，但是在这里需要把它们看作为了创造某种有吸引力的结果而采取的不同行动。关于吸引力的偏好肯定满足单调性，人们肯定更喜欢对自己更有吸引力的。不存在无差异状态的理性偏好关系，是能够创造出一个完备排序的。所谓完备的排序，是指将所有备选方案都从最好到最差排列起来。其中一种排序如下：

大胡子 > 山羊胡 > 虬髯胡 > 八字胡 > 络腮胡

我们可以计算所有排序的数量。5 种须型中的任何一种都可以排在第一位，第二位有 4 种排法，第三位有三种排法，第四位有两种排法，第五位或者说最不受青睐的有一种排法。这样一来，不同排序方法的总数等于 5 × 4 × 3 × 2 × 1，即 120 种。如果把这个备选方案的数量提高到 20 个，就会得到超过 2 000 万亿种不同的排序方法。这也就是为什么只考虑 5 个备选方案的原因。

还可以对这里的 120 种理性排序与可能的非理性偏好关系的数量进行一番比较。请注意，当说非理性偏好关系时，说的是“关系”而不是“排序”。当偏好不合理时，“排序”这个词就没有意义了。不合理的偏好关系不能对所有备选方案排序。在这里，首先“放松”可传递性假设，这就意味着，对于每一对备选方案，人们仍然必须有一定的偏好，但是不再施加不存在循环的限制。

对各种“须型”的两两配对排序如下所示：

虬髯胡 > 大胡子

虬髯胡 > 山羊胡

虬髯胡 > 八字胡

络腮胡 > 虬髯胡

络腮胡 > 大胡子

八字胡 > 络腮胡

山羊胡 > 络腮胡

八字胡 > 大胡子

山羊胡 > 八字胡

山羊胡 > 大胡子

为了计算出不符合可传递性偏好关系的数量，从上面这 10 对须型开始讨论。对于每一对须型，都必须在两个当中选择一个。这样就有 $2 \times 2 \times 2 \times 2 \times \cdots \times 2$ 即 2^{10} 种可能的偏好关系。2^{10}=1 024。对于前述 120 个理性偏好排序中的每一个，都存在差不多 10 个非传递性偏好关系。这些偏好关系中的大多数都包含了循环，准确地说，是其中的 904 个。在这里仅举一例：八字胡优于络腮胡、络腮胡优于虬髯胡，但是虬髯胡又优于八字胡。

如果再允许偏好违反完备性，将会得到更多可能的偏好关系。现在，对于每一对备选方案，除了任何一个备选方案都可能被优先选中外，还存在着两个替代品之间不可比较的可能性。这样一来，每一对备选方案就都创造了三种可能性。于是，在有五个备选方案，也就是有 10 对备选方案的情况下，不符合传递性和完备性偏好关系的数量等于 310，即 59 049 个，这个数字差不多是理性偏好排序数量的 500 倍。[4]

这些计算表明，符合理性偏好的排序方法有许多，但是它们同时又表明，非理性偏好关系的数量更大。在研究偏好集结时，这一点有重要意义。由个体组成的群体不一定拥有可传递或完备的偏好。对于有 20 个备选方案的情形，一个人可能拥有数 10 亿种偏好排序方法，但这个数字与一个群体可能拥有的非理性偏好关系的数量相比，不过是沧海一粟而已。

空间偏好

到目前为止，备选方案都是任意指定的，因此没有理由给偏好 A 甚于 B 或偏好 B 甚于 A 赋予任何意义。如果试图分析的是有多少人喜欢工作、玩耍和睡眠，可能会将结果描述为一个向量（工作,玩耍,睡眠),其中的三个变量分别表示工作、玩耍和睡眠的时间。像这样把结果分解成不同的维度，是经济学和政治学中的一种常见的方法。

但是，在其他一些时候，要想在一个视角下将各备选方案都表示出来，可能会变得非常复杂。例如,考虑某人对食物的偏好。列出所有具体的食物,如玉米片、寿司和椒盐脆饼等，将是一件相当麻烦的事情。这时可以创建各种维度，它们分别根据成分刻画了各种不同的食物。在本杰里公司的例子中，这种方法非常有效。软糖的大小和数量刻画了冰激凌的品种。利用这两个维度，本杰里公司就可以将各个品种的冰激凌表示在空间中。但是，这种方法并不一定总能奏效。墨西哥连锁餐饮的食品中许多东西都含有相同比例的相同成分，例如炸玉米饼沙拉也就是一种新的炸玉米饼。

但是，且先假设可以将各备选方案都映射到一个一维视角上。然后，在这个维度上区分出三种类型的偏好。在定义每种类型的偏好时，要假设其他两个维度是固定的，然后看这个维度上的属性发生改变时偏好会有什么变化。

第一种偏好适用于“越多越好”的维度。如果偏好总是更多甚于更少，那么偏好就是**递增**的。对金钱的偏好通常被认为是递增的，更多的钱总是更好的。对健康、单位油耗里程数和电脑运行速度的偏好，也是递增的。

第二种偏好适用于人们不喜欢的东西，比如说污染或者噪音。很显然，这类东西是越少越好的。如果偏好总是更少甚于更多，那么偏好就是**递减**的。对污染的偏好是递减的；对花在报税上的时间的偏好也是递减的。

对于大多数事物，包括睡眠、三文鱼和软件，更多并不总是更受青睐的，更少也不总是更被偏好的。我们可能先喜欢更多，然后到某个临界点后，又喜欢少一点。例如美味的奶油巧克力，一勺挺好的，两勺则更好，三勺就可能有点太多了，如果连吃四勺，许多人都会觉得太离谱了，除非你现在还只有 14 岁。这种偏好称为单峰偏好（single-peaked），因为用来表示幸福感或者经济学家所称的效用图形只有一个峰。我们把能够带来最大幸福感或最高效用的那一点称为理想点。[5]

如果存在**理想点**（ideal point），那么偏好就是**单峰**的。单峰偏好的特点是，如果当前的数额小于理想点上的数额，那么更多就是更受青睐的；如果当前的数额超过了理想点上的数额，那么更少是更被偏好的。

上述偏好的空间表示中，隐含着一个很强的假设，那就是用来界定备选方案的各个维度，正如视角所定义的那样，刻画了推动偏好备选方案的各种属性。否则，递增、递减和单峰偏好等假设都是没有意义的。请你回想一下冰激凌那个例子中的基于宜咀嚼性的视角。宜咀嚼性是用来衡量咀嚼一勺冰激凌需要多长时间的指标。对于宜咀嚼性，大多数人都不会有递增、递减或单峰偏好。在这个意义上，这里的讨论重申了前面提出的一个观点：理解世界在这里就是理解偏好，需要一个好的视角。

覆盆子和泡泡糖蛋筒冰激凌

备选方案集合的空间表示，再加上结构偏好的假设，限制了可能的偏好排序数量。要理解这一点，请考虑对覆盆子味蛋筒冰激凌颜色的偏好。很不幸，有些人可能不了解覆盆子和蛋筒冰激凌，因此在这里要先提供一些背景知识。在野外，覆盆子可能是黑色、红色，甚至可能是黄橙色的。覆盆子蛋筒冰激凌也有不同的颜色。在美国的某些地区，会看到深红色的覆盆子蛋筒冰激凌，而在其他一些地区，可能会发现淡蓝色的覆盆子蛋筒冰激凌。如果有足够的时间和精力，甚至可以制作出一张“特色美国国家地图”，根据覆盆子蛋筒冰激凌的常见颜色，将一些州染成红色，另一些州染成蓝色。需要注意的是，红蓝州美国地图对政治科学家来说是非常重要的。

在这里只考虑俄亥俄州民众的偏好。俄亥俄州是一个“蓝色州”，至少用当地覆盆子蛋筒冰激凌的颜色来染色时是这样。用左边为浅蓝色（用 L 表示）、右边为宝蓝色的（用 R 表示）的线条来表示可能的蓝色范围（见图 9-1）。

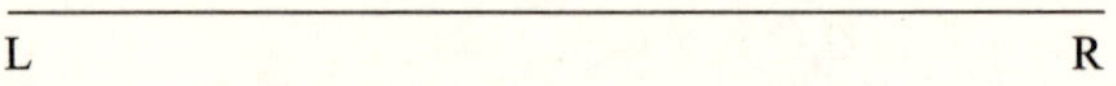

L R

图 9-1　蛋筒冰激凌的颜色空间

每个俄亥俄州人都有一个理想点，那代表他们最喜欢的颜色。理想点在 L 处或 R 处的人的偏好是递减或递增的，而理想点在线条内部的人则有一个单峰偏好。在下文中，到理想点的距离决定了偏好：某种颜色越接近某个人的理想颜色，他就越偏好这种颜色。虽然这个假设不是必不可少的，但是它确实大大简化了问题。图 9-2 给出了一个理想点位于 X 处的人。

L X R

图 9-2　一个理想颜色的蛋筒冰激凌

现在探讨三个假设的含义：第一，各备选方案可以放置在一条线上；第二，每个人都有理想点；第三，对各备选方案的偏好是由该备选方案到理想点的距离决定的。

这些假设都是很严格的，施加了很强的限制。为了看清楚这一点，考虑给泡泡糖蛋筒冰激凌分配颜色的任务。泡泡糖蛋筒冰激凌可以是任何颜色。但是为了简单起见，不使用所有的颜色，而只使用沿光谱排列的、人们熟悉的 5 种颜色，即红色、橙色、黄色、绿色和蓝色，分别用 R、O、Y、G 和 B 这 5 个字母表示。为了便于比较，我们把这 5 种颜色放在在一条线上（见图 9-3）。

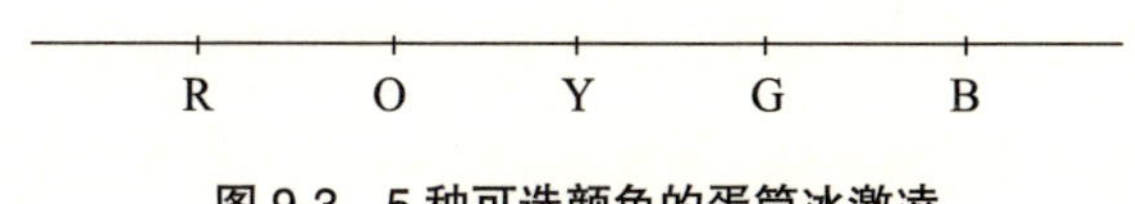

图 9-3 5 种可选颜色的蛋筒冰激凌

假设布伦达最喜欢橙色。她的理想点可能刚好位于 O 点上，也可能位于 R 与 O 之间，或者 O 与 Y 之间。不妨假设她最喜欢的颜色位于 O 与 Y 之间。为了便于讨论，进一步假设各种颜色在线段上是均匀分布的。布伦达对颜色的偏好取决于从各颜色到理想点的距离。只要仔细观察一下图 9-4 就可以看出，她必定偏好黄色甚于红色，同时又偏好红色甚于绿色、绿色甚于蓝色。

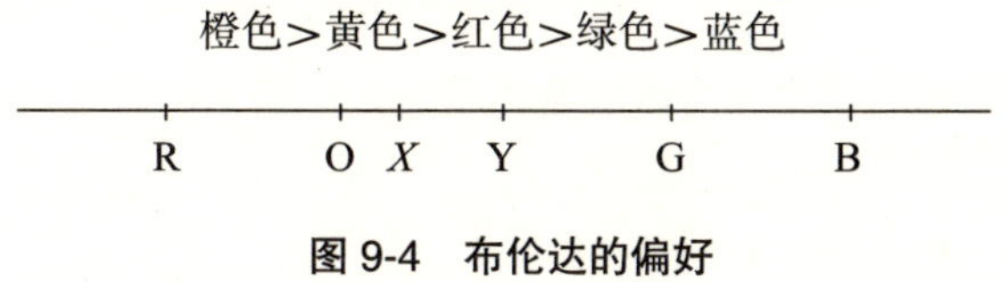

图 9-4 布伦达的偏好

因此，一旦把一个人的理想点放在那条线段上，就可以定义他的偏好，并限制偏好多样性。如果把偏好表示在同一条线段上，就可以很方便地计算出有多少可能的偏好排序。与之前一样，要把无差异关系排除出去。如果一个人最偏好红色，那么他必定第二偏好橙色，然后是黄色，再后是绿色，最后是蓝色。而且一个最偏好蓝色的人的偏好排序必定与上述排序完全相反。一个最喜欢橙色的人第二喜欢的可能是黄色，也可能是红色。无论如何，一旦知道了一个人第二喜欢的颜色，也就知道了他的全部偏好。因此，以橙色作为最喜欢的颜色，偏好排序有两种。同样的逻辑也适用于将绿色或黄色排在首位时的偏好。[6]

把所有这些可能性加起来：将红色和蓝色分别排在第一位时，各有一种偏好排序；而对于其他三种颜色，则每种颜色各有两种偏好排序，因此总共只有 8 种可能的空间偏好排序。如果放宽等间距假设，将会看到只存在 15 种可能的空间偏好排序。与 120 种可能的理性排序相比，与 1 024 种不符合理性的偏好关系相比，以及与 59 049 种既不完备也不具备可传递性的关系相比，这两个数字可以说很小。

因此，可以看出，假设一维偏好极大地减少了可能偏好关系的数量，这就像施加完备性和可传递性要求一样。如果增加视角的维度，比如从一条线扩展为一个正方形，就会允许更多的偏好排序。理解偏好所需视角的维数越高，理性偏好就越存在多样性。有人可能会问，是否可以始终在空间上表示偏好？当然可以，但是可能不得不让维数变得很大，甚至可能需要让维数等于备选方案的数量。

讨论更严肃的问题

我们可能无法就哪些才是心目中最迫切的问题达成共识。有些人认为是贫穷，有些人认为是环境的可持续性，还有一些人认为是国际稳定。但是没有人会认为最迫切的问题是选择须型或蛋筒冰激凌的颜色。但是，从这些有趣的例子中学到的东西，也同样适用于更严肃的语境。[7] 而且，可以把一个维度视为代表了从左到右的意识形态立场的政治光谱。事实上，我们通过前述蛋筒冰激凌模型总结出来的逻辑，构成了如何思考政治意识形态的基础。当把美国参议员或众议员描述为自由派、保守派或温和派的时候，其实就已经把他们放到同一条线上去考虑了。

这些一维意识形态可以被认为是一个解释。可以用这个解释来构建一个模型去预测议员们将会如何投票。这种预测模型虽然有点粗略，但是它们非常有效。如果能够再增加一个意识形态维度，就可以做得更好。[8]

手段 VS 目的

现在已经讨论过两大基本偏好的框架，其中一类基于排序，另一类则基于空间。接下来讨论基本偏好与工具偏好之间的区别，这种区别也是当初要问这个问题的一个重要原因。这种区别也可以被描述为关于手段偏好与目的偏好之间的区别。一个人对自己的目的偏好可能是活得更长久一些、尽量减少罹患癌症和心脏病的机会；而对于手段的偏好则可能是尽量多吃含有大量水果和蔬菜的低脂食品。

在这里将集中讨论解释和预测模型是怎样影响工具偏好的，不会重点讨论解释和预测模型对基本偏好的影响。两个人可以有相同的价值观、相同的基本偏好，但又可以有不同的工具偏好。为了说明这一点，将构建一个讨论政府政策以及政策产生后果的例子。因为从政策选择到政策后果的映射是很难推断的，也就是说，从政策到后果的映射创造了一个崎岖景观，所以“断开”目的和手段是很有意义的。而对于非崎岖景观，即便是很粗略的解释也能带来正确的预测。[9]

假设每个人对结果都有相同的偏好。这个假设看似很强，其实并不然。当然，人们对堕胎和持枪权确实可能会持不同意见，但是在基本偏好上的共识要比想象的更多、更强。试着想一想，现在美国还有哪位政治家声称不需要更好的教育体系、更少的犯罪、更高的经济增长、更低的不平等、更大的国际安全、更廉价的医疗保健以及更强的可持续性发展吗？然后再想一想，关于如何实现上述目标，你能想得出任何两位意见完全相同的政治家吗？[10]有的政治家可能声称，市场的效率远远高于官僚机构，因此应该发放教育券。而另一位政治家则可能会认为，市场的效率是以牺牲穷人为代价的，而且只有利于富人，所以不应该发放教育券。

诸如此类的政治表态几十年如一日，但是政策问题依然困难重重。如果面对的是简单问题，只要假以时日，选民们自然能够搞清楚什么才是正确的政策，并要求政治家采纳正确的政策。但是政策问题几乎从来都不是简单的问题。因此，要想了解拟议中政策的可能后果，就必须依靠预测模型。

我们要通过什么来减少犯罪

要想搞清楚解释、预测模型与工具偏好之间的联系，以及工具偏好与基本偏好之间的解释，考虑下面这个减少犯罪政策的例子。假设防范犯罪的政策有两个维度，一个是财政层面的，另一个是社会层面的。在财政层面上，每项政策都可以被认为是左派的（L）、中间派的（M）或右派的（R）。在社会层面上也是如此，这里用小写字母 l、m 和 r 来表示不同意识形态倾向的政策。

防范犯罪政策的后果可以归结为三个：要么增加了犯罪，要么减少了犯罪，要么没有任何效果。政策空间以及从政策到后果的映射如表 9-1 所示。

假设政策 Lm 减少了犯罪，而政策 Rm 增加了犯罪。现在，有两个政治家阿伦和丽贝卡想竞选公职，他们两人对政策空间有不同的解释。阿伦只能看到政策的社会维度，他的解释类似于前面“筛选成功”例子中玛里莲的解释。根据这种解释，阿伦的预测模型如表 9-2 所示。

表 9-1　政策映射

财政	社会		
	l	m	r
L	增加	减少	减少
M	没有影响	增加	减少
R	减少	增加	增加

表 9-2　阿伦的预测模型

财政	社会		
	l	m	r
L	增加	减少	减少
M	没有影响	增加	减少
R	减少	增加	增加
预测	没有影响	增加	减少

只关注政策社会维度的阿伦预测，自由主义的政策，也就是左派政策没有影响；温和的政策，也就是中间派政策会导致犯罪率上升；而保守主义的政策，也就是右派政策则能减少犯罪。与阿伦不同，丽贝卡只关注政策的财政维度。她预测，财政上宽松的政策（左派政策）能够减少犯罪，温和的政策没有影响，保守的政策（右派政策）则会增加犯罪（见表 9-3）。

假设，阿伦和丽贝卡对两个政策进行了比较：一个是在两个维度上都温和的政策（Mm），另一个是两个维度上都保守的政策（Rr）。丽贝卡预测保守的政策会增加犯罪，而温和的政策将不起作用。阿伦则预测，保守的政策能够减少犯罪，而温和的政策却会增加犯罪。

表 9-3 丽贝卡的预测模型

财政	社会			
	l	m	r	预测
L	增加	减少	减少	减少
M	没有影响	增加	减少	没有影响
R	减少	增加	增加	增加

在这个例子中，阿伦和丽贝卡对结果具有相同的偏好，他们两人都希望减少犯罪，但是多样性预测模型却导致他们形成了相反的政策偏好。阿伦更喜欢保守的政策，丽贝卡更喜欢温和的政策。这个例子比本章中的其他任何例子都更能揭示偏好与工具箱之间的相互关系。现在，回想前面给出的景观比喻即更高的海拔代表更好的解决方案。尽管阿伦和丽贝卡希望获得同样的结果，但他们并不能就下面这个问题达成共识：在政策空间中，哪一个目标的海拔更高？

没有偏好，就不会有更多的认知工具

现在已经看到，多样性的解释会导致不同的工具偏好。因果关系也可以朝另一个方向发展。不同的偏好，在这里指的是基本偏好，可能会导致解释的多样性。一个政治家如何解释福利政策，取决于自己的偏好；商业人士如何解读战略计划或潜在的产品发布策略，也取决于自己的偏好；想要学习戏剧的学生对大学的看法不同于想修读物理学的学生。在考虑类似卡内基梅隆大学（Carnegie Mellon University）时（卡内基梅隆大学这两个学科都很强），对戏剧感兴趣的学生会忽略大学的电脑设施和实验室空间，而物理学新生则认为这些才是最重要的。

我们的脑容量还不够大，不足以跟踪需要知道的一切，只能关注对自己重要的事情。当看到巨大或充满隐喻性的事物时，当看到的东西有很多组成部分和维度时，我们会为了解释而放弃一些视角。对 10 个城市之间的交通路线，我们会有一个视角，但是对于在这些城市之间来回行驶的汽车的设计，一般不会有一个视角。因此，对于大多数问题，解释时包含的维度取决于的价值观。喜欢的东西与注意到的东西之间的联系非常明显，其实用不着多做说明。

怎样体验各种事件？怎样从相关事物中获得审美愉悦？这是我们所看到和经历的知识的职责。所看到的、所体验到的维度，相当一部分是选择驱动的，尽管不是全部如此。政治家，有些人可能会说还有媒体，就是利用敏感性来操纵思维方式的。而且他们并不是唯一这样做的人。作家、演员、电影导演……所有的艺术家，事实上都在通过操纵和聚集注意力来创造某种理解。广告商也是这样做的，不然，怎么解释我们每个人都对牙龈炎忧心忡忡呢？

通常而言，可以在偏好和认知工具之间建立相关联系。人们选择去获得的工具，就是帮助他们实现自己偏好的工具。有不同偏好的人可能会致力于获得不同的工具。爱好美食的人经常学习那些能够使他们成为优秀厨师的工具。喜欢徒步旅行的人可能会根据已经走过的路线，在认知的层面重新描画某个国家的地图。偏好对视角、解释和工具的影响强大而广泛，这个事实表明，在讨论多样性及其影响时，偏好非常重要。

THE DIFFERENCE

10

偏好集结的四个可能结果

所有人的感觉都是无穷无尽的，而我们却误将它们当作是思考。我们从中得出一个集合体，并视之为“万能钥匙”。它就是“民意”。人们敬畏它，它能解决任何问题。有人认为它其实就是“上帝的声音”。

——马克·吐温，“关于从众的观点”

上一章中给出了偏好理论的一些基本知识。在本章中将分析多样性偏好是怎样集结起来的，或者换一种说法，多样性的团队、社区和社会是如何进行群体选择的。在这个领域，我们发现了不少问题。所能提到的结果，初看起来似乎是令人沮丧的，但是这些问题可能不像想象的那么严重。本章将证明，当偏好多样性是工具性的而不是基本性的时候，这些问题根本就不是问题。而且，正如在第 11 章将会看到的，没有偏好多样性，可能也就无法拥有许多其他类型的多样性。正是因为每个人想要得到的东西都有所不同，才会在如何表示事物、寻找解决方案以及解释事物等各方面都有所不同。因此，偏好多样性，尽管有一些负面的直接影响，但是同时也具有正面的间接影响。考虑到所有的优点和缺点，一些乐观的读者甚至可能会引用美国著名女企业家玛莎·斯图尔特（Martha Stewart）的说法：偏好多样性是一件好事。

对于偏好多样性的正面影响和负面影响，需要得出一个反思平衡的观点。但是在此之前，还要先敞开心扉，像但丁那样，进入“偏好之地狱”的最深处，仔细听，仔细看。在这里，提到但丁似乎有点夸大其辞了，但是这里必须坦白地告诉你：关于偏好集结的大量文献确实描绘了一幅令人沮丧的画面。多样性偏好导致的一系列问题，在这里只强调其中的四个：第一，群体偏好可能根本不存在；第二，“一对一投票”中没有胜利者；第三，投票过程可能被操纵；第四，多样性导致公共资源短缺。这些问题会导致社会成员在个人层面上遭受各种挫折，有时甚至会升级为严重的冲突。

下面将对旨在分析整个社会和立法机构运行的大量文献进行综述。对这类文献的解读是比较宽泛的。我们将考虑各种规模的集合，因为在这里，模型不是很重要。令整个国家、甚至像欧盟这样的国家联盟饱受困扰的问题，同样可能会给在组织、公司，甚至家庭中做出选择的小规模决策团队制造麻烦。在美国以前有一种说法：对通用汽车公司不利的东西，必定也对美国不利。也可以把这种说法反过来：对美国不利的东西（偏好多样性），也对通用汽车公司不利。

虽然不难发现政治与商业之间存在很大差异，但是它们之间的相似之处其实比想象的要多。在政治环境中，不同的人想要得到不同的结果。有些人关心自己生活的环境是否清洁卫生，有的人可能更加在意经济能否持续增长。在一个社会组织（如环境保护组织）或一个公司内部，通常可以认为大多数人都拥有一个共同的目标，比如说，使公司的价值最大化，或者使环境保护组织的成员数量最大化。但是，情况并非总是如此。组织激励结构可能会导致基本偏好发生变化。在给定的激励结构下，某个工厂的经理可能不愿意采用新的加班政策来帮助企业获得更大的利润，因为那种政策触及了他的底线。这些类型的偏好多样性可以认为是根本性的，是基本偏好的多样性；某些多样性的政治偏好也是如此。在这两种情况下，人们都想要得到不同的结果。

但是，即使存在充分的偏好多样性，在日常生活中所观察到的偏好多样性实际上大多数都是工具性偏好的多样性。人们往往希望得到同样的结果：少些犯罪、多一些好学校，等等。但是，他们主张采取不同的政策来达到这些目标。再想一想，在任何一个民主国家，多数党的主要候选人是不是都承诺要帮助受教育程度很低的孩子和残障人士？每个人都希望儿童能够接受良好的教育，成长为健康有爱的公民。但是，关于怎样才能实现这些结果，人们会产生很大的分歧。因此，政治偏好的多样性，大部分是工具偏好，而不是基本偏好。工具偏好多样性也存在于企业和其他组织当中。人们可能想要得到大致相同的结果，例如希望公司的股票价格更高一些、本组织的成员人数更多一些，或者声誉更好一些，但是他们提出实现这些目标的方法却可能会大相径庭。如果是这样，就说他们有不同的工具偏好。

在构建模型时，将把偏好多样性作为一个基本的假设，也就是直接假设偏好多样性存在。因此，偏好多样性究竟是根本性的还是工具性的，其实对模型构建并不重要。但是，当试图解释这些模型时，这个区别就变得至关重要了。在基本偏好多样性下，实现的结果会以不同的方式影响人们。有些人会很高兴，有些人却会很沮丧。当选民投票决定在一条河上建造水坝来发电时，那些想要降低能源价格的人就会从中受益，而在这条河中钓鱼的人则会觉得自己的幸福感下降了。没有任何一个决定是可以让所有人都感到高兴的，但是有些决定确实比其他决定要好，尽管它们也是妥协的产物。

在工具偏好多样性下，每个人对结果的体验都是相同的。在一家生产设计师专用眼镜的公司中，经理们都希望最大限度地提升公司的长期价值，但是他们提出的具体措施却是五花八门。但是，一旦决定生产复古猫眼眼镜，这种选择的结果就会以同样的方式影响所有经理。如果公司的价值增加了,所有经理都会很高兴;如果公司的价值下降了，他们都会觉得不高兴。

工具偏好多样性之所以会出现，是因为人们有多样性的预测模型。如果多样性的预测模型导致了工具偏好多样性，这不是一件好事吗？在“多样性与预测”一章中不是已经讨论过这个问题了吗？是的，讨论过了，但是我们可以学到更多的东西。回想一下对群体预测的分析。可以把这种群体预测重新解释为多样性的工具偏好集结，方法是，假设每个人都有相同的基本偏好，并在这些基本偏好的基础上试图做出一个准确的预测。人们有多样性的工具偏好，它们源于人们用来进行预测的多样性模型。这个过程在前面称为对他们的多样性预测进行平均，现在可以称为对他们的多样性工具偏好加以集结。这样一来，预测就可以被视为偏好集结。而且，既然所要做的选择不是容易的选择，那么工具偏好的多样性，也就是预测模型的多样性应该是一件好事而不是坏事。

然而，前面对预测模型进行分析时，为了获得群体的预测，所采取的方法是对多样性预测求平均值或求加权平均值。之所以可以这样处理，是因为所有的预测都是一维的。人们都是在预测价值，所以平均值是有意义的。这里避开了无法取平均值的情况。如果一家公司必须选择是在伦敦还是在迈阿密设立新的办事处，那么"平均偏好"可能位于大西洋中部的某个位置，这没有意义。这里也忽略了引入新备选方案的可能性，只考虑在一个固定的备选方案集合上的预测。但是，现在要考虑的是选择的问题，在这种情况下，是可以引入新备选方案的。而且，这些新备选方案可以用来操纵结果，这是在本章中要处理的许多问题中的一个。不过，新备选方案的引入也并非全是坏事。如果它们有利于达成适当的妥协，那么新备选方案就可以缓解紧张局势。

结果 1：群体偏好可能根本不存在

从一个有开创意义的定理开始讨论。这个定理是由肯尼斯·阿罗（Kenneth Arrow）证明的。尽管政治科学领域的大多数学者都很熟悉这个结果，但是它仍然有可能会令外行人感到震惊，所以最好安坐不动，细细阅读本节内容。这个定理告诉我们，多样性的个人偏好为什么不能集结为群体偏好。它意味着合理的群体偏好是不可能存在的。很可能根本无法界定一个社会的偏好，甚至可能无法确定一个家庭的偏好，可能没有任何连贯一致的方式来描述"美国人民"的偏好。与每个人都息息相关的是，它意味着我们可能无法说出自己的家庭到底喜欢比萨多于炸玉米饼，还是偏好炸玉米饼多于汉堡。

群体偏好不存在！这个事实具有深远的影响。这就意味着不能说"这就是美国人民想要的东西”。我们可以穿着黑色衣服，抽着烟，坐在咖啡馆里，正儿八经地谈论“一般意志”“所有人的意志”等高深的政治哲学概念，一直谈到脸色发青、肺泡全黑都没有关系，因为这个问题不会自行消失，原因很简单：多样性。

为了阐明阿罗的定理，首先要明确合理的群体偏好到底是什么，然后再说明合理的群体偏好不存在这个结论的意义。为此，先回到本书前面给出的偏好模型上来。想要搞清楚俄亥俄州人民、思科公司董事会成员或者孟菲斯大学艺术和科学学院员工的偏好，一般要求这些偏好能够满足某些规范的性质，也就是学者们所称的“作为迫切想到得到之物的性质”。[1]

而在得到这些“作为迫切想到得到之物的性质”之前，还需要先了解阿罗在证明定理时的一些关键假设。阿罗考虑的是一个有限的备选方案集合，个人可以在这个集合上进行排序。除了这些偏好排序之外，任何信息都不得用于构建群体偏好。人们不能通过向其他人支付金钱、出具借据或发出“这次我欠你一个人情，下次我会报答”的承诺来显示自己偏好的强度。阿罗考虑的问题只有一个：将个人偏好排序映射为群体偏好排序的函数是不是存在。如果每个人都提交了自己对各备选方案的排序，群体是否也存在这样的排序。

群体偏好要满足的第一个要求是，它们必须是理性的，必须是完备的，即任何两个备选方案都可以相互比较和可传递的，也就是不允许出现“剪刀、石头、布”游戏那样的循环。如果失去理性，群体就可能无法采取任何行动。事实上，可以暂时忘记重大的政策问题，家庭决策中也同样存在这个问题。如果喜欢中国菜多于墨西哥菜、喜欢墨西哥菜多于意大利菜，喜欢意大利菜多于中国菜，我们一家人应该去哪里吃晚餐？当然，不能回答“去丹尼餐厅吃”，那就是不按常理出牌了。

群体偏好必须满足的第二个要求是，群体偏好应该能够反映个体层面的一致性。如果每个人都偏好 A 甚于 B，那么群体就必须偏好 A 甚于 B。如果俄亥俄州的每个人都更喜欢七叶树而不是橘树，那么"俄亥俄州人民"也应该如此。如果公司每一个员工的预测模型都显示在安阿伯设立新办事处比在波士顿更合适，因为前者的居民更友善、更聪明、更具多样性，那么公司作为一个群体，也应该更加偏好在安阿伯而不是在波士顿设立新办事处。

如果所有人都偏好 X 甚于 Y，群体也偏好 X 甚于 Y，那么就说偏好反映了一致性。顺便指出，个人偏好总能反映一致性。如果一个人偏好 X 甚于 Y，那么他更喜欢 X 而不是 Y。这没有什么好说的。

群体偏好满足的第三个要求是，对备选方案的偏好不取决于其他比较有吸引力的备选方案的存在。把这个要求以规范形式写下来，要比现在这样说复杂得多。

当 Z 不是一个可能的结果时，偏好 X 甚于 Y，而且如果对 X 和 Y 的偏好都甚于 Z，让 Z 成为一个可能的结果不会导致偏好 Y 甚于 X，那么就说偏好满足了非相关备选方案的独立性要求。[2] 如果不满足非相关备选方案的独立性要求，人们就可以引入新的备选方案来操纵结果。同样地，这个问题不会出现在个人层面，而只会出现在群体层面。

群体偏好满足的第四个要求是不存在独裁者。在这里，独裁者是自己的偏好能够主宰群体偏好的人。

如果不存在决定群体偏好的个人偏好，就说偏好是非独裁的。如果允许存在一个独裁者,那么构建群体偏好就不再是一个问题了。群体偏好就是独裁者的偏好。但是，允许独裁者存在破坏了最初的目标：集结个人的偏好。[3]

这些要求构成了对偏好集结进行分析的基石。尽管它们不一定直接浮在水面上，但是一直潜伏在水下。当人们的偏好彼此之间足够相似时，这些要求是无害的，但是当个人的偏好是多样性的时候，这些要求就会导致冲突。

阿罗不可能定理

前面已经提到过了，肯尼斯·阿罗证明，上面这些要求之间存在着不可调和的内在冲突。假设个人拥有理性偏好，可以证明以下结论：[4]

THE DIFFERENCE 定理

阿罗不可能定理：

从个体偏好排序出发，如果允许所有可能的偏好，那么不存在完备的、可传递的群体偏好排序，群体偏好满足一致性、非相关备选方案独立性和非独裁性。[5]

阿罗的定理至今仍然是社会科学中最大的悖论之一。它指出，任何集结偏好的规则，包括多数投票，都不能满足前述要求。说实话，这确实很糟糕，不是一个令人开心的结果。还要注意的是，当理性人的投票会导致非理性的群体偏好，也就是循环的偏好时，这种情况既可以因基本偏好多样性而发生，也可以因工具偏好多样性而发生。

要构造一个基本偏好循环的例子非常简单，只需要包括三个人和三个备选方案就足够了。假设利丝、斯基普和威廉三个人必须投票决定在哪里举办夏季奥运会。三个候选城市是伦敦、华盛顿特区和汉堡。三人的偏好排序分别如下：

利丝：汉堡 > 伦敦 > 华盛顿特区

斯基普：华盛顿特区 > 汉堡 > 伦敦

威廉：伦敦 > 华盛顿特区 > 汉堡

当这三个人进行投票时，华盛顿特区以 2∶1 战胜汉堡、汉堡以 2∶1 击败伦敦、伦敦则以 2∶1 击败华盛顿。在这里，通过投票确定的群体偏好创造出了一个循环。虽然个人有理性偏好，但是群体却没有。这种类型的循环被称为“孔多塞循环”，它是由法国数学家、哲学家马奎斯·孔多塞（Marquisde Condorcet）最先发现的。

工具偏好的循环也不难构建，可以利用前面讨论过的政策及其对犯罪率影响的例子（见表 10-1）。每一个政策都有一个社会维度和一个财政维度。

表 10-1 政策映射

财政	社会		
	l	m	r
L	增加	减少	减少
M	没有影响	增加	减少
R	减少	增加	增加

回想一下，对于表格，我们应该这样看：政策 Lm 能够减少犯罪，政策 Rm 则会增加犯罪。再回想一下，两位政治家阿伦和丽贝卡分别使用了不同的解释。阿伦只看到了政策的社会维度，而丽贝卡则只看到了政策的财政维度。因此他们有不同的预测模型（见表 10-2 和表 10-3）。

表 10-2 阿伦的预测模型

财政	社会		
	l	m	r
L	增加	减少	减少
M	没有影响	增加	减少
R	减少	增加	增加
预测	没有影响	增加	减少

表 10-3　丽贝卡的预测模型

财政	社会			预测
	l	m	r	
L	增加	减少	减少	减少
M	没有影响	增加	减少	没有影响
R	减少	增加	增加	增加

现在让阿伦和丽贝卡加入一个三人委员会。该委员会的第三个成员名是玛丽。玛丽把所有政策分成三组：左派的、右派的和中间派的。分类规则是，如果某个政策至少在一个维度上具有“自由主义立场”，同时在另一个维度也不是保守的，那么就将它解释为左派的政策（见表 10-4）。反之，如果某个政策至少在一个维度上是保守的，同时在另一个维度上也不是自由主义的，那么就把这个政策解释为右派的政策。如果一个政策是妥协的，那么该政策就被解释为中间派的：在一个维度上是自由主义的，在另一个维度上是保守的，或者，在两个维度上都是温和的。

表 10-4　玛丽的解释

财政	社会		
	l	m	r
L	左派的	左派的	中间派的
M	左派的	中间派的	右派的
R	中间派的	右派的	右派的

玛丽发现，在三个中间派的政策当中，有两个政策会导致犯罪率下降，所以她预测中间派的政策会减少犯罪率。同时，三个右派的政策当中，有两个政策增加了犯罪率，所以她预测右派的政策会增加犯罪率。此外，她认为左派的三个政策中，一个会减少犯罪，一个会增加犯罪，还有一个没有效果，所以她的预测是左派的政策没有效果（见表 10-5）。

表 10-5　玛丽的预测

财政	社会		
	l	m	r
L	没有影响	没有影响	减少
M	没有影响	减少	增加
R	减少	增加	增加

现在，考虑如下三个政策：Lm，Mr 和 Rl。只要尝试一下，就不难找到阿伦、丽贝卡和玛丽对这三个政策的预测（见表 10-6）。在这里，以阿伦的预测为例来分析。阿伦只关注政策的社会维度（以大写字母表示），他认为中间派的政策要比右派的好，同时他又认为右派的政策比左派的更好。

表 10-6　对政策的预测

预测者	政策		
	Lm	Mr	Rl
阿伦	增加	减少	没有影响
丽贝卡	减少	没有影响	增加
玛丽	没有影响	增加	减少

假设所有人最喜欢减少犯罪，最不喜欢增加犯罪，可以得到如下的偏好排序：

阿伦：Mr> Rl> Lm

丽贝卡：Lm> Mr> Rl

玛丽：Rl> Lm> Mr

这些偏好会导致一个投票循环。政策 Lm 在投票中击败了政策 Mr，而政策 Mr 反过来又在另一次投票中击败了政策 R1，然后政策 Rl 又击败了 Lm。[6] 尽管每个人都有相同的基本偏好，但是他们在投票过程中仍然会制造出一个循环。这个循环源于他们多样性的预测模型。在这里，群体不再拥有“智慧”，不能再将多样性预测模型的结果集结为一个准确的预测了。群体出现了循环，这个群体玩起了“剪刀、石头、布”的游戏。

阿罗不可能定理与多样性

与所有其他“愿望清单”一样，阿罗给出的那些要求也是希望达到最好状态。这些相互冲突的要求迫使我们做出选择，必须放弃它们当中的某个或多个。例如，避免循环的一种方法是按一定规则“计分”，早在18世纪，法国数学家让-德·博尔达（Jean-Charles de Borda）提出的“博尔达计分法”就是其中一个例子。根据博尔达计分法的规则，每个人的排名决定了每个备选方案的分数。假设有三个备选方案，那么一个人的第一选择可以得3分，第二选择可以得2分，第三选择只能得1分。总得分最多的备选方案胜出。由于每个备选方案都能得到一定分数，这样就能保证不会出现循环：8分大于7分，7分大于6分，那么很显然，6分不可能大于8分。看起来这种方法似乎很不错。

可是且慢！阿罗的定理告诉我们，没有这么简单。肯定还有什么东西出了差错。确实如此。博尔达计分法不能满足非相关备选方案独立性要求。如果加入新的非相关备选方案，就可能改变其他备选方案的排序。回想一下上面举的由三人决定奥运会举办城市的例子。假设他们使用博尔达计分法，那么结果将会是一个三方的平局。但是，如果斯基普决定引入贝塞斯达市作为一个新的备选方案，而且如果每个人都认为贝塞斯达的吸引力只比华盛顿小一点，那么他们的偏好排序就可能如下所示：

利丝：汉堡 > 伦敦 > 华盛顿 > 贝塞斯达

斯基普：华盛顿 > 贝塞斯达 > 汉堡 > 伦敦

威廉：伦敦 > 华盛顿 > 贝塞斯达 > 汉堡

如果运用博尔达计分法，那么汉堡从利丝那里得到4分、从斯基普那里得到2分、从威廉那里得到1分，总共得7分。伦敦则可以从利丝那里得到3分、从斯基普那里得到 1 分、从威廉那里得到 4 分，总共得 8 分。华盛顿则从利丝那里得到 2 分、从斯基普那里得到 4 分、从威廉那里得到 3 分，总共得到 9 分。至于贝塞斯达，则可以从利丝那里得到 1 分、从斯基普那里得到 3 分、从威廉那里得到 2 分，总共可得 6 分。贝塞斯达似乎是不相关的，它是最后一名。其实不然，它改变了结果，使华盛顿顺利胜出了。

有人可能会问，阿罗的定理与多样性有什么关系？回想一下，阿罗的定理允许所有可能的偏好排序，这也是阿罗定理的一个条件。如果偏好受到了限制也就是，不允许多样性存在，那么上述各种要求就不一定会相互冲突。[7] 在最极端的情况下，如果每个人都拥有相同的偏好，那么所有要求都可以得到满足。如果将偏好多样性限制在一个单一的维度上，上述要求也能得到满足，这是一个公认的强大假设。为了更清楚地阐明这一点，不妨先回过头再考虑一下前面讨论过的蛋筒冰激凌模型，并且把备选方案之间一对一投票的多数票决规则作为集结偏好的规则。

蛋筒冰激凌模型的再思考

回想一下，在前面的蛋筒冰激凌模型中，人们对于蛋筒冰激凌的颜色是有自己的偏好的，颜色由理想的蛋筒冰激凌决定。在这里，偏好之间的差异是根本性的还是工具性的并不重要。无论在哪一种情况下，只要大多数人喜欢某种颜色，就可以说，群体偏好这种颜色甚于其他颜色。

接下来，考虑一个由蛋筒冰激凌可能颜色组成的集合，并让人们为自己最喜欢的颜色投票。要特别注意的是那个偏好中位颜色的人，不妨称这个人为查德。将查德的理想点记为 M（见图 10-1）。假设现在有一个由 11 个人组成的蛋筒冰激凌投票委员会。要让查德成为中位数投票者，必须在 M 点的左边放置 5 个人的理想点、在 M 的右边放置另外 5 个人的理想点。

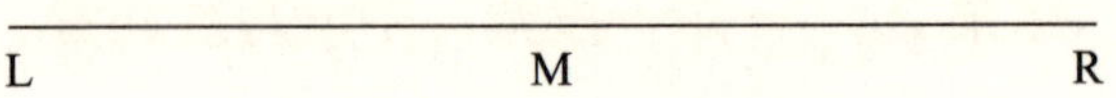

L M R

图 10-1 中位理想蛋筒冰激凌

接下来要证明颜色 M 会在“竞选”中击败任何其他颜色。为了证明这一点，先假设 M 点右边的某种颜色与颜色 M“竞选”。显然，查德偏好 M 甚于这个其他颜色，所有理想点位于 M 左边的人亦然。同样，如果某种颜色位于 M 的左边，那么查德偏好 M 色甚于这个其他颜色，每个理想点位于 M 的右边的人亦然。因此，M 必定是胜出的颜色，或者说，蛋筒冰激凌委员会的首选颜色肯定是 M。也可以运用得多数票者胜出规则来确定群体偏好，这些群体偏好满足所有要求。[8]

这个例子表明，些许多样性，无论是基本偏还是工具偏好，都不会造成任何问题。然而，不一定每个人都会对群体选择结果或排序感到满意。如果这些偏好差异是发生在基本偏好上的，那么查德所偏好的结果将能够平衡左右两边人的顾虑。而且，有些人也许会对该备选方案被选中而兴高采烈。再者，正如在后面将会讨论到的，平均来说，成员多样性群体的参与者对结果会不太满意。当然，总会有人不满意，这是不可避免的。在此不妨引用滚石乐队主唱米克·贾格尔（Mick Jagger）的一句话，“你不可能永远心想事成”。你是否能得到你所需要的东西？并不一定。

如果偏好差异是发生在工具偏好上的，那么人们是否快乐就取决于作为预测的选择能够好到什么程度。如果蛋筒冰激凌委员会只关心蛋筒冰激凌的销量，那么查德所偏好的首选颜色就可以被认为是一项政策。这项政策结果的好坏，也就是总销售额的高低，取决于个人预测的准确性和多样性，从多样性预测定理可以知道这一点。如果这个预测是准确的，那么所有人都会很开心；如果这个预测是不准确的，那么每个人都会不高兴。

结果 2："一对一投票"中没有胜利者

我们在上面已经阐明，偏好在一个维度上的多样性不会带来什么问题。既然如此，我们不禁要问，如果偏好在两个或更多维度上表现出了多样性，是不是也没有问题呢？不幸的是，答案是否定的。这是为什么呢？为了说明这里面的原因，我们进一步假设，除了要为蛋筒冰激凌选择适当的颜色之外，那个委员会还必须为它们选择适当的尺寸。其他条件如前不变。

我们将把蛋筒冰激凌的颜色和尺寸称为它的"设计方案"。我们可以在一个二维空间中描绘出每一个可能的蛋筒冰激凌的设计方案，其中横坐标为颜色，纵坐标为尺寸（见图 10-2）。

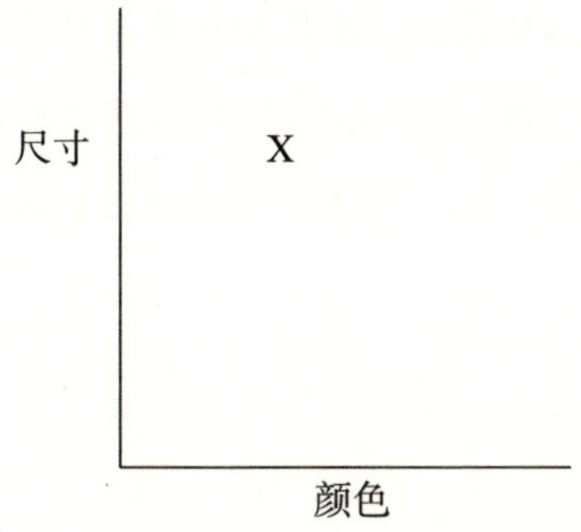

图 10-2　两个维度上的蛋筒冰激凌

加入尺寸这个维度，带来了一大堆问题。第一个问题是，我们的中位数投票者查德消失了。在只有一个维度的时候，查德位于这样一个位置上：一半人的理想点在他的左边，另一半人的理想点在他的右边。但是在加入了尺寸维度之后，我们却不可能找到一个理想点在两个维度上都满足这个性质的人了。查德的位置现在变得悬而未决了？为了搞清楚这个问题，请看图 10-3，该图显示了三个人的理想设计方案（分别用 A、B 和 C 表示）。

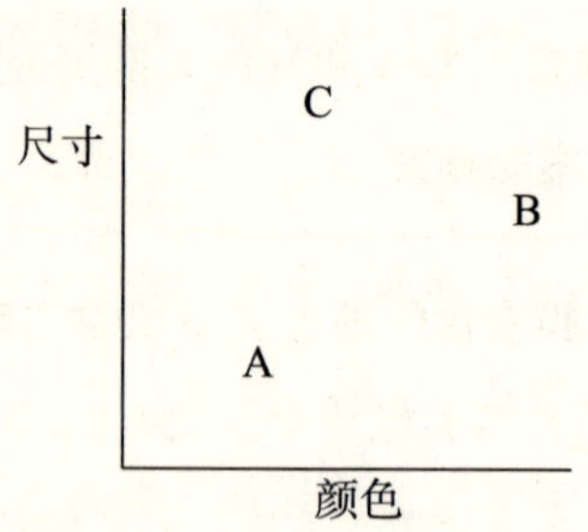

图 10-3　两个维度上的蛋筒冰激凌，有三个人的理想点

一个人要想成为某个维度上的中位数投票者，他的理想点必须位于另外两个人的理想点之间。从图 10-3 可以看出，理想设计方案为 B 的这个人在“尺寸”这个维度上具有中位理想点，但是在“颜色”那个维度上，理想设计方案却变成了 C 的那个人具有中位理想点。当然，中位数投票者的缺失不一定会造成问题。也可以将每个维度上的中位蛋筒冰激凌本身定义为所在维度的中位数。这样一来，实际上就创造了一个虚拟的查德，用 M 来表示他的理想点。

也许有人认为这就万事大吉了，凭借这个伎俩，似乎可以得到一个能够获胜的设计方案。然而，还要检验一下，在另一个可选设计方案的投票中，M 是不是也能够胜出，也就是说它是不是赢得多数票的获胜者。不难看出，它不是。当然，要构想出击败 M 的设计方案也需要费一些心思。请考虑一下位于 M 右下方一点点的那个蛋筒冰激凌设计方案 X（见图 10-4）。

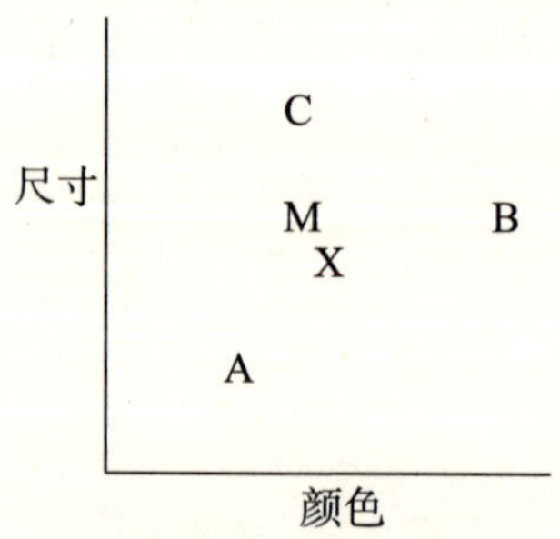

图 10-4　击败中位数

通过一番验算发现，理想点为 A 和 B 的人都更偏好 X 而不是 M，因此 M 就不可能成为优于其他设计方案的赢家。

有人也许会想，如果虚拟查德的理想点 M 会被击败，那么总应该存在另一个最受青睐的设计方案吧。但是实验经济学创始人查理 · 普洛特（Charlie Plott）认为情况并非如此。事实上，普洛特已经证明，只要偏好存在于不止一个维度之上，那么任何一个备选方案都可能被击败。

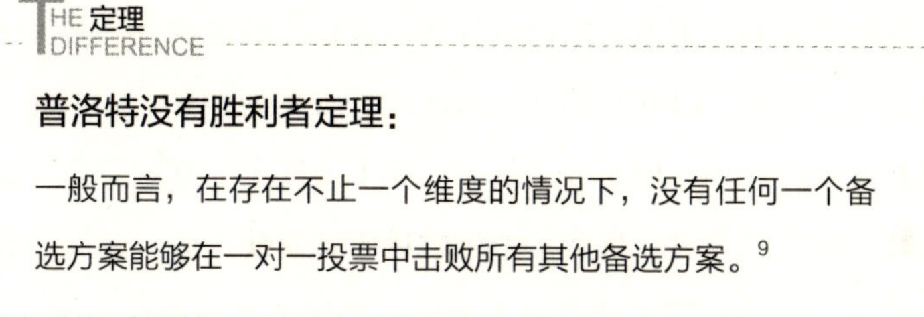
THE DIFFERENCE 定理

普洛特没有胜利者定理：

一般而言，在存在不止一个维度的情况下，没有任何一个备选方案能够在一对一投票中击败所有其他备选方案。[9]

对于前述普洛特定理中的“一般而言”，在稍后的证明中会给出明确的定义。现在先解释一下这个定理背后的直觉以及它为什么非常重要。不要看 M，而要看击败了 M 的设计方案 X。很显然，X 又被 Y 击败了，因为 B 和 C 都更偏好 Y 而不是 X（见图 10-5）。

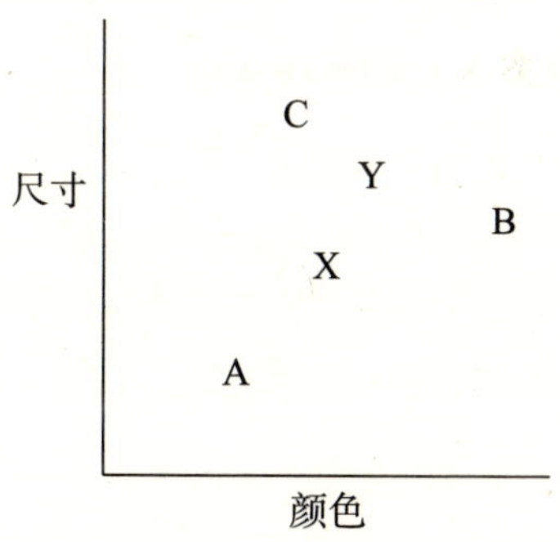

图 10-5　击败 X

把这个推理逻辑扩展为一般证明并不困难，而且这样做很值得。考虑任意一个备选蛋筒冰激凌设计方案，并用P来表示它，可以在每个方向上用一系列蛋筒冰激凌设计将P这个设计方案团团“包围”起来（见图10-6）。

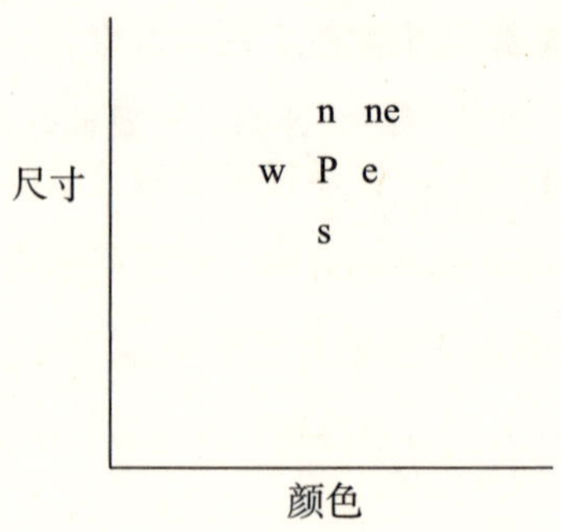

图10-6 普洛特没有胜利者定理

我们希望P能够在一对一投票中击败任何其他蛋筒冰激凌设计方案，其中也包括恰恰位于它下面的设计方案s。而这就意味着少于一半的人必须更偏好尺寸比P还要小的设计方案。同时，P还必须在与设计方案n的一对一投票中胜出，而那就意味着少于一半的人必须更偏好尺寸比P还要大的设计方案。类似地，少于一半的人必须更偏好颜色更深的蛋筒冰激凌设计方案e和“颜色”更浅的蛋筒冰激凌设计方案w。这个相同的逻辑还可以应用于颜色和尺寸都不同于P的那些设计方案，可以看到，不到一半的人必定在P的右上方有理想点，因为如果不是这样，那么P就会在与ne的一对一投票中被击败。

把所有这一切都考虑进去可以发现，P要想在与所有其他设计方案的一对一投票中胜出，它就必须是每个维度上的中位数。因此，委员会成员的理想点必须在从P出发的每个方向上平均分配。对于这种性质，数学家称之为径向对称（radial symmetry）。偏好可能是对称排列，但是这种可能性非常低，事实上，可以说这几乎是不可能的。这就是普洛特定理中所用的“一般而言”这个词的含义。

“向四面八方看”这种说法是不是很熟悉？是的，在讨论“一杯咖啡”模型时曾经提到过，要找到一杯好咖啡，就得“向四面八方看”。这两个模型都表明，多样性是一把双刃剑。看待事物方式的多样性，能够在许多不同的方向上进行搜索并找到更好的解决方案。我们所期望的差异，引导人们在许多方面提出政策建议，这会使几乎所有政策或结果都不再稳定。

但是，在这里必须小心一点。普洛特定理的含义依偏好多样性的来源不同而有所不同。如果多样性是关乎根本偏好的，就像许多人通常所假设的那样，人们可能会有很强的激励继续提出更接近自己理想点的备选方案。因为这种情况下，理想点代表的是结果，而且人们希望得到更接近他们所偏好的结果。

然而，如果偏好多样性是工具性的，上面这种逻辑就不一定成立了。在这种情况下，这里所说的备选设计方案就可能是公司政策，而结果则可能就是指销售额。人们有动机去提出他们认为可能会增加销售额的设计方案，也就是接近他们理想点的设计方案，而且他们也会认识到，中位设计也就是虚拟查德的理想点可能是一个相当不错的预测。因此，普洛特定理在这种情况下造成的问题就会少得多，除非人们非常迷恋自己的预测，而无法认识到群体的智慧。

麦凯尔维循环定理

普洛特定理的结果虽然可能差强人意，但是仍不足以忧心忡忡地发出严重的警报。只有在多样性偏好可能导致错误的选择或预测时，我们才需要担心。不过，正如接下来就会看到的，这种担忧可能是合理的。如果缺乏有效的制度约束，一系列的投票可能将人们“带入泥淖”。不夸张地说，人们可能会选出一个“恶霸”州长。

利用前面二维的蛋筒冰激凌模型，可以很清楚地看到这一点。再次假设，这个选举委员会还是从设计方案 P 开始考虑，然后转向能够在投票中击败这个方案的某个设计方案，将后面这个设计方案记为 P_1。接下来，再考虑一个能够击败 P_1 的设计方案 P_2。根据普洛特定理，如果一直这样做下去，最终可能会碰到以下两件事情中的一件：要么会陷入一个类似于“石头、剪刀、布”的循环，比如说，P_7 败于 P_8、P_8 败于 P_9、P_9 又败于 P_7；要么蛋筒冰激凌设计方案在可能设计方案空间的大部分区域内“游来荡去”。

第一个结果，也就是政策在若干个选择之间交替循环初看起来似乎不是太糟糕，但是事实并非如此。第二个结果，也就是政策“漫无目的地在可能的政策空间内游走”听起来似乎也不太吸引人。这种情况可能会促使人们反思：民主是不是一个好东西？不幸的是，对这个问题的答案，似乎也只能“永远徘徊”。要想知道为什么，只要回想一下前面是怎样构造了一个击败 M（虚拟查德的理想点）的设计方案就可以了。一个蛋筒冰激凌，A 和 B 都更喜欢这种设计方案而不是 M，同时完全用不着关心 C 对这种设计方案有什么看法。这就是关键所在：可以建立一个联盟，尽管会让某些人不高兴。这就是说，可以制造出这样一种蛋筒冰激凌，它会让某些人变得稍稍快乐一点，也就是说刚刚足够吸引其他选民赢得多数票就行了。我们在前面选择 Y 的时候就是这样做的。B 和 C 更偏好 Y，而不是 X。在 Y 这个设计方案上，A 是不快乐的。因此，另一个蛋筒冰激凌设计方案，如果位于远离 A 但接近 B 的位置，就可以击败 Y，这里把这个设计方案称为 Z（见图 10-7）。

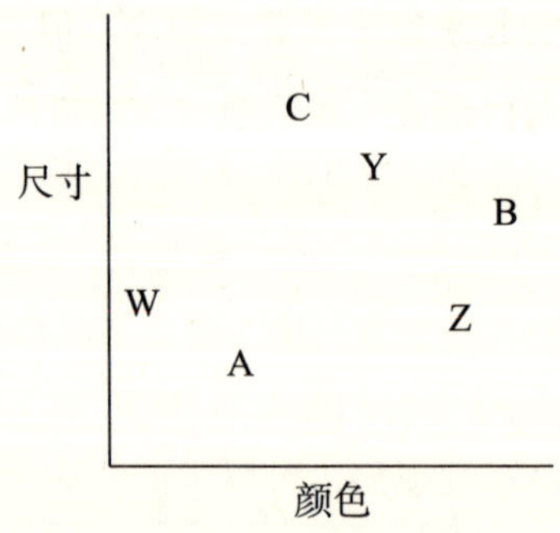

图 10-7　远离合理的设计方案区域

然而在Z这个设计方案上，C会非常愤怒。而且，尽管A把票投给了Z，但是A也不喜欢这个设计方案，A的理想点离Z很远。更重要的是，其实B也不太喜欢Z。所以，现在得到了一个糟糕的结果：胜出的Z是一个可怕的备选设计方案，因为它离任何人的理想点都相当遥远。

关键在于这是通过一连串投票得到这个糟糕结果的。当然，还可以继续这样做下去。事实上，通过投票得到任何一个备选方案，比如，可以让尺寸极小的淡蓝色蛋筒冰激凌，击败体积巨大的深蓝色蛋筒冰激凌。

现在所得到的确实是一个令人非常不安的发现：一连串的投票，可以“到达”备选方案空间的任何地方。我们无法保证不会得到一个完全武断的结果。

THE 定理 DIFFERENCE

麦凯尔维循环定理（McKelvey's Cycling Theorem）：

如果偏好是多重维度的，那么一般而言，给定任意一个备选方案，通过一连串投票，都有可能到达任何一个其他备选方案。[10]

麦凯尔维循环定理不久之后就被政治学家诺曼·斯科菲尔德进一步加以推广了。斯科菲尔德证明，多数人偏好选择的连续路径，也可以从任意一个地方到达任意其他地方。[11]这句话听起来似乎专业性颇高，但是它的含义却很容易理解。这意味着，任何一个政策可以沿着一条稳稳当当的道路，顺风顺水地改变为另一个政策。要将民主引入歧途并不需要特别复杂的技巧。

上面这几个定理也导致一些学者大谈特谈“民主的混乱”。但是，从这些定理推导出“民主的混乱”，实在是对它们莫大的误解。这些定理描述的是群体偏好的特征，而不是在真正的选举中会发生什么。如果提出设计方案的人有动机去争取获得尽可能多的选票，那么最终胜出的设计方案往往接近虚拟查德的理想点。[12]

而且，选举制度本身就包括了许多程序、规则，它们可以防止人们的选择在设计空间的阴暗区域中无目的地徘徊。为了理解这一点，设想一下蛋筒冰激凌设计方案 W 击败 Z 的情形。每个人应该都知道 W 是一个糟糕的设计，同时任何一个人都可以提出自己理想点上的设计方案，从而以一致的投票击败 W。因此，防止循环的另一种有效方法是要求采取绝对多数规则。如果要改变现状，必须得到 2/3 选民的赞同票，那么当选民数量比较大时，就不可能出现循环。[13]

所以，得再回过头去审视一下麦凯尔维的结论：只要他们愿意，一组选民可以从任何一种蛋筒冰激凌设计方案出发，到达任何一种其他的设计方案，这样的路径确实存在。逃离设计空间中心区域的趋势，取决于人们提出偏离中位数设计方案的动机强度，以及让自己的方案通过投票的能力。而且，这里所说的动机因素也要视偏好多样性是在基本偏好上还是工具偏好上而不同。如果是基本偏好上的多样性，那么那些拥有不具备代表性偏好的人就有动机去提出他们自己喜欢的结果，而且如果比较幸运的话，就可能赢得胜利。

如果偏好多样性是工具偏好上的，那么虽然一连串的投票可能到达任何一个地方，但是人们还是没有动机去提出远离群体预测的政策。只有当人们认为他们自己的预测模型比其他人好得多的时候，这种动机才会存在。当然，如果每个人都这么想，也会出现问题。如果只有一个人这样想，而且这个人是正确的，也就是模型更准确的话，那么正如在“多样性与预测”一章中已经看到的那样，结果可能也不会太糟。因此再一次，集结多样性偏好时可能会出现的问题，就工具偏好而言，影响要小得多。

如果其他条件相同，那么更多的偏好多样性就意味着选民的代表性选择会减少。这在大型选举中是成立的：选民选择的代表性与偏好的异质性之间似乎存在负相关性。利用洛杉矶市选民的投票数据，伊丽莎白·格伯（Elizabeth Gerber）和杰弗里·刘易斯（Jeffrey Lewis）通过分析选民在 55 次选举中的投票行为，估计出了一个国会选区内的偏好异质性。结果发现，偏好异质性较大地区的代表与中位选民的相关程度，要低于来自偏好更同质地区的代表。[14] 他们的证据与前述逻辑是一致的。

结果 3：投票过程可能被操纵

到目前为止，所报告的结果都非常消极。但现在就给对群体决策和多样性偏好的分析下结论还为时过早。可以从更正面的角度来看待这些结果。然而，在真正变好之前，情况还会变得更加糟糕，可能比你想象的糟糕得多。

到目前为止，我们一直假设人们所表达的都是他们真正的偏好。这个假设依赖于对人性的一种天真的想象。人们可以而且确实在通过虚假陈述自己的偏好来谋求更有利的结果。人们经常通过投票选出他们认为可以获胜的那个候选人，而不是希望胜出的那个候选人。[15]

为了搞清楚这种谎言是怎样出现的，来看一下美国电影艺术与科学学院的院士们是如何投票选出奥斯卡奖得主的。作为奥斯卡历史上最令人沮丧的一个事件，阿德里安 · 布劳迪（Adrien Brody）击败了迈克尔 · 凯恩（Michael Caine）、尼古拉斯 · 凯奇（Nicholas Cage）、丹尼尔 · 戴 - 刘易斯（Daniel Day-Lewis）和杰克 · 尼科尔森（Jack Nicholson）等竞争对手，赢得了 2003 年度的最佳男主角奖。需要提醒你的是，接下来的内容纯属猜测。现在真真切切知道的是，布劳迪获得的选票比其他候选人都要多，因此胜出，这没有问题。不过在这里，纯粹是为了“好玩”，我们假设这几位著名演员的得票率如表 10-7 所示。

可以这么想象，那些投票支持尼科尔森的人更喜欢凯恩而不是布劳迪。尼科尔森和凯恩都是著名的好莱坞老戏骨。如果这些选民知道或者认为布劳迪会赢，就可能会虚假陈述自己的偏好，并投票支持凯恩。如果真的是那样，那么凯恩本来可以赢得他的第一个奥斯卡奖，同时那些改变了支持对象的人，也就是那些操纵了投票结果的人则会更加快乐。因为他们更偏好的是凯恩而不是布劳迪。

表 10-7 2003 年奥斯卡最佳男演员投票结果

演员	总得票率（%）
阿德里安 · 布劳迪	25
迈克尔 · 凯恩	20
尼古拉斯 · 凯奇	20
丹尼尔 · 戴 - 刘易斯	20
杰克 · 尼科尔森	15

这个例子看上去可能显得人为痕迹太重了一点，但是事实并非如此。艾伦 · 吉伯德（Allan Gibbard）和马克 · 萨特思韦特（Mark Satterthwaite）已经证明，这种扭曲自己偏好的动机总是会存在。只要至少有三个备选方案，同时人们有不同的偏好，那么任何决策规则都可以被操纵。除非指定一个独裁者，但是对于独裁者，还可以用其他方式加以操纵。

THE 定理
DIFFERENCE

吉伯德 - 萨特思韦特定理：

任何非独裁的、用来集结对多于两个结果多样性偏好的规则，都是可以被操纵的。[16]

在前面已经看到，即使人们说的全是真话，投票或其他决策规则也会有问题。现在又看到，人们没有动机总是说真话。为了理解吉伯德 - 萨特思韦特定理，首先假设基本偏好。将在讨论基本偏好多样性对人们说谎倾向的影响之后，再来讨论工具偏好多样性的影响。

我们的核心关注点在于，搞清楚多样性在吉伯德 - 萨特思韦特定理中扮演的两个角色。该定理的第一个条件是至少需要三个备选方案，第二个条件则要求必须允许所有可能的偏好，也就是偏好可以是多样性的。首先，探讨为什么至少需要三个备选方案。很显然，当只存在一个备选方案的情况下，没有人能够故意虚假陈述自己的偏好。在美国，某些国会选区的初选只有一名候选人，在这种选举中，可以放心，没有选民会虚假陈述自己在选举中的偏好。

其次，考虑对两个备选方案进行投票的情形，在这种情形下也不会出现问题。假设现在要对两种不同的大米进行投票，一种是泰国香米，另一种是印度香米。具体地说，假设要编写一本菜谱大全，并为此组建了一个编辑委员会，委员会成员要投票决定：哪种类型的大米适宜制作文火慢煮龙蒿饭配胡萝卜。在这个委员会中，一个叫瓦莱丽的成员更偏好的是泰国香米而不是印度香米。为了搞清楚瓦莱丽是否有动机虚假陈述自己的偏好，需要考虑 5 种可能的情况（见表 10-8）。

表 10-8　不包括瓦莱丽的投票的若干情景

情景一	泰国香米领先了不止一票
情景二	泰国香米刚好领先了一票
情景三	泰国香米与印度香米的得票相等
情景四	印度香米刚好领先了一票
情景五	印度香米领先了不止一票

在情景一和情景五中，瓦莱丽的投票不能影响结果，所以可以忽略它们。在这两种情景下，她甚至没有参加投票的动机。在另外三种情景下，她的投票却可能很重要。在情景二中，如果她投票选择泰国香米，那么泰国香米就会胜出；如果投票选择印度香米，那么投票将以平分秋色而告终，从而必须通过抛硬币或其他方法来决定。在这种情景下，瓦莱丽应该投票支持泰国香米，因为她本来就更偏好泰国香米。在情景三中，她的投票决定了结果，瓦莱丽更偏好泰国香米，所以应该投票给泰国香米。最后，在情景四中，印度香米将胜出，除非瓦莱丽投票选择泰国香米。如果瓦莱丽投票选择泰国香米，那么印度香米和泰国香米将打成平手，所以她还是应该投票支持泰国香米。

在瓦莱丽投票很重要的这三个场景下，她都应该投票选择自己最偏好的泰国香米。她没有动机虚假陈述自己的偏好。现在引入野生稻米来增加备选方案的数量。在某些情景下瓦莱丽可能虚假陈述自己的偏好。为了方便，再次假设瓦莱丽更偏好泰国香米而不是印度香米，偏好印度香米甚于野生稻米。如果瓦莱丽预测到，泰国香米只能得到10%的选票，而印度香米和野生稻米则可以均分剩下的90%的选票，那么她的最优策略是转而支持印度香米。她将会像上面那个例子中原本支持尼科尔森、后来转而支持凯恩的投票者一样。如果她确实这样预测，就可能会为印度香米投下赞成票。

刚才已经看到，为了操纵结果，备选方案的数量不用太多，只要三个就行了。但是仅凭这个条件还不够，即使有三个或更多的备选方案，操纵也不一定能实现。可操纵性要求偏好也必须是多样性的。考虑如下这个蛋筒冰激凌的例子，它有三种可能的颜色，而且全部落在一个维度上（图10-8）。

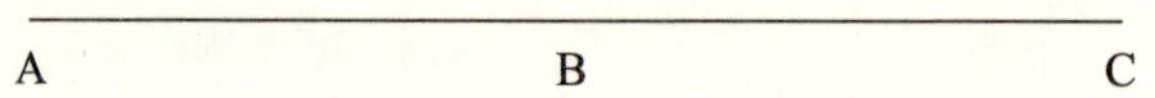

A　　B　　C

图 10-8　单一维度上蛋筒冰激凌的三种颜色

假设进行一次非正式投票，结果颜色B得票最多，其次是颜色C。在这种情况下，偏好颜色A的人没有动机去虚假陈述自己的偏好：在B与C之间，他们更偏好B，因为B更接近A。如果我们加入第二个维度尺寸，那么虚假陈述自己偏好的动机就会更强。从图10-9可以清晰地看出这种可能性。

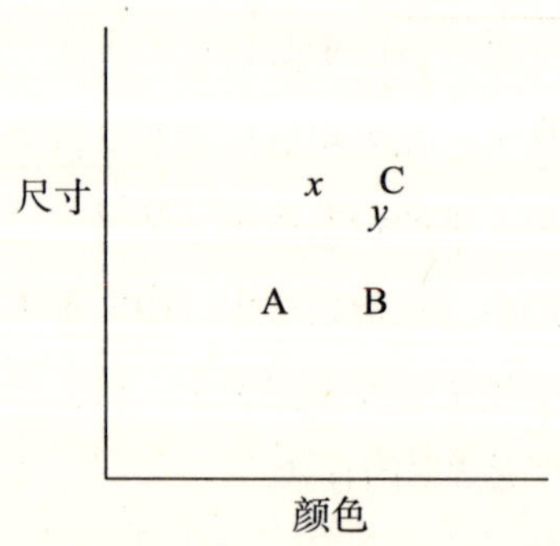

图 10-9　两个维度上蛋筒冰激凌的设计方案

理想点位于 x 处的人最偏好的是设计方案 C，同时 A 则是她第二喜欢的设计方案。理想点的位于 y 的人也最偏好设计方案 C，但是 B 才是他第二喜欢的设计方案。

在出现两个维度的情况下，知道一个人最偏好的备选方案，对他关于其他备选方案偏好的限制，要比只有一个维度时小得多。因此，虚假陈述自己偏好的动机也会增强。

简而言之，如果有不止两个备选方案，而且偏好是多样性的，也就是说，不能把偏好排在同一条直线上，则很可能有动机通过虚假陈述自己的偏好来操纵结果。操纵并不是一件好事，但是，只有对多样性的基本偏好而言，这才会成为一个大问题，对多样性的工具偏好却不会。

议程操纵

现在继续深入探讨多样性偏好导致的问题。这次要讨论的问题是，多样性偏好会引发议程操纵。作为例子，考虑一个“石头、剪刀、布”比赛，看石头、剪刀和布这三个策略中，哪一个策略会胜出。假设现在的情况是，在第一轮，石头打败了剪刀；在第二轮，布打败了剪刀，赢得了比赛。第一轮中，石头砸碎了剪刀；第二轮中，布包住了石头（见图 10-10）。

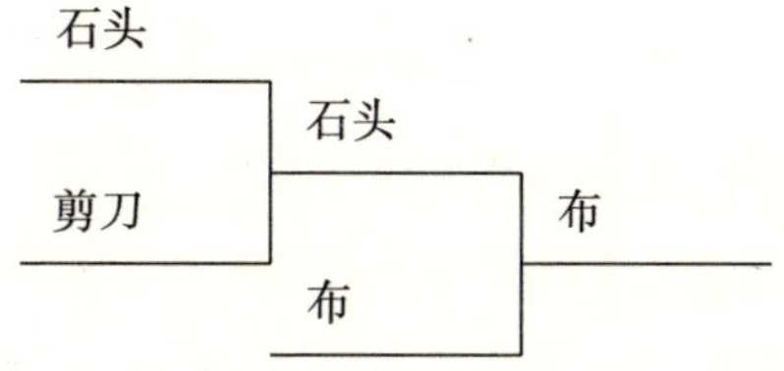

图 10-10 第一场“石头、剪刀、布”比赛

再考虑第二场比赛，第一轮布胜了石头，第二轮剪刀胜了布，最后剪刀获胜（见图 10-11）。

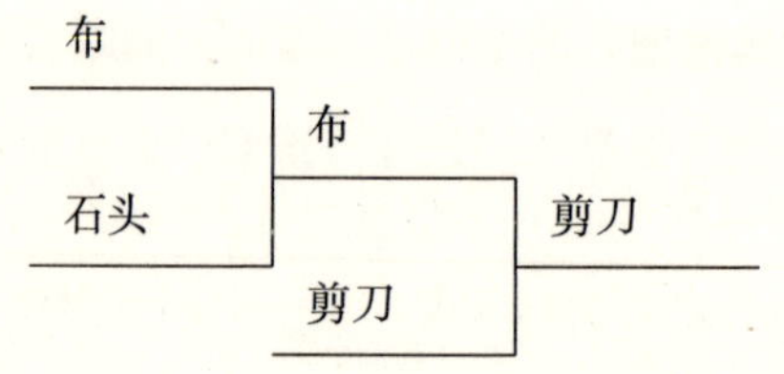

图 10-11　第二场“石头、剪刀、布”比赛

比较这两场比赛的结果有助于我们认清制定议程权力的重要性。[17] 在第一场比赛中，布获胜；在第二场比赛中，剪刀获胜。在本书前面分析“兵力分配博弈”时也碰到同样的现象：“全国冠军”其实就是先与俄克拉荷马大学队交手的那支队伍。

议程操纵会带来两方面的后果，且都是不好的后果。一方面，最终的结果将没有什么代表性，因为人们往往可以用更恶劣的方式来操纵议程；另一方面，这种操纵行径也会导致不信任。当有人提出一个议程时，其他人很可能怀疑这个议程就是为了操纵后果而设计出来的。

启示

虚假陈述偏好和操纵议程的影响要从正反两面去看。如果只看结果，那么虚假陈述偏好和议程操纵的效应不一定是有害的。如果美国电影艺术与科学学院的院士们虚假陈述了自己的偏好，因此让迈克尔·凯恩赢得奥斯卡最佳男主角奖，结果就一定比现在不好吗？因此，虚假陈述偏好也可能改善结果。也正因为如此，许多政治学家把基于动机的虚假陈述偏好行为称为策略性投票，而不是简单地称之为说谎。通过策略性投票，选民们可以避免把选票浪费在他自己最喜欢但没机会胜出的候选人（备选方案）上，转而选择有机会胜出的那个候选人（备选方案）。

再者，如果偏好多样性是工具偏好上的多样性，那么虚假陈述偏好或议程操纵的动机就会很微弱。如果人们有了一个共同的目标，也就没有理由不透露他们的预测。人们甚至有动机分享信息、模型和经验，使所有人都有机会改进自己的预测模型，从而改善群体选择。

研究策略性投票和议程操纵后果还有一种方法是集中关注群体内部的关系。虚假陈述会降低群体成员之间的信任度。再一次回到奥斯卡颁奖的例子上。假设获奖者是由一个委员会选出来的。委员会的所有成员坐在一个房间里讨论每个被提名的演员。假如某个委员会成员先是强烈推荐了尼科尔森，但后来却把票投给了凯恩，那么他这种行径就有可能激怒其他成员。如果真的是这样，那么在偏好多样性的群体中，可以预测人们将不会那么心胸开放，将会不怎么愿意分享他们的偏好。至于操纵议程的企图对群体内部的关系的影响，甚至都不用再多说了。

如果涉及的是基本偏好多样性，这些问题可能会更加严重。如果多样性是工具性的，那么不会有人特别偏好某个特定的政策，人们只关心结果。然而不幸的是，人们对自己的思想和观念可能非常执着，就像他们对自己的偏好一样。如果委员会的某个成员认为自己拥有比其他人更加准确的预测模型，他可能会试图操纵结果。实际上，每个人都可能有这种感觉，而且都有可能采取策略性行动。他们可能对自己的模型非常感兴趣、非常有信心，以至于即使结果已经实现了，他们也仍然坚信自己的选择会导致更好的结果。

结果 4：多样性导致公共资源短缺

到目前为止，我们的分析一直集中在如何选择一个备选方案上。然而，在很多时候，人们必须在多个项目之间分配一定的资源。在这种情况下，基本偏好的多样性会导致其他一些问题。其中最值得注意的一个问题是，相对于同质社会选择的资源水平而言，多样性的基本偏好会导致资源供应不足。试想两个四口之家，每个家庭都有相同的固定预算可以用于建造房子。同时每个家庭都有母亲、父亲和两个十几岁的男孩。

第一个家庭的所有成员都享受同样的活动：唱歌、打牌、用冰棒棍子制作精致的模型。他们建造了一栋房子，有一间中等大小的厨房、一间很大的家庭娱乐室、一间音乐室和两间小房间。

第二个家庭的成员则有多样性的基本偏好。母亲艾伦喜欢焊接，父亲丹尼尔热衷于建造飞机模型，他们的大儿子扎卡里酷爱打鼓，而小儿子埃文则沉迷于书法。他们也建造了一栋房子，厨房和客厅都很小，但却有一个大型焊接车库、三间卧室，以及一个供丹尼尔建造飞机模型的车间。这就是说，为了满足各个家庭成员的多样性偏好，他们没有太多的共同空间。

一般而言，这种多样性的基本偏好会导致公共资源提供不足。如果所有人都想要得到同样的东西，他们就可以花更多的钱在这些相同的东西上，并共同受益。如果他们想要的东西不同，就不得不把钱摊薄。由于这里的逻辑非常明确、非常清晰，所以不再给出正式的模型，而直接讨论它对不同社会、组织和家庭的影响。更具多样性的基本偏好应该会导致只有更少的资源被分配给群体商品和项目，也就是每个人都可以使用的东西，而群体“蛋糕”也必须被切成供许多个人消费的很多个薄片。如果大家的偏好更相似，那么就可以将“蛋糕”切成大大的几块，让每个人分享。

基本偏好多样性和工具偏好多样性的差异

对多样性偏好的分析引出了一些发人深省的观察结论。用正式的术语来说，具有多样性偏好的个人可能会形成不理性的集合。如果没有适当的程序，投票的结果可能会谬之千里。关键在于，能够完美发挥作用的程序是根本不存在的，而且个人有动机虚假陈述自己的偏好并操纵议程。对于这种策略性行为，最好的制衡之道可能就是其他人的策略性行为。然而，即使这种策略性行为取得了好的结果，该说的都说了，该做的都做了，人们也可能会彼此憎恨或厌恶得到那个结果的过程。但是，我们也不必悲观，这种影响并不像想象的那么可怕。当偏好多样性只是工具偏好上的多样性时,采取策略性行动的动机可能不会那么强烈。事实上,从前面讨论预测的内容可知，工具偏好的多样性还可能是一件好事。说到底，多样性工具偏好其实无非是多样性预测模型而已。

在本章中，一直假设的都是纯粹的基本偏好多样性或工具偏好多样性。然而，在现实生活中，这两类多样性的偏好经常是同时起作用的。比如说，很多地方都通过全民公决投票决定是否要建设城市绿化带。首先假设每个人都只关心最大化自己的家的价值。如果是这样，公民在全民公决时的投票行为可以被看作他们关于公共绿地对房价有什么影响的预测。如果自己的预测模型是绿化带将通过减少新住房的供应增加对现有房屋的需求，那么人们就会投票支持建设绿化带。而那些预测绿化带将会拉低本地经济增长并减少整体住房需求的人，则会投反对票。也可以假设人们确实关心绿地和本土物种的保护。如果是这样，那他们在全民公决中的投票可能是基于这些基本偏好的。当然最可能的是，人们既关心住房价值，也关注绿地的保护。同时，人们很可能不知道这些政策的结果。因此，基本偏好和工具偏好都可能有所不同。

基本偏好多样性与工具偏好多样性之间的差异，会影响对应该如何组建决策机构的思考。如果认为大多数的偏好多样性都是基本偏好多样性，那么在组建一个要做出对整个社会都有影响的决策委员会时，就将希望有多样性偏好的代表参与进去。事实上，人们希望委员会的偏好能够反映社会的偏好，以保证委员会的任何选择即结果都能为大多数社会成员所接受。出于这个简单的原因，创建一系列包括了男性和女性、不同种族和族群的人、不同年龄段的人、不同职业的人、不同地区的人的委员会往往是有道理的。进一步贯彻这个逻辑，人们可能还希望通过制度来保护少数免受多数的压迫。政治家詹姆斯·麦迪逊（James Madison）就是这样想的，其他很多人也是这样想的。

到目前为止，我们并不想将那些只拥有非常不准确预测模型的人的想法包括在内。对此，下文将进行反思。相反，我们想要的是在预测任务是相当困难的这个前提下多样性的、准确的预测模型。因此，委员会需要由聪明且有不同思路的人组成。否则，群体预测就会不够准确。

多样性偏好的上述含义也适用于个人。一个男人，可能既是丈夫、父亲、儿子、兄弟，又是朋友和销售代表。一个人在特定环境下偏好什么，取决于他当时所扮演的角色。有的人将这些不同的角色称为身份。不同的身份会在不同的环境下被唤醒。在进行投票或投资时，我们可能只想到自己的家庭；在决定要阅读哪本书时，可能只考虑自己的职业或朋友。当多重社会角色或身份同时被环境唤醒时，我们可能会失去理性：可能拥有了多样性的包含了循环的基本偏好。同样，头脑中有许许多多的预测模型。这些预测模型可能会相互冲突，甚至陷入循环。在沃尔特·惠特曼的诗歌中，对此有非常好的描述。他写道：

> 我自相矛盾吗？
>
> 那好吧，我是自相矛盾的，
>
> 我辽阔博大，我包罗万象。

美国华裔女作家汤婷婷也有类似的感悟，她这样写道："我学会了扩大自己的心智，宇宙如此广阔，足以容下悖论。"是的，正是因为生活的充实产生了这种矛盾。大多数人都愿意接受这种权衡，愿意容纳矛盾，以换取社会角色和思想的丰富。团队、群体，甚至整个社会也可能都愿意接受这种妥协，因为只有足够辽阔，才能包容矛盾，而且这同时也使它们足够博大，足以解决问题并做出准确的预测，就像下文中将会看到的那样。

THE DIFFERENCE

11

工具箱与偏好的互动

爱丽丝：如果有什么能解释这种变化，那就太好了。

——刘易斯 · 卡罗尔，《爱丽丝梦游仙境》

到目前为止，已经分别考虑了多样性工具箱和多样性偏好的独立效应。现在简要地总结一下：多样性的工具箱是好的，而多样性的偏好却不那么好，但也不能说很不好。对工具箱和偏好的耐心拆解和细心重组，能够看清楚每种类型多样性的不同效应。然而，逐一拆封部件会使我们看不见各部分之间的交互作用，在这里“各部分”指的就是多样性的不同类型。出于这个原因，在本章中就来探讨各种各样的多样性工具箱与多样性偏好之间的交互作用。

当然，这里对多样性工具箱与多样性偏好之间交互作用的分析还远远称不上彻底。事实上，这种分析只能算是对这些框架如何连接和交互的“匆匆一瞥”。有的时候，一种多样性会导致另一种多样性，而且它们所应用的环境也是相互重叠的，同时它们的影响也会交织在一起。因此，愿意接受所有种类的多样性，正如接受拥有它们的人，当然也包括不足。

本章阐述的逻辑将会把前面几章的逻辑颠倒过来，但不是全部。这将产生一种爱丽丝梦游仙境般的感觉，一切似乎都被反转了。在上一章中，基本偏好的多样性只能导致问题，但是在这里，却成了多样性视角、多样性工具箱和多样性预测模型的驱动者，因而可以促进解决问题和预测水平的提高。多样性视角和多样性启发式，在前面几章中是可以生成更多潜在解决方案的神奇法则，在这里也会产生更多的结果，进而导致偏好多样性的出现，从而为人们进行操纵提供了更多的机会（根据前几章的逻辑）。

这些互动效应虽然很强大，但是仍然只能减轻而不能压倒每一种多样性本身的独立效应。尽管出现了反转，但也不能说到目前为止学到的一切东西都是错误的，那样想的话就会错过真正的要点。原因在于，迄今为止所讨论的东西，都应该视为孤立的任务。把不同任务合并到一起时，分析将会变得更加有趣、更加微妙。

下面将从多样性的基本偏好如何影响其他类型的多样性着手开始分析。这样做的目的是为偏好多样性“正名”，使之从制造问题的麻烦一跃转为有助于问题解决、能够做出更好预测的帮手。当说人们有多样性的偏好时，就意味着有不同的目标、愿望和需求。要依靠所获得的各种认知工具来满足这些偏好。如果一个人想成为一个伟大的艺术家，就要获得成为艺术家的工具。如果一个人想要开一家咖啡店，就要学会如何选择咖啡豆和发泡牛奶。通过这种简单而直接的途径，多样性偏好就转化成了多样性工具，即视角、启发式、解释和预测模型。多样性偏好会导致多样性工具箱。因此，多样性偏好对解决问题有着很强的正面间接影响。

偏好不同，选择解决的问题也不同

到目前为止，已经讨论过了冰激凌、美国职业橄榄球大联盟选秀和奥斯卡颁奖等话题。对于某些人来说，这些话题可能有点“轻浮”，现在就来弥补这个缺点。当人们有不同的偏好时，比如他们喜欢吃的食物不同、喜欢听的音乐不同，所认为重要的东西也是不同的。当人们选择如何过日子、为什么目的而奉献自己的一生时，也是偏好在引导着他们。能看到什么问题、发现什么机遇，都取决于对什么东西是有价值的认识。

那些认为社会平等很重要的人可能会认为贫困是一个严重的问题。既然如此，他们就可能会选择投身于消除贫困的事业。在认定贫困是一个重要问题后，他们可能会决定开发相关的认知工具，可能会开发出一系列视角、解释、启发式和预测模型，以便确定消费者价格指数能否准确地分辨穷人。另外一些人则可能会认为男性秃顶是一个重要的问题，于是他们致力于寻找治疗脱发的方法。但是肯定有一些人，比如说那些头发很多的人，可能不会认为秃顶是值得整个社会关注的焦点问题。虽然关心人类命运的程度，远非关心人类头发的程度可比，但是价值判断并不在本书的分析范围之内。在此强调的要点是，治疗男性秃顶所需的认知工具可能与消除贫困所需的认知工具不同。

需要指出的是，关于"什么问题需要去解决"这件事，在做出决定时不一定能明确意识到。这里可以将"为什么人们会选择去做他们所做的事情"这个问题留给历史学家去解决。以路易·巴斯德（Louis Pasteur）为例，巴斯德提出了细菌致病说。在他的职业生涯早期，曾经帮助法国酒厂开发了杀死细菌的发酵工艺。巴氏灭菌过程后来应用于啤酒、牛奶和其他食品生产行业。后来，巴斯德还主张医生应清洁手术器械并洗手。一开始，很少有医生相信巴斯德，他的细菌致病说很久之后才被人们接受。[1]

巴斯德在物理、化学、数学、拉丁文和艺术等方面受过很好的训练。他本来可以选择研究任何东西。为什么他决定研究葡萄酒生产工艺、研究细菌？选择葡萄酒行业可能有文化方面的原因，巴斯德是法国人，如果他是德国人，可能会去研究怎样生产啤酒。研究细菌和疾病的决定则可能基于个人原因，因为他的三个孩子都在年幼时不幸死于伤寒。

如果像巴斯德一样，人们都是通过机会、文化和偏好的某种组合来选择将为之奉献一生的任务，那就不可能将偏好多样性与工具箱多样性截然分开。所获得的工具能够使人们能够对认为重要的事做出贡献。但是很显然，想要治愈乳腺癌的人选择的工具不同于想要治愈糖尿病的人所选择的工具。因此，对自己想要实现的目标的偏好，对思考问题的不同方式有着极大的影响。

现在，再提升一级。社会应该解决什么问题或试图解决什么问题。这个问题可以称为问题之问题。要解决哪些问题这种选择是由偏好来决定的，例如，有些人认为平等比环境可持续性或经济增长更加重要。但是，也可以认为这种选择本身就是一个问题，也就是关于哪个问题要优先解决的问题。有些问题可能比其他问题更加紧迫，如果先解决好这些问题，那么作为群体会感到很高兴。而且，正如在讨论解决问题时已经看得很清楚的，如果想得到一个问题（也包括问题之问题）很好的解决方案，我们肯定希望拥有多样性视角和启发式的人能够参与进来。

多样性偏好的力量

为了搞清楚多样性偏好如何导致多样性视角，先回到崎岖景观模型上。回想一下，在景观中，任何一个点的高度就表示了它的价值。在本杰里公司的例子中，假设冰激凌之峰的“海拔”代表了冰激凌的味道。在那个简单的“供把玩的模型”中，本和杰里两人有着相同的基本偏好：生产出最好的冰激凌。

现在，假设本的偏好发生了改变，他开始变得关注利润了，希望尽可能多地赚取利润，以便给慈善机构捐献更多的钱。有些品种的冰激凌比其他冰激凌的生产成本更高，例如，来自佛蒙特州小农场的奶油需要支付更多运费，品质很好的巧克力片也是一样。虽然味道和利润之间可能存在正相关性，味道越好、销售量越大、利润越高，但是它们不会导致完全相同的排序。所以，本的利润景观可能不同于杰里的味道景观，他们两人将会给每个品种的冰激凌分配不同的价值，在不同的景观中进行搜索。

这种多重景观隐喻使多样性视角与多样性基本偏好之间的区别突显了出来。多样性视角创造了可能解决方案集合的不同编码。而不同的基本偏好则为这个解决方案集生成不同的价值，也就是景观的高度。

为什么多样性偏好会创造出多样性视角？答案是显而易见的。回想一下，无效的视角创造了极其崎岖的景观，而良好的视角则创造了平滑的景观，就像富士山一样。问题解决者需要找到一个能够带来平滑景观的视角。如果人们有多样性的偏好，那分配给解决方案的价值也就不会相同了。某个视角，也许能让某个人的景观变得平滑起来，但却不一定能使另一个人的景观也变得平滑。

为了说明这一点，再次回到本杰里公司的例子，假设增加冰激凌的卡路里数对成本有很大的影响。由于本近来开始关注利润问题，在他看来，根据卡路里数排列各种冰激凌可以创造一个单峰景观：利润随着卡路里的增加而一路增加，因为口味改善的效益抵消了成本的增加。利润在达到最高点后下降，因为成本的增加超过了口味改善的效益。而对于杰里来说，卡路里视角下可能出现多个高峰，远远超过了巧克力块大小和数量的视角。

接下来将把这个逻辑应用于评选奖学金的情景。假设奖学金评选委员会由两个人组成，他们必须在500名申请人当中找出三名入围者，由他们去竞争一个科学奖学金的名额。与申请人有关的许多信息存储在电子表格当中，此外还一些例如推荐信的资料，则只能以书面形式附在申请文件中。评选委员会的两个成员分别是迈克和马哈茂德。迈克所关心的只是申请人的学术能力，他对学生的评价可能与科学课程中学生的平均成绩高度相关。但是,电子表格可能只包含了总平均分，因此，迈克的视角可能是，根据整体平均成绩将学生排列起来（使用电子表格中的“排序”命令）。迈克的启发式则可能是，从列表最顶部的那个申请人开始，取出相对应的文件，并计算出该申请人科学课程的平均分。他会以这个方式继续审核第二个、第三个……直到确信自己不太可能找到科学课程平均成绩更高的申请人为止。

马哈茂德则可能关注申请人的创造力、努力水平和一个难以界定的性质，他称之为“火花”。像欲望、创造力、努力水平以及“火花”这样的东西，电子表格上储存的信息很难反映出来，但是马哈茂德有一种特殊的能力：他只要看到这些性质就知道那就是它们。那么，该如何安排学生的申请文件呢？他会使用什么视角？按平均成绩排列的文件对马哈茂德来说没有任何用处，因为平均成绩可能与欲望、创造力和“火花”这样的东西没有什么关系，与努力水平也最多只有轻微的相关性。因此，马哈茂德可能会打开文件柜，拿出所有申请文件，并按厚度将它们排列起来。申请文件的厚度可能与愿望的殷切程度和努力水平相关，也可能与创造力呈正相关，而且几乎肯定与推荐信的长度有关。至于使用什么样的启发式，马哈茂德可能会从最厚的申请文件开始看，然后再看第二厚的申请文件。当他认为其余的申请文件缺乏足够的厚度来揭示“火花”时，他就可能停止搜索。

在这个例子中，委员会的两名成员使用了类似的启发式。他们沿着一维视角进行搜索，直到认为余下来的申请人不可能比当前已经找到的最好的申请人更好为止。这种启发式的相似性并不普遍。如果其中一个人使用了二维的视角，他就会需要一个不同的启发式，也就是说，他必须同时在两个方向上进行搜索。因此，具有多样性偏好的人也可能会去构建、去获得多样性的启发式。迈克和马哈茂德有不同的偏好，因此，他们以不同的方式去寻找解决方案。

也可以将多样性偏好与多样性解释联系起来，让解释偏向于最重要的维度。如果对什么东西是重要的在看法上有所不同，那解释也就可能有所不同。如果汤姆关心节能，他可能会在买下房子之前要求看一下暖气账单。如果邦妮关心室内采光，她可能会计算窗户的数量和面积。这些属性都将成为他们对房屋“解释”的组成部分。因为他们的偏好不同，解释也会不同。由于解释提供了预测模型的基础，因此多样性偏好也会导致人们构建多样性的预测模型。

多样性“碰撞”

在上一节中已经看到，偏好多样性是怎样导致其他更有效益的多样性类型的。现在要讨论的是，各种类型的多样性是怎样相互碰撞的，也就是一种类型多样性的存在，是如何阻碍了或共生性地改进了另一种类型的多样性的。这种多样性的相互碰撞导致了复杂性。

下面将会看到，多样性的偏好和解决问题之间的积极互动。要跟上分析思路需要付出一些努力，因为这里结合了想法和框架。

再一次回到崎岖景观模型中去，不过这一次不会碰到本和杰里。考虑两位医生凯茜和杨，他们面对着一个难题：怎样才能为病人重建人工手肘。假设这两位医生是在同一所医学院接受教育的，也曾经一起实习，甚至在同一个专治肘关节、膝关节和髋关节病痛的医院工作，因此他们会使用完全相同的视角和启发式去寻找解决方案。

但是这两位医生对结果有着不同的偏好。杨的审美意识很强，他关心人工手肘的外观。它看起来怎么样？自然吗？是不是像天生的手肘那么美丽和优雅？凯茜却主要关心人工手肘的功能。杨认为凯茜之所以只关注功能，是因为她小时候网球打得非常棒，曾经是一个网球神童。

假设在杨和凯茜着手制作这个人工手肘之前，已经有一个医疗工程师团队帮他们开发出了 6 个人工手肘的原型设计，分别以字母 A 到 F 表示。凯茜和杨要以这 6 个原型为起点，找到更好的人工手肘设计。凯茜或者杨开发出来的新设计将用字母 G 到 J 表示。

表 11-1 给出了凯茜努力寻求改进的结果。该表的第一列给出的是初始设计，第二列则给出了她开发的设计。当从原型 A 开始时，她找不到更好的设计。当从原型 B 开始时，她以原型 D 结束，因为她偏好 D 甚于 B。当从原型 C 开始的时候，她得到了一个新的解决方案 G 来表示，以此类推。

用同样的方式，我们可以给出杨的开发结果，如表 11-2 所示。

表 11-1 凯茜的设计

开始时的设计	结束时的设计
A	A
B	D
C	G
D	H
E	I
F	D

表 11-2 杨的设计

开始时的设计	结束时的设计
A	B
B	B
C	I
D	B
E	E
F	J

这两张表格表明，凯茜的局部最优解与杨不同。凯茜会从 B 移到 D，而杨则相反，会从 D 移动到 B。从这些局部最优解可以推断出，人工手肘 D 的功能较强，但是外观并不是那么有吸引力。也可以推断出，B（对于杨而言，它是一个局部最优解，但对凯茜而言却不是）必定外观较有吸引力但功能不一定很强。这些局部最优解之间的差异，显然并非源于两人采取的搜寻方式之间的差异，而是源于他们所看重的东西之间的差异。

回想一下，曾经讨论过的群体解决问题时局部最优解集合交集的重要性。多样性群体之所以能够找到很好的解决方案，是因为他们的局部最优解不会在许多点上相交。在前面的章节中已经阐明，如果人们有多样性视角和启发式，群体是如何找到好的解决方案的。现在再来看一看，如果人们有多样性的偏好，同样的分析是不是也成立。具有多样性偏好的人不太可能锁定在同样的解决方案上。因此，如果两个人有不同的偏好，他们在解决问题时可能会做得很好。

这个逻辑是成立的，但有一定的限制。偏好不能过于多样性。如果过于多样性，那么任何一个人的改进都会使另一个人变得更糟。利用前面讨论过的允许犯错启发式和模拟退火启发式的结果，可以得出一个结论：偏好多样性可能是一件好事，而且，在理想情况下，偏好多样性会随时间的推移而减少。这确实有可能发生。杨可能将变得重视功能，同时凯茜也可能会认识到美学方面的价值。如果真是这样的话，他们开发出来的设计将会相当不错。

多样性导致的偏好循环

在前面以经看到多样性的偏好可以产生积极的影响。而在那之前，已经看到多样性视角和启发式使一群问题解决者找到了更多的解决方案，而且只产生了更少的局部最优解。

因此，如果既有多样性视角和启发式，又有多样性偏好，那应该会更好。其实不然，所谓过犹不及，太多的解决方案，再加上多样性的偏好，可能会成为一个致命的组合。当人们有多样性的偏好时，每一个解决方案都有很多价值，每个问题解决者对每个解决方案都有自己的评价。这可能会导致偏好循环、议程操纵和虚假陈述偏好。

回到人工手肘的例子，假设除了凯茜和杨之外，又加入了第三名医生莫妮卡。莫妮卡只关心费用问题：人造手肘越便宜，买得起的人越多。首先假设莫妮卡、凯茜和杨有同样的视角和启发式。如果是这样，他们可能提出的潜在解决方案，就完全依赖于偏好多样性了。进一步假设他们三人确定了三种可能的解决方案。

表 11-3 给出了他们的解决方案（用字母表示）以及每个人赋予每个解决方案的价值（用三值向量来表示）。这些值介于 1 ~ 10 之间，人工肘部的设计越好，价值就越高。

表 11-3 在不存在多样性视角和启发式的情况下发现的解决方案的价值

人工手肘设计	价值（凯茜，杨，莫妮卡）
H	（2，1，3）
I	（7，5，6）
J	（5，7，5）
最好的	???

如果凯茜、杨和莫妮卡通过投票的方式来选择解决方案，那么他们将会选出设计 I，它可以在一对一投票中击败其他设计。这是一个很好的解决方案，I 是凯茜和莫妮卡的首选，也是杨的第二选择。

现在这个例子加以扩展，假设凯茜、杨和莫妮卡还拥有多样性的视角和启发式。这样一来，就能找到更多的解决方案（见表 11-4）。

表 11-4 在存在多样性视角和启发式的情况下发现的解决方案的价值

解决方案	价值
H	（2，1，3）
I	（7，5，6）
J	（5，7，5）
K	（1，2，2）
L	（3，4，3）
M	（5，5，5）
N	（4，6，7）

续表 11-4

解决方案	价值
O	（3，5，3）
P	（5，5，5）
最好的	???

然而，在一对一投票当中，设计 I 将会败给 N。不幸的是，N 又会败给 J，而 J 又会败给 I……又一次看到了偏好循环。

不能确定这样一个循环会以什么结果告终，有可能是 J。但是之前已经认定 I 要比 J 好。而且这是基于只有三种备选方案的情景。即使这三位医生真的选择了 J，导致 J 被选中的讨论和投票过程也可能伴随着虚假陈述偏好和议程操纵的企图。而这也就意味着，同样的结果也可能会更糟，因为人们对产生这个结果的过程非常不满意。

益处多多的多样性

对于多种类型多样性的交互作用，这里强调了它的两个影响。首先，多样性会导致多样性。多样性的偏好可以创造多样性视角、启发式、解释和预测模型。正如在前面已经指出过的，多样性预测模型也会创造出多样性工具偏好。不能单独考虑这些不同类型的多样性。其次，某种情境下多样性的影响，会渗透到到其他情景下。多样性视角和启发式会导致更多潜在的解决方案。但是这只能改善一群偏好相同的人的解决问题能力。如果他们有多样性的偏好，这种直觉就不一定成立了。这个结果既是好消息也是坏消息，在其他地方也同样成立。多样性偏好创造了不同的局部最优解，这可以改善解决问题能力，也可能导致意见分歧。

而且，这并不是不同类型多样性之间唯一的交互作用。以之为基础，用来构建预测模型的经验集通常由自己生成的解决方案组成。因此，多样性视角和启发式影响预测模型。对这种交互作用的讨论，实际上触及了个体多样性如何影响在完成任务时的群体表现这个问题的核心。但是，不应该因为过分强调这些更微妙的细节而忽略了更大的图景。当然，人们有时可能会无法达成共识，甚至可能试图操纵结果，但是总的来说，多样性是有益的。有了多样性的帮助，人们可以解决难题，做出准确的预测。

THE DIFFERENCE

第4部分

认知多样性红利

证据表明：工具多样性确实能够创造出良好的群体绩效。拥有多样性认知工具箱的人，即便他们的基本偏好存在多样性，也能取得更好的结果。身份多样性群体的表现，往往也会胜过同质性群体。只要多样性个体组成的群体不相互争夺共同资源，也不拒绝沟通，认知多样性红利就会滚滚而来。

THE DIFFERENCE

12

认知多样性的起源

是因为我是一名物理学家才会这样思考问题，还是因为这样思考问题才使我成了一名物理学家？我不知道。

——肯·哈斯

终于到了拿出扎实证据的时候了。现在要用证据证明，工具箱的多样性是不是真的能改善解决问题能力，提高预测水平；还要用证据说明，基本偏好多样性是否真的导致了冲突和挫折。读者的阅读时间有限，本书的篇幅也有限，这里不能给出更多证据，事实上，也不需要太多证据。现有证据已经清楚地表明：多样性能够产生效益，认知多样性的社会、城市和团队的绩效，要比同质性的社会、城市和团队的绩效更好；基本偏好多样性会产生一些问题，例如公共产品提供不足、人们在社会议题上存在意见分歧；具有多样性认知工具箱和多样性基本偏好的人的表现具有更大的分歧，能够得到更好的结果，同时也会有更多的冲突。由于身份多样性的群体往往同时包含上述两种类型的多样性，所以他们的表现也优于同质性群体。换句话说，身份不同的团队、城市和社会的表现本来可以更好，但是它们往往不能实现这一点。这些发现全都与本书的模型一致。以不同的方式去思考肯定是好的，但是想要不同的东西却不是这样，或者至少不一定是好的。

需要强调的是，拿出证据的目的不是为了检验模型的逻辑是否正确。无论证据是否支持，模型在数学上都肯定是成立的，就像 5+ 4 = 9 那样永远不会错。真正令人感兴趣的是这些严格模型中产生的假说和结论，是否揭示了现实世界的复杂性和多层次性。因此，在正式开始之前，要提出两个警告。首先，前面给出的模型并不是在这里讨论的经验现象唯一的备选解释，其他模型也许能更好地解释某些或全部经验规律。其次，即使证据与模型一致，这种经验规律也并不是永远保持不变的。因为社会科学事实的规律是有时间性的。在语言能力测试中，男孩的分数在某个年龄段可能会比女孩高，而在另一些年龄段则会比女孩低。退税可能会对某个时间点上的消费产生很大的影响，而对另一个时间点上的消费则可能完全不起作用。可以将这种特点与物理世界事实的特点比较一下。水龙头流出的水分子总是含有两个氢原子和一个氧原子，今天是这样，明天也是这样，永远都是这样。

在着手解释经验证据之前，必须更好地理解认知多样性的成因，这正是本章中要完成的任务。没有这种理解，就无法区分认知同质性和认知多样性的群体。本章将讨论认知多样性的两个直接原因，也就是训练（培训）和经验（经历），以及一个间接原因——身份。对于直接原因，不需要给出任何理由，间接原因则需要一点点理由。这里将忽视遗传上的因素，并不是因为基因无关紧要，基因当然很重要。[1] 事实上，基因不但不是毫不相关的，它还与种族和性别等身份因素密切相关。[2]

之所以不重点讨论基因，第一个原因是与训练、经验和身份相比，基因只起着次要的作用。因此，对于基因，只在这里简单地提及一下，之后就不再讨论。不讨论基因的理由可以从电影《毕业生》（*The Graduate*）一片中由达斯汀·霍夫曼（Dustin Hoffman）饰演的年轻男主角收到的一个建议开始说起，那就是“可塑性”。大脑拥有惊人的可塑性，无论是结构还是功能。对于大脑结构上的可塑性，虽然神经科学家才刚刚开始有所了解，但是他们确实已经知道，在学习的时候，大脑的结构会发生生理性的改变。思考就是头脑的“举重练习”，就像托举哑铃能够增强肱二头肌一样，思考也能使大脑中的海马体扩张。[3] 有技巧地应对各种问题，能够同时促进肱二头肌和海马体的发展。[4]

当然，这种可塑性会随着时间的推移而弱化，这也意味着种族和文化的影响会增大。无论怎么尝试，都不能完全摆脱父母带来的影响，不仅仅是基因，还有来自他们的其他影响。这种功能上的可塑性为忽略基因提供了第一个原因：现代人的基因与几百年前的祖先差异不大，但是所拥有的认知工具却已经明显不同了。祖先们并不了解 DNA、细菌或病毒，不懂得元素、分子或原子，更不用说夸克或 μ 介子了。他们也不知道物理学的守恒定律，不了解电力、演化、板块构造和碳循环，也不会微积分，不知道帕斯卡，无论是这个人，还是那种计算机语言。虽然与祖先有相似的基因，但是拥有不同的工具箱。

忽视基因的第二个原因来自经济学、偏好理论和组合数学。回想一下芭比、卡尔以及他们的认知工具箱的例子。假设基因能够在帮助芭比和卡尔获得不同类型和数量的工具方面发挥最强大的作用。这就是说，芭比天生比卡尔更容易获得一些工具、更不容易获得另一些工具。也可以认为，这种差异决定了他们获得不同工具的成本。因此，基因也可能影响总预算，也就是他们到底可以获得多少工具。因此，卡尔和芭比面临着不同价格和预算的约束。

运用最基本的经济学逻辑，可以对他们能够“购买”的工具做出相当准确的预测。假设芭比有 20 美元，且可以购买价格为每件一美元的科学工具和价格为每件两美元的艺术工具。同时假设卡尔有 18 美元，且可以购买价格为每件两美元的科学工具和价格为每件一美元的艺术工具。那么可以预测芭比会获得比卡尔更多的科学工具吗？不，不可以。如果卡尔喜欢的是科学，而芭比喜欢的是艺术，那么卡尔会去购买更多的科学工具。他们有无数个可能的选择。工具“超市”是如此之大，以至于任何其他因素都会使价格效应，也就是天生潜在能力的影响大大减弱。因此，只能采取一种反本质主义的做法，并假设人类的天生潜力在人与人之间或不同身份群体之间的差异不大。[5]

训练与经验

训练和经验都与认知多样性有很强的联系。受过不同训练的人会获得不同的认知工具。有人立志成为一名精算师，他所接受的教育和训练使他获得的认知工具，也就是视角、解释和启发式与受过医生或律师训练的人非常不同。两个有不同经历的人也会拥有不同的工具箱。一个住在城市的银行家可以获得使用交通导航系统、维持股票投资组合平衡所需的工具。而一个生活在农村的农民所掌握的工具则大不相同，他能够掌握维持交通工具（马）平衡、开渠引水所需的工具，而这是城市银行家没有任何动力去获得的工具。

先讨论训练与认知工具之间的联系。这种联系是显而易见的。大部分学校教育都是围绕视角的积累而展开的：极坐标、笛卡尔坐标都是不同的视角，三角函数有理式也是如此。此外，孩子们也要学习各种各样的启发式，学习分析句子，学会解构论点和情节。学习如何拿起画笔,通过线条来捕捉运动。随着年龄的增长，孩子们可以学到更多的启发式，以适应不同的情况。他们可以像奥德修斯那样把自己绑在桅杆上以杜绝诱惑，这往往是一个好主意。还可以像西班牙征服者科尔特斯一样在上岸后就把自己的船烧掉，这是一个向前挺进的坚定承诺。不过对于我来说，卖掉我那辆 1985 年产的丰田陆地巡洋舰却是一件伤心事。我的建议是，只有在极端的情况下才能追随科尔特斯的做法。

训练会影响解释，也就是用来对观察到的、学习到的东西进行分类的框架。当明白什么是磁性时，就获得了一个解释框架，它把物体分别装进两个盒子，一个标记为有磁性，另一个标记为无磁性。训练也有助于在头脑中形成一系列预测模型。既可以是相当简单的预测模型，也可以是基于进化论或能量守恒定律的更精巧的预测模型。上面提到的例子只限于教育这种训练，但是训练并不会止步于学校。训练贯穿了人的一生。与许多畅销书宣称的相反，我们并没有在幼儿园里学到所有需要知道的东西（视角、启发式、解释和预测模型），甚至在大学毕业后都不可能全部学会。

训练与偏好多样性之间的因果关系同时体现在两个方向上。多样性偏好可以导致多样性的训练，多样性的训练也可以导致多样性偏好。第一个因果关系适用于基本偏好，基本需要影响了人们选择怎样接受训练。第二个因果关系适用于工具偏好，训练可以改变工具偏好，提供更多的工具，也就是更多的看待世界的方式和对因果关系更加深入的理解。认知深度的加深和广度的拓展，使人们能够以不同的、更加有效的方式去看待各种情况、事件和问题。接受训练后，能够选择更多的手段去实现目的。

当然，这样说并不意味着所有的训练都是同等重要的。记住一长串互不相关的事实，要比积累有效工具和深刻理解的价值低得多。核心技能的训练、在融会贯通基础上的理解，都是必不可少的。一个人不可能在没有任何基础的情况下，无中生有地积累起一个复杂且多样性的工具箱。对基础数学知识的掌握、对物理和化学基本规律的理解、对经典文学作品各种解释的把握，以及对重要历史事件的理解，是最根本的基础。所有人都应该学习，而且必须学得深，且学出各自的不同；否则将无法完成解决问题和预测的任务。

接下来讨论经验。一些认知工具的掌握，可以帮助理解自己的经验。如果拥有不同的经验，可能会获得、开发出不同的工具箱，并通过自己的努力取得成功。例如，许多居住在河边的人都掌握了钓鱼所需的工具，但沙漠地带的居民却几乎从来不需要这种工具。经验还决定了我们在解释和预测模型中使用的属性。例如，如果你的笔记本电脑曾经掉在地上并摔坏了，那么下次购买时你就会特别注意笔记本电脑的耐摔性。

在构建模型的过程中，需要先对经验分类，使之结构化。对于某个给定的预测任务，例如，创建足球妈妈这个类别，选择最佳属性这个问题在规范的意义上已经被证明是困难的。[6] 因此，不应该期望人们总能找到最好的预测模型。即使人们可以找到最好的预测模型，也可能不是唯一的。正如在“筛选成功”模型中已经观察到的，与经验证据一致的预测模型可能不止一个。[7]

预测模型需要不断改进、精炼。历史提供了很多精炼预测模型的例子。很久以前，有相当比例的医生对轻度复发性喉咙痛患儿施行扁桃体切除术。到了今天，这样做的医生已经很少见了。但是不应该对从经验中学到的东西持完全乐观的态度。当不再有老师来教你之后，经验就变成你最严厉的老师了。人们会接受生活中最有价值的一些经验教训，比如，徒步旅行时必须随身携带大量的饮用水、要留下足够的时间去机场、下雨时要穿雨衣，等等。但是，这些都是付出了很大代价后才学会的。

在此不妨举一个可口可乐公司的例子。20 世纪 80 年代，可口可乐公司试图用所谓的“新可乐”来代替原来的可口可乐。在双盲口味测试中，“新可乐”的表现优于原来的可口可乐，但是公众对“新可乐”的反应却既苛刻又迅速：人们都非常讨厌它。问题没有出在味道上，消费者喜欢这种“新可乐”的味道，他们讨厌的是这种“篡改美国大众偶像”的想法。可口可乐公司使用了错误的预测模型，把可口可乐错误地归类为人们因为觉得味道不错而去消费的普通饮料。可口可乐公司很快就受到了教训：消费者举行集会，要求把原来的可口可乐还给他们。原来的可口可乐在美国文化中占有特殊的地位，千万不要把这一点与这种商品的秘密配方混为一谈。

经验对基本偏好多样性和工具偏好多样性都有影响。一方面，经验影响预测模型的创建，所以对工具偏好有直接影响。另一方面，经验也可以改变基本偏好。通常，对某样东西的体验越多，就会越喜欢它。例如，孩子们会学会享受经常食用的食物。通过反复的交流和互动，人们甚至可能会逐渐喜欢上第一印象非常不好的人。[8]不过还有另一面，因为熟悉也可能导致忽视。无论如何，经验会影响偏好。

创造性思维在很大程度上是依赖于类比的。[9]这就意味着，经验多样性在创造认知多样性方面发挥着核心作用。理查德 · 费曼在他的物理学入门课程中指出，许多人之所以很难理解现代物理学原理，就是因为日常经验并没有给他们提供多少好的类比。人们能够在日常生活中体验牛顿物理学，可以观察到力到底是怎样等于质量乘以加速度的。“眼见为实”既是一种信仰，也是一种解释。这就是为什么牛顿定律很容易理解但量子力学非常晦涩难懂的原因所在。我们几乎没有经历过量子效应,或者至少没有意识到它们的存在。如果有人能够直接体验到量子效应，能够“看到”以概率波形式存在的东西，那么这些人很可能会成为优秀的物理学家。当然前提是，他们也获得了所有必要的数学启发式。

身份

类比在创造性思维中的重要性，也为讨论身份多样性在生成认知多样性时发挥的作用提供了一个入口。文化是身份的一部分。文化包含着故事，这些故事可以作为理解和类比的基础。文化还包含了语言和视角。只要与同属一个文化的人保持联系，就能保持我们的文化特征。尽管有时这需要付出一定的经济成本作为代价。[10]

可以证明文化影响了我们的视角和启发式的证据非常多。[11] 例如，东方国家的人们在观察金鱼缸时，往往注意到一群鱼一起游动的模式，而西方国家的人则更注意到作为个体的鱼的特征。当提出一个被问及是开心还是伤心的问题时，西方国家的人往往较少考虑周围人的幸福程度。[12]

每天的日常活动和仪式会使大脑结构产生差异。大量证据表明，各个社会都为自身的生存和成功开发出了必要的工具和表现形式。当然，并不是所有社会都取得了成功，有些社会最终崩溃了。[13] 看看哈钦斯（Ed Hutchins）的《荒野中的认知》(*Cognition in the wild*）一书。密克罗尼西亚人在导航时所依赖的视角，令大多数来自外界的人头昏脑胀。他们的视角认为，他们所乘坐的小船是固定在水中的。他们不会“看到”船驶过一个个小岛，而是“看到”一个个小岛经过了船。当岛屿经过他们的船时，密克罗尼西亚人的导航员非常清楚自己的位置。密克罗尼西亚人甚至“发明”了一些虚构的岛屿来帮助他们确定自己的位置。试想一下，你开车从俄亥俄州前往佐治亚州，后座上坐着一个密克罗尼西亚人。你可能会说，

“我们现在开车经过俄亥俄河，进入肯塔基州”，但是那个密克罗尼西亚人却会说，“俄亥俄河刚刚从车底下通过，肯塔基州正在向我们走来”。能不能把我们的几何学教给密克罗尼西亚人？那肯定是一件非常有趣的事情。但是现在只能想象。

文化之间的差异确实是存在的，但是肯定会受到文化内部差异的影响。我们的身份还包括种族、性别、身体能力、性取向、宗教等方面的属性，甚至还与接受的训练有关。在这些属性中，有的是社会建构的，例如种族和性别；有的是生物建构的，例如性。社会建构的属性可能是很难确定的。例如，对于种族，也就是可以从外部来定义即别人是怎么看待我们的；也可以从内部来定义，也就是我们是如何看待自己的；还可以从自己的表达方式来定义，也就是我们如何向别人表达自己。[14] 有的时候，所有这三者都是一致的，而在另外一些时候，它们却是不一致的。数十年来，美国影星拉奎尔·韦尔奇（Raquel Welch）一直以盎格鲁英国人（Anglo）的身份出现，而且也被公认为是一个盎格鲁英国人，但是她内心却觉得自己是拉丁人。

像种族这样的属性会对经验起到决定作用。它们限制、影响了我们的选择，甚至直接指导我们进行选择。因此，身份属性会让我们构建出多样性认知工具集合。在很多时候，这种选择并不是强加给我们的。在这个意义上，认为人们之所以拥有这样那样的特征，是因为这些特征是必不可少的、是由他们的身份所决定的，这就犯了心理学家所称的基本归因错误。不能因为某个人滑倒了，就说他是笨拙的，那可能是因为门廊结冰所导致的。同样的道理，不能仅仅因为有人经常以某种固定的方式思考问题，就说这意味着某种遗传。他的思维方式受他身处环境的影响可能远远超过受他基因的影响。除非环境完全相同，否则不能将差异归因于“本质差异”。

虽然身份非常重要，但不能将个人的工具或工具集合与特定身份等同起来。但是，可以预料，身份差异会导致经验差异，进而导致工具差异。可以在性别差异的背景下清楚地看到这一点。大多数人以不同的方式对待男性和女性。一个193

厘米高、118 千克重的男人对他人的威吓，几乎肯定比一个 155 厘米高、54 千克重的女人大得多。这无疑是合乎逻辑的。如果在黑暗的巷子里遇到这样一个男人，你可能会觉得害怕。然而，如果你在黑暗的巷子里遇见了那样一个女人，你可能会有去保护她的冲动。当然，并不是所有的男人都比所有的女人更高大，许多女人比男人高，篮球明星丽莎·莱斯利（Lisa Leslie）比很多男人都要高。尽管如此，普通男人确实比普通女人更强健，而且可能更加暴力。这里的关键在于：因为对待男人和女人的方式不同，所以为他们提供的经验也不同。因此，要学会以不同的方式去思考周围的环境。[15]

男人和女人可能会选择不同的工具，但是这并不意味着他们能够获得的视角、启发式、解释和预测模型都是不同的。学物理的男人比女人要多，学编织的女人则比男人更多。但是，即便是在哈佛大学这样竞争激烈的地方，女人也能在物理学课程上获得 A。还有些男人成为外科护士，虽然数量不是很多。另外，即便是由女性主宰的那些行业中，例如小学教师和兽医，男性也完全有能力胜任。

身份对经验和机会的影响很难衡量，但是影响确实很大，这几乎没有任何争议。因此值得我们关注的问题是，身份多样性会不会转化成有意义的认知多样性，也就是多样性视角、解释、启发式和预测模型。但这个问题的答案取决于问题的具体情境。如果要解决的是贫困问题，那么就不能不承认答案是肯定的。穷人，以及自己的家族和朋友当中的穷人，可能会带给我们关于餐桌的有用的知识，好的统计学家也是一样。但是，如果试图解决的是化学问题或物理问题，答案就不那么非此即彼了。一方面，不应该期待种族、性别或其他与身份有关的因素对解决这类问题很重要。另一方面，人们确实会通过类比或依据经验来进行推理。因此，属于不同身份群体的人们都要利用自己的独特经验。

在理想情况下，社会不会基于身份特征对不同的人区别对待。但是，即便这种身份歧视不存在，鼓励或要求对不同身份的人一视同仁的政策也不能在一夜之间就彻底消除过去偏见的残余。科学界一直受男性主宰，因此科学本身充满了男性化的特征，请你试着想象一下发生在物理或化学课上的失火、崩裂和爆炸等事件。有的人认为，如果以更女性化的方式讲授物理学和化学，例如以教人们烹饪的形式（注意不是电视上那种烹饪课），那么应该能够吸引更多的女科学家。[16]顺便说一下，约翰·杜威在芝加哥大学附属实验学校的时候，就曾经通过教烹饪的方式来讲授科学。[17]

再者，就算真的实现了对所有性别、肤色和文化一视同仁，做到了平等对待每一个人，也并不意味着来自不同身份群体的人肯定会认为自己与其他群体的人相同，而这种区别对待就会影响他们的认知工具。即使是在一个完全没有种族差异的社会中，我们仍然可以预期，身份多样性与某些认知多样性是有关联的。更何况，“完全没有种族差异”本身的定义就是不够明确的。许多人可以不关注肤色，但是却无法不关注衣着和发式。

因此，我们得确切地搞清楚，这些差异到底是什么。为了刻画工具箱中解释的多样性，人类学家和社会学家使用了他们所称的“堆分类”（pile sorting）技术。这种技术刻画的就是人们表达事物方式的不同之处。[18]它的工作原理很简单，就是请人们将他们熟悉的一些物品，例如各种各样的食物、植物或动物，分成若干堆。堆分类可以揭示经验或训练造成的认知多样性。假设我给了下面的名单，并要求你把他们分成若干堆。

- 杰拉尔德·福特（Gerald Ford）
- 乔治·H.W. 布什（George H. W. Bush）
- 麦当娜
- 朱迪·福斯特（Jodie Foster）

大多数人都会把这些人分成两“堆”。他们会把两位前总统放在一堆中，而把两位演艺界人士放在另一堆中。但是在两个小的亚文化中，其中一个位于密歇根州的安阿伯市，另一个位于康涅狄格州的纽黑文市，人们有不同的分法，他们会把两个密歇根大学的毕业生麦当娜和杰拉尔德·福特放在一堆中，而把两个耶鲁大学的毕业生乔治·H.W. 布什和朱迪·福斯特放在另一堆中。[19]

在不同文化环境中长大的人会创造出不同的“堆”，不过，在同一个文化环境中长大的人却未必一定会创造出同样的“堆”。我们不会在某个食品名单中找到某种“法式堆法”，但是会发现法国人创造的那些“堆”之间确实有很强的相似性。与美国人相比，法国人可能认为蜗牛更像虾。在许多情况下，相对来说比较相似的“堆”的集合只有很小的方差。

经验证据表明，生活方式不同的人也会构建出不同的解释和视角。而这又可能导致不同的预测模型，并提供学习不同启发式的动机。法国人类学家斯科特·阿特兰（Scott Atran）和美国心理学家道格拉斯·梅丁（Douglas Medin）的研究指出，同样生活在危地马拉低地的伊扎人（Itza'）、拉迪诺人（Ladino）和库埃什人（Q'eche）存在认知地图的文化差异。阿特兰和梅丁所称的“认知地图”，其实就是我们所称的预测模型。这些预测模型影响着他们管理资源的方式。[20]心理学家可以描绘出这些认知地图的特征，但是这并不意味着人们很容易就可以学会像来自不同文化环境的人那样去思考。这需要付出很多时间和精力，就像一个学生学会如何像化学家那样思考一样。

意外发现的能力

现在已经很清楚了，是多样性的训练、经验和身份使我们有了不同的想法。它们使我们拥有了独特的认知工具。然而即使如此也必须认识到，我们不可能预先知道哪些人的工具可以完成某项任务。许多突破似乎都是妙手偶得的。[21]这种“妙手偶得”暗示的不仅仅是运气。如果一个人能够以多种方式看待问题，并且能够灵活应用多样性的启发式，那么他实现目标、做出贡献的能力就会提高。[22]对此，巴斯德写道：“机会青睐有准备的头脑”。牛顿、居里夫妇、爱迪生和亚里士多德……所有这些人都是早就做好了准备。

妙手偶得的能力似乎是很难模仿的。然而，本书给出的框架深化了对巴斯德妙语的理解，也使我们对“妙手偶得”的境遇更加欣赏。一个特定的事件，可能创造了很好的机会，但是这种机会是只为那些以特定方式去表示事件的头脑准备的。真正的洞见往往是对先前被忽视的维度或因果关系的认识。它们就是新的解释和预测模型。

留声机的发明是一个用“有准备的头脑”去看待特定事件的绝佳例子。爱迪生一直在试图设计一个可以自动播放摩尔斯电码的设备。他注意到了来回穿过机器上的转盘针头所发出的嗡嗡声。从朦朦胧胧的嗡嗡声到重现声音，对世人来说是一个重大飞跃，但是对爱迪生来说却只是一小步。许多东西都会嗡嗡作响，但是只有爱迪生深入地思考了到底是什么导致了这种嗡嗡声，然后他发明了留声机。他的头脑早就准备好了，他注意到了别人忽视的维度（嗡嗡声）和因果关系。

事实上，不必一直举爱迪生的例子，那似乎有点过于久远了。苹果公司的创始人史蒂芬·乔布斯在大学里修过书法课程。这种经历教会他，必须关心字体，而这正是其他设计师忽略的东西。有的时候，妙手偶得的能力会引导人们直接将过去的想法应用于当前问题的解决。例如，汤姆·普拉斯基特（Tom Plaskett）曾经担任美国航空公司营销负责人，他就成功地应用了一个小时候学到的想法。他在密苏里州的雷敦镇上小学时就明白了一个道理：人们喜欢不劳而获。他的母亲是斯佩里 & 哈钦森公司（SQH）印花的热心收藏者，她用这些印花换来了不少礼物。普拉斯基特吸收了这种印花所包含的思想，并将其应用于美国航空公司，结果非常好：许多乘客都成了美国航空公司的常客，定期乘坐该公司的航班。[23]

深刻的洞见甚至有可能来自梦境。大约 100 年前，凯姆普费尔特（W. A. Kaempferrt）生动地描述了伊莱亚斯·豪（Elias Howe）发明缝纫机过程中的一个梦境：

> 伊莱亚斯·豪一直没有成功，原因在于早期所用的针的针眼位置是开在

针的中间的。为了他的发明，伊莱亚斯·豪的大脑没日没夜地高速运转着，甚至连睡着的时候也在思考。有一天晚上，他梦见自己被野蛮人抓住了。那些人带他去见他们的国王。

"伊莱亚斯·豪！"国王吼道，"我命令你立即发明缝纫机，不然就处死你！"

冷汗立即从他的额头上滚了下来。他的双手因恐惧剧烈地颤抖，膝盖也直打哆嗦。伊莱亚斯·豪尽力尝试了，但是既然他作为一个发明家，这么久都没有解决这个问题，这次又怎么可能一下子就成功呢？这个梦是如此的真实，以至于他大声地叫了出来。在梦境中，他看到自己被一大群皮肤黝黑、脸上画着油彩的野人士兵团团包围着。那些人以他为中心，围成了一个空心方格，将他带到了执行死刑的地方。突然间，他发现那些士兵肩上扛着的长矛很特别：矛尖附近有一个眼睛状的孔！这样，他就解决了这个难题！他要做的就是在缝纫针的针尖附近开一个针眼！伊莱亚斯·豪从梦中惊醒过来。他从床上跳了起来，立刻制作了一个在针尖附近开针眼的模型。就这样，他成功地完成了他的发明。[24]

请深呼吸一下。不要把伊莱亚斯·豪提到的可怕的皮肤黝黑的野人士兵放在心上，也暂且不要考虑他们是不是代表着伊莱亚斯·豪灵魂深处的某种奥秘。相反，完全可以把这看作乔治·科斯坦萨式的"反其道而行之"启发式所突破的另一个例子。一般的针在针尾一端开孔，但是缝纫针却需要在针尖一端开孔。在那个可怕的梦中，伊莱亚斯·豪清晰地看到了这一点。这个轶事似乎意味着，经验在大脑休息时也会发挥作用，即便在睡觉时，我们也可以获得新的想法、创建新的联系。这确实是真的。伊莱亚斯·豪并不是唯一一个在睡觉时解决了难题的人。大量科学证据表明，睡眠可以帮助我们思考。[25]这类研究也提供了另一个让你接触不同想法的理由，那就是，你的大脑可能会自动连接到你正在思考的难题上。

从定义本身来看，突破就离不开"妙手偶得"。或者更准确地说，这种"妙手偶得"源于多样性的充分准备，源于有人注意到并知道如何解释某种奇怪的现象。爱因斯坦这样写道："神秘，是我们所能经历的最美妙的事物。它是所有真正的艺术和科学的源泉。"为了解决这些神秘之物，我们必须使用自己的工具。我们经由训练积累起更多的工具，然后运用经验对它们进行精炼，并通过身份过滤出较好的工具。

THE DIFFERENCE

13

用数据说话

布丁好不好吃，只有吃了才知道。

——米格尔·德·塞万提斯，《堂吉诃德》

我们已经阐明了多样性的逻辑，并且搞清楚了多样性在什么时候有用以及如何应用它，在上一章还讨论了导致多样性的若干原因。所以现在来看看，多样性能够带来红利这个逻辑主张是否经受得起经验证据和实验研究结果的检验。如果多样性确实如模型所显示的那么强大，那么它的影响应该能像重力的影响一样得到证明。接下来，就来看看多样性的逻辑在“真实”的现实世界中是否仍然有效。

先简要讨论一下反映在人类历史进程上多样性带来的红利，然后考虑多样性带给群体和团队的影响，最后再讨论多样性对城市和国家的贡献。之所以关注这么多的层面，是因为上述逻辑在之前设定的条件下应该适用于所有规模的组织，而且也应该适用于所有人类的努力。我们并不关心这些组织是包括了 10 个人、1 万人、1 000 万人，还是包括了 10 亿人；也不关心解决问题需要整整一个下午还是需要 1 000 年。

在接下来的大部分内容中，将会把侧重于训练和职业多样性的研究，与身份多样性的研究分开来讨论。总的来说，证据与逻辑是一致的：认知多样性改善了人们在解决问题任务和预测任务中的表现。不过，身份多样性的证据却不太明确。某些身份多样性群体的表现相当好，但是有些却不然。身份多样性的城市和国家也是一样。出现这种情况是有道理的，因为多样性的逻辑本身就是有条件的。首先，身份多样性与认知多样性之间的联系不一定在所有情况下都很强。其次，许多身份多样性的群体在基本偏好上存在着差异，正如已经看到的那样，这会导致很大问题。最后，不同的人经常会遇到沟通和相处方面的困难。然而尽管如此，如果仔细观察各个层面即群体、城市和国家的证据，将会发现“有管理”的身份多样性确实会带来红利。

如何解读数据

在仔细查看这些数据之后，我们发现了一些很复杂的问题。其中一个问题是，那些专门研究多样性红利的人，却没能很好地建立和利用真正好的模型。不能假设只有两个组，说一个小组是同质性的，另一个小组是多样性的，然后寄望于多样性的那个小组的表现更好。该小组必须参与一个任务，例如解决问题任务或预测任务，因为多样性对完成这些任务是有益的。然而有些任务，例如销售商品或完成电话调查，涉及的主要是个人的工作。这些任务不是需要人们共同努力去寻找好的解决方案或做出准确预测的任务。因此，不应该期望多样性与更好的群体表现呈正相关，无论是功能性还是基于身份的。如果真的有所期待，也应该期待相反的情况，也就是说，我们应该期待的是多样性是否会损害群体表现。

而且，即便是在多样性应该会产生效益的那些情况下，也只有在管理得当时才会如此。很多奇怪的事情可能只会发生在一个多样性的群体中，而在同质性群体中却可能不会发生，包括身体和言语暴力。因此，不仅应该期待多样性的群体可能是最好的，也应该期待多样性的群体可能是最糟的。总而言之，不应该期待各种研究结果都能证明多样性有非常明确的益处。因此，就目前而言，只要能找到证据表明多样性群体的表现可以比同质性群体更好，那就很不错了。如果证据表明，多样性群体从来没有或只是在极小的情况下比同质性群体做得更好，那才是值得担忧的。

要说明为什么可以采取一种看似有偏见的立场，考虑一下“自行车测试”（bicycle test）。这个测试是这样进行的：一群经验丰富的社会科学家想要确定，骑自行车和跑步作为交通方式，哪一种更加快捷。这些勇敢的社会科学家进入各种各样贫民窟的最深处，召集了 100 名年龄都是 5 岁的孩子。他们把这些孩子分成两个人数相同的小组。然后，他们要求第一个小组中的每个孩子以尽可能快的速度跑 10 秒钟。最快的孩子也许可以跑 55 米，甚至 65 米，而最慢的孩子可能只能跑 18 米。作为优秀的社会科学家，他们记下了这些孩子跑的距离，并计算出平均值为 37 米左右。他们让另外 50 个孩子跨上自行车，要求他们在 10 秒钟内尽可能快地向前骑行。再一次，社会科学家记下了数据，并同样发现平均距离为大约 37 米。然而这一次，距离的方差要大得多。懂得怎样骑自行车的孩子们骑行的距离可能远远超过了 90 米，而那些不会骑自行车的孩子则会摔倒在地，甚至有可能弄伤手肘和膝盖。假设这些社会科学家们早就准备好了绷带。

如果只是简单地看一下数据，那么有的人可能会觉得骑自行车并不比跑步快多少，他们或许会得出这样的结论：骑自行车并不比跑步快。但是，如果更仔细地查看数据，就会发现骑自行车需要更多的训练和经验。而且有理由预测，当人们普遍获得了这些技能之后，骑自行车的人将比跑步的人要快。这个自行车测试可以作为一个非常重要的比喻。因为我们刚刚开始广泛的、多样性的互动。

全球化是一个相对较新的现象，跨学科研究也是一个很新的现象，多种族攻关小组也是如此。学习如何利用多样性的益处可能需要一些时间。40 年，按照某些社会科学家的衡量标准来看，似乎已经够漫长了，但是事实并非如此。我们有很多要学习的东西。因此，就目前而言，主要关注点应该是，各种研究是否表明多样性可以带来红利，而且并不要求每一次都会产生效益。

戴蒙德的新观点

现在从一些好玩儿的事情开始讨论。例如，可以先聊聊人类社会发展史上的若干趣闻轶事。1万年前，人类社会还主要由狩猎采集者组成。后来，人类驯化了几种动物。现在，我们派出了“漫游者”去探测邻近的行星、吃现成的烤面包片、在电灯下读书，拍一拍手就可以打开和关闭各种电器。这一切是怎么发生的?

这种转变之所以发生，是多种原因共同作用的结果。不过，要对每一种原因“论功行赏”,在很大程度上依赖于猜测。比如说,这个星球上过去1万年的“好天气”（相对来说）就起了很大作用，但是到底有多大，就只能靠猜了。不过幸运的是，还是可以排除一些解释的。例如，可以排除“现代文明的出现是因为大脑容量扩大了”这种理论。大多数专家都认为，现代意义上的人类在5万年以前就出现了，但是文明的兴起却是1万年前的事情。[1]事实上，对于现代文明的兴起，大多数解释都依赖于一种累积的逻辑。新的想法和创新是在原来的基础上涌现出来的。多样性的技能与思想相结合，带来了巨大的效益，从而使现代文明得以出现。借用罗伯特·赖特在《非零和时代》(*Nonzero*）一书中的观点：现代文明的故事就是非零交互作用的故事。[2]

要想搞清楚这个逻辑是如何展开的，先回过头去思考一下崎岖景观。试想一下，在1万年以前，有多个人类社会被分别困在一系列局部高峰上。按照现代的标准来看，这些山峰的高度过低，不符合成为“冰激凌之峰”的要求。当时，人们缺乏必要的启发式和视角来解决农业耕种和动物驯化等方面的基本问题。现在，人类社会已经解决了其中一些问题,但是还远远没能解决所有问题。正如贾雷德·戴蒙德（Jared Diamond）在《枪炮、病菌与钢铁》一书中描述的，即便拥有了所有现代技术，我们还是没能驯化斑马等动物、没有将橡子等植物转变成作物。

但是，在戴蒙德看来，无力驯化斑马这个事实，对回答现代文明究竟是怎样产生的这个问题非常重要。戴蒙德认为（他给出了大量证据来支持自己的观点），人类文明的摇篮是肥沃新月地带，在那里，人们面对的是一些更容易解决的问题：

植物有更大的种子，动物也更容易驯化。还是用崎岖景观来说吧，肥沃新月地带的居民面对的景观与其他地方的人们相比是不那么崎岖的。当然，现在已经知道，不那么崎岖的景观是更容易攀登的。一旦人们开发出了解决他们面对的问题的启发式，复杂的人类社会就开始形成了。由于类似的气候和土壤条件，肥沃新月地带的居民更容易沿同一纬度横向分享这些启发式。可以这样想象：你可以把一棵橘子树带到芬兰，但是却不能让它长大。因此，复杂的现代社会首先是沿着东西方向扩展开来的，直到最后，才沿着南北方向扩展。

戴蒙德解释了人类社会是怎样从狩猎和采集过渡到种植谷物、饲养家畜的，但是我们又是怎么从农业社会过渡到有蒸汽机、青霉素和 iPod 的现代社会的？美国经济学与历史学教授乔尔·莫克尔（Joel Mokyr）认为，正是随着认知工具箱的不断扩散，第二次飞跃才得以发生。[3]莫克尔证明，是技术和知识的可转换性导致了从工匠社会向大规模生产的工业社会的转变。也正是如此，我们获得了过去 300 年来前所未有的惊人的生产力增长。一旦人们可以分享技术、视角、启发式和预测模型，经济的快速增长就会随之而来。知识的扩散使各种各样的认知技能可以被面对类似问题的任何人运用，无论他们在什么地方。

根据戴蒙德和莫克尔的解释，新的启发式（技能和技术的形式）和视角（如何表示面对的问题）推动了经济增长。在他们看来，最重要的是工具和技术是可以组合起来的。回想一下“多样性视角”一章中提到过的“按规律填入缺少的数字”的例子，我们是在将两个视角组合起来之后才推导出答案是 42 的。要养活千百万人，无疑是一个更加困难的挑战。学会种植谷物对解决这个问题会有一些帮助，驯化动物也会有一些帮助。如果同时拥有了这两种工具，人类社会就可以利用驯养的动物去耕种田地、收获谷物了，这样也有了大量剩余收益可以投入市场。1+1=12！

还可以将同样的思路进一步扩展到预测模型中。一种方法是运用模因理论（Meme theory），并将思想视为与遗传物质类似的东西。美国经济学家马丁·威茨曼（Martin Weitzman）就构建了一个这样的模型。在他的模型中，技术和思想被视为可以组合和重组的基本构件，它们构成了经济增长的基石。[4]威茨曼在推理时所用的数学模型非常精巧，给人留下了深刻的印象，但是在这里，并不需要亦步亦趋地重新推导一遍。环顾四周，可以看到很多这样的例子。巧克力加花生酱，就有了锐兹公司（Reese）生产的著名的巧克力花生酱杯。有了汽车挺好的，有了收音机也不错。但是当把收音机装进汽车里之后，就创造出了一种新的可能性，那就是一边在高速公路上疾行，一边以最大音量收听恐怖海峡乐队（Dire Straits）的现场直播"摇摆之王"演唱会。我们创造了这种机会。

莫克尔有力地阐明了，要将多样性工具和解决方案组合起来，需要可转移的技术和认知工具。一旦有人掌握如何炼制钢铁，那么其他人也一样能够学会。经济学家将认知工具描述为非竞争性的，也就是某个人在使用的某种工具，其他人也会同时使用它。如果我正在用微积分来解决某个问题，你也可以用微积分去解决另一个问题。但是，如果我正在使用卫生间，那么其他人要想用，就必须等待。

这涉及了在考察城市时将会更详尽地探究的一个问题：人口密度对于不同思想的传播至关重要。如果某个想法落在了森林里或沙漠中，那么不会有人注意到它。只有物理距离足够接近，不同想法才能相互碰撞。这是一个强有力的规律，它有助于解释现代文明的兴起和科学知识的爆发性增长。[5]经济增长与人口增长密切相关：人越多，想法越多；想法越多，经济增长越快。一项开创性的比较历史研究表明，人口规模与经济增长之间的这种关系，不仅仅在过去的10年、50年、100年是成立的，在100万年以来的时间里都是成立的！[6]一般来说，更多就意味着更好，但是仅有更多还不够，还要有更多的多样性，特别是，还要让更多的多样性相互碰撞。

多样性的收益

现在，再来讨论一些关于多样性群体表现的实证研究。不过，在这样做的

> **多样性的价值假说 (the value in diversity hypothesis)**
> 身份多样性群体的表现胜于同质性群体。

时候，必须时刻牢记社会科学实证研究的一个风险。与人有关的数据很少是“干净”的、整齐的，而且经常无法得到想要的那么多的数据。这里将重点讨论两个截然不同但彼此相关的问题。第一个问题是探析证据是否符合我们的模型；第二个问题是讨论身份多样性是否会提高群体绩效。之所以要考虑第二个问题，不仅是因为这是很多人都在研究的问题，而且是因为在全球化的背景下这个问题非常突出。正如我们只能分析现有的数据一样，所能讨论的也只有这个问题的研究，因为只有这个问题被频繁研究，它甚至有了一个专门的名称：多样性的价值假说。[7]

如前所述，如果只考虑那些完成例行任务的人，例如负责给牛肉饼翻面的人，不会期望看到认知多样性与群体表现相关。这是对的，给牛肉饼翻面并不需要群体解决问题或预测。但是，如果看看那些制定营销策略的人，我们就会期望看到多样性带来的红利。多样性视角、启发式、解释和预测模型的价值，只有在将它们投入使用时才能显现出来。如果要完成的任务不涉及解决问题或预测，那么多样性能够改善结果这种说法就可能是不准确的。

第二个问题则与如何衡量多样性的影响有关：数据是有噪音的，这意味着许多研究可能无法发现多样性的显著效应。这与统计学家所说的“信噪比”（noise-to-signal ratio）有关。相对于正在寻找的效应而言，随机因素可能非常大，以至于很难识别效应。用尺子测量某个人的身高，信噪比很低；但是用一个人头发的多少去测量他的年龄，信噪比就可能会很高了。毕竟演员詹姆斯·卡维尔（James Carville）和政治家卡尔·罗夫（Karl Rove）都不像看上去那么老！

在这些研究中，信噪比都相当高，出现这种情况的一个原因是，从绝对值来看，多样性的效益应该只能说是适度的。不应该期望认知多样性和身份多样性会马上转化为20%的业绩增长。那当然很好，但是很难发生。即便是计算机，也做不到这一点，汽车也不能。我们不能脱离现实。在一个组织或一个经济体中，生产力能提高 2% ~ 5% 就已经非常值得庆祝了。在这个意义上，多样性的效益是很小的。

但是另一方面，也不应该误以为多样性的效益只是一次性的。如果今年多样性有助于问题的解决，那么明年也将一样。因此，这里所讨论的并不是生产力水平的一次性改变，而是生产力水平潜在的永久性增长。各公司花费数 10 亿美元用于多样性训练，怎么可能只希望获得一次性的效益呢？这些永久性的小幅增长会产生巨大的影响。千万不要忘记复利和 72 法则所能创造的奇迹。如果多样性每年都能提高 4% 的绩效，那么在不到 20 年的时间里，生产力就会翻上一番。 这也就是说，花费同样的工作时间，就可以得到多一倍的普拉达鞋子、明氏薄荷糖以及其他各种各样的东西。

但是，我们还要面对第三个问题：多样性可能会导致沟通障碍、基本偏好冲突以及群体动力学等方面的问题。在某些情况下，比如说在预测市场中，这些成本其实全都不存在，多样性带给我们的全是红利。接下来，就让先来探究一下预测市场的更多细节。

预测

几乎没有人会怀疑多样性提高了群体在预测任务中的表现。在艾奥瓦电子市场中，人们买卖与政治事件相关的各种“股票”。例如，某只股票可能是这样的：如果某个特定的候选人赢得了选举，比如乔治 ·W. 布什在 2004 年的美国总统大选中获胜，这只股就要支付股息。如果这只股票的售价是 50 美分，那么就意味着市场认为布什有 50% 的获胜机会。但是，除非修改宪法，否则这只股票”在 2008 年将会一文不值，或者将干脆退市停止交易，而“杰布 · 布什股”的股份则不会为零。事实上，在过去美国的 5 次总统选举中，艾奥瓦电子市场对总得票率预测的误差只有 1.37%。对于美国以外的其他国家的大选，平均误差则仅有 2%。[8] 此外，在50多次选举中，艾奥瓦电子市场唯一一次预测误差超过10%是在1992年3月17日，参议员保罗·聪格斯（Paul Tsongas）在密歇根州和伊利诺伊州出人意料地胜出，而比尔·克林顿（Bill Clinton）以极大优势获得提名。总体而言，在预测选举结果方面，艾奥瓦电子市场比民意调查准确得多。[9]

当然，有人可能会提出质疑，在艾奥瓦电子市场购买和出售股票的人也可以获得投票数据和民意调查数据，因此这些“投资者”也许只是在对多个民意调查的预测进行平均化处理而已，因此，我们本应期待艾奥瓦电子市场会预测得相当准确。这没问题，它并不违背模型。这些高能力的预测者也是多样性的模型集合。因此，他们的预测也相当准确。即便民意调查真的提供了某种基准，但是艾奥瓦电子市场也还是比这个基准做得更好。

再来看体育赛事博彩。这里不存在上述基准问题。如果在拉斯维加斯所有的投注站预测某支职业橄榄球队将以平均得7.5分击败另一支球队，那么平均胜率就是7.5分。换句话说，博彩业的预测没有任何偏差。[10]

现在，再来看一看关于体育博彩的一项最新研究，目的是告诉你群体预测可以准确到什么程度。这项研究要解决的问题是，搞清楚用真金白银下注是不是会导致群体预测的准确性出现很大的差异。为了检验这个假说，研究者对一个位于爱尔兰的、用真实货币“下注”的网上市场TradeSports与一个不涉及真实金钱交易的预测市场NewsFuture的准确性进行了比较，要求它们分别预测美国职业橄榄球大联盟2003赛季208场比赛的结果。[11]研究表明，这两个市场的预测准确性都相当惊人。

要衡量这些市场的预测准确性，一个方法是问：如果某市场预测一支球队会以概率p获胜，那么该球队赢得比赛的实际概率是多少？换一种说法，如果某支球队要参加20场比赛，它的“市场价格”是80%，那就意味着可以预测这支球队能赢得16场比赛。可以将这个预测与实际结果进行比较。研究表明，实际结果与预测结果之间的相关性分别是，使用真实货币的市场为96%，不使用真实货币的市场为94%。这些数据表明，就像艾奥瓦电子市场一样，这两个市场的预测准确得几乎令人难以置信。

但是，这些数据真的支持了我们的结论吗？我们知道，这些市场包含着许多拥有多样性预测模型的人。也知道，在这些市场中下注的人平均来说并没有那么准确。之所以知道这一点，是因为许多人都在以其他价格买进卖出。他们在这样做的时候，都认为他们自己做成了好交易。所以，可以认定，这些结果直接证明了多样性预测定理，支持了多样性带来红利的结论。

解决问题

刚才已经看到，认知多样性的群体擅长预测，但是它们在解决问题时的表现又如何呢？在这里，也可能会遇到由群体动力学和交流障碍导致的问题，还可能会或者不会遇到与基本偏好多样性相关的一些问题。如果试图解决的是社会问题，那么我们可能会对什么才是好结果产生分歧；但是，如果试图解决的问题是如何根治男性秃顶，则可能会直接认定更多就是更好。关于认知多样性在解决问题中的益处，无论是在现实世界还是在学术研究中都可以找到很多例子。一个简单的事实就可以给出有力的证明：当遇到困难的社会问题时，例如如何把人送上月球、如何治疗疾病、如何设计新产品、如何提出修订税法的法案，等等，都会组建多样性的团队。是的，我们经常创建各种各样的迷你版的布莱切利庄园。如果这种多样性策略没有作用，也就不会一而再、再而三地这样做。

大量细致、翔实的实证研究同样表明，认知多样性确实大有益处：拥有多样性训练和经验的团队，其表现通常优于同质性团队。[12] 有些研究将不同技能上的多样性分离出来考虑，例如不同类型的工程师，结果表明，多样性提高了团队绩效。[13] 针对创造力和创新活动的研究则表明，认知多样性是一个关键的解释变量。[14] 一些研究还表明，更具训练和经验多样性的管理团队通常会引入更多的创新。[15] 根据这些证据，组织行为学家普遍认为，认知多样性确实能够提高创新率，尽管他们也许不同意多样性能够改进所有任务的绩效。[16]

来自商界和各种组织的这些证据意味着，我们也期待认知多样性会给科学研究带来效益。跨学科研究的倡导者当然相信这是真的。而且，也确实拥有无数趣闻轶事的证据，它们都说某个来自其他领域的人提出的一个想法导致本领域出现了重大突破。也越来越难以见到，某位科学家通过一个人单枪匹马地在黑暗中摸索、做出了突破性贡献这类故事了。这不是因为聪明人变少了，恰恰相反，正如科普作家詹姆斯·格雷克（James Gleick）指出的，我们现在缺少的只是爱因斯坦式的天才，至于聪明人，已经太多了。[17]

确实，在当今时代，个人天才似乎变少了，团队贡献似乎更重要了，这种情况之所以会出现，还有一个原因就是要解决的问题事实上变得更加困难了，同时研究项目也变得更加庞大了，毕竟让一个线性加速器正常运转与让一盏灯亮着相比，需要的人无疑要多得多。因此，合作也变得更加容易了。[18]现在，“团队工作”已经主导了现代企业；同样地，“团队工作”也主导着大型科学项目。

在这方面有许多有力的证据。从1901年到1910年，有14人获得了诺贝尔物理学奖，他们中许多人都是实验室中“孤独的天才”。从1995年到2004年，共有28人获得了诺贝尔物理学奖。这10年的获奖人数恰恰是第一个10年的两倍。每年平均2.8位科学家获得诺贝尔物理学奖，这是一个引人瞩目的现象，因为诺贝尔奖的惯例是，一个奖项同一年最多只能颁发给三位获奖者。诺贝尔化学奖也出现了同样的现象。在第一个10年中，诺贝尔化学奖颁发给了10个人，而从1995年到2004年，却有27位科学家获得了诺贝尔化学奖。[19]当问题变得越来越困难之后，即使是最聪明的人、最有天分的人，也不得不或多或少地依靠别人。

对团队与个人的绩效进行比较的一系列研究的结果，也为我们的模型提供了有力的支持证据。经济学家和美国央行官员讨论一个关于货币政策何时应该由个人做出决定、何时应该由团队做出决定的问题。在一个以本科生为被试的实验中，美国联邦储备委员会前副主席艾伦·布林德（Alan Blinder）和来自加州大学伯克利分校的经济学家约翰·摩根（John Morgan）对这个问题进行了研究。这是一个很重要的问题，而且远远超出了货币政策领域。应该由谁来做出决定：董事长还是董事会？一个人还是一个委员会？我们的模型表明，应该由董事会来做出决定，因为董事会拥有多样性视角和启发式。

布林德和摩根在实验中得到的结果与我们的模型是一致的。[20] 在这里，不能深入、细致地讨论他们的实验细节，而只能报告其主要结果。他们共进行了两个不同的实验，在每一个实验中，团队的表现都要比个人胜出了大约 3.6%。只要回想一下在前面提出的 72 法则就可以看得很清楚，在现实世界中，这种幅度的改进是值得庆祝的。布林德和摩根的研究结果吸引了很多后续研究者，例如英格兰银行的一些学者也组织了类似的实验，并发现了类似的结果。[21] 大西洋两岸的这两项研究还有一个引人瞩目的结果，实验组织者对曾经参加团队的个人绩效也进行了检验，结果表明，即便是在拥有了“团队经验”，分享了团队的视角和启发式之后，个人的表现仍然不如团队。

身份多样性群体的绩效

现在讨论一个许多人尤其是那些对全球化和平权运动很感兴趣的人都可能会关注的一个关键的经验问题：身份多样性群体的表现如何？正如在本书引言中已经提到过的，要想让身份多样性给带来效益，就必须将它与认知多样性联系起来。身份多样性能够在多大程度上转化为认知多样性，取决于具体的情境，所以看到，这方面的经验证据将会是比较模糊的。事实也确实如此。而且，身份多样性的效益，主要体现在解决问题和预测任务上，而不会体现在日常的常规任务上，至于原因，在前面已经多次论及了。

确实，从这些考虑身份多样性群体的研究结果来看，我们看到了当初所期望的。一些研究证明了身份多样性大有益处，因为在这些研究所针对的情境下，身份多样性与工具多样性存在联系，而且所要解决的都是可以让认知多样性有用武之地的任务。另一些研究则发现人口结构的多样性与成功之间没有什么关系。[22]

身份多样性的群体和团队有时会碰到某些群体动力学问题，这会影响它们的表现。这些问题部分来自行为上的差异，例如，有些人先举手后发言，有些人却直接打断别人的话。如果受困于沟通障碍，或者因基本偏好多样性而歧议丛生，又或者出现议程操纵和虚假陈述偏好，那么就可能会出现一个没有效率和不快乐的群体。[23] 为了帮助你更好地理解各种不同的多样性群体的绩效，可以写出一个等式，如下所示：

多样性净效益 = 多样性工具的总效益 – 多样性成本

检验多样性价值假说的方法就是衡量多样性的净效益。但是前面给出的许多模型都只考虑了总效益。除了偏好多样性可能导致的问题之外，还忽略了多样性的成本。如果人们学会和谐相处，那么这些成本是可以克服的。因此，我们期望看到，在一些情况下，多样性群体的表现得更好，而在另一些情况下则表现得更糟。大量证据表明确实如此。

凯瑟琳·威廉姆斯（Katherine Williams）和查尔斯·奥莱利（Charles O’Reilly）对大约 18 项研究进行了全面综述，结果发现，对净效益的粗步检验表明，我们的假设是有经验支持的，而且多样性群体的绩效方差更大。[24] 在一个试图在大公司中找到身份多样性带来效益的证据的研究中，人们发现，在大多数情况下，净效益不存在或者很少。[25] 还有一项研究，分析了一家美国跨国公司，结果发现，性别多样性与更高的销售收入呈正相关。[26] 他们的研究也发现，性别多样性与合作程度弱化及员工满意度降低存在相关，从而间接降低了收入。但是，我们一般可以合乎情理地预测，合作程度和满意度与收入呈正相关。他们的研究以严格的计算经济学分析揭示了多样性的利和弊。结论是，平均而言多样性的效益超过了成本，但是这种情况并不一定会发生。无论如何，证据指向的不确定并不是放弃多样性的理由，而是必须学会降低多样性成本的理由，这一点，前面在以自行车测试做比喻时就已经讨论过了。

重要的是，这些研究的结果与结论并不矛盾。大多数研究都证明了两件事情：第一，多样性可以带来一定净效益；第二，相应的成本也是存在的。如果把这些有规律的事实带入等式，那么所得到的总效益必定是正的，因为 0=1–1。这样做，并不是只盯着等式的一部分看，那相当于搞了一个骗局，我们不会那么做。我们的目的是探索多样性什么时候以及怎样产生效益，并且接受它会带来一定成本的事实。

为了证明结论的内在逻辑是成立的，必须对这些研究提出一些更加精准的问题。如果身份多样性群体确实有更多的视角，那么它们应该能够生成更多的解决方案。许多研究的结果表明，事实正是如此。[27] 如果将结论是身份多样性群体的表现更好的那些研究，与结论相反的另一些研究分开来看，就可以看到我们的模型得到了支持。

当身份多样性群体的表现更好时，身份多样性必定是与认知多样性相关的。在一篇发表于《哈佛商业评论》的综述文章中，大卫·托马斯（David Thomas）和罗宾·伊利（Robin Ely）对一些讨论多样性团队绩效的研究进行了总结，他们认为不应该把多样性视为外在的生理差异："多样性应该被理解为成员的不同视角和方法，它们是由群体中不同身份的成员带来的。"[28] 用我们的术语重新表达他们的结论，同时这也是我们模型的逻辑所要求的，那就是，对于身份多样性与认知多样性之间只存在微弱联系的那种任务，没有理由认为身份多样性群体的表现会比同质性强的群体更好，除非我们相信，某种神秘的群体认知能力会从具有多样性身份个人之间的互动过程中涌现出来。

但是，本书的理论要点，早就超越了隐喻和神秘主义。是的，本书一直致力于在坚实的基础之上解释多样性的效益，所奠定的基石，本身都是有条件的。只有与认知多样性相关，或在某种程度上导致了认知多样性的情况下，身份多样性时才会产生净效益。

继续推进分析，这些模型在解决问题和预测方面表现出了优势。大量证据表明，功能多样性和身份多样性的群体更有创新性，这也与模型所显示的一致。[29]研究还表明，如果成员拥有多样性偏好，那么群体则更有创造性。[30]这与多样性偏好可能导致多样性视角、进而导致更多解决方案的思想也是一致的。

最近一项关于预测的研究表明，极具种族多样性群体的预测比全是白人的群体更加准确。在这个研究中，涉及的任务是预测黑人被告的罪名是否成立，在这种任务中，种族可能是一个重要的因素。该研究提供的证据表明，在种族多样性的群体中，白人会根据更精致细密的解释构建出更精致细密的预测模型。[31]

这种更深入的剖析使我们能够以新的视角审视以往关于公司整体绩效的各种研究。其中一些研究考虑的是员工通常执行重复性任务的公司（那不是已经几乎包括了所有公司了吗？），例如填写贷款表格和拧紧螺丝钉。这些任务不涉及真正意义上的解决问题或预测。所以，不应该期待多样性会带来多少效益。是的，汉堡王公司的研发团队可能会开发出一种新的切洋葱片或传递番茄酱的技术，但是这些仍然是重复性的任务。对于这些任务，早就接近最优了，也就是说，留给多样性的改进空间已经很有限了。如果把眼光转移到那些创新企业，也就是试图解决新问题的企业，我们就会看到，身份多样性的企业表现更好，不会好很多，但是确实更好了。[32]

我们的模型从来没有完全忽略上述等式的成本。偏好多样性模型表明，当群体成员有一个共同的目标时，身份多样性群体的表现相对来说应该会更好一些。而且，证据表明也确实是这样。[33]同时，也期待随着时间的推移，多样性群体将会有更好的表现，因为群体成员会通过学习化解他们的偏好差异导致的一些问题。证据同样为这个结论提供了支持。有的时候，多样性的团队在一开始时虽然会比同质性的团队表现得更差一些，但是它们最终会优于同质性的团队。[34]

然而，多样性的群体还是有一个问题没有完全解决，那就是如何更好地与其他人相处的问题。当人们置身于与自己同一身份的群体中间时，会觉得更加自在、更加舒服，态度也会变得更加开放。因此，要想让多样性群体有良好的表现，就必须让群体的成员感觉到，自己的身份已经得到了认可、自己的贡献已经得到了承认。如果一个人能够真正参与到一个群体中去，同时又不需要放弃自己的观点，那么结果是这个人的贡献将会更大，群体表现也将会更好。[35] 托马斯和伊利还发现，预测本身就在身份多样性群体提高绩效的过程中扮演了一个重要的角色。也就是说，如果身份多样性群体的成员预测多样性会带来效益，那么他们更有可能实现这些效益。[36] 对此，下面还要回过头来继续讨论。

虽然上面这个简略的综述只是对研究身份多样性与绩效的大量文献做了浮光掠影式的讨论，但是已经足以得出一些一般性的结论了。在许多情况下，身份多样性群体的表现比同质性群体要好。而且,那些表现更好的情形并不是随机出现的。当群体要解决的任务类型是解决问题时，当群体成员的身份多样性转化为相关的工具多样性时，当偏好多样性较小或者不存在根本偏好多样性时，以及群体的成员彼此和谐相处时，身份多样性群体的表现还会更好一些。这些特征会转化成多样性的高效益和低成本。

一言以蔽之，虽然现有证据还说不上是完全一面倒的，但总体看来这确实支持了我们的模型。当上面所说的这些条件不成立时，不应该指望身份多样性群体的表现会比同质性群体更好。我们必须尊重现实。雇用不同身份的人来酒店房间做保洁，这可能会带来一个更好的社会表象，但是应该不会导致业绩显著增长。

最后，还有一个事实值得注意。在许多研究中，身份多样性群体和同质性群体的平均表现大致相同，但是身份多样性群体具有更高的方差。这个事实表明，我们还没有想清楚怎样才能更好地和睦相处。同时也表明，当学会和睦相处时，多样性会提高绩效。我们要做的就是跨上自行车，开始学习如何骑车。

城市生产力与多样性

现在，将考虑的群体规模提高几个数量级，也就是，考虑身份多样性在城市和国家层面成功中的作用。如果多样性确实能够产生效益，各种认知工具的集合确实能够产生效益，那么城市层面和国家层面的数据应该能够让我们清晰地看到这些。从城市开始分析是一个很好的选择。如果其他条件相同，那么越是大城市，多样性应该越显著。城市还会使各种各样的想法和技术彼此紧密相连，因为城市中的人们更频繁地相互“碰撞”。正如在前面已经指出过的，这应该可以保证城市工人的平均生产力相对来说更高一些。事实就是如此。而且，技术更加多样性的城市应该比那些技术相对同质性的城市更有生产力，而且他们确实是这样。支持这种规模效应的证据可以说是压倒性的。

经济学家估计，城市规模每增加一倍，人均生产力就可以提高 6% ~ 20%。[37]诺贝尔奖获得者罗伯特·卢卡斯（Robert Lucas）以及其他许多知名学者都认为，这足以解释城市为什么会存在，这种解释要比“城市之所以存在，是因为城市有歌剧好看、有夜宵可吃”这样的解释好上无数倍。[38]当然，城市生产力的这种提高也可以用其他因素来解释。由于规模经济或交易成本较低，城市工人的生产效率可能更高。城市之所以更有生产力，还可能是因为城市中的企业更容易分享投入。或者，也可能是由于“经济平均化效应”的存在，使城市更有生产力：更大的市场能够提供小市场无法提供的保险和转售机会，根据大数定律，市场越大，平均值就越可预测。[39]

要想证明多样性确实能够解释这些城市层面的数据，就必须在多样性与生产力之间建立起紧密联系。我们需要证据证明，经济学家所说的知识溢出和技术外部性与更高的生产力相关。知识溢出就是这里所说的工具共享。当一个人与其他人分享同一些视角、启发式、解释或预测模型时，就出现了知识溢出。至于技术外部性，当一种技术可以应用到某种新的环境时，就出现了技术外部性，例如，将激光器放进了打印机时。知识溢出是有地理偏向的并且城市较为密集，基于美国著名城市规划师简·雅各布斯（Jane Jacobs）研究的大量描述性证据都支持了这个结论。[40]

即使承认这种溢出效应的存在，对于它们的具体形式，仍然可能会有很多争议。肯尼斯·阿罗和保罗·罗默（Paul Romer）等人提出的一个模型强调了行业内部的溢出效应。在他们的模型中，硅谷的一名程序员开发出了一个新的视角或启发式，并迅速传播开来。这与简·雅各布斯的跨行业知识溢出理论形成了鲜明的对比，在简·雅各布斯看来，启发式和模型能够跨情境、跨领域传播。乍一看，雅各布斯的模型似乎不太合理。制造汽车的企业真的可以从销售牛奶的企业身上学到什么吗？事实上，他们确实可以学到不少东西。很多汽车制造商在几十年前才采用了创新即时库存系统，而超市在更早的几十年前就在使用类似的库存管理系统。如果你卖的是香蕉和活鱼，你的库存系统必须及时更新，因为没有人想买不新鲜的鱼。

但是，这里要强调的是阿罗 - 罗默模型和雅各布斯模型都符合本书的逻辑。知识溢出，无论是在一个行业内部还是跨行业，都必须利用多样性。有人发现了一种新的看待问题的方式，也就是新的视角，或一种寻找解决方案的新方法，也就是新的启发式，而另一些人则将它们应用于相同的情况下，或将它们应用于另一种看似无关的情境中。不过相比较而言，雅各布斯的模型更符合逻辑：思想创意跨越了行业边界。可以用来检验这两个模型的证据还在初步阶段，且相当有限，但是总体来看这些证据有利于雅各布斯的模型。在一项研究中，玛丽安娜·费尔德曼（Maryanne Feldman）和大卫·奥德瑞奇（David Audretsch）对阿罗 - 罗默的模型和雅各布斯的模型进行了直接比较；约翰·瓦格纳（John Wagner）和史蒂芬·德勒（Steven Deller）则发现美国 50 个州的工业多样性与经济增长之间存在显著的正相关关系。[41] 这些发现表明，认知工具经常会在它们最初出现的领域之外传播开来。[42]

在经济领域，我们有充分的理由预测生产力与多样性之间存在着很强的正相关关系。多样性视角、启发式、解释和预测模型应该能够改善解决问题和预测的能力，并对经济增长发挥着至关重要的作用。在一个经济体中，人们解决问题的能力越高，创新的速度就越快。的设计越精确，对突发事件的反应就越灵敏。同样地，在一个经济体中，人们对未来结果的预测质量越高，能够选中的技术就越好；他们对需求波动的预测越精准，配置资源的效率就越高。工具箱多样性构成了经济增长的基础。

对于具有身份多样性的城市，也可以提出同样的问题。它们的生产力更高吗？但是，我们再一次发现，身份多样性也可能与其他损害经济增长的特征呈正相关。稍后还会更详细地讨论这些问题。在这里，先来看一看好消息。许多历史案例和近来的大量证据都表明，更具身份多样性的城市可能拥有更高的生产力。对此，雅各布斯这样描述道，“那些城市地区，多样性层出不穷，孕育了各种不可预知的用途和千奇百怪的景象。但是，这些并不是多样性的缺点……恰恰相反，多样性的优点就在这里……”。[43]

阿姆斯特丹的黄金时代为文化多样性的力量提供了一个非常有说服力的历史例证。16 世纪后期，以荷兰东印度公司（East India Company）推动的蓬勃发展的对外贸易产业为阿姆斯特丹爆炸性的经济增长做出了巨大的贡献。随着贸易的扩大，世界各地的移民纷至沓来：犹太难民从西班牙和葡萄牙涌入，西班牙军队接管当时领先的商业中心安特卫普后，来自比利时及其周边地区的新教徒也聚集过来。比利时商人和加尔文主义工匠的结合有力地推动了经济发展。法国的胡格诺派信徒、德国人也接踵而至，他们追随上述这些群体，来荷兰寻求宗教自由和经济发展的机会。这些多样性的民族结合在一起，使阿姆斯特丹成了一个当时整个欧洲无与伦比的高生产力、经济发达、文化先进、宗教自由的城市，独领风骚百余年。

阿姆斯特丹的故事，今天仍然在中国香港地区、巴黎、纽约、伦敦、迈阿密和新加坡等地重演。最近，经济学家试图在身份多样性与城市的发展壮大之间建立联系。在美国的城市，更大的种族多样性与工资和租金的增长呈正相关。[44] 租金的上涨，或许可以用城市（在文化上因为多样性）变得更有趣了来解释，但是这并不能解释工资增长。

对身份多样性与生产力之间关系的任何分析，都不能回避偏好多样性的影响。先回想一下前面关于偏好多样性如何导致公共产品提供不足的简要讨论。无论考察的是城市还是国家，我们都会发现，群体的种族多样性越强，用于提供公共产品的资源就越少。馅饼必须分成许多份，从而导致公共产品供应不足。在很多非洲国家，情况确实如此。这些国家经济绩效相对较差的主要原因，很可能就是由于种族多样性而导致对公共产品生产的投入不足。[45] 而且，用于生产公共产品的资源投入不足这个问题并不是民主国家政府所特有的。有人也许会认为，在独裁政府体制下，这个问题将不复存在，但是事实并非如此。事实上，在种族多样性的独裁统治下，公共产品供应不足的现象将更加突出。尽管独裁者不用面对选举的压力，但为了继续执政，他们也必须安抚国内的各个种族。[46]

种族多样性与公共物品供给之间的这种关系在发达国家也是成立的。在控制了一系列经济变量和社会变量之后，城市的生产性公共物品和服务的水平，例如学校数量、垃圾集中运输、下水道、道路等，会随着种族多样性水平的上升而有所下降。彼此越是不同，就越难以就想要做的事情达成一致。[47]

来自乔治梅森大学（George Mason University）的一位研究员理查德·弗洛里达（Richard Florida）试图通过刻画城市以及城市中居民的属性来识别城市的发展。他以四个指数为基础构造了一个度量创造力的指标，分别是高科技指数、创新指数、同性恋指数以及创意阶层指数。指数是指有创造力的人口占总人口的百分比。他对美国城市的分析揭示了城市发展与他构造的创造力指数之间的联系。[48] 他的创造力指数充其量只是多样性的一个粗略的指标，但这是一个好的开始。在这里可以补充一点，研究表明，城市生产力与种族多样性之间不存在正相关关系。考虑种族之间仍然存在一定的紧张关系，以及公共物品供应不足等问题，对于这个结果我们不应感到意外，它也不意味着种族多样性不会带来益处，只是这些益处被其成本抵消掉了。[49]

总之，现有的证据表明，在城市中，文化多样性与发展呈正相关，但是种族多样性则不然。这与国家层面的证据也是一致的。一个种族多样性程度更高的国家理应拥有更丰富的工具箱多样性，而这应该会带来更多的创新和更准确的群体预测。但是，另一方面，种族多样性也与基本偏好多样性相关，而且会导致公共产品投资不足，并导致较低的政治稳定性。

因此，一个国家的种族多样性对该国的影响是好是坏，似乎取决于上述单一的正面影响是否超过了两个负面影响。来自哈佛大学的阿尔贝托·阿莱西纳（Alberto Alesina）和意大利博科尼大学（Italy's Bocconi University）的艾丽亚娜·费雷拉（Eliana La Ferrera）这两位经济学家总结了一系列讨论种族多样性及其对经济绩效的影响的研究结果。这两位经济学家是这样描述多样性与国家经济增长之间的关系的："关于多样性的生产效应，实际情况是复杂的。尽管不难看出碎片化社会的经济容易遭受失败，但这不是一般现象。富裕的民主社会也因多样性而表现良好，特别是美国在经济增长和生产力这两个方面的表现可以说非常好。"[50]

理解这些发现的第一种方法是应用工具箱类比。如果人们只拥有较小的工具箱，那么由于卫生体系和教育制度方面可能存在的问题，多样性带来的潜在效益也许不会很大。如果任何人都没有足够多的工具，不管你将多少人组织到一起，都不可能得到多少多样性带来的红利。第二个方法源于沟通问题。在语言多样性的国家，人们很难共享工具，因为他们无法进行跨种族交流。对此，政治学家乔纳森·普尔（Jonathan Pool）这样写道："一个国家，如果所有人基本上都说同一种语言，那么这个国家既有可能非常富裕，也有可能非常贫穷。但是，如果一个国家的语言是高度异质化的，那么这个国家肯定会处于不发达或'半发展'的状态。”这是一个描述性的假说，而不是一个因果性的假说，如果只看人均收入指标，那么它可以得到强有力的实证支持，但是如果考虑的是增长率指标，这个假说就不一定成立了。[51]

普尔这个假设的另一部分也就是多样性的国家可能是富裕的国家，这可以通过“取样检验”来证明。美国、瑞士和加拿大这些国家都具有很强的多样性，它们都位列全世界人均国内生产总值（GDP）最高的国家之林。[52]但是，世界上许多贫穷的国家也具有多样性。根据阿莱西纳和费雷拉的观点，不能仅仅根据这些证据就得出任何极端的结论。但是，有了这些证据之后，也不能不设想：如果加以适当利用，多样性是可以产生效益的。

因此毫不奇怪，阿尔贝托·阿莱西纳（Alberto Alesina）和埃里科·斯波劳雷（Errico Spolaore）主持的一项大规模研究表明，种族多样性会对资源提出各种各样的要求，并导致基础设施、教育和其他公共物品投资不足。这种倾向甚至隐含着一种强烈的动机：要求民族自治，直至组建民族国家。顺便说一句，这也是现实世界中正在发生的情况：在 1946 年，全世界只有 74 个国家；而到了 2004 年，联合国已经正式承认了 191 个国家。[53]在这些新成立的国家当中，有许多是小国家，其中大约一半国家的人口不到 1 000 万人，而且大多数都是种族同质性的国家。但是，国家也不能太小，否则就会失去多样性和规模报酬可能带来的效益。小国家更容易受到军事攻击。大国的集聚效应带来的经济利益必须与对民族主权的政治意愿保持平衡。原则上说，考虑到种族多样性，不同的国家都有自己的某个理想规模。而且已经有证据表明，许多国家正在趋于平衡。[54]

通过当代欧洲的分合进退，对集聚利益的追求与对种族同质性的渴望之间的这种紧张关系，非常生动地展现在了世人面前。欧盟希望在经济和科学领域收获多样性带来的红利，但是各成员国则希望维持政治自主性。[55]从本书给出的模型来看，双方都是有一定道理的。许多新兴国家追求较少的种族多样性，以便限制基本偏好多样性，同时它们又力求保持一定规模以确保认知多样性。

让认知多样性为我所用

现在，我们知道，无论是回望人类历史上的经济增长过程，还是观察当今世界国家层面或城市层面的生产力，抑或是分析各种小群体的表现，都不得不承认：认知多样性能够提高群体绩效。我们已经拥有了有力证据，它们表明，训练经历多样性的人的群体表现相当好。但是，我们也看到，关于身份多样性群体的表现是否更好，无论是在国家层面、城市层面还是群体层面，现有的证据表现是不太明确的。但是，结果的方差则显著增大，这个事实表明，之所以会如此，只是因为还不懂得如何更好地“驯服”身份多样性，而不是因为身份多样性本身没有潜在的效益。

另外还有两个重要的警告应该不会令人觉得意外：如果多样性的人们组成的群体相互争夺共同资源，那么结果就不怎么会富有成效；如果人们拒绝沟通或缺乏沟通的能力，他们也将无法获得多样性本来能够带来的红利。无论多样性是来自经验、训练还是身份，这些警告都适用，不过这些警告对身份多样性最为适用。

总之，多样性红利是确实存在的。这种效益不是很大，而且我们本来也不应该期望它们是巨大的。但是，它们却是真实的，而且如果能够利用多样性，那么随着时间的推移，我们将会变得更好。我们会为面临的问题找到更好的解决方案，会做出更准确的预测，会生活在一个更好的地方。

THE

DIFFERENCE

第5部分

实现“多样性优于能力”

“多样性优于能力”不仅仅是一个隐喻，我们已经科学地证明了多样性优于能力定理和多样性预测定理。这些理论完全可以应用于组建团队、招聘和招生。认知多样性的团队，最善于解决各类难题和预测未来。现在，让我们起航，用12个干法去实实在在地获取多样性红利吧。

THE DIFFERENCE

14

获取多样性红利的 12 个干法

创造好的工具供其他人使用，给我带来极大的满足感。

——弗里曼·戴森，《宇宙波澜》

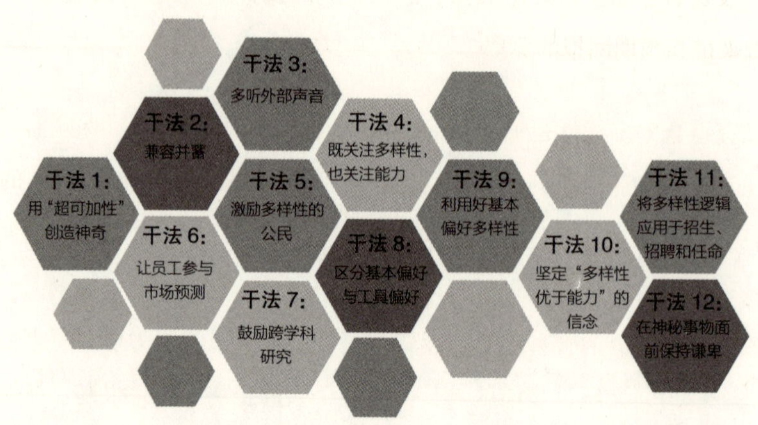

现在，让我们火力全开，展开攻势吧。多样性逻辑的含义本来就不仅仅是解释性的。解释当然很重要，但更重要的是，要利用对多样性的理解，努力使生活和世界变得更有趣、更安全、更可持续、更有生产力。所以本书的最后一部分将讨论如何把前面学到的东西应用于组建团队、招聘、招生和设计政治制度架构。这一部分所涉及的范围很大，要考虑的问题，小到估计一头牛可以产出的皮革数量（这对致力于动物维权的社会活动家来说可能很糟心），大到民主国家的运行机制，当然还包括介于这两者之间的很多问题。

干法 1：用“超可加性”创造神奇

许多研究者喜欢将一个由各种各样的人组成的群体类比为一个股票投资组合。投资顾问经常建议投资者这样来构建自己的股票投资组合：选择多只股票，以保证无论经济形势发生什么变化，总会有若干只股票表现良好。这些投资顾问还会建议，“雨天”投资债券、“晴天”投资股票、“阴天”则要持有现金。这样无论“天气”怎么变化，投资者总能获得好的回报。因此，好的投资组合通常总会放弃一些能够给个人带来最高预期回报的股票。

股票投资组合的多样性是通过扩大覆盖范围来为投资者提供“保险”的。作为一个类比，它确实能给我们一些直觉性的启发：为什么在组建一个团队的时候并不总是只想招揽个人表现最好的那些人？这就像投资者可能会避免购买表现最好的股票一样。同样，公司或大学也可能会拒绝接受某些表现最好的个人。股票的回报依赖于这个世界的各种状态。投资组合理论也可以解释为什么一家公司可能会雇用一个拥有强大统计技能的人，即使这个人的智商并不是很高。但如果出现了令人头痛的统计问题，该公司就可以求助于这个专门的统计人才，即使他在其他条件下表现不佳。这个人的作用就体现在，为可能出现的某种世界状态提供保险，这种世界状态或许也可称为“当企业遭遇统计问题时”。

尽管可能有一定的说服力，但是投资组合类比却忽略了逻辑最关键的部分：各种工具的超加性。人们拥有多样性视角、启发式、解释和预测模型。当一群人一起努力试图解决一个问题时，如果一个人做出了改善，提出了新的解决方案，那么其他人往往可以在此基础上进一步加以改进。解决问题并不是某个状态的实现，而是一个创新的过程，在这个过程中，先前的改进会成为进一步改进的基础，于是改进叠加改进，不断推进问题的解决。

多样性视角启发式会依次得到应用，不仅是一个接一个地被应用，而且还被组合起来应用。正如在本书前面已经看到的，在这个过程中，一加一之和通常大于二。[1] 工具箱的不同部分可以组合起来创造出新的解决方案。多样性是超加性的。

例如，在展览会上提供多种多样的食物，一个目的就是希望保证能够应对所有偶然事件。有些与会者可能只需要一点糖果就够了，但是其他与会者可能想吃到更多的东西。在 1904 年圣路易斯世界博览会上，与会者有很多选择。但是不幸的是，有一天，卖冰激凌的商人用光了杯子，为了应急，一位来自叙利亚的华夫饼商人欧内斯特·哈密（Ernest Hami）将华夫饼卷成圆锥形，临时充当冰激凌杯子。接下来的故事已经成了历史上的一个传奇，据说冰激凌甜筒就是这样发明出来的。[2]“投资组合”中的两个部分，也就是华夫饼和冰激凌结合起来，创造出了新的更好吃的冰激凌甜筒。多样性的人也以同样的方式发挥作用。是的，他们可以依靠自己独特的技能来应对任何偶然事件，也可以结合各自的一技之长，创造出更好的解决方案。

干法 2：兼容并蓄

上述逻辑意味着，我们应该拥有更多，而不是一个单一的视角、解释、启发式或预测模型。这就意味着要容忍些许“不和谐”。可能无法确定，出现某种特定情况时人们应如何思考。出于这个原因，我们必须成为惠特曼式的人，尽可能地做到“包罗万象”或“兼容并蓄”。即便这在有的时候可能会导致自相矛盾，但是又有什么关系呢？有容乃大。尽管惠特曼和汤婷婷两人在许多方面的具体观点都不一样，但是两人在关于“包罗万象”和矛盾运动的价值方面却是高度一致的，正如在本书“偏好集结的四个可能结果”一章的结论部分已经看到的那样。

关于“包罗万象”的益处，你应该在本书中看得非常清楚了。多样性视角和启发式可以改进解决问题的能力。多样性解释和预测模型能够带来更加准确的预测。乌合之众是没有智慧的，但有模型的群体却是有智慧的。保持这种多样性的一种方法是模仿进化（mimic evolution）。从进化的角度来看，多样性再加上强大的选择压力可以解决困难的问题。在生物进化中，是基因突变保证了多样性。那些提高了生物体适合度的突变存活了下来，没有做到这一点的那些突变则被弃置在进化之路的旁边。在由个人组成的群体内部也会出现类似的效应。人们不断尝试各种工具，好的工具“生存”下来了，不好的工具则被淘汰掉。不断地实验和尝试，可以使个人表现更好，而且更加重要的是，这样做还可以带来更好的群体表现。正如在前面已经看到的，不断增加的多样性提高了人们在预测（多样性预测定理）和解决问题（多样性优于同质性定理）方面的群体表现。

现在，来做一个思想实验。假设现在必须预测一头牛能产出的皮革数量，而这需要先求出牛的表面积。然而，即便是微积分课程中的复杂曲面，与现实中牛的“表面”相比也显得苍白无力。不过幸运的是，有一本讨论建模的书，它提供了解决这个问题的方法。[3] 可以先想象一头球形的牛。在这里，需要忽略怎样对这头球形牛挤奶、怎样让它吃到地上的草等问题。于是就可以使用在中学数学学到的公式来计算它的表面积。然后，再用计算出的数字来估计真实牛的表面积。虽然估计不可能是完全准确的，但是也不会太差。

多样性的逻辑表明，通过考虑多样性预测模型，可以做得更好。我们也可以把这头牛的形状想象成一只大箱子，甚至可以把很多个大的纸箱叠放在一起，直到跟真牛差不多大小，或者还可以想象一头椭圆形的牛。在这些模型中，也许有一个比球形牛的模型更加准确。如果真是这样的话，那很不错。但是，拥有多样性模型的最大益处可能不在于某个模型本身有多准确，而在于它们的平均值。所有“牛模型”组成群体的表现可能比最好的那个“牛模型”还要好。这种思想实验不仅有可能找到更好的模型，还创造了一个模型的群体。模型的群体本身也是一个模型，而且是一个很好的模型。

这种思想实验要进行多少次、要推进到什么程度，取决于具体情况。显然，实验的成本越低，面对的问题越重要，就越应该进行更多的实验。当一个问题与其他问题有联系时，也应该进行更多的实验。例如，如果能够理解蛋白质是如何折叠的，那么就可以在其他许多问题上取得进展，因此针对蛋白质折叠，就值得多做实验。认知工具是可以在不同领域之间“自由流动”的。将不同工具组合起来，就可以实现更大的突破。[4]

干法 3：多听外部声音

试图解决问题时，就是在一个个“景观”内攀登。个人、团队和组织都在攀登。然而不幸的是，有人攀登的景观却比他们所需要的更加崎岖。我们可能会陷入看待问题的某种特殊方式无法自拔，可能会用错误的方式去对所面对的问题进行编码，也就是使用了错误的视角。在一个组织中，共同的视角能够促进交流、推动更先进的启发式发展，但是它们也会产生共同的局部最优解。如果所有人都以同样的方式思考，就会导致这样一个结果，也就是说，如果群体中的某一个人被卡住了，所有人也就都被卡住了。

群体视角使问题变得更加简单是有可能的，公司正在采取的某种行动也可能是最优的。但是经验表明，完全实现最优化的公司，只存在于那些经济学入门著作中。也正是由于这个原因，公司每隔一段时间都需要从外面引进人才。这些“外来的和尚”，能够通过引入新的视角来帮助公司“摆脱困境”。在这里，还要给出一个警告：这些“外人”也不能永远保持外人的超然身份。回想一下，在阿希那个比较线条长度的实验中，当“外人”与一群人一起走进房间之后，他们就不再是外人了。外人必须是真正的“外人”，否则他们会停止以不同的方式思考。

先从学术界的一个例子开始讨论。大多数大学都会设置若干院系。由于显而易见的原因，院系的划分会阻碍多样性，但是暂且先不考虑这个事实。这些院系的运行通常都是自我管理、自我监督的。院长、系主任和教务长会根据外部的反馈评估本部门的表现，包括毕业生的就业情况、教师在顶级期刊上发表论文的数量，以及其他学校试图从本校挖人的频率，等等。这些信号可以表明一个院系的表现是好是坏，但是它们并不能给出如何才能改进本院系绩效的方法。因此，大学会定期邀请来自同一学科或者其他相关学科的学者，组成一个外部委员会，请这个外部委员会就如何改善院系工作提出建议。外部委员会的成员们是如何做到这一点的？他们会收集相关信息、了解院系现状，提出在某些方面进行改进的建议。但是，这些人真的比在本院系就职的人更能干吗？未必。或者，就算真的更能干一些，也不会高明太多。但关键是，他们是“外人”，不同于本院系的教职员工。他们就是利用这种差异来做出改进的。

这种外部委员会也可以被认为是咨询顾问。事实上，他们就是咨询顾问。因此，可以用同样的思路来解释咨询顾问的益处：他们能够提供多样性，从而帮助企业做出改进。确实，有一些企业之所以聘请咨询公司，只不过是想包装一下，增加公司董事会已经做出决策的可信度，“瞧，麦肯锡公司也赞同我们的决定！”确实，有些咨询公司所提供的咨询建议是相当空洞的，或者是企业没有能力实现的。但是，也确实有许多咨询公司真的给出了很好的建议，帮助企业做出了改进，否则市场上就不会有那么多的咨询公司了，咨询顾问也不可能赚到那么多的钱。但是，这些咨询顾问之所以能够帮助企业提升价值，并不是因为他们是地球上的“思想巨人”，也不是因为他们比其他人更聪明、更有能力。

现实一点：咨询公司派来的咨询顾问，很可能是刚刚毕业的研究生，他又怎么可能比普瑞纳公司更了解狗粮、比丰田公司或通用汽车公司更了解汽车呢？确实不能。咨询顾问可能很有才干，也很勤奋，但是他们平均来说并不比其他人更聪明，他们对公司和市场的了解比在公司工作的人更少。不过这没关系。正如多样性逻辑所显示的那样，咨询顾问不需要在这些方面比公司员工更加聪明，他们可以通过拥有与员工不同的核心工具来帮助公司提升价值。

你应该已经注意到了这个逻辑的颠覆性。有些人可能会认为外部委员会成员和咨询顾问都是专家，但是我们却不这样看。相反，只是把他们想象成拥有不同思路的人。外部委员会成员和咨询顾问会对现状提出挑战。他们就是美国法律学者卡斯·桑斯坦（Cass Sunstein）所称的“异议者”（dissenters）。[5] 在政治领域，持不同政见的异议人士会识别出新的政策方向，并迫使我们放弃现有的预测模型。异议是非常有用的。无论是学术界还是企业界，咨询顾问都是异议者，但是他们并不是主动选择成为异议者的。他们是得到一定奖励才成为异议者的。

干法 4：既关注多样性，也关注能力

"有容乃大"和"眼睛向外看"这两个建议有一个隐含的前提假设：对于要完成的任务而言，这种多样性是适合的。大多数大学的外部委员会会从适当的领域选择学者和专家。咨询公司也不会雇用来自某个与世隔绝山谷的部落人，让他们穿上西装，请他们帮助某家公司解决如何实施"萨班斯 - 奥克斯利法案"的问题。相反，咨询公司会聘请读完 MBA 课程的毕业生。多样性必须是相关的。在解决问题的背景下，已经讨论过这个问题。不符合"微积分条件"，就不能保证由多样性的人组成的群体的表现会更好。同样的逻辑也适用于预测任务。要想让群体有智慧，它们必须既拥有所需的能力，又能保证足够的多样性。

干法 5：激励多样性的公民

根据多样性预测定理的逻辑，一个成功的民主国家要求选民或拥有准确的预测模型，或拥有多样性预测模型。因为任何单个选民的投票都没有什么意义，所以选民们没有足够的动机去构建准确的预测模型。一般来说，人们用来预测政策结果的模型通常都是不怎么准确的。大多数人甚至无法预测午餐时会吃些什么。在这里，要将拥有信息与拥有某种解释信息的方法以便构建一个预测模型这两者区分清楚。民主制度要想正常运行，就要求人们拥有相当准确的预测模型。但是，政治领域的问题往往太难、太复杂，以至于上述要求很难得到满足。

为了确保群体预测的准确性，一个替代方法，也是一个更现实的方法，是让每个人都做出尽管只算得上“适度准确”但却非常多样性的预测。做出一个适度准确的预测，也需要做出相关的解释并构建一个预测模型。对于某项政策，人们可以借助于类比思考，或通过只关注政策辩论所涉及众多维度中的某些维度，来做出适度准确的预测。借用我的同事亚瑟·卢皮亚（Arthur Lupia）经常说的一句话：“要对美国福利政策做出好的预测，并不取决于能不能正确地说出美国 50 个州首府的名字。”[6]

有些人认为，每个人都应该认真地阅读一些像美国历史学家盖瑞·威尔斯（Garry Wills）所著的激动人心的《林肯在葛底斯堡》（*Lincoln at Gettysburg*）这样的书，他们是对的，但是只对了一半。[7] 像这样的书，不仅仅提供了事实，还能帮助人们更好地反思有关的历史事件，甚至有助于提出预测模型。它们也有助于强化我们的身份认同。这些都很好。但是，对林肯演讲的理解再深刻，也不能保证对当前的政策会有更好的群体预测。

民主制度要想正常运行，民众必须拥有相当准确且多样性的预测模型。人们通常能够做到这一点。大多数人都有能力思考学校改变选址或增加财产税的影响。这样一来，选民也就变成了一个模型的群体，尽管有的时候，这些模型并不像所希望的那么复杂、精巧，但是它们仍然是模型。不过在有些情况下，普通选民并没有模型，于是求助专家，希望这些专家能够在深入理解的基础上精心构建出模型。[8] 这是一条捷径，有的时候有效，但是如果只依赖于同一个专家，就只能得到该专家的预测，而且它可能不会比群体的预测更好。

如果预测模型不比随机猜测的结果更好，那么人们就可以随机地做出选择。所以，如果要求普通人投票决定采用哪种地下水处理系统，那么我们的表现就不像是一个模型的群体了。对于这种问题，我们的选择可能不会比随机掷骰子更好。也正因为如此，在美国的政治制度中，已经形成了一种非正式的规范：限制人们就不了解内情的技术问题直接进行投票。即使是在加利福尼亚州也是如此。因此，人们会直接就如何改善政府治理投票，而不会就武装条约投票。[9]

出于一些显而易见的原因，做某些决定时，比如说美国总统选举，会允许每个人都参加投票，除了罪犯和最近才移民进来的人。在这类选举中，如果所有人都只是部分知情的，并且都使用类似的模型，那么就不会做出好的民主决定。通过“温故而知新”的方法去预测未来，对个人来说可能是合理的、有意义的，但是如果每个人都这样做，就会缺乏多样性，从而无法做出好的选择。如果一个美国政治家鼓吹会导致生活水平下降的政策，那么他往往会被民众用选票赶下台。然而不幸的是，政治家也可能因不幸偶然碰到的随机事件而下台。在一项研究中，美国政治学家克里斯·阿亨（Christopher Achen）和拉里·巴特尔斯（Larry Bartels）找到的证据表明，选民们会因干旱和鲨鱼袭击人等自然灾害而惩罚执政者。[10] 人们会简单地将自己受到的苦难归咎于政府的政策，而不管政府是否应该受到谴责。政治家之所以会因为鲨鱼袭击人而输掉选举，是因为大多数选民都有简单、类似的模型：“情况变得更糟了，我们投票把他选下台。”在这种情况下，群体并无智慧，它其实是“疯”了。不过这种“疯”，不是“你把我气疯了”那种“疯”，而是“让我们把所有钱都用来买郁金香吧”那种“疯”。

在市场经济中，人们选择专业化。我们早上起床，收拾好午餐盒，然后出门，积累起多样性的经验。了解多样性的东西：火车、包装好的货物、猫粮、疾病的传播、商品期权、地下水处理系统和平面设计，等等。每一天，我们都构建多样性工具箱。当被要求就某个政策问题进行投票时，人们会先利用这些经验和知识来过滤，同时还会通过身份意识来过滤。

干法 6：让员工参与市场预测

在读到关于预测市场如何集结不同思维模型的分析时，一些大型组织的领导者可能会问，他们在什么情况下应该利用信息市场做出预测？信息市场对企业和组织有很大的吸引力。它们不仅是准确的，而且往往花费不大。目前，大多数大公司和组织都雇用专门的员工来构建模型，以预测未来的需求、销售情况，或者在参与政党政治的情况下决定如何投票。没有这种预测，远期规划就会变得非常困难。然而，只要创建一个内部预测市场，企业或组织就可以利用自己内部的群体智慧了。这个预测市场可以补充甚至取代专家的预测。很多大公司，很早以前就已经这样做了。惠普公司让公司的经理们预测打印机销量。事实证明，经理们的预测与专家一样好，在某些情况下甚至比专家更好。[11]

为了更加形象地说明这一点，不妨考虑一家汽车公司的例子。假设这家汽车公司想要预测未来 5 年哪种汽车的销量最好。这是汽车制造商经常要做的一种预测，也是经常出错的一种预测。为此，该公司可以创建一个内部市场，并让公司所有工程师都参与进去。但这是行不通的。工程师对汽车消费趋势可能并不了解，因为他们毕竟是工程师，而不是营销专家！这与要求他们预测奥斯卡奖将花落谁家有什么区别！这种信息市场要求参与者有合理的模型。但是，如果要求这些工程师预测哪种车型更加耐用，那么信息市场的作用就会很好地表现出来。对于这样一个任务，工程师们拥有多样性和合理模型，他们很清楚汽车各个不同的部分。由于存在这种多样性，他们的群体预测可能相当不错。

干法 7：鼓励跨学科研究

要面对的既困难又复杂的问题实在太多了，所以别无选择，只能充分利用我们之间的差异。许多困难的问题都与多个传统学科和思想领域相关。在这里，重点考虑 4 个人类社会面临的重大问题：环境可持续性、全球贫困、国际安全和疾病。在这些领域，任何一个重大突破都需要物理学家、化学家、生物学家、心理学家、社会学家、免疫学家、经济学家等的共同努力。[12] 为了在这些重大问题上取得进展，必须将物理学的逻辑运用到化学中去，把心理学的逻辑引入政治领域。

跨学科研究的第一步，可以从让来自不同学科的人一起工作、进行跨学科交流做起，这种互动可能会导致新的术语和框架的涌现。最重要的是，必须跨学科共享视角、启发式、解释和预测模型。这种跨学科方法将帮助我们摆脱局部高峰的桎梏。

干法 8：区分基本偏好与工具偏好

传统上，许多人都认为，团队或群体必须克服偏好多样性带来的问题。团队或群体的成员必须做到“立场一致”。但是这种直觉并不完全正确。如果偏好多样性是根本性的，也就是基本偏好上存在差异，那么在团队工作启动之前各成员必须做出一些妥协以达成一致。如果不能瞄准同一个目标，也就很难协同工作。如果没法达成妥协的话，人们就会各行其是。可能会操纵议程，甚至会虚假陈述自己的偏好。但是多样性的工具偏好则是一件好事。如果已经就目标达成了一致，那么对于如何实现目标的手段有不同意见就可能是有益的。在这种情况下，不需要妥协，只需要集结多样性的预测模型。

因此，我们需要区分不同情境。如果已经就目标达成了一致，但是对实现目标的手段持不同意见，就不应该试图操纵结果或虚假陈述想法。相反，应该放开胸怀拥抱群体的智慧。应该认识到，群体所做出的选择平均而言，要比所有个体所做出选择要好。不应把工具偏好多样性视为一个问题。

在一本关于如何谈判的畅销书《谈判力》（*Cetting to Yes*）中，作者也提出了类似的观点。他们建议参与谈判的人强调利益，而不要强调立场。如果两个人无法就窗户是应该打开还是关闭达成一致，那应该是因为他们一直在争论“立场问题”。只要分析一下，也许就会发现，一个人其实只想要更多新鲜空气，而另一个人其实只是怕开窗会放蚊子进来。如果是这样，那么只要买一面纱窗装上去，两个人就都会更加开心了。[13] 事实上，这两个人的基本偏好是相容的，但是在一开始时的工具偏好却是相互冲突的。如果能够很好地区分基本偏好与工具偏好的差异，那么在一半时间里，将发现根本不会有任何问题，而在另一半时间里，则必须做出妥协。

干法 9：利用好基本偏好多样性

即便群体内部有健全的群体动力机制，要达成妥协往往也是很难的，否则，像《谈判力》那样的书就不会出现，更不会成为畅销书了。在其他条件相同的情况下，每个人都会倾向于要求另一方做出妥协。这可能导致我们把基本偏好多样性视为一件坏事，但是事实上，它最多只会给选择造成一些问题。而在进行问题求解和预测时，基本偏好多样性实际上可能会给带来效益。

我们不会凭空选择视角和启发式，选择它们是因为认为能够帮助我们找到更好的解决方案。所以，如果想要得到不同的结果，就可以选择不同的视角和启发式。如果特丝对结果价值的估计与格温和埃里克不同，那么即使他们三个人有相同的视角和启发式，特丝也可能会找到某个她更喜欢的解决方案。格温和埃里克的高峰不一定就是她的高峰。而在特丝改进的基础上，格温可能会找到一个更好的解决方案。在执行解决问题任务时，基本偏好多样性的些许变化，就可能导致很大的不同。

类似的逻辑同样适用于预测。如果正在进行预测，通常不关心每个人的偏好，而只关心他们的预测是否准确、是否不同于自己的预测。如果某人有不同的偏好，或者组织中的一个下属单位有不同的目标，那么这个人或下属单位自然会关注不同的属性，从而可能会有不同的解释。[14] 因此，总的预测可能会更加准确。所谓群体的智慧，很大一部分可能就在于人群偏好的多样性。

干法 10：坚定"多样性优于能力"的信念

在前面的章节中，当讨论身份多样性红利的证据时，我们发现这些红利很多都是难以实现的。如何管理多样性群体这个问题虽然很有实际意义，但是答案的细节只能基于人力资源管理，因此不在本书的分析范围之内。但是在这里，还是要讨论其中一个让多样性群体有效发挥作用的条件，因为这很值得。回想一下上一章中提到的大卫·托马斯和罗宾·伊利的发现：如果人们相信与不同于自己的人互动会带来红利，那么他们更有可能获得这些红利。

对于预测与结果之间的这种联系，其实不应该觉得吃惊。预测塑造行为，行为塑造结果。如果预测会有效益，那么就会获得效益。如果不指望能够获得效益，只努力做类似于"促进社会正义"这样宽泛的解释，就不太可能获得效益。如果不认为听取他人意见会有所帮助，那么就不太可能倾听别人。尽管公平和正义都是非常值得赞扬的，但是它们似乎无益于产生对可以通过多样性实现效益的适当预测。

为了理解这一点，以下类比可能有所帮助。假设你在街角拥有一家餐厅，里面放了一些铺着铜皮的桌子。有一天，一位顾客注意到他坐的那张桌子上洒了很多番茄酱，然后他就安慰你，尽管损失了一些番茄酱，但是至少铜皮桌面将会变得更有光泽了。你问这是为什么，他告诉你，番茄酱能够清理铜锈。假设在此之前，你从来没有考虑番茄酱还有清理铜锈的功能，所以你试着检验这种说法。你拿起番茄酱瓶，把番茄酱挤到桌面上。过了一会儿，你擦拭桌子。哗！可以看清楚上面你的名字了！现在你从这个全新的知识中获益了。你可以让服务员先在桌子上挤一点番茄酱，然后再擦拭桌子，那么它们就会变得更有光泽。

你可以直接运用番茄酱能清理铜锈的知识。要识别番茄酱和铜并不困难。将番茄酱挤到铜皮桌子上并擦试也不需要特别复杂的技能组合，虽然顺序在这里很重要。当然，组建一个高效率的多样性团队却没有这么简单。这也正是为什么企业愿意花费数 10 亿美元进行多样性训练的原因。通过这种训练，人们可以学会相处的艺术。大卫·托马斯和罗宾·伊利指出，其实这是预测和信念的重要性，但是这似乎有点违反直觉。如果希望多样性的群体有更好的表现，那么请相信他们会做到，这会有所帮助。番茄酱真的可以令铜皮桌子光洁如新的话，就得相信这一点，如果不相信，就不会去做了。

当然，除了信念之外，还有很多事情要做：仅仅相信多样性会带来红利还是不够的。我们不是爱丽丝，也没有红宝石鞋，当然不可能磕一下红宝石鞋，就飞到仙境中去。要获得多样性带来的红利，还要付出许多努力。但是必须相信多样性的价值。信念可能是一个必要条件，逻辑的重要性也在这里。引用布鲁斯·斯普林斯汀（Bruce Springsteen）的话来说，逻辑给了我们一个相信的理由。

干法 11：将多样性逻辑应用于招生、招聘和任命

在将逻辑应用于招生、招聘和任命等决定时，需要保持足够的警惕性。以个人能力为标准招贤纳士看似明智，但是本书的逻辑表明，这种做法其实并不妥当。在组建一个团

队、录取一届学生、雇用一批员工时，我们关心的不应该是被选中、被录取或被雇用人的平均能力。关心的应该是群体表现。而群体表现与群体多样性和个人能力都有关。认为最好的团队必须由最好的个人组成，这种信念依赖于一个错误的逻辑。相反，最好的群体必定包含了既有多样性且能力也出众的个人。接下来，先来看看多样性逻辑在大学和其他学术机构招生中的应用，然后再讨论企业招聘和政府任命，最后总结一些更普遍的含义。

录取

首先考虑一个大学的录取决定。在构建模型时，通常会把这种决定视为两个申请人之间相互竞争的结果。假设，两位申请人为弗朗西丝卡和莱斯利。弗朗西丝卡的 SAT 总成绩是 1 470 分，而莱斯利的 SAT 总成绩则为 1 340 分，两人的平均得分很接近。根据本书阐述的逻辑，我们不会因为弗朗西丝卡分数更高一些而直接录取她。要决定录取谁，首先要考虑这所大学的办学目标和使命。不同大学的办学目标各不相同：既可以是培养知识精英，以保证社会顺利运行；也可以是教育公民，提高民众素质；还可以是最大限度地提高今后 40 年内校友的捐赠额。假设这里所讨论的大学办学目标是，尽可能地扩大学生的工具箱，推动知识进步和重大问题的解决。

给定这样一个办学目标，再来看一看弗朗西丝卡和莱斯利的具体情况。可以把她们两人分别视为一个工具集合，并拥有不同的获得新工具的潜力。更高的 SAT 分数可能与工具的数量有关，但是分数不能直接告诉我们人们拥有什么工具。假设，弗朗西丝卡修读了大部分大学预备课程，但是没有修数学，不过她在 SAT 考试的定量部分还是有 90% 的得分。她还是学校足球队的成员，并积极参加教会活动，甚至曾经在飓风过后的佛罗里达州灾区帮忙救助难民。弗朗西丝卡还喜欢绘画和音乐，她梦想有一天到第三世界国家参与动物救援计划。为了进一步追求这些目标，她希望入学后攻读生态学专业，争取获得公共卫生硕士学位。

莱斯利则喜欢化学和数学，并在这些领域修读了大量课程，但是她只在 SAT

考试的定量部分取得 80% 的得分。她没有参加过多少课外活动，因为她没有适当的交通工具。她的个人目标是将来成为一名医生，然后到纳瓦霍印第安部落区生活。最后，还注意到，弗朗西丝卡被认为是一个白人，而莱斯利则被认为是一个混血儿；弗朗西丝卡来自一个富裕的郊区家庭，而莱斯利的家庭是相当贫穷的。

只有在理想情况下，才可能准确地说出这两个人分别拥有哪些工具。但是在现实世界中，却不可能知道，尽管确实有一些线索。我们只知道弗朗西丝卡已经掌握了相当多的动物学、生物学和宗教等领域的知识；如果需要的话，她有能力很快掌握数学知识；她了解现实世界中发生的悲剧，没有将自己关在位于郊区的家中。关于莱斯利，我们知道她已经获得了一些科学工具，但是学习数学可能会面临一些困难；她对印第安人的生活有兴趣，也亲身经历过贫穷的生活，同时也体验过少数民族的生活。莱斯利所阅读的书刊、所听到的故事以及所经历的文化，都与弗朗西丝卡不同。但是，就莱斯利本人而言，算不上多样性。多样性不是一个人的性质，而是一个群体的性质。

由于缺乏必要的背景信息，无法对弗朗西丝卡和莱斯利进行排序。在生态学和讨论可持续发展问题的课程中，弗朗西丝卡对同学们的贡献可能比莱斯利更多，她自己也可能会学到更多。而在物理和化学课上，莱斯利应该能带来更多的信息，所以她能够与同学们分享更多，自己也会学到更多，不仅仅因为更有兴趣，还因为她有更好的科学基础。在政治学、哲学或社会学课上，这两个人都应该可以做出不同的贡献、学习不同的东西。那么，应该决定录取谁呢？这里还必须以其他所有申请人为“背景”来看这两个申请人的情况。其中一些申请者可能是非常杰出的，他们将展示出很强的能力和巨大的多样性。当然还有其他因素要考虑，但是必须做出选择。在某些情况下，这种选择很容易。如果其他学生缺乏有价值的关于环境问题的视角，那么弗朗西丝卡会是一个很好的人选。如果缺乏的是拥有科学工具的学生，那么将会录取莱斯利。

如果来自贫穷家庭的学生和混血儿学生很少，那么莱斯利也许是一个更好的选择，因为她会在社会科学和文学课上提供一个相对罕见的视角。或者换句话说，由于经历与众不同，她进行推理时所用的工具和类比都将更加独特。如果认为她的申请书提到的各方面内容意味着能够带来或者将会获得多样性的工具，莱斯利所拥有的复杂种族身份、出身于贫困家庭的经历、对科学的兴趣以及对纳瓦霍人生活的关注，都可能会使她成为一个更有吸引力的申请人。

上面这种考虑，看起来似乎是因为莱斯利的种族身份而给她额外加分了。在一定意义上说，确实如此。但是说到底，她并不是因为种族身份而得到加分的，而是因为她的工具而得到加分的。[15] 我们认为，由于她的种族身份，可能会带来不同的视角、解释、预测模型甚至启发式。这种多样性可以抵得上 SAT 总分中的 300 分吗？应该不可以。它可以抵 100 分吗？大多数数学教授会说不可以，但是你可能会从政治学、社会学、历史学或文学教授那里听到很多不同意见。他们认为也许可以抵 100 分。这不是因为他们是倾向自由主义的学者，虽然大学中自由派教授确实很多，而是因为他们的课堂上已经有了太多来自郊区富裕家庭的女孩了，这些教授或许更想录取莱斯利。如果有一些教授，教过满是来自贫困家庭的学生，那么他们可能更想录取弗朗西丝卡。在那些大多数学生只关心赚钱而不是拯救地球的学校里，弗朗西丝卡会提供独特的视角。

在研究生培养中，工具箱多样性的益处更加明显。研究生研讨班就像小组学习项目。通过与那些以不同方式看待问题的人交流，研究生们会受益匪浅。例如，学生物学的研究生，会因一个接受过大量数学训练、并有很多实验室经验的学生的加入而欣喜若狂。这些学生在准备报告、复习备考时会相互学习。没有这种多样性，整个班级都会表现不佳。全是男学生的社会科学研究生培养计划可能因缺乏工具多样性而受到影响。这是不是意味着经济学系在招收研究生的时候，应该录取一个平均绩点为 3.4 的女生，而不是一个平均绩点为 3.8 的男性？这非常值得讨论。这取决于具体情境。经济学这个领域，从总体上看可能需要更多女性加入。一个例子是，在学术文献在线搜索引擎 JSTOR 上，讨论“体育经济学”的论文比讨论“性别（歧视）经济学”的文章多了 1/3。[16] 当然并不是说体育不重要。

招聘

还可以将相同的推理过程应用于公司在雇用员工时的决定。请不要忘记，在这里暂时忽略了群体内部成员如何相处的问题和因基本偏好多样性导致的问题。事实上，大多数公司都会将你引向他们所希望的目标。对于一家公司来说，重要的是真正相关的多样性。如何权衡个人绩效与“真正相关”的多样性则取决于具体情境。假设，公司正在招聘一项工作所需的员工，对于这项工作所要求的能力有一套明确的衡量标准，而且员工入职后将独自一人从事这项工作。例如，可能会雇用一些人来画房子草图或骑自行车送外卖。如果能力与身份相关，假设女性画房子草图的平均表现超过男性，那么保持男女比例均衡会牺牲效率。但是，我们最好不要太极端。有些男性画房子草图可能比女性还要好得多，这是完全有可能的。如果因为女性的平均表现比男性好，就拒绝考虑雇用男性，将会错过不少很好的男性雇员。

相反，假设现在要雇用一些人来设计网页，而且这些人必须直接或间接地在一起工作。在这种情况下，就要既考虑群体多样性，也考虑个人能力。应该寻找有多样性训练、经验和身份的人。我们不应该忘记历史教益：填字游戏专家和古典主义学者都在布莱切利庄园中做出了重要贡献。也不应该忘记“创新中心”的成功经验。

然而，不幸的是，对于人力资源的“专业人士”来说，他们无法直接看到应聘者的视角或启发式。这就是公司要对应聘者进行面试、管理测试、提供推荐信和调查以往工作表现的原因。他们试图借此推断应聘者所拥有的工具。例如，具有计算机科学学位的人可能比具有生物学学位的人更懂得编程启发式。关于潜在消费者的类型，有五年销售工作经验的人能够带来的解释，要比一直埋头撰写 DVD 机操作说明书的人更加细致、有趣。

但是怎么对待那些大学肄业生呢？他们全身不是纹身就是挂饰，而且似乎只知道一天到晚玩着滑板到处乱窜。在美国企业界，许多人觉得“这些家伙看待世界的方式与我们不一样”。那么，应该聘用这些大学肄业生吗？答案仍然取决于具体情境。如果这些“滑板上的孩子”满嘴都是前面所说的“微积分条件”，也就是如果需要完成的工作是设计保龄球衬衫或网球鞋，那么他们可能会考虑这样做。但是，如果公司的目的是找到投资衍生工具的操盘手，那么他们最好到别处去看看，因为这些“滑板上的孩子”可能很早时就基本上不再学习数学了。

说得更具体一些。一个打算雇用一些人来设计软件的公司，由于非常成功，公司几乎可以聘用任何它想聘用的人。如果需要的话，公司可以聘用来自麻省理工学院、加州理工学院、斯坦福大学，伊利诺伊大学、密歇根大学、佐治亚理工大学和加州大学伯克利分校等顶尖工科大学的最优秀的毕业生。这些人无疑都很聪明，但是他们也可能会被训练得过于相似。他们还可能有类似的大学经验，同时身份则可能很没有代表性。

像许多现代公司一样，这家公司也要组建若干致力于解决难题的工作团队。要想取得成功，团队中的成员必须具备良好的沟通能力，同时也必须具有足够的多样性。这就是为什么这家公司没有采用只雇用顶尖大学成绩最好的毕业生这种策略的原因。在公司自己发布的“我们要找谁”的员工政策说明中，公司规定的第一个聘用标准就是多样性：“在计算机科学和数学的各个不同领域具有广泛的经验和专业知识的人才”。而且该公司的最后一个聘用标准也是关于多样性的：“具有多样性的兴趣和技能的人”。

思维方式相同的人会被卡在相同的地方。所以这家公司要“广泛采样”。它在训练、经验和身份各方面都要寻求多样性。因此在这家公司，毕业于圣克拉拉大学的计算机科学专业的学生会与前数学教授一起工作。但是公司也意识到了“微积分条件”。它需要的是拥有数学和计算机科学等领域知识的多样性人才。它不是在寻找诗人。但是，如果一个顶尖的数理流行病学家出现在了公司的门口，那么这家公司就会雇用他，因为他可能会对疾病如何在人群中扩散有全新的理解，而这种理解可能会影响公司对信息流的组织。

企业在招聘员工时还应该考虑身份。身份属性与思维方式密切相关，或者说，会影响我们的思维方式。要利用多样性，需要的不仅仅是种族和性别平衡。忘记这一点，你就要失去机会。例如，美军在每一个军阶等级上都有相当可观的身份多样性。但是，由于军队的等级制度，在同一个军队等级内却没有多少年龄多样性，因此做同样的决定、给同一些人提供建议的可能都是同龄人。这就使他们的日常生活和军事经历都比所需要的更加相似，从而减少了多样性视角和预测模型。在关于多样性的实证研究文献中，最有力的那些证据都与人口多样性有关。那些同时代出生的人的思维方式通常也类似。[17] 年龄多样性的缺乏，影响了群体的表现。

任命

美国政府在组织内阁、组建委员会或特别小组时，都会力求实现身份多样性。这样做的一部分是出于政治原因。对于一个只能接受公正和具有代表性的决定的社会来说，必要的反思是需要的。此外，由于偏好多样性与身份多样性是相关的，任命一个具有身份多样性的委员会能够确保一定程度的偏好多样性。而且，由于政府做出的决定通常会影响到每一个人，所以要考虑每一个人的偏好。这一点是很重要的。

本书阐明的逻辑还指出了这些委员会应该保证身份多样性的另一个原因。在政策领域，我们有理由预测表现最好的那些团队都具有身份多样性。让一群富人去决定公交出行政策可能不是明智之举，在出台这类政策之前，应该让更多受这些政策影响比较大的人参与进来，他们可能有多样性视角和解释，因而可以带来更好的解决方案和更准确的预测。他们会帮上很大的忙，因为公交出行是一个大难题。当然，也不能走向另一个极端。

在某些情况下，比如说需要确定航天飞机爆炸的原因时，身份多样性可能不那么重要，但是即使是在这些情况下，潜在的“妙手偶得性”（某个人在自己生活中获得的独特经验可能会导致重要的突破）意味着，也不应该完全把身份这个有潜力的因素排除在外。无论如何，从总体上看，确实可以通过将具有不同经验和受过不同训练的人集结到一起来更好地完成任务。

换句话说，在组建这类小组和委员会的时候，必须考虑到多种类型的多样性。如果某个政府委员会的所有成员都是在上层中产阶级家庭长大，上同一所预科学校，然后又都在耶鲁大学深造，并在同一批教授的指导下用同样的教科书学习，那么他们的认知多样性就会相当有限，无论他们的身份归类多么不同。要注意，身份多样性不一定意味着认知多样性。

寻找多样性，创造多样性

由于企业和大学都追求更大的多样性，所以它们也鼓励创造更大的多样性。学生们通常会认为雇主和研究生计划都只重视成绩，但这不一定都是对的。因此，许多学生都会避开困难的课程。对随机选择出来的本科生成绩单的分析表明，很少有学生主动选修物理、有机化学或高等数学等课程。这些课程都需要学生付出大量的时间和精力，而且很难获得好成绩。但是，如果有人想成为一名优秀的律师，那么高级数理逻辑课程或基础经济学理论课程对他们显然是有益的，这没有任何疑问。但是相对于学生可以选择的其他课程而言，这些课程要困难得多。“猫王历史”课或许也不容易（这是真的，老兄！这门课的阅读量极大），但它可能无助于学生开发有重要意义的视角、解释、启发式或预测模型。这类课程可能只是学生将现有工具应用到新的学科领域、把平均绩点保持在3.5以上的一种途径。当学生养成了追求高分，而不是追求知识的习惯之后，要付出的社会成本是极其巨大的。我们都希望医生懂得更多的化学和物理学知识、小学老师懂得更多的数学知识。难道不是吗？

测试工具箱多样性

那么，怎样才能找到多样性的人才呢？大学、企业和其他组织可以尝试对多样性工具箱进行测试。目前很多公司都在对员工进行人格测试。人格测试能够帮助员工更好地理解自己的行为，并为公司提供管理这些员工所需的或有用的信息。这些测试表明，有的员工强烈偏好规定明确的任务，比如说，找到一个方法，在周五之前以最低的价格将这个包裹送到法戈市。有的员工则更喜欢开放性的任务，例如，“想办法使网站看上去更吸引人一些”。

公司也可以测试求职者的认知多样性，相对于其他求职者或公司现有员工。测试认知多样性其实并不像听起来那么难。几年前，一家咨询公司要求一批求职者预测某个标准家庭用品的年销售额，比如橡皮筋、花生酱、挂耳螺母或二号电池，等等。这家咨询公司希望找出那些理解总需求等于个人需求总和的求职者，回想一下多样性优于能力定理的“微积分条件”。他们还想找到思维方式有所不同的人。他们可以通过测试求职者懂不懂以及如何分割消费者市场、求职者能不能创建相关或独特的新类别来同时实现这两个目标。在那些被问及与二号电池有关问题的求职者当中，把全部家庭分成有男孩的家庭与没有男孩的家庭两类的求职者更有可能被录用，而把国家分成不同地区的求职者则没有什么机会。当然，公司并不希望聘用所有认定年轻男孩是二号电池的“大用户”的求职者，还需要聘用一些能够识别其他细分市场的求职者，例如露营爱好者。

说得更具体一些吧。假设，公司有两个研究型职位空缺，而求职者则有三个：斯宾塞、罗斯和杰夫。为了选出合适的人，需要进行一个共有 10 个问题的测试。可以通过比较他们在这个测试中的成绩如何来决定雇用谁。进一步假设这三个求职者回答问题的情况分别如下：杰夫正确地给出了 7 个问题的答案，罗斯为 6 个，而斯宾塞则只有 5 个。那么，这是否意味着应该聘请杰夫和罗斯呢？不一定，这样做可能忽略了多样性。更好的办法是，也要看看他们分别答对了哪些问题。表 14-1 给出了 10 个问题（从问题 1 至问题 10）以及每个人答对的题目。

表 14-1　测试结果表

求职者	问题 1	问题 2	问题 3	问题 4	问题 5	问题 6	问题 7	问题 8	问题 9	问题 10
斯宾塞			X	X	X			X	X	
杰夫	X	X			X	X	X		X	X
罗斯	X	X				X	X		X	X

从表 14-1 不难看出，罗斯回答正确的所有问题，杰夫也都给出了正确答案。还要注意的是，斯宾塞虽然答对的问题最少，但是他却正确地回答了杰夫出错的每一个问题。因此，尽管罗斯的测试成绩要比斯宾塞好，但是聘请杰夫和罗斯却不如聘请杰夫和斯宾塞更有意义。相对于杰夫，斯宾塞比罗斯更富多样性。

包容已创建工具箱的困难

如果只使用单一的衡量标准，那么要决定录取谁、聘用谁和任命谁就不需要付出太大的努力。要做的无非是根据申请人在测试中的成绩进行排序，然后在排序表中从高到低依次选择即可。大学可以通过求课程平均绩点和 SAT 分数的加权平均值来做到这一点。雇主也可以通过查看平均分数，再结合推荐信的得分来做出决定。如果应用工具箱逻辑，就要把人视为工具的集合，同时我们的目的是想把尽可能多的工具集合到一起来。显然，录取、招聘、任命问题是一个“难题”。

为了看清楚这个问题有多难，考虑大学录取新生并组建班级的问题。假设一所大学有 5 000 个申请人，但是只能招收 1 000 个新生。即使该大学可以根据常规工具测试结果将这些申请人中的 3 500 人筛选掉，但是它仍然面临着一个繁重的任务，也就是从剩下的 1 500 人中录取 1 000 人。可能的组合数量多得让人想一想就头晕脑胀。有些人可能会认为，可能的解决方案数量既然如此之多，真正意义上的选择是不可能的，所以大学应该创建一个一维的“测量棒”，并用它来决定录取谁。

其实不然。在这里给出一个启发式，至少它与测量棒一样好。这个启发式的工作原理如下：首先，利用测量棒。把那 1 000 个打算录取的申请人想象为当前的解决方案。然后，让一组多样性的、有才能的人去寻找各种能够增加相关多样性的改变方法，同时保证平均能力的变化要尽量小。如果每一次改变都能改善班级的工具集合，那么这个启发式的结果不可能比坚持按测量棒录用原来那 1 000 人更加糟糕。利用测量棒可能不会给大学带来它最想要的多样性。申请就读兽医学院的人、申请攻读浪漫语言学博士学位的亚裔都可能不会很多。如果真是这样的话，那么企业或大学的多样性程度就可能达到它本来设定的理想目标，或者会不如它们所服务的社会的多样性那么大。但是，至少这所大学已经使用了工具箱，而不是直接采用配额制，而且它没有单纯地只依靠测量棒。

萨姆 · 鲍维的警告

需要警惕的是，我们也可能在追求技能多样性方面走得太远。在追求多样性的过程中，必须牢记要维持多样性与能力之间的平衡。对此，只需回想一下 1984 年的 NBA 选秀大会及其后果就明白了。当时，波特兰开拓者队选中了来自肯塔基大学的萨姆 · 鲍维（Sam Bowie），他是一名身高 2.16 米的中锋，但是却放弃了来自北卡罗来纳大学的一个名叫迈克尔 · 乔丹的小前锋。为什么要这么选？原因众说纷纭。有人声称，乔丹的才华被北卡罗来纳大学团队至上的风格所掩盖了。无论如何，事后回想起来，波特兰开拓者队的这个决定简直可以说是“蠢不可及”。

但是在这里，不妨对波特兰开拓者队的管理层宽容一些。这个错误可能是由错误的预测模型导致的。波特兰开拓者队的管理层有理由认为一个好中锋对球队有巨大的价值。他们在几年前刚刚赢得了一个冠军头衔，而且球队的中锋比尔 · 沃尔顿（Bill Walton）又受了伤。历史数据也给他们的决定提供了进一步的支持：1959—1984 年，只有一支球队在没有全明星中锋的情况下赢得了 NBA 总冠军。除此之外，波特兰开拓者队当时的小前锋和得分后卫克莱德 · 德雷克斯勒（Clyde Drexler）和吉姆 · 帕克森（Jim Paxson）的配合已经非常出色了。选择萨姆 · 鲍维看起来是相当合理的。

教训是不应该忘记能力依然很重要。我们的定理说明能力与多样性一样重要。

当乔丹站在你面前的时候，如果想组建一支实力超群的球队，即使不得不牺牲一些多样性，也一定要选择乔丹。

避免以身份为标准来归并不同的人

雇主通常将身份作为认知多样性的一个粗略的代理变量。诚然，前面所考虑的那些类型的认知多样性有时确实可能与身份相关，原因已经讨论过了。然而即便如此，也不应该满足于依靠粗略的身份类别来对不同的人进行分类，我们可以做得更好。人有很多“面相”、拥有很多工具。每个人都有不同的经验和训练，以及不同的身份。经验和训练的多样性也会转化为多样性的工具箱。

把所有人都按身份来分组，就犯下了“过度归并”的错误。使用非洲裔美国人这个分类标准，会把最近刚从肯尼亚内罗毕移民到密西西比河三角洲的一个女子，与住在伊利诺伊州巴灵顿一名牙医的女儿，归并成“同一类人”。还可能会把密歇根州铜港一名矿工的孙女与一个刚刚通过结婚移民美国的前立陶宛人，放进同一个上面标着“非西班牙裔白人”字样的箱子里。而在标签为“亚裔美国人”的箱子里，把祖先来自新加坡、马来西亚、中国、日本和韩国等国家和地区的人全都归并到了一起。只要稍微仔细观察一下，都不难发现其中存在着明显的认知多样性。

这种归并也同样忽略了身份之间的组合。一个小组，倘若由五名法国男子、三名韩国男子、两名肯尼亚女子和一名新加坡女子组成，它虽然包含了其他国家的男子和肯尼亚女子，但是却不包含肯尼亚男子，因此可能无法从肯尼亚男子的角度来思考问题。而且，请不要忘记，肯尼亚男子看待事物的方式也不会是唯一的。

现在有一些计划致力于培养来自那些未被充分代表的群体的潜在员工或学生。这种计划也许能够提供一些漂亮的数字，但是实际结果却可能会限制公司本来能够获得的认知多样性。像思科这样的公司，如果只雇用从加州大学伯克利分校毕业、参加过同样暑期实习计划的非洲裔美国工程师，那么就会为了“身份神话”而牺牲了真正的认知多样性。公司的员工表面上看起来似乎具有多样性，但是从认知的角度来看，他们实际上可能没有什么不同。因此，单单利用种族标记这个有点狭隘的“输送管道”来挑选员工，可能会对多样性红利产生负面影响，也就是说，可能会降低身份多样性公司的绩效。这就是说，通过这种单一输送管道获得的更大的身份多样性，会被员工缺乏经验、人口或训练多样性所抵消。

对于思科这样的公司来说，更好的选择是组建一个公司联盟，创建多个管道，以此来获得多样性。对于这种多样性，可以称之为“归并内部的多样性”（within-lump diversity）。或者，还要更好的一种可能是，建立一个根本不需要这类管理的社会。

避免刻板印象

通过身份标签把不同的人归并成“一堆”还会带来其他负面影响。它会导致刻板印象和偏见的出现。许多人都认为男人比女人更聪明、在农场出生、长大的人工作更努力、意大利人比英国人更会做饭，等等。有时还会这样描述一个人：“典型的欧洲人”，等等。这些刻板印象其实都是预测模型。他们把人归入不同的类别，并根据那种分类方法做出预测。这些推论可能非常不准确。这些预测模型也可能是错的。一个典型例子是，男人并不比女人更聪明。

而且，陈腐的刻板印象会导致很多问题。第一个负面影响，因为刻板印象都是一些关于人的预测模型，而不是关于物理现象的预测模型，所以它们会影响人的行为并且自我强化。[18] 假设，某个人只把人分为三种类型。这是一个愚蠢的假设，但是可以用它来说明问题。假设这个人有一些与白人合作的经验，于是他创造出了两个白人的子类别：第一个是他所称的“努力工作的白人”，第二个是他所称的“懒惰的白人”。然后，他再将所有不是白人的人都归并到一起，称之为“非白人”。美国经济学家马特·杰克逊（Matt Jackson）和罗兰·弗赖尔（Roland Fryer）证明，在这样的假设下，即使白人和非白人有同样的可能性成为优秀的工人，这个人也只会雇用白人。

这种有偏见的招聘之所以会出现，是因为根据这个人的解释模型，雇主可以从白人当中区分出像他自己一样努力工作的人和懒惰的人这两类，但是却无法对非白人进行同样的区分。因此，他只能预测，只要是非白人，就都处于平均水平上，有些人是努力工作的人，有些人是懒惰的人。请注意，这个人并没有说所有非白人都是懒惰的人。相反，他确实有一个关于非白人能力的模型。但是，在做出招聘决定时，面对三名申请者：一个是努力工作的白人，一个是懒惰的白人，一个是非白人。最好的选择只能是选择那个努力工作的白人。

在这个例子中，预测模型和雇用规则会产生严重的问题，它们减少了潜在的非白人求职者通过接受训练去获得能力、使自己在工作中表现良好的动机。即使90%的非白人求职者表现很好，“像我这样努力工作的人”也会被认为是一个更好的员工。这个人的预测模型也可以说是准确的，但却是因为太粗糙才准确。更糟糕的是，考虑到雇主运用了这样一个预测模型，那么非白人将不会有什么动机去争取成为合格的员工。何必去自讨苦吃呢？无论他们的才华和技能怎样高，都不会被雇用。

虽然在上面讨论的是种族刻板印象，但是其他刻板印象也非常普遍。人们可能会认为女性在工作中的效率低于男性，尽管客观指标表明女性的表现并不差。这种刻板印象会减少妇女努力工作和自我实现的积极性。事实上，任何刻板印象，例如亚洲人的数学成绩更好、印度人更擅长填字谜、英国人更聪明、非洲裔美国人更有创造力，这些刻板印象都可能诱发自我实现的行为。如果对属于某个特定身份群体的人依据刻板印象推断他们的工作表现，就会减少他们在符合这种刻板印象领域之外积累工具的积极性。刻板印象限制了机会。或者用美国经济学家格伦·劳里（Glenn Loury）的话来说，我们的刻板印象，会给他人打上烙印。[19]

刻板印象的第二个负面影响是，它们通过限制人们的思维方式，制约了人们能够做出的贡献。在一个群体中，当人们觉得自己未被充分代表时，就会觉得自己必须挺身而出，充当自己所属身份的代表。例如，人们可能会试图作为一名女性或一个亚裔人而行事，而不再以自己的本性行事。这样做会损害整个群体的表现。我们不需要摆脱或剥夺自己的身份，但是也不应该核心身份限制自己。用美国哲学家、小说家夸梅·阿皮亚（Kwame Appiah）的话来说，身份是我们的“根”，它们为我们提供了意义和目标，但是不应该让身份限制自身的发展。我们本来可以变得更具多样性、更加“国际主义”，完全可以拥有多重身份，追求各种不同的经历，接受各种各样的训练，获得丰富多彩的经验。[20] 也正如美国女作家托妮·莫里森（Toni Morrison）所指出的：“在《柏油孩子》（*Tar Baby*）这本小说中，个人具有坚实、一致的身份这种经典概念被回避了，取而代之的是一种关于身份的模型。在这种模型中，个体被视为一只容纳了各种各样的异质性冲动和欲望的万花筒，它生成于个人与世界多种形式的互动当中。这种互动，其实就是多样性在展现自身，尽管人类可能无法完全理解。”[21]

如果乔手上戴着兰斯·阿姆斯特朗（Lance Armstrong）的手环，上面刻着“WWAWMD”的字样即“作为一个白人，要做些什么”（What would a white man do?）的首字母缩写，以便时刻提醒他自己的身份，那么他可能反而会失去自我，因为他将试图像所有白人的“平均混合体”那样行事。在这样做的时候，乔可能不会用自己的认知工具去解决问题或者解释环境。相反，可能会转而只应用与他的身份组别相一致的那些工具。更加糟糕的是，他可能固执地只考虑自己所认定与他的身份组别相一致的基本偏好，尽管这些基本偏好可能完全不适合当前的情况。[22] 最终，他可能会将所有注意力都集中到社会公正和机会平等上去。尽管社会公正和机会平等确实都是值得赞颂的目标，但是，如果他是一个设计沙皮幼犬图片日历团队的一名成员，那么只考虑这些目标显然是不合适的。

对社会公正和机会平等的关注理应在生活中占有一席之地，而且肯定是非常重要的“一席之地”。必须发挥多样性的优势，肩负起治疗疾病、制定减少贫困的政策、研发生产清洁能源的技术，以及其他各种责任。

刻板印象的第三个负面影响是在对人进行评估的时候，使用刻板印象会限制预测的多样性。根据定义，刻板印象是一种许多人广泛共享的预测模型。如果运用刻板印象，我们在个人层面上就不再以不同的方式进行思考了。因此从总体上来说，也不能再做出准确的预测了。我们在分析多样性预测定理的时候已经看到了这一点。因此，如果想做出准确的预测，就应该立即放弃刻板印象，转而构建多样性预测模型。只有这样，才能对其他人做出准确的群体预测。

承认反思结果可能不符合理想

在组建团队（无论是专业委员会、顾问小组，还是一个班级）、挑选成员时，都会追求一定的身份代表性（identity reflectiveness），这就是说，我们希望选出来的成员的人口统计指标能够反映整个人口的当前状态。身份代表性是重要的，这不仅仅是出于某些象征性的原因。许多人都认为，公平正义要求尽可能地提高代表性。还有一些人虽然对立法中的代表性没有那么强烈的要求，但还是会对那些不能反映人口整体状态的群体提出质疑。他们的典型问题是：为什么像我这样的人不能加入专家组呢？

有的时候，群体会出于共同偏好而变得同质。所以，并不需要假设发生了某种隐含的甚至是明确的歧视。然而即便如此，也必须保持警惕。有时很少的歧视就可能会导致整个系统分崩离析。[23]

说到底，企业总要追求利润。为了实现这个目标，企业的员工需要彼此相处融洽、彼此相互信任。至于大学，则有更大的动力去推动社会正义，但是大学的使命也包括推进最前沿的研究。无论在哪种情况下，如果关注的是如何维持生产力与社会正义之间的平衡，那么从我们的逻辑出发，就不能推导出任何支持身份代表性的特殊理由，除非它能够满足可行性要求。无论如何，要求每个群体都反映社会构成，至少还存在一定可能，但是要求每个大学都比它所要服务的社会更具多样性，就没有任何可能了。

然而，对代表性的承诺，会以两种方式限制有效利用多样性的能力。首先，它导致我们会在一个武断的位置上就不再努力去增加多样性，也就是在足以反映社会的层面上。这就是说，一旦某个公司或组织达到了每个身份组别的反映百分比要求后，就会停止追求多样性，例如，10% 的非洲裔美国人和拉美裔美国人、5% 的亚洲裔美国人（亚洲裔人也是一个非常巨大的归并）、50% 的女性。但是，这真的是理想的吗？如果多样性的民族和种族背景的人能够为某个特定的问题带来多样性视角，那么就应该继续引入，直到他们不再使这个群体更有效率为止，而不能一看到他们的数量反映了在整体人口中的比例就戛然而止。

其次，对代表性的承诺使每个群体的构成都过于相似。多样性能够带来益处的逻辑同样适用于群体的构成。不同的群体之间，也应该是多样性的。如果一家公司组建了 10 个相互独立的工作团队来设计一个新的营销计划，那么为什么不让这些团队的构成更具多样性呢？例如，有的团队可能 80% 的成员都是女性，有的团队可能 40% 的成员都是亚洲裔美国人，有的团队可能 75% 的成员都是非洲裔美国人。为什么不可以组建一个全部由工程师组成或由营销人员组成的团队呢？企业、组织和政府当然可以创建一些符合反映性要求的团队，但是同样也可以创建一些多数民族团队、一些少数民族团队，或者多数 - 少数团队。

在政治领域中，哈佛大学法学院教授希瑟·格肯（Heather Gerken）把这种多数-少数群体所体现的多样性称为二阶多样性（second-order diversity）。在这里，要先搞清楚二阶多样性意味着什么或可能意味着什么。二阶多样性可能意味着：一个拉丁裔占多数的地区上诉法院、一个由阿拉伯裔美国人主导的郡规划委员会，又或者一个全部由白人组成的联邦通信委员会。因此，二阶多样性政策将允许那些从来没有机会成为多数派的人也有当家做主的时候。这就是说，那些从来不曾拥有权力的人也将能获得一些有关的经验，从而为他们获得不同的工具创造可能的机会。[24]

如果人们在基本偏好上存在多样性，那么他们可能会对二阶多样性的思想感觉有些不安。如果种族或族群身份与基本偏好多样性相关，那么一个按多数 - 少数原则组建组织的决定，就可能远离中间选民的理想点。二阶多样性的捍卫者则质疑，为什么一个少数群体在 10% 的时间内得到他们最喜欢的结果，怎么可能比同一个群体从来不能得到他们最喜欢的结果更加不公平。尽管二阶多样性可能会导致政策变化更加频繁，但是分析模拟退火模型时已经指出，偶尔在不同政策之间“来回跳一下”，也可能是一件好事。

组织可以通过鼓励人们以不同的方式进行思考，例如，让人们有时间去追求个别项目上的成功，或者创办“臭鼬工厂”为人们创新提供机会。[25] 虽然这种探索带来的效益可能是巨大的，但还是必须平衡这种探索和利用好的解决方案之间的关系。成功的组织都能实现这种平衡。即使有些人的前进步伐慢下来了，有些人无法与其他人一起接受新思想，成功的组织也能维持平衡。[26]

干法 12：在神秘事物面前保持谦卑

最后一条建议是，“回到起点，不忘初心”。在前言中，我提到本书的逻辑可以用来支持积极的多样性政策。确实可以。如果个体多样性有助于群体效益，就应该追求多样性的政策。企业、组织和大学雇用和录取多样性的员工和学生后，也许不会立即看到效果。但是，从长远来看，多样性肯定能给它们带来效益。我不主张为了多样性而牺牲能力，而是两者要保持平衡。在分析解决问题的微积分条件时，在阐明多样性预测定理时，已经多次强调过这一点。

在前面曾经讨论过某公司为什么不愿意只录用刚刚从麻省理工学院和加州理工大学毕业的高材生。拥有多样性经验和受过多样性训练的人的贡献，通常要比除了成绩好之外别无所长的人更大。大多数雇主和大学都理解这个逻辑，并将它应用到了招聘和录取工作中。身份多样性与认知多样性之间的联系则更加微妙而神秘。不过，出于类似的原因，企业和大学同样不应该只接受白人或亚洲裔女性。身份多样性可能与认知多样性有关，有时直接相关，比如在大多数公共政策问题上肯定是这样的，有时则只是偶然有所关联。

没有人敢声称自己洞悉一切灵感的来源。然而尽管如此，在其他条件相同的情况下，确实应该更多地指望那些显得与众不同的人，无论他们的多样性是训练、经历所致，还是身份带来的，他们更有可能拥有最终会导致突破的独特经验，更有可能认识到原子量的组织规律，更有可能洞察“时间与空间原来是密不可分的”。

如果我们现在还不能消除人们的分歧，那么至少还可以帮助世界保持多样性。

——艾约翰·菲茨杰拉德·肯尼迪

结语　多样性就是更多的机会

2004 年夏天，我在杜克大学的拉尔夫·本奇夏季研究所（Ralph Bunche Summer Institute）为一批未来的政治学研究生做了一次演讲。这些学生将自己称为“本奇客”（Bunchies），他们都是本科生，来自全美各地。我是以一个几乎没有人能够预料到的问题开始我的演讲的。当然，这个问题我已经问过上千人，从大公司的首席执行官到退伍军人：“你把番茄酱放在冰箱里还是橱柜里？”

在这些“本奇客”中，大约有 50% 的人是把番茄酱放在冰箱里的。这个百分比与我在美国中西部和华尔街演讲时的听众给出的答案形成了鲜明的对比，后两者几乎百分之百都把番茄酱放在冰箱里。我不那么科学的抽样调查结果显示，大约有 80% ~ 90% 的人会将番茄酱放在冰箱里。在美国中西部，几乎所有的白人都会这么做。但是许多非洲裔美国人、澳大利亚人、新西兰人、印度人和爱尔兰人却不会这样做，他们把番茄酱存放在橱柜里。

有一个人还曾经进一步解释道，番茄酱必须冷藏，因为它含有醋。不过他后来又承认，他是把醋放在橱柜里的，所以这种解释有没有用，不用猜也知道。顺便说一下，几乎所有人在食用时都会把番茄酱放在桌子上紧挨着盐和胡椒粉的地方。值得注意的是，把番茄酱放在冰箱里的那些人认为把番茄酱放在橱柜里的人有些不正常。但是事实却是，把番茄酱放在冰箱里会浪费宝贵的资源，并加剧全球变暖。

当问完上述“番茄酱问题”后，我紧接着还会问如下五个问题，每个问题有两个可能的答案。

问题一：红灯还亮着，但是没有汽车驶过，你会不会过马路？

问题二：当你邀请别人走进你家或你住的公寓时，会不会要求他们脱鞋？

问题三：当在家里时，你会不会开收音机？

问题四：当欢迎朋友时，你会不会拥抱他们？

问题五：当有他人在场时，你会不会边吃早餐边看报纸？

在提出了这五个问题之后，我要求听众先确定这些问题描述情境的共同特征。大多数人都首先注意到，所有的问题都只涉及某种不那么重要的行为。过了一会儿，有人又认识到，这些问题中的每一个都描述了这样一种情境：协调的动机压制了表达个人偏好的意愿。埃里克可能更喜欢常温的番茄酱，如果完全由他决定，他会把番茄酱放在橱柜里色拉油的旁边。他的妻子雪莉则可能更喜欢冷藏过的番茄酱。不过，最有可能的是，他们两人对番茄酱的冷热温度其实都不太在乎，在意的是不要在需要时找不到番茄酱。因为关于存放番茄酱的位置，两人必须协调一致。

其他四个问题也分别刻画了一种存在协调动机的情境。如果有机会的话，可以观察一下巴西人和瑞士人是怎么过马路的。巴西人会无视红灯和繁忙的车流，直接冲过去，而瑞士人则会等待步行信号亮起，即使没有任何汽车经过。这些问题揭示了与他人融洽相处的愿望是如何影响了我们所说的话、所穿的衣服、所去的地方以及行为方式的。我们会改变自己的行为，以配合与我们互动人的行为。[1]这个逻辑可以扩展到要不要去纹身、要不要去打高尔夫球的决定，甚至还可以扩展到要不要参与犯罪行动的决定，当然，也适用于将车钥匙放在哪里、是握手拥抱抑或亲吻脸颊，以及是否寄生日贺卡等行为。这种协调有时会被纳入“规范”的标题之下。不过，其实规范略有不同，因为规范会在社会上得到强化，如果有人偏离了规范，那么他就会受到惩罚。[2]

当看到来自不同种族、不同民族和地区的人之间的差异时，我们经常会认为这种差异是固有的、先天的、不可避免的。但是，直接跳到这样一个结论，其实是错误地将协调的效益等同于遗传决定的优势了。遗传学家不可能在将番茄酱放在冰箱里的那些人身上找到一种特殊的基因，这种基因根本不存在。他们也不可能找到“亲吻脸颊基因”或“拥抱基因”。因此，如果有人确实与众不同，正确的第一反应，应该认为这种差异是由协调问题产生的，而不是源于某种内在差异。

协调问题当然也出现在人类互动的更加重要的领域。不仅要协调番茄酱的存放位置，还要协调如何庆祝婚姻和出生，以及如何尊重死者。文化身份认同和种族身份认同，部分基于番茄酱存在位置这一类协调，部分基于仪式性的协调，是大大小小协调的组合。这些协调构成了诗人马克·斯特兰德（Mark Strand）所说的“连续的人生”。当开始自己的人生时，有些人会选择在额头上画上红点，有些人会选择用筷子吃饭，有些人则会边说话边打拍子。

这种协调上的差异甚至超越了行为。我们讲的故事、珍视的价值都会有所不同。这些差异会导致两种反应。这两种反应可能同时出现，也可能只出现一种。第一种反应是，它们可能会导致不适，这正是人们需要“临界点”的原因。我们会因身边的人行事不同而感到不舒服，甚至会对受过不同训练的人感到不舒服。市场营销人员认为工程师很笨拙，几乎每个人都会在与律师、会计师和经济学家打交道时觉得有些挫败。因此，人们编了很多嘲讽这些人的笑话。但是还有第二种反应，这些差异也可能激发人们的好奇心和兴趣。你早餐为什么要吃鱼啊？你一次能喝下将近三升的可乐？不可能！

如果第一种反应压倒了第二种反应，那么我们就会只与那些把番茄酱放在同样位置、讲述相同童话故事（例如《糖果屋的故事》）的人进行互动。社会就会分化。由于更偏好与那些用同样正式的视角去解决问题的人一起工作，公司内部将出现职能分离，学术界也将形成分工。只与像自己一样的人进行互动，一般都会产生同样的宏观动态现象。社会中的每一种文化，城市中的每个身份群体，大学中的每个院系，企业中的每个功能部门，最终都会围绕自己建造出一道道城墙。随着时间的流逝，这些城墙会变得更高、更厚，于是每一个组织的成员，无论是福音派信徒、非洲裔美国人、化学家，还是会计师都发现自己被困在了自己创造的孤岛当中。

人们经常说我们对差异要宽容。而宽容，无论是对图帕克（Tupac），还是对瓦格纳（Wagner），都需要付出努力。我们可能无法找到番茄酱，或者，可能不明白营销人员说的是什么意思。那么，当试着与那些不同于自己的人互动之后，我们决定回到孤岛上去，还有谁能责怪我们吗？

然而，你一定要想象一下！你本来有机会离开孤岛，与比你的同事和工友更聪明的人互动。这些聪明的人会帮助你找到更好的解决方案，例如一个新的、更有效的营销活动计划，一种新的清洁化合物，或者做出更准确的预测，例如对未来股价或政治热点事件的预测。是的，你确实有机会见到这样的人。在本书中，我们已经看到了，拥有多样性工具的人是如何找到更好的解决方案、做出更好的预测的。那么为什么不离开孤岛，与他们一起探索、一起前进呢？虽然不能保证这些人肯定能有所帮助，但是理论逻辑和经验证据都表明他们真的可以。每个人能提供什么东西，能为这个世界做出什么贡献，全都取决于我们在某种程度上是彼此相异的，有不同于他人的视角、解释、启发式、预测模型及其组合。这些差异能够集结成远远超过我们个人能力的群体能力。在这里，不妨再一次引用汤婷婷的话："对我来说，成功意味着在世界上的有效性。成功使我能够将我的思想和价值观带入世界，也就是说，我能够以积极的方式改变这个世界。”[3]

人们经常谈到宽容差异的重要性。但是，我们必须超越宽容，致力于让世界变得更加美好。当远离孤岛，看到人们用番茄酱做一些稀奇古怪的事情时，比如把番茄酱放在橱柜里？用番茄酱炒鸡蛋？当遇见了一些以不同方式思考问题，说不同语言，有不同经验、训练经历和价值观的人时，我们应该马上就看到其中蕴含的机会和可能性。应该认识到，一个有天赋的“我”，加上有天赋的“他们”，可以组成更有天赋的“我们”。对这种幸福未来的憧憬，并不是盲目的乐观主义，更不是蛊惑人心的咒语。

它所依赖的是逻辑——多样性的逻辑。

> 伟大的天才要通过与另一位伟大的天才接触才能成长，与其说是通过同化，倒不如说更多地是通过摩擦。
>
> ——海因里希·海涅

致谢　永不停歇的人生

本书的核心论点是多样性会带来红利。既然如此，我就肯定不能将它完全归功于自己，而且也不能声称它已经尽善尽美了。事实上，本书就是许多人共同努力的结果。在过去的 5 年里，我把这本书的一小部分内容以各种方式报告给了不同的读者：本科生、专业学者、华尔街投资者、硅谷企业家、健康科学研究人员、政府机构雇员、人力资源专家、《财富》杂志 500 强公司多样性委员会成员、政治领袖，甚至还有参加密歇根大学家庭营的校友。这些报告引发的反应也多种多样，从简明扼要的现场评论到长篇大论的电子邮件，甚至还有人给我寄了一些“必读”书。这些互动令人受益良多，我从中学到的许多东西都已经收录书中并做了改进。

尽管本书的内容全部出自我手，但是本书的编辑、我的妻子、我的一些研究生以及不少朋友都做出了重要贡献。感谢 Eric Ball、Jonathon Bendor、Scott de Marchi、Patrick Grim、Ken Kollman、Bill McKelvey、Jennifer Miller、Mike Ryall、Cosma

Shalizi、Elizabeth Suhay和 Troy Tassier，他们对本书的早期草稿给出了详细的意见。本书的成功之路就是由他们的红笔（对我书稿的批评和建议）铺就的。

还有许多人也阅读过本书的早期草稿或者听过我的报告，为我提供了各种各样的评价，从崇拜到批判都有，他们是：Daron Acemoglu、Susan Ballati、Jake Bowers、Aaron Bramson、Elizabeth Bruch、Dan Catlin、Rui de Figueiredo、Patricia Gurin、Erika Homann、Norman Johnson、John Ledyard、Michael Mauboussin、John Miller、Lester Monts、Katherine Phillips、Jeff Polzer、Cindy Rabe、Jim Surowiecki，Bill Tozier、Nick Valentino、Jennifer Watkins 和 Michael Wellman。上面这个名单还不包括密歇根大学复杂系统研究中心的米塔·吉布森（Mita Gibson）和霍华德·大石（Howard Oishi）。霍华德和米塔不仅完成了与写作本书相关的所有辅助性行政工作，而且还充当了书中许多想法的非常有价值的"共鸣板"。此外，他们为我提供了很多意见。

我拥有两个学术家园：密歇根大学和圣塔菲研究所。一个有美味的 Blimpy 汉堡，另一个有景致优美的群山。在密歇根大学，我有很多机会接触里克·利奥罗（Rick Riolo）、迈克尔·科恩（Michael Cohen）、鲍伯·阿克塞尔罗德（Bob Axelrod）、卡尔·西蒙（Carl Simon）、马克·纽曼（Mark Newman）、梅赛德斯·帕斯夸（Mercedes Pascual）和一个名叫约翰·亨利·霍兰（John Henry Holland）的年轻人，他们组成了世人所称的"巴赫小组"（BACH group）。本书的许多思想可能不完全属于我自己，它们更多地属于"巴赫小组"。为此，我已经向他们保证把本书部分版税用于购买 M&M 的股票，以便让他们能够吃到更多、更好的巧克力豆。圣塔菲研究所的许多人，尤其是苏珊·巴拉蒂（Susan Ballati）、比尔·米勒（Bill Miller），金杰·理查森（Ginger Richardson）和杰弗里·韦斯特（Geoffrey West），也是本书的培育师和助力者。圣塔菲研究所的成员们在推动我步入他们所称的"现实世界"方面发挥了重要作用。帕特·古林（Pat Gurin）、朱莉·彼得森（Julie Peterson）和莱斯特·蒙特（Lester Monts）在密歇根大学也扮演了类似的角色。我生性内向、过于谦虚，所以“被迫”剥离自己的“外壳”对我是有益的。事实已经证明了这一点。

我还有拥有四个学术出生地：米德尔维尔市刺果镇凯洛格中学（Middleville Thornapple Kellogg Schools）、密歇根大学、威斯康星大学和西北大学。我的博士学位导师斯坦·赖特（Stan Reiter）曾经告诉过我，我以往做过的两个最重要的决定是让谁做我的父母以及在什么时候出生。但是，找到一个好的博士学位导师的重要性也丝毫不亚于此。在撰写研究论文的时候，斯坦给了我精心的指导，因而我的研究中融入了他的智慧，而恰恰是这些研究论文，构成了你现在看到的这本书的基础。“巴赫小组”的情况也类似。我自己的思想在哪里结束，“巴赫小组”的思想在哪里开始，并没有明确的界限。在整个职业生涯里，斯坦都在给我提供灵感，他既是一个智者，也是一位益友。斯坦和他的妻子尼娜对我和我的家庭帮助非常大，他们不但提供了明智的建议，还送了我们不少雕刻艺术品和瑜伽录像带。

要撰写这样一本书，无疑需要不少资源。詹姆斯·麦克唐纳基金会（James S. McDonnell Foundation）为这项关于多样性基本逻辑的研究提供了资助。事实上，詹姆斯·麦克唐纳基金会本身就是一个勇于创新的机构，这是其他基金会很少能够做到的。如果没有它的资助支持，这本书就只是一个松散的、未完成的想法集合，一直停留在我的头脑中，或者最多只能成为我计算机中的某个文件夹中的若干文档。密歇根大学的教学技术研究中心也为我提供了种子基金资助，没有它，我是无法获得詹姆斯·麦克唐纳基金会的大额资助的。此外，国家科学基金会的IGERT专项拨款，也为一大批聪明能干、勇于挑战的研究生提供了资金支持。正是因为得到了资助，本书的写作才得以起步。当然，还要特别感谢霍华德和米塔，是他们确保了这些资金不会有一分钱被用于购买“巴赫小组”爱吃的M&M糖果和巧克力，也不会有一分钱被用于支付我和卡尔·西蒙在桑给巴尔餐厅（Zanzibar）吃午餐的费用。

一本书也需要一个好编辑。我的编辑蒂姆·沙利文（Tim Sullivan）能耐大得不可思议。他把我的草稿削减掉了整整 200 页，而且亲自动手改写了大部分剩下的内容。于是，原本那堆复杂凌乱的草稿（也难怪 12 个审稿人要误解它）经蒂姆的妙手，变成了你们现在所看到的这本书。我所能做的，只不过是把他插入的若干个“indeed”再一次删掉。

本书原稿是由马德琳·亚当斯（Madeleine Adams）录入编辑的，他在一个月中订正的标点符号错误可能比大多数老师一生中订正的这种错误都要多。最后的校样则经过了真正的业内专家安德烈·琼斯-罗伊（Andrea Jones – Rooy）火眼金睛的审查。他曾经给我打过一通电话，整整花了 3 小时 26 分 14 秒的时间，为我解释了所谓的“主谓一致”的微妙之处，还帮助我提炼了书中的要点，使它们更加鲜明、更加紧凑。我的妻子珍娜也阅读、修订了本书最后的草稿，越到后面，她参与得越多。

在撰写这本书的同时，我还与卡内基梅隆大学和圣塔菲研究所的约翰·米勒合著了另一本书。约翰承担了那本书的大部分写作任务，给我留下了更多的时间和空间来完成本书。两本书都因此而受益匪浅。在这里，我不禁想，如果这本书也由他来写的话，那将会有多好！在同一时间写两本书，也意味着我在那些日子再也无法写出任何篇幅超过 50 页的东西了。由于这个原因，我要特别感谢我小学时最喜欢的老师克里斯汀·沙德（Christine Schad），她在她的生日当天送给我一大叠明信片，那一天也是我的生日！沙德夫人（我读小学时还是哈里森小姐）教我用德语说“早上好”，每天一早就大声唱“好、更好、最好，永不止步，直到好变得更好、更好变得最好！”[①]这个“咒语”后来被扩展成了一本书，名为《从优秀到卓越》（*Good to Great*）。所以，当我的编辑蒂姆说本书的第 11 稿“更好了，而且已经足够好了”的时候，我感到骄傲，因为我没有停步。

在本书封面上署上“佩奇著”的字样，也令我觉得有些羞耻和尴尬。对于这

① 原文是“good better best，never let it rest’til the good is better，and the better is best”，中文一个成语“精益求精”足矣。难怪作者下面说这是一句“咒语”。——译者注。

项研究中的大部分工作，卢红（Lu Hong）做出了不亚于我的贡献。本书的许多原创部分，可以说既属于我，也属于卢红。在写作这本书的两年时间里，卢红和她的丈夫汤姆·诺埃尔（Tom Nohel）以及他们的儿子杰里米住在安阿伯市，3 岁的杰里米掌握的与火箭有关的知识比我 40 岁时掌握的还要多得多。我的妻子曾经笑称，卢红的每一次到访，都令我心灵激荡。因此，我希望这本书能成为卢红和我的第二大成就。为什么不是第一大成就？因为这还比不上另一个成就。我们曾经从雪城大学出发前往多伦多，但是迷了路，那是第一大成就。稍微解释下，因为加拿大实在太大了，路灯也太暗，何况，我们只偏离了多伦多 113 千米，还不到加拿大的"长度"的 2%，按照高尔夫球赛的标准，我们只差一杆就进洞了。

书中出现的许多名字都取自我的朋友——是的，Rebecca 和 Arun，说的就是你们！——和家人。我的父母雷（Ray）和玛里莲（Marilyn），以及我的妹妹德博（Deb）成了书中的明星"演员"。我的其他兄弟姐妹，Brenda 和 Jeff，我的许多侄子和侄女，Noah、Carter、Maggie、Emily、Natalie、Cole、Katie、Joe、Rose、Brody、Logan，还有我的岳母凯伦，以及我的姻兄姻弟以及他们的妻子，Jeff、Mary、Joe、Rick 和 Laura，他们的名字也都出现在了书中的不同地方。这是一种奇怪的致谢方式，但确实是我所能做到的，尽管这种感谢也许不是他们或她们所要求的，但这是我根据自己能力尽力表达的。

还有！奥里（Orrie）和库珀（Cooper）两个小家伙！我知道你们想干什么。我已经读过很多遍《扁平娃斯坦利》（*Flat Stanley*）了——"干草就是给马留着的"。少不了你们的好处。猜猜看是什么？这本书的完成意味着，我将有更多的时间来陪你们玩乐高和百乐宝（Playmobil）了，也意味着我将有更多的时间来和你们一起去骑自行车、去爬树了，还意味着我将有更多的时间来给你们讲海盗故事，有更多的时间和你们将发酵粉和醋混合起来，把后院炸个稀里哗啦。现在可以回答你们很早就问过的一个问题了：我的书是不是会讲到海盗和骑士的故事？当然会啦，他们就在书里。这本书甚至还讲到了一条龙，不过它不喷火，只喷水，因而它在参加群龙宴时显然不那么好玩。当然，最重要的是，书中有一些句子是用蛇蜡笔写的，所以只有猫头鹰和土狼能够理解那些句子。是不是很酷呢！

最后，我要把这本书献给我的妻子珍娜。就在我写这本书的时候，她也写了一本关于促进联盟稳定的书，她的书比这本书更具学术性。而且她还腾出了大量时间提炼本书所包含的每一个思想和模型，使它们更清晰、更精细，本书中的大多数模型都已经多次经受了她的耳朵、眼睛和钢笔的“重重考验”。她的善良、聪明和耐心（尤其是她的耐心），使她的三个“男孩”奥里、库珀和我在整个写书过程中（要知道，我们同时有好几本书在写）一直保持平静、坦荡的心情。如果没有她，这本书的内容将会平淡得多、分量将会轻得多，所包括的智慧也会少得多。

而且我自己本人也将会变成那样。

那可不是我的本意，那可绝不是我的本意。

——艾略特,《J·阿尔弗雷德·普鲁弗洛克的情歌》

附录　英文版再版前言[①]

2007年1月的一天，我站在芝加哥帕尔默家园酒店楼上的宴会厅中，准备发表演说，听众是一群高中校长和学校管理者。100本我的新作《多样性红利》整齐地摆放在餐桌旁。当时，这本书尚未正式上市，因此这个宴会实际上就是它的新书发布会。我盯着那些带着塑封的书脊，想着读者会不会接受这本书。人们能够领会它要表达的意思吗？或者，我依然会在接下来的几年中不断地引用艾略特的诗句吗？

令人高兴的是，我已经用不着继续借普鲁弗洛克的嘴来表达要说的话了。

当然，我不是没有怀疑过。试读过本书的专家、读者遍布全美。有些人在他们的博客中把这本书描述为詹姆斯·索罗维茨基的著作《群体的智慧》一书的姊

① 附录内容为原英文版再版前言，因提到的部分内容及术语未在本书正文中出现，为了便于读者理解故移至文后为附录。——编者注

妹篇。还有一些人则称它是一本宣扬“平权行动”（affirmative action）的书。另外还有人说，它给出了一个关于人的组合模型。我的妻子则让我放心，她说这些意见恰恰可以证明我的理论，它们是人类行动中总是存在不同观点的证据。但我还不是那么肯定，于是掸掉艾略特诗集上的灰尘，试图通过吟诵情歌来调整自己的节奏。

本书确实需要一定时间来消化，幸运的是，最后胜出的终究还是准确的解读。出版社的审稿人高度评价了这本书，认为它充分阐明了多样性至关重要的实际贡献。而且，本书通过模型和逻辑呈现观点，而不是利用隐喻。我的主要论点“群体能力等于个人能力加多样性”“多样性优于能力”等都是数学上的真理，而不是某种只是令人感觉良好的“咒语”。

多样性，正如本书所阐述的，意味着人们在看待、归类、理解和改善世界等各个方面都存在差异。不过，我应该立刻补充一点，那就是，本书强调认知多样性及其实际贡献，并不意味着否认其他方面的多样性。它们同样存在，而且同样很重要。事实上，身份多样性和认知多样性往往如影随形且相辅相成。两个人如果分别属于不同的身份群体，或具有不同的生活经历，那么通常也倾向于拥有不同的认知工具。

然而不幸的是，我们往往会听任我们之间的差异阻碍进步和创新，而不是利用种种差异来增进群体利益。在面对一个外表或行为上看起来与自己不同的人的时候，许多人通常都会退缩。就在本书初次出版之后不久，著名政治学家、哈佛大学肯尼迪政府学院教授罗伯特·帕特南（Robert Putnam）发表了一项大型调查结果，充分证明了对多样性负面反应的广泛存在。帕特南发现，随着社区变得更加多样性，公民的参与度和信任水平都出现了下降。在这里需要提醒你注意，就帕特南这项调查而言，多样性只意味着种族多样性。

帕特南的原始数据描绘了一幅暗淡的画面。住在不同街区的人不但不信任其他种族的人，而且对所有人都不那么信任了。这当然很糟糕。然而，现实可能其实并不像帕特南描绘的这幅广为人知的画面所呈现的那样暗淡。在考虑到犯罪率、收入、城市规模、受教育程度等控制变量之后，多样性的负面影响就大为减少了。

但是媒体却片面地认为帕特南的研究与我的研究是相互矛盾的："帕特南说多样性是不好的，而佩奇却认为多样性是好事。"拿我与帕特南这样对比是非常不恰当的。帕特南做的是问卷调查研究，而我则构建了理论模型；帕特南的问题与信任和幸福感有关，而我构建的模型考虑的却是群体生产力、准确性和创新；他在意的是人们相处得如何，而我则分析内部多样性的团队是否有更高的生产力。

与大量各不相同的人交往，无疑比与你的朋友在一起更"累"。因为你的朋友看待事物、思考问题和采取行动的方式往往与你相似。生活在一个语言多样性的环境中时，人们可能确实会觉得需要让自己"沉潜待发"（这里借用了帕特南的说法）。但是即使如此，他们也不能让自己完全与世隔绝，无法避免接触到新的观察和思考问题的方式，因而也就无法不让自己的世界观受到某种影响，但是这种接触的结果却是让他们自然而然地变得更加有"生产力"了。因此，应该期望的是，多样性的社区、城市和国家的成员会更有生产力，即便他们也许不那么值得"信任"。

当然，人们还可以这样想，如果能够变得更加值得信任，那么就会变得更有生产力。我在密歇根大学任教，而大学都有让社会变得更好的使命。因此，密歇根大学投入了很多时间、精力和资源帮助学生、教师和员工学习如何在一个多样性、强互动的大学社区中茁壮成长。许多其他社会组织也在这样做。努力践行也许并不总能带来完美的结果，但是通常能改善不完善的地方。

自从本书出版以来，我参加了很多会议，参与了大量关于应该怎样做才能更好地利用多样性的讨论。充分利用多样性并不容易，这是一个更实际的问题。从理论上说，在适当的条件下，两个人总是比一个人要好，但是在现实世界中，团队内部的成员之间并不一定是能够和睦相处的，即使做到了和睦相处，最终的结果也可能并不美好。大家或许都听说过这类故事：一个负责养马的团队，却养出了骆驼。

怎样才能更好地利用多样性？思考这个问题的一个很好的出发点是一定要充分理解并经常重构所面临的任务性质。组织理论专家I.D.斯坦纳（I.D.Steiner）对两类任务进行了区分。第一类是**分离性任务**（disjunctive task），对于这类任务，只需要有一个人取得了成功，整个团队也就取得了成功；第二类是**联合性任务**（conjunctive tasks），对于这类任务，团队中每个人的贡献都是至关重要的。解决一个令人烦恼的复杂数学问题，是一项分离性任务，也就是说，团队成员的思路越是多样性，越有利于问题的解决。而在打橄榄球的时候，进攻锋线保护四分卫则是一个联合性任务。在进攻锋线中，只要有任何一个队员没有做好自己的工作，四分卫就会被对方扑倒。在分离性任务中，多样性的效果最好，因为这种情况下可以同时尝试多种方法，而且只要有一个好主意就意味着所有人的成功。

当然，在现实世界中，大多数任务都不是纯粹分离性的，也不是纯粹联合性的。而且，对一个特定任务而言，分离性、联合性程度有多高，还取决于任务本身是如何构建而成的。正如经济史学家保罗·大卫（Paul David）所指出的那样，之所以要构建分布式组织（distributed organizations），一个重要目的就是将联合性任务转化为分离性任务。例如，开源软件的开发，要想取得成功，首先需要的就是一个初始模板，它能够将要解决的问题模块化为若干可分离的部分集合。

然而，从关于分布式群体性智慧理论的科学概念，转化为分布式的分权型组织（decentralized organizations），不仅需要高超的实践艺术，而且还需要进一步的“概念拆分”。以通常人们所称的“分布式信息生产”为例，维基百科、Digg.com和Epinions.com等都属于这种类型。对于这种“群体项目”，要想取得成功，不但知识必须足够分散，而且还必须给人们足够强烈的激励，让人们有动力提供有关信息；同时，还要求有用的信息达到一定比例，其中的偏差和错误也必须是可识别和可纠正的。维基百科之所以大获成功，就是因为它满足了所有这些要求。这个世界的信息是被无数分散的个体持有的，每个人将自己拥有的信息贡献给维基百科也非常方便。另外，大多数信息都是有用和准确的，错误可以由他们的编辑识别和纠正。

预测市场是本书思想在现实世界中应用的又一个很好的例子，不同公司的员工或其他个人对未来结果“下赌注”。当许多变量都可能影响结果，而且很难对相关信息进行量化分析时，预测市场的效果最好。要想使预测市场很好地运行起来，参与者必须既精确又具有多样性。在某些情况下，现有的参与者就已经足够多样性了。而在其他一些情况下，为了保证多样性，还必须招募更多的参与者并给予适当的激励。

现在，预测市场已经受到了广泛关注，例如，艾奥瓦电子市场对选举的预测就非常成功。但是很可能，对于分布式问题求解，学术界、政府部门和企业才是多样性更重要的应用领域。分布式问题求解这种方法的优越之处在于，可以让拥有不同工具的人同时尝试解决同一个问题。如今声名远播的“黄金公司挑战赛”就是很好的例证。黄金公司（Goldcorp）公开了该公司位于加拿大安大略省红湖矿区的全部相关信息。它通过互联网发布了这些信息，并征求全世界网民的意见：在哪里探矿最好？结果让人喜出望外。参赛者指出了五十多个新的采矿点。在这些采矿点中，超过3/4的采矿点生产出了黄金。类似地，电影发行公司中的另类—奈飞公司（Netflix）最近公开了它所收集的关于用户偏好的所有信息，并发起了一场百万美元奖金挑战赛：任何能够将该公司电影推荐算法改进（与基准算法相比）10个百分点的人，都可以得到100万美元。

我们可以认为分布式问题求解是一种创新的形式：向用户开放的创新。这种创新活动有时也被称为**分布式联合创造**（distributed co-creation）。参与这种创新活动的人形形色色，而且都“自带工具箱”，从而使问题可以从各个角度得到突破。例如，乐高公司鼓励用户设计自己的产品，无线T恤公司（Threadless）也允许客户自行设计T恤衫，最受欢迎的设计将交付生产，并被大力推销，而设计者则可以与公司分享利润。开放假肢项目（Open Prosthetics Project）[①]也与多样性主题密切相关，他们将残障人士吸引进来，帮助设计假肢。残障人士的视角使他们能够

① 有兴趣的读者可以登录网站www.openprosthetics.org了解更多资讯。

看到普通设计师无法觉察的“肢体问题”，比如什么样的功能可以对攀岩起到很好的辅助作用。

我自己经常被人问及的一个问题是：什么时候应该采用分布式问题求解的方法推进创新？对于这个问题，还需要进一步研究，但我确实已经能总结出一些基本思想。对实施分布式联合创造的适当时机，可以这样描述：

第一，组织必须感受到改进是有可能的，但被卡在了某些观点上。

第二，同时，组织还必须相信，应该鼓励对这个问题有一定看法、有能力去尝试新出路的所有人都去思考这个问题。

第三，理想情况下，问题本身应该是既可以被量化又可以被模块化的。而且，必须有一些快速的、低成本的、有效的方法来比较各种解决方案。

第四，最后，对问题本身的陈述绝不能泄露有商业价值的信息，例如成本结构或专有数据。奈飞公司可以通过对用户和电影的名字进行加密，将所公布信息的价值降低为零。加拿大黄金公司虽然无法加密他们的数据，但是他们仍然是安全的，因为他们拥有矿山。

当上面这些条件没有得到满足时，分布式问题求解或者说分布式联合创造就可能会以失败告终。小联盟棒球队绍姆堡飞人队（Schaumburg Flyers）的惨痛经历就是一个失败的典型。2006 年，当赛季过半时，球队老板让球迷来管理球队：由球迷们投票来决定击球员的出场顺序以及如何投球等。这种尝试得到失败的结局其实丝毫不足为奇。首先，球迷虽多，但是没有什么人真正了解球队中的每一名球员；其次，球队老板也没有设置一个“过滤器”，将没有认真对待这项任务的人排除在外；最后，反馈速度很慢，同时信息又非常“嘈杂”，这样的球队不能取得好成绩可以说是必然的。

不过，即便是在分布式问题求解方式和分权型创新取得了成功的时候，我们仍然应该追问一下这是不是多样性的“功劳”。在一些情况下，可以观察改进的顺序、观察多样性的观点和试探摸索启发式留下的痕迹，从而在一定程度上确认成功是否应该归因于多样性。MATLAB 编程竞赛就是这样一个例子。在竞赛中，参赛者要解决由主办方设定的一个计算问题，这个问题可能是基因测序、旅行商问题，也可能是一个数独游戏。参赛者要用 MATLAB 编写出计算机代码，以最高的效率在最短的时间内解决问题。解决方案必须既快速又正确。MATLAB 工程师会测试代码并发布结果和源代码，使其他参赛者能够在现有代码的基础上编程。

这种极高的透明度使参赛者可以充分发挥各自的“独门绝技”，从而带来了大量改进。对竞赛结果的分析表明，不同的参赛者在编程时有不同的思路和各自的“启发式”——当然，这也正常。有一位参赛者使用了一个更快的方法来生成斐波那契数列，这是一个更好的启发式方法，应用这种启发式可以节约计算时间。在另外一个例子中，有一位参赛者甚至提出了一种全新的方法，一种“解决问题的新思想”，从而大大提高了效率。

分权型组织能否取得成功，关键因素是文化。文化有数百个定义，在这里，我所说的“文化”的含义是规范和行为模式。从文化的角度来看，对于分布式问题求解方法在开源软件和 ATLAS 项目中所取得的成功，实在不值得惊讶。它们都形成了社区，且建立了分享和协作的规范。分布式认知在未来的成功，部分取决于分享产生“正和”这种思维方式的广泛传播。我们必须做到，不要把分享看作付出和放弃，而要把分享想象成一起打造撬动整个世界的杠杆。

注释

前言

1 H. Reingold (2002) *Smart Mobs* (Cambridge, MA: Perseus Press).

2 James Surowiecki (2004) *The Wisdom of Crowds* (New York: Doubleday Press).

3 E. Mannix and M. Neale (2006) "What Differences Make a Difference? The Promise and Reality of Diverse Teams in Organizations," *Psychology in the Public Interest* (forthcoming).

4 这里引用了福特汽车公司一名高管的话，但不是每个字都完全一样。

5 我们不会将身份多样性与认知多样性等同起来，我们不赞同所谓的"一致性假设"。请参见：B. Lawrence (1997) "The Black Box of Organizational Demography," *Organization Science* 8: 1–22。当然，也不否认，身份以及其他一些东西往往是认知多样性的一个原因。

引言

1 Karim R. Lakhani, Lars Bo Jeppesen, Peter Lohse, and Jill A. Panetta (n.d.) "Solving Scientific Problems by Broadcasting Them to Diverse Solvers," working paper, Massachusetts Institute of Technology.

2 Ayn Rand (1957) *Atlas Shrugged* (NewYork: Signet), p. 178.

3 不能把认知差异与个性差异混淆起来。个性差异是可以通过迈尔斯 - 布里格斯（Myers-Briggs）测试或大五人格测试度量的。这种测度刻画了不同的人在外倾性（extraversion）、开放性（openness）、责任心（conscientiousness）等方面的差异。例如，如果某人在责任心这个方面得分较低（即在大五人格测试中得分为"C"），那么他就更容易出现拼写错误，而且更喜欢直接使用首字母缩写，但对每个字母代表什么却不加解释。

4 Evelyn Fox Keller (2002) *Making Sense of Life* (Cambridge, MA: Harvard University Press).

5 因此，这里所用的"启发式"这个术语的含义要比通常用法（仅指"拇指法则"）更加宽泛。请参见：Gerd Gigerenzer, Peter M. Todd, and the ABC Research Group (1999) *Simple Heuristics That Make Us Smart* (New York: Oxford University Press)。

6 Gerd Gigerenzer and Reinhard Selten, eds. (2001) *Bounded Rationality:The Adaptive Toolbox* (Cambridge, MA: MIT Press).

7 T. C. Chamberlain (1890) "The Method of Multiple Working Hypotheses," *Science* o.s. 15: 92–96; reprinted in *Science* 148 (1965): 754–75.

8 我们的模型和示例总结、浓缩、综合了现有的模型和思想，它们源于许多极富创新精神的心理学家、组织行为理论家、教育家、计算机科学家、经济学家、生物学家、政治学家和统计学家。这里讨论的四大框架有不同的起源。多样性视角、解释和启发式这三个框架扩展了我和卢红的前期研究。所有这三个框架都以稍有不同的形式存在于计算机科学与认知科学中。第四个框架，即多样性预测模型框架则是一个因果性网络模型的精炼版，请参见：Judea Pearl (2000) *Causality: Models, Reasoning, and Inference* (Cambridge: Cambridge University Press)。多样性偏好模型则源于经济学、政治学和社会选择理论，不过我们对它采取了"非传统"的处理方法。

9 再举一个有点沉重的例子，在美国，共和党人和民主党人都希望降低犯罪率（这是一个基本偏好），但是他们对如何实现这个目标的看法不一样。共和党人认为，严刑峻法比社会服务更能够减少犯罪，而民主党人则持相反观点（这是工具偏好的差异）。

10 H. Triandis, E. Hall, and R. Ewen (1965). "Member Heterogeneity and Dyadic Creativity," *Human Relations* 18: 33–55.

11 成员拥有多样性的视角和技能的那些群体的绩效更高，而成员拥有多样性的价值观的群体则不然，有关的证据请参见：D. A. Thomas and R. J. Ely (1996) "Making Differences Matter: A New Paradigm for Managing Diversity," *Harvard Business Review* 74 (5): 79–90。索罗维茨基在《群体的智慧》一书中也阐述了上面的第二点。凯瑟琳·威廉姆斯和查尔斯·奥赖利的出色综述则给出了上面的第一点和以下第三点的证据：认知多样性能够改进解决方案，但偏好多样性则会导致问题。请参见：K. Y. Williams and C. A. O'Reilly III (1998) "Demography and Diversity in Organizations: A Review of 40 Years of Research," *Research in Organizational Behavior* 20: 77–140。大量研究证明，在缺乏相互尊重并存在刻板印象的情况下，偏好多样性会降低多样性的效益。请参见：E. Mannix and M. Neale (2006) "What Differences Make a Difference? The Promise and Reality of Diverse Teams in Organizations," *Psychology in the Public Interest* (forthcoming); G. Northcraft, J. Polzer, M. Neale, and R. Kramer (1995) "Diversity, Social Identity, and Performance: Emergent Social Dynamics in Cross-Functional Teams," in *Diversity in Work Teams: Research Paradigms for a Changing Workplace*, ed. Susan E. Jackson and Marian N. Ruderman (Washington, DC: American Psychological Association)。

12 我们的观点是，身份多样性并不会直接带来效益。这种效益是通过身份多样性所“培育”的多样性认知工具而实现的。一个人的年龄、种族、民族、宗教、性别和外貌会影响他（或她）的生活经验。这些都会对这个人如何看待和解释事件、结果和情况产生影响，这也就是说，经验会改变每个人的工具箱的构成。请参见：Elizabeth Anderson's entry on "Feminist Epistemology and Philosophy of Science" in the online *Stanford Encyclopedia of Philosophy*。

13 T. Kochan, K. Bezrukova, R. Ely, S. Jackson, A. Joshi, K. Jehn, J. Leonard, D. Levine, and D. Thomas (2003) "The Effects of Diversity on Business Performance: Report of a Feasibility Study of the Diversity Research Network," *Human Resource Management Journal* 42 (1): 3–21.

14 Mannix and Neal (2006).

15 虽然许多公司都犯了“文化”错误，但是雪佛兰新星（Chevy Nova）在墨西哥首发失败还是成了一个传说（No va 在西班牙语中是“不行”的意思）。但这件事透着古怪。正如有篇文章所指出的，美国人会认为一套名为“Notable”的餐具意味着“没有桌子吗”？不可能。

16 P. Frymer and J. D. Skrentny (2004) "The Rise of Instrumental Affirmative Action: Law and the New Significance of Race in America," *Connecticut Law Review* 36: 677–723.

17 R. T. Ford (2004) *Racial Culture: A Critique* (Princeton, NJ: Princeton University Press).

18 如果你还能背得出一元二次方程的求根公式：“负 *b* 加或减 *b* 平方减去 4*ac* 的平方根再除以 2*a*”，那么你就过关了。

19 Scott E. Page (1996) "Two Measures of Difficulty," *Economic Theory* 8 (2): 321–46; Lu Hong and Scott E. Page (2001) "Problem Solving by Heterogeneous Agents," *Journal of Economic Theory* 97 (1): 123–63; Lu Hong and Scott E. Page (2004) "Groups of Diverse Problem Solvers Can Outperform Groups of High-Ability Problem Solvers," *Proceedings of the National Academy of Sciences* 101 (46): 16385–89; Scott E. Page with Jenna Bednar (2006) "Game (s) Theory and the

Emergence of Culture," *Rationality and Society* 18 (2); Lu Hong and Scott E. Page (2005) "Interpreted and Generated Signals," working paper, University of Michigan–Ann Arbor.

01

1 比尔·布莱森在《万物简史》一书中声称，门捷列夫是受纸牌游戏的启发而发现元素周期表的。请参见：Bill Bryson，*A Short History of Everything* (New York: Oxford University Press，1999)。本书则采用了理查德·莫里斯的说法，后者没有提及纸牌，请参见：Richard Morris (2003) *The Last Sorcerers: The Path from Alchemy to the Periodic Table* (Washington, DC: Joseph Henry Press)。

2 Steven Toulmin (1953) *The Philosophy of Science* (London: Hutchinson), p. 34.

3 Michael Bradie (1999) "Science and Metaphor," *Biology and Philosophy* 14: 159–66.

4 感谢理查德·朗格鲁瓦（Richard Langlois）提供了这个故事。

5 Robert Wright (1999) "Time 100: Molecular Biologists," *Time*, March 29.

6 在对视角更完备的分析中，可能对象的集合可以是无限集，但是在这里，为了避免不必要的复杂性，还是假设了一个有限集。

7 Daniel Dennett (1996)*Kinds of Minds: Toward an Understanding of Consciousness* (New York: Basic Books), p. 39.

8 每一个人，对于所经历的每种情况、所看到的每个对象以及找到的可以解决问题的每一个方案，不可能都有一个单一的词语与之对应。因此这个假设在许多情况下是不现实的。通常，我们会将对象、经验、事件和解决方案归入各自的类别中，会将事物归并到一起。将在讨论解释框架时再来考虑这种分类方法。在这里，先考虑视角，因为它们更容易理解。一旦理解透了多样性视角的含义，就可以继续分析解释了。理论也不同于视角。理论是从基本原理出发构建的连续的思想体系，包括了反映因果关系的概念。不过，理论必定包括视角。

9 有些问题在笛卡尔坐标和极坐标中都很难处理。为了解决这些问题，需要用其他视角来表示问题的解，例如诺曼·维尔德贝格尔（Norman Wildberger）的有理三角学。有理三角学的视角依赖于扩展和象限概念（在这里不会讨论这些）。有理三角学的特点是，它摆脱了所有繁杂的余弦和正弦计算，即所有的计算都在有理数的范围内。有理三角学并不能简化所有问题，但是它确实能够简化许多问题。请参见：Norman J. Wildberger (2005)*Divine Proportions: Rational Trigonometry to Universal Geometry* (Kingsford, Australia: Wild Egg Books)。

10 Ariel Rubinstein (1996) "Why Are Certain Properties of Binary Relations More Common in Natural Language?" *Econometrica* 64 (2): 343–55.

11 Fred Lager (1994)*Ben&Jerry's: The Inside Scoop: How Two Real Guys Built a Business with a Social Conscience and a Sense of Humor* (New York: Crown Publishers).

12 顺便提一下，答案为 42 的问题是"9 乘以 6 等于几？"。在采取十三进制时，$9\times 6=42$。

13 在一个细分市场里的一对新房中，有一所房子因为与另一所完全相同而被舍弃。

14 每个数字都可以被包括在内，也可不被包括在内。因此，任何一个子集都可以写成长度为 13 的一个二进制数（由 0 和 1 组成）。这样的字符串的个数为 2^{13}。

15 当有 N 个对象时，2^{N-1} 次方个视角都会生成单峰景观。

16 更准确的陈述及证明，请参见：Lu Hong and Scott E. Page (2001) "Problem Solving by Heterogeneous Agents," *Journal of Economic Theory* 97 (1): 123–63。

17 Roberto A. Weber and Colin Camerer (2003) "Cultural Conflict and Merger Failure: An Experimental Approach," *Management Science* 49 (4): 400–415.

18 Irving L. Janis (1972)*Victims of Groupthink: A Psychological Study of Policy Decisions and Fiascoes* (Boston: Houghton Mifflin); Paul T. Hart (1990)*Groupthink in Government: A Study of Small Groups and Policy Failures* (Baltimore: Johns Hopkins University Press); Paul A. Kowert (2002)*Groupthink or Deadlock: When Do Leaders Learn from Their Advisors?* (Albany: State University of New York Press).

19 S. Moscovici (1976)*Social Influence and Social Change* (New York: Academic Press).

02

1 Barry Nalebuff and Ian Ayres (2003)*Why Not? How to Use Everyday Ingenuity to Solve Problems Big and Small* (Cambridge, MA: Harvard Business School Press).

2 Gerd Gigerenzer, Peter M. Todd, and the ABC Research Group (1999) *Simple Heuristics That Make Us Smart* (New York: Oxford University Press).

3 Richard Cyret and James March (1963) *Behavioral Theory of the Firm* (Englewood Cliffs, NJ: Prentice-Hall).

4 Christopher Alexander, Sara Ishikawa, and Murray Silverstein with Max Jacobson, Ingrid Fiksdahl-King, and Shlomo Angel (1977) *A Pattern Language: Towns, Buildings, Construction* (New York: Oxford University Press); Christopher Alexander (1979)*The Timeless Way of Building* (New York: Oxford University Press).

5 关于如何权衡的讨论，请参见：Gigerenzer, Todd, and the ABC Research Group (1999)。

6 Barry Schwartz (2004)*The Paradox of Choice: Why More Is Less* (New York: Hapercollins).

7 David H. Wolpert and William G. MacCready (1995) "No free Lunch Theorems for Search," Technical Report SFI-TR-95-02-010, Santa Fe Institute.

8 一维梯度被称为导数。

9 正式的推导如下：按受一个新的解决方案的概率：

$$e^{\frac{-\text{价值降幅}}{\text{温度}}}$$

如果温度是高的，那么上面这个表达式的值接近于 e^0，即等于 1。当温度接近零时，上面这个表达式的值接近于 $e^{-\infty}$，即等于 0。模拟退火成功的关键在于制定一个适当的冷却温度表。如果温度下降得太快，那么启发式就会被卡住。如果温度下降得太慢，那么启发式就不会沿上坡路攀登而一直徘徊在解决方案内。关于模拟退火的介绍，请参见：Scott E. Page (1996) "Two Measures of Difficulty," *Economic Theory* 8 (2): 321–46。

10 请注意，我们的线性模型有一个逻辑漏洞：如果价值降幅超过了温度，那么概率就变为负值了。不过，可以将负概率设定为零，从而避开这个问题。

11 Alex Osborn (1953)*Applied Imagination* (New York: Scribners).

12 Melanie Mitchell (1996)*An Introduction to Genetic Algorithms* (Cambridge, MA: MIT Press).

13 感谢迈克尔·赖亚尔（Michael Ryall）提供了这个例子。

14 Nalebuff and Ayres (2003).

03

1 Lu Hong and Scott E. Page (2005) "Interpreted and Generated Signals, " working paper, University of Michigan–Ann Arbor. 也请参见与 PAC 学习模型有关的文献。

2 Roland G. Fryer and Matthew O. Jackson (2003) "Categorical Cognition: A Psychological Model of Categories and Identification in Decision Making: An Extended Abstract, " in *Proceedings of the 9th Conference on Theoretical Aspects of Rationality and Knowledge (TARK-2003), Bloomington, Indiana, June 20–22, 2003*, ed. Joseph Y. Halpern and Moshe Tennenholtz (New York: ACM Press), pp. 29–34.

3 Brent Berlin and Paul Kay (1969)*Basic Color Terms* (Berkeley and Los Angeles: University of California Press).

4 这种"局部分类法"广泛存在于不同的文化中。请参见：Brent Berlin (1992) *thnobiological Classification* (Princeton, NJ: Princeton University Press)。

04

1 Maris A. Vinovskis (2005)*The Birth of Head Start: Preschool Education Policies in the Kennedy and Johnson Administrations* (Chicago: University of Chicago Press).

2 Malcolm Gladwell (2005)*Blink: The Power of Thinking Without Thinking* (New York: Little, Brown).

3 Gerd Gigerenzer, Peter M. Todd, and the ABC Research Group (1999)*Simple Heuristics That Make Us Smart* (New York: Oxford University Press).

4 www.jumptheshark.com.

5 Michael Lewis (2003)*Moneyball: The Art of Winning an Unfair Game* (New York: W. W. Norton).

6 Robyn Dawes, David Faust, and Paul Meehl (1989) "Clinical vs Actuarial Judgment," *Science* 243: 1668–74; William Grove and Paul Meehl (1996) "Comparative Efficiency of Informal (Subjective, Impressionistic) and Formal (Mechanical, Algorithmic) Prediction Procedures: The Clinical-Statistical Controversy," *Psychology, Public Policy, and Law* 2 (2): 293–323.

7 Philip Tetlock (2005)*Expert Political Judgment: How Good Is It? How Can We Know?* (Princeton, NJ: Princeton University Press).

05

1 P. F. Drucker (1993)*Post-Capitalist Society* (New York: Harper Business), p. 215.

2 L. Guinier and S. Sturm (2001)*Who's Qualified? A New Democracy Forum on Creating Equal Opportunity in School and Jobs* (Boston, MA: Beacon Press).

3 Gerd Gigerenzer and Reinhard Selten, eds. (2001)*Bounded Rationality: The Adaptive Toolbox* (Cambridge, MA: MIT Press).

4 其他国家对测验结果的信任程度并不一样。

5 Howard Gardner (1983)*Frames of Mind: The Theory of Multiple Intelligences* (New York: Basic Books).

6 Robert J. Sternberg (1985)*Beyond IQ: A Triarchic Theory of Intelligence* (Cambridge: Cambridge University Press).

7 当然，按照年龄排序并非无懈可击。如果凯瑟琳以接近光的速度旅行，那么她就不怎么会变老，且最终将比她的弟弟帕特里克还要年轻。

8 我把推导过程留给有兴趣的读者去完成。

9 在过去几年间，球迷的不满已经推动了这个排名系统的改进。我们很容易证明，如果排名算法没有变过，那么近几次参加冠军赛的将会是另几支球队（不过，路易斯维尔队的球迷请稍安勿躁，毕竟这只是一场比赛而已）。

10 在这里设定了 3 扇门和 100 颗棋子，这完全是任意指定的。在“兵力分配博弈”中，棋子的数量必须相当大（相对于门的数量），而且门的数量必须是奇数。

11 如果南加州大学队先与俄克拉何马大学队比赛，那么南加州大学队将获胜。而密歇根大学队则可以击败佛罗里达大学队。于是南加州大学队最后在决赛中击败密歇根大学队夺冠。如果佛罗里达大学队先与俄克拉何马大学队比赛，那么佛罗里达大学队将获胜，而与此同时，南加州大学队将再次击败密歇根大学队，最后佛罗里达大学队在决赛中击败南加州大学队夺冠。

12 对于这个模型，有人可能会对它假设每个玩家都有相同数量的棋子提出批评。更好的假设是，更有能力的玩家拥有更多的棋子，例如假设一个玩家有 140 颗棋子，而另一个玩家只有 100 颗棋子，这将使我们所说的“能力”出现很大的差别。但是，即使在这样的安排下，第一个玩家也是可以被击败的。第一个玩家摆放在其中一扇门前的棋子必须多于 41 颗，这意味着他能够摆放在另外两扇门前的棋子必定少于 98 颗，于是另一个玩家就可以在这另外两扇门前妥善摆放棋子保证获胜了。

13 到底什么东西可以算作一件工具，无疑是主观的。而且，对不同工具的区分越细致，工具的数量越大。

14 Wayne A. Grove, Donald H. Dutkowsky, and Andrew Grodner (2005) “Survive Then

Thrive: Determining Success in the Economics Ph.D. Program," manuscript, Le Moyne College.

06

1 Thomas Homer-Dixon (2000)*The Ingenuity Gap* (New York: Knopf).

2 John H. Miller and Scott E. Page (2006)*Complex Adaptive Social Systems: The Interest in Between* (Princeton, NJ: Princeton University Press).

3 我是在艾伦·纽维尔和赫伯特·西蒙的研究的基础上构建人工智能体模型的。他们把问题解决者刻画为拥有问题表示法（我们称之为视角）和启发式的人。请参见：Allen Newell and Herbert Simon (1972)*Human Problem Solving* (Englewood Cliffs, NJ: Prentice-Hall)。

4 数学上更准确的说法是，每一个人工智能体都有一对可以在景观中行走的基本向量。

5 Lu Hong and Scott E. Page (2004) "Groups of Diverse Problem Solvers Can Outperform Groups of High-Ability Problem Solvers," *Proceedings of the National Academy of Sciences* 101 (46): 16385–89.

6 启发式不一定是精巧且详尽的算法，比如说模拟退火算法或者傅里叶分析。启发式也可以是我们随着时间的推移而获得的经验或惯例。因此，可能不容易描述清楚。在这些情况下，它们可以被视为程序性的知识。参见：J. R. Anderson (1976)*Language, Memory and Thought* (Hillsdale, NJ: Erlbaum); J. R. Anderson (1993)*Rules of the Mind* (Hillsdale, NJ: Erlbaum)。

7 2005 年型号的汽车包括：讴歌 RL、日产 Ultima、马自达 6、丰田凯美瑞、本田雅阁、克莱斯勒 Sebring、雪佛兰迈锐宝、现代索纳塔、道奇层云、土星 L300、大众捷达、起亚 Optima、别克世纪、福特金牛座、三菱戈蓝、奔驰 C240、铃木维罗纳、沃尔沃 S60、宝马 525、庞蒂亚克 G6、雷克萨斯 ES、凯迪拉克 CTS、萨博 9-5。这些数据都来源于 Edmunds.com 网站。

8 Brian Greene (2004)*The Fabric of the Cosmos* (New York: Alfred Knopf), p. 382. Emphasis in the original.

9 Lu Hong and Scott E. Page (2001) "Problem Solving by Heterogeneous Agents, " *Journal of Economic Theory* 97 (1): 123–63.

10 需要注意的是，有不同的视角但有共同的启发式，或者有相同的视角但有不同的启发式的人则不然。

11 至于预测任务中的相关逻辑，请参见：B. Grofman, G. Owen, and S. Feld (1983) "Thirteen Theorems in Search of the Truth, " *Theory and Decision* 15: 261–78。

12 关于"圆"，请参见：Ralph Waldo Emerson (1983)*Essays and Lectures* (New York: Library of America), p. 405。

13 Bernardo Huberman (1990)"The Performance of Cooperative Processes, " *Physica* D42 (38); S. H. Clearwater, B. A. Huberman and T. Hogg (1991) "Cooperative Solution of Constraint Satisfaction Problems, *Science* 254: 1181–83.

14 如果最好的问题解决者在 99.9% 的时间内都找到了最佳解决方案，那么由随机选定的问题解决者组成的群体就不能优于由最好的问题解决者组成的群体。

15 这个形式条件要求所有问题解决者的所有局部最优解的集合都可以写成一个列表。数学家把这个要求称为可数集合要求。任何有限集都是可数集，一些无限集，如整数（1，2，3，…）也是可数集，而其他无限集（如实数集）则是不可数集。

16 Hong and Page (2004).

17 为了保证这一点，视角和启发式的集合必须是有界限的，这也是我把它画成一个盒子的开关的原因。

18 如果这两个小组的成员知道自己所在的小组如何形成的，那么所有的注都不用再下了。鉴于组内及组间动力学，可能根本无法说出太多东西。高智商组的成员可能只愿意付出很少的努力，因为他们知道自己更聪明，或者也可能会特别努力，因为他们想证明自己是更聪明的。随机组的成员则可能直接决定放弃，或者也可能会更加努力。

19 在这里，还可以补充一点，自从开始这项研究以来，已经有几十个人告诉我，他们也进行了类似的实验。他们让学生自己组成团队去承担项目。这个轶事型证据也表明，由个人表现最好的学生组成的群体并不是最好的。

20 有人可能会争辩，如果只有少数学生有能力找到合理的解决办法，那么“精英”组就能做得更好。直觉与定理是一致的，因为微积分条件被违背了。

21 Lu Hong and Scott E. Page (2001) “Problem Solving by Heterogeneous Agents,” *Journal of Economic Theory* 97 (1): 123–63.

07

1 请记住，如果预测任务实在难得离谱，那么没有人能够做得比“用掷飞镖来决定”更好。请参见：Philip Tetlock (2005)*Expert Political Judgment: How Good Is It? How Can We Know?* (Princeton，NJ: Princeton University Press)。

2 Justin Wolfers and Eric Zitzewitz (2004) “Prediction Markets,” *Journal of Economic Perspectives* 18 (2): 107–26; R. Roll (1984) “Orange Juice and Weather,” *American Economic Review* 74 (5): 861–80.

3 好莱坞证券交易所和艾奥瓦电子市场使用真实货币，Tradesports.com 和 Betfair.com 也是。其他预测市场，例如 Ideosphere.com，使用的则是虚拟货币。

4 David M. Pennock, Steve Lawrence, C. Lee Giles, and Finn Arup Nielson (2001) “The Real Power of Artificial Markets, ” *Science* 291: (February 9) 987–88.

5 Jeremy Waldron (1995) “The Wisdom of the Multitude: Some Reflections on Book 3, Chapter 11 of Aristotle’s *Politics*,” *Political Theory* 23 (4): 563–84.

6 出于上述原因，卢红和我把这些称为生成的信号。请参见：Lu Hong and Scott E. Page (n.d.) “Interpreted and Generated Signals,” manuscript。

7 正式的计算过程如下：7 ×（100%）+ 10 ×（50%）+ 0.5 ×（33.3%）+ 68 ×（25%）= 34

8 要准确地计算观众预测正确的概率也许有点烦琐，但是难度并不大。

9 每位经理预测总销售额是本区域销售额的 5 倍。那么这些预测的平均值就是 5

个地区的销售额的总和。

10 如果经理们对过去和现在的销售额赋予不同的权重，那么群体预测就可能会超出这个范围。

11 这个假设并不像表面上那样无关紧要。在有些模型中，理性的人可能会选择不投票，但在这里他们会。请参见：Timothy Feddersen and Wolfgang Pesendorfer (1997) "Voting Behavior and Information Aggregation in Elections with Private Information," *Econometrica* 65 (5): 1029–58。

12 B. Grofman, G. Owen, and S. Feld (1983) "Thirteen Theorems in Search of the Truth," *Theory and Decision* 15: 261–78.

13 这个逻辑甚至构成了许多现代多镜头望远镜的设计理念的基础。每片镜子都可以被认为是一个多样性、有一定缺陷的望远镜。当它们组合起来时，不同图像各自的模糊点都被抵消掉了，从而创造了一部分夜空的清晰的视野。

08

1 在这里，预测准确率指的是模型的预测与实际结果之间的距离；预测多样性指的是每个模型的预测与其他模型的平均预测之间的平均距离。

2 Norman L. Johnson (1998) "Collective Problem Solving: Functionality beyond the Individual," Los AlamosWorking Paper LA-UR-98-2227; Norman L. Johnson (1999) "Diversity in Decentralized Systems Enabling Self-Organizing Solutions," presented at the Decentralization II Conference, UCLA.

3 性急的读者可以自己计算一下德博拉的预测是否也是负相关的。（提示：它们确实是。）

4 如果剧本还有第三个属性，比如幽默程度，而且也被包括在了他们的解释中，那么就会出现重叠。

5 关于这个结论的准确陈述，请参见：Lu Hong and Scott Page "Generated and Interpreted Signals"。

6 不能把通过投票集结预测模型的过程与产生共同知识的过程混淆。当每个人都知道某事的时候，信息就会成为共同知识。例如，因为雷知道各行、玛里莲知道各列，他们群体必定既知道行也知道列，他们之间可以 100% 准确地相互预测。要理解这一点，不妨假设他们正在考虑一个没有“性”且有适度暴力的剧本。根据共同知识假设，每个人都会知道对方的解释以及与每个属性组合相关连的结果。因此，他们将知道玛里莲的预测是正确的。请参见：John Geanakoplos (1992) “Common Knowledge,” *Journal of Economic Perspectives* 6 (4): 53–82。

7 我们描述的定理请参见：A. Krogh and J. Vedelsby (1995) “Neural Network Ensembles, Cross Validation, and Active Learning,” in *Advances in Neural Information Processing Systems 7,* ed. G. Tesauro, D. S. Tourtetsky, and T. K. Leen, (Cambridge, MA: MIT Press), pp. 231–38。关于更一般的背景知识，请参见：E. Leamer (1978)*Specification Searches-Ad Hoc Inference with Nonexperimental Data* (New York: John Wiley and Sons)。

8 这些专家（分析师团队）是：来自 NFL Countdonw 的斯科特·赖特（Scott Wright）、来自 About.com 的詹姆斯·艾尔德（James Alder）、Fanball.com 的分析师、Sporting News 分析师、来自 Sports Illustrated 的保罗·齐默曼（Paul Zimmerman）、来自 CBS Sportsliner 的皮特·普里斯科（Pete Prisco）和克拉克·贾奇（Clark Judge）。

9 丹·卡特林（Dan Catlin）对 2005 年的选秀大会也进行了类似的分析，结果发现皮特·普里斯科打败了群体，但他是唯一一个。

10 S. E. Asch (1956) “Studies of Independence and Conformity: A Minority of One against a Unanimous Majority,” *Psychological Monographs* 70: 416.

11 在维基百科中，有人在一个词条中挖苦地指出，北约没有麦当劳。

12 让人们使用虽然不太准确但是较简单的线性模型来预测结果这种方法，也可参见：Bob Axelrod and Michael Cohen (1984) “Coping with Complexity: The Adaptive Value of Changing Utility,” *American Economic Review* 74 (1): 30–42。

13 库珀的视角是以沃尔什（Walsh）函数为基础的。请参见：Scott Page and David

Richardson (1992) "Walsh Functions and Schema Variance," *Complex Systems*: 125–35。我从来没有想过，这篇论文的内容也会反映到这本书中。这正是一个视角如何从一个问题转移到另一个问题上去的很好的例子。

14 锦上添花的是，群体的准确性也可以用多样性预测定理来解释。库珀的个人误差是两个，奥里也是一样。因此他们预测多样性等于 1。从他们的平均个体误差中减去这个误差，就可以得出群体误差。他们的群体准确性源于他们的多样性和他们的个人准确性，就像我们知道的一样。

15 为了让你更加确信这个公式是有效的，不妨输入一个没有"性"内容（$S = 0$）且没有暴力内容（$V = 0$）的剧本。这时，从该公式可以得出一个值 0，这是德博拉的预测。再输入一个"性"内容很少（$S = 1$）且没有暴力内容（$V = 0$）的剧本。这时，该公式给出了 1 的值，这又与德博拉的预测一致。

16 要想证明占优群体的专家的预测平均来说更加准确，可以这样做：先将专家的解释的集合表示为 1，2，…，N。为了方便起见，假设这些集合中的每一个集合所包括的可能出现的情况的数量都相同，而且所有情况出现的可能性也全都相同。

而群体中的每一个成员都不是专家。群体中每个人也将可能的情况划分成若干集合。他们的集合是对专家的集合进行归并的结果。换句话说，专家的集合还要对群体中的每一个人的集合进一步拆分。根据这个假设，与群体中的每一个人相比，专家看世界看得更精细。而且，群体中每一个人能够做出的区分，专家也都可以做出。

令 S_{i1}，S_{i2}，…，S_{iM} 表示第 i 个人的解释的集合，其中 $iM<N$。个人的集合是专家集合的并集。例如，集合 S_{i1} 可能等于专家集合 1、集合 2 和集合 3 的并集。为了方便起见，假设集合 1 至集合 N 是这样排列的：专家的预测随着集合的序号的增大而增大。这样，集合 N 的预测最高，集合 1 的预测最低。

在这种情况下，专家的预测的准确性有时候会比群体的预测更低，尽管专家的平均预测要更准确一些。为了证明这两个结果，在专家解释的一个集合 i 中选择一种情况，并假设这种情况的价值为 x。专家给出的预测是该集合内的各种情况的平均价值，将之记为 V_i。

要计算群体中的个人的平均预测，还需要给出进一步的假设。假设该群体共包含 5 个人，并且每个人都将 i 这个集合与专家解释中的另一个集合配对。再用 J_1 至 J_5 来表示这些另外的集合。将集合 i 与集合 j_1 归并到一起的那个人的预测等于 V_i 和 V_{j1} 的总和的一半。由此可以得出，对于集合 i 中的一个情况，该群体的 5 个人的平均预测 $P(i)$ 等于：

$$P(i)=\frac{\frac{V_i+V_{j1}}{2}+\frac{V_i+V_{j2}}{2}+\frac{V_i+V_{j3}}{2}+\frac{V_i+V_{j4}}{2}+\frac{V_i+V_{j5}}{2}}{5}$$

上式可以化简为：

$$P(i)=\frac{V_i}{2}+\frac{V_{j1}+V_{j2}+V_{j3}+V_{j4}+V_{j5}}{10}$$

而这就等于来自集合 i 的预测的平均值和来自集合 J_1 至 J_5 的平均预测。这个预测似乎不如专家的预测准确。平均而言确实如此。因为 V_i 本身是集合 i 中的平均价值，所以它平均来说不可能更加准确。但是，如果 x 小于 V_i，那么专家的预测就太高了。如果对集合 J_1 至 J_5 中的情况的平均预测小于来自集合 i 的预测，那么群体的预测就可能比专家的预测更加准确。

这也可以换一种方式来看。假设集合 J_1 至 J_5 的平均值等于所有情况下的平均值。如果集合 i 中的一种情况出现了，那么专家的预测将是 V_i。此时群体的平均预测是 V_i 和所有情况下的平均价值 $\bar{V}$ 的加权平均值。因此，群体的预测将偏向于平均值，而且，在那些价值在平均值的方向上不同于专家的预测的那些情况下，群体的预测将会比专家的预测更加准确。所以，即使专家的解释比群体更好，在某些情况下，群体仍然可能优于专家。

这个结论还可以推广到更一般的情形。考虑一个包含了几种情况的集合 i（每一种情况都有一个价值）。与上面一样，令该集合的平均价值等于 V_i，考虑一个价值为 x 的情况。专家的误差如下式所示：

$$专家的误差：(V_i-x)^2$$

群体对集合 i 中的各种情况的预测不是 V_i，而是 V_i 再加上一些误差。误差源于群体中的一些人将集合 i 与其他集合归并到一起的处理过程。我们把群体的预测记为 $V_i + LB_i$，其中 LB_i 表示所有这些归并偏差（lumping bias）的总和。于是，群体的误差可以写成如下形式：

$$群体的误差：(V_i + LB_i - x)^2$$

其中，V_i 是集合 i 中的平均价值。因此，平均来说，V_i 将接近于集合 i 中的各个情况的价值，但是也可能会出现 $V_i + LB_i$ 比 V_i 更接近于 x 的情况。这些情况出现在价值取极端值的时候。如果集合 i 的归并偏差是正的，那么只有对于集合 i 中高于平均值的那些情况，群体的预测才能更好。而这就意味着，即使群体的成员把专家的分类归并起来了，在特定情况下，群体仍然可能比专家预测得更加准确，而且那些情况都是有模式可循的。

17 为了创建自己的预测模型，专家和群体都得在一个训练集上估计自己的模型。一旦他们估计出了自己的模型，群体的模型和专家的模型就可以在一个测试集上进行比较。

18 运用我们的公式，$W = 4 \times 10 + 2 \times 20 + 0 = 80$。

19 这里的计算并不困难。如果她的模型是正确的，那么这个模型就应该拟合源于第一个早餐和第二个早餐的数据，即 $80 = \beta 10 + \alpha 20$，以及 $105 = \beta 15 + \alpha 15$。

这样，她就有了两个方程和两个未知数。解这两个方程，得 $\beta = 6$ 和 $\alpha = 1$。具体过程是：将第一个方程除以 10，再乘以 15，得到 $120 = \beta 15 + \alpha 30$。再减去第二个方程，得到 $15 = \alpha 15$，从而 $\alpha = 1$。再把这个值代入原方程，得到 $\beta = 6$。

20 在这里假设，乔希是拿这两个月里所制作的华夫饼总数 185，除以参加两次早餐的合伙人数量 25。而安娜对于员工也采用了同样的计算方法。

21 例如，如果有 20 个合伙人和 10 个员工来吃早餐，那么玛格达的预测是需要 130 个华夫饼（$130 = 6 \times 20 + 1 \times 10$）。而乔希和安娜的群体预测是只需要 100 个（$100 = 3.7 \times 20 + 2.6 \times 10$）。所需的实际数量则等于 100（$100 = 4 \times 20 + 2 \times 10$）再加上掉落在地板上的华夫饼的数量。除非有非常多的华夫饼掉落在了地板上，否则乔希和安娜的群体预测将会比玛格达的预测更加准确。

22 Chris Achen (1991) “Let’s Put Garbage-Can Regressions and Garbage-Can Probits Where They Belong,” *Conflict Management and Peace Science* 22 (4): 327–39.

23 J. M. Bates and C. W. J. Granger (1969) “The Combination of Forecasts,” *Operations Research Quarterly* 20: 451–68.

24 D. Opitz and R. Maclin (1999) “Popular Ensemble Methods: An Empirical Study,” *Journal of Artificial Intelligence Research* 11: 169–98.

25 Chris Volinsky (1997) “Bayesian Model Averaging for Censored Survival Models,” Ph.D. diss. University of Washington; David Madigan, Adrian E. Raftery, Chris Volinsky, and Jennifer Hoeting (1996) “Bayesian Model Averaging,” *AAAI Workshop on Integrating Multiple Learned Models*, pp. 77–83.

26 L. Breiman (1996) “Bagging Predictors,” *Machine Learning* 24 (2): 123–40.

27 Robin Hanson (1999) “Decision Markets,” *IEEE Intelligent Systems* 14 (3): 16–19.

28 John Geanakoplos (1992) “Common Knowledge,” *Journal of Economic Perspectives* 6 (4): 53–82.

29 Bella M. DePaulo, Kelly Charlton, Harris Cooper, James J. Lindsay, and Laura Muhlenbruck (1997) “The Accuracy–Confidence Correlation in the Detection of Deception,” *Personality and Social Psychology Review* 1 (4): 346–57.

30 要确定所要包含的模型的最佳子集是一个相当困难的问题，因为预测器的子集的数量是预测器的数量的指数函数。请参见：Damien Challet and Neil F. Johnson (2002) “Optimal Combinations of Imperfect Objects,” *Physical Review Letters* 89: 028701。

09

1 Gary Becker (1977) “De Gustibus Non Est Disputandum,” *American Economic Review* 67: 76–90.

2 David Austen-Smith and Jeffrey S. Banks (1999)*Positive Political Theory I: Collective Preference* (Ann Arbor, MI: University of Michigan Press).

3 偏好可以在“世界的状态”上定义。“世界的一个状态”描述了所有与结果有关的信息。

4 随着备选方案数量的增加，非理性偏好与理性偏好的比率还会变得更大。假设存在 20 个备选方案。运用与前面相同的逻辑，理性偏好排序的个数等于 20（可以排在第一位上的备选方案的数量）乘以 19（剩下来的可以排在第二位的备选方案的数量）乘以 18 乘以 17 乘以 16……乘以 3 乘以 2 乘以 1（1 是所有其他备选方案都已经排好序之后，这个人最不偏好的备选方案的数量）。把这个算式输入计算器，很快就会得出结果是 2，432，902，008，176，640，000，大概 250 万亿亿。这是一个非常大的数字。

为了计算出非理性偏好排序的个数，遵循与前面相同的逻辑。20 个备选方案能够给出 190 个备选方案对。对于每一个备选方案对，都可以选择其中任何一个备选方案，于是就有 2^{190} 个违背了传递性的偏好排序，这个数字大约等于 1.6×10^{56}。这个数字之大，已经超出常人可以理解的范围。为了便于理解，可以这样想，理性偏好排序的数量的立方，大概比这个数字稍微大一点。进一步讲，如果偏好也违背了完备性，那么对于每一个备选方案，都存在三种可能性，于是又可以得到 3^{190} 个非理性偏好排序。这个数字大约等于 4.5×10^{90}。这无疑是一个天文数字，大约等于理性偏好排序的四次幂。因此，对于上述大约 250 万亿亿个理性偏好排序中的每一个，都存在着近乎无数个非理性偏好关系。

5 一个人可能拥有理想点，但是却不可能拥有单峰偏好。

6 如果一个人的理想点最接近绿色，那么这个理想点必定更接近蓝色或黄色（我们已经排除了“平局”）。如果理想点更接近蓝色，那么她的偏好排序必定是第一绿色、第二蓝色、第三黄色，第四橙色、第五红色。

7 哈罗德·霍特林（Harold Hotelling）在讨论企业选址决策时最早描述了这个模型，请参见：Harold Hotelling (1938) “The General Welfare in Relation to Problems

of Taxation and of Railway and Utility Rates," *Econometrica* 6 (3): 242–69。在现实世界中，企业的选址决策不是针对一维空间的，而是针对二维空间甚至三维空间的（其中第三维可以是公司所在的楼层）。霍特林的模型所针对的是一个一维世界，因为这样更容易处理。安东尼·唐斯（Anthony Downs）随后将霍特林模型应用于政治竞争理论，请参见：Anthony Downs (1957) *An Economic Theory of Democracy* (New York: Harper).

8 Keith T. Poole and Howard Rosenthal (1997)*Congress: A Political-Economic History of Roll Call Voting* (New York: Oxford University Press).

9 我忽略了最优政策取决于某种未知世界状态的可能性。

10 我们赋予每一种对大家都有益的结果的权重是有区别的。有些人更关心教育、有些人更关心环境，还有一些人只关注经济增长。

10

1 我在这里对文献的分析比较匆忙，同时也涉及了过多的问题。如果想了解更完整的理论分析，请参阅肯尼思·阿罗里程碑式的著作：Kenneth Arrow (1951), *Social Choice and Individual Values* (New York：Wiley)。

2 有时候，个人会违背这个定理。假设你走进了一家餐馆，服务生准备了巧克力牛奶（X）和普通牛奶（Y）供你选择。你可能会选择巧克力牛奶。假设他问："你喜欢巧克力奶昔（Z）吗？"由于你正在节食，所以肯定不会考虑巧克力奶昔。但是，巧克力奶昔这个备选方案的出现，可能会导致你"反省"自己当初选择巧克力牛奶的行为。你可能会重新考虑你的选择，并告诉服务生："好吧。请你给我普通牛奶吧。"

3 将独裁者排除出去之后，可能仍然会存在偏好与群体偏好相同的人，但是这个人只是反映了群体偏好，而不能决定群体偏好。不管他人的偏好如何，这个人都不可能让群体偏好他所偏好的东西。他只是碰巧在所有情况下都与这个群体一致。

4 Arrow, Kenneth. 1951. *Social Choice and Individual Values*. New York: John Wiley

& Sons, Inc.

5 这个定理也排除了对偏好多样性的人际比较。它假设人们不能将一维的价值附加到每个备选方案上。如果可以的话，那么通过加总这些价值就可以确定他们的群体偏好了。

6 这里要感谢哲学系的同事詹姆斯·约伊斯（James Joyce），他鼓励我构建了这个例子。

7 关于这一点以及与该定理有关的其他问题的进一步阐述，请参见：Don Saari (2001)*Decisions and Elections: Explaining the Unexpected* (New York: Cambridge University Press)。

8 它们满足完备性：给定任意两个备选方案，必定有一个比另一个更接近于 M。如果没有，那么它们与 M 的距离相等，它们无差异。因此，我们可以比较任意两个备选方案。这些偏好也满足可传递性。如果备选方案 A 比备选方案 B 更接近于 MB，并且如果备选方案 B 比备选方案 C 更接近于 M，那么备选方案 A 就比备选方案 C 更接近于 M。因此，偏好满足可传递性和完备性。它们是理性的。偏好还满足一致性。如果一个备选方案比另一个备选方案更接近于每个人的理想点，那么第一个备选方案就必定更接近于 M。偏好也满足不相关备选方案的独立性。如果备选方案 A 优于备选方案 B，那么 A 必定比 B 更接近于 M，A、B 与 M 之间的这种关系不受另一个备选方案 C 的影响。我们最后一个要求是偏好必须是非独裁的。查德看上去似乎是一个独裁者，但他其实不是。他只是反映群体偏好，而不是决定群体偏好。如果查德把他的理想点从中间移开，那么他将不能再决定胜出的备选方案。如果他是一个独裁者，他可以随心所欲地改变自己的偏好，同时群体所选择的仍然是他的理想点。

9 C. R. Plott (1967) “A Notion of Equilibrium and Its Possibility under the Majority Rule,” *American Economic Review* 57: 787–806.

10 R. D. McKelvey (1976) “Intransitivities in Multidimensional Voting Models and Some Implications for Agenda Control,” *Journal of Economic Theory* 18: 1–22.

11 N. Schofield (1978) “Instability of Simple Dynamic Games,” *Review of Economic*

Studies 45: 575–94.

12 Ken Kollman, John H. Miller, and Scott E. Page (1992) "Adaptive Parties in Spatial Elections," *American Political Science Review* 86: 929–37.

13 A. Caplin and B. Nalebuff (1988) "On 64% Majority Rule," *Econometrica* 56 (4): 787–814.

14 Elizabeth Gerber and Lewis, Jeffrey (forthcoming) "Beyond the Median, Voter Preferences, District Heterogeneity, and Representation" *Journal of Political Economy*.

15 Avinash K. Dixit and Barry J. Nalebuff (1991)*Thinking Strategically: The Competitive Edge in Business, Politics, and Everyday Life* (New York: Norton).

16 A. Gibbard (1973) "Manipulation of Schemes that Mix Voting with Chance," *Econometrica* 41: 587–600; M. A. Satterthwaite (1975) "Strategy — Proofness and Arrow's Conditions: Existence and Correspondence Theorems for Voting Procedures and Social Welfare Functions," *Journal of Economic Theory* 10: 187–217.

17 需要注意的是，我们在这里假设人们都诚实地投票。如果允许人们进行策略性投票，那么操纵议程将变得更加困难。那些最偏好布、最不偏好剪刀的人反而会在序贯投票的第一轮中投票支持石头、反对布，因为在最后的投票中，胜者将面对剪刀（因为石头会击败剪刀）。

11

1 Louise Robbins (2001)*Louis Pasteur: And the Hidden World of Microbes* (New York: Oxford University Press).

12

1 Steven Pinker (2002)*The Blank Slate: The Modern Denial of Human Nature* (New York: Viking); H. Hamer，Peter Copeland, and Dean Hamers (1999)*Living Our*

Genes: Why They Matter More than You Think (New York: Anchor Books).

2 关于种族划分，请参见：Marcus W. Feldman and Luigi L. Cavalli-Sforza (1989) "On the Theory of Evolution under Genetic and Cultural Transmission with Application to the Lactose Absorption Problem," in *Mathematical Evolutionary Theory,* ed. Marcus W. Feldman (Princeton, NJ: Princeton University Press, pp. 145–73。关于性别，请参见：Anne Moir and David Jessel (1992)*Brain Sex: The Real Difference between Men and Women* (New York: Dell Publishing).

3 Eleanor A. Maguire, David G. Gadian, Ingrid S. Johnsrude, Catriona D. Good, John Ashburner, Richard S. J. Frackowiak, and Christopher D. Frith (2000) "Navigation-Related Structural Change in the Hippocampi of Taxi Drivers," *Proceedings of the National Academy of Sciences* 97 (8): 4398–4403.

4 B. Draganski, C. Gaser, V. Busch, G. Schuierer, U. Bogdahn, and A. May (2004) "Neuroplasticity: Changes in Grey Matter Induced by Training," *Nature* 427 (6972): 311–12.

5 Glenn Loury (2000)*Dubois Lectures*, Harvard University, April 27.

6 Enriqueta Aragones, Itzhak Gilboa, Andrew Postlewaite, and David Schmeidler (2005) "Fact-Free Learning," *American Economic Review* 95 (5): 1355–68. 不过，也有人对以计算量来衡量问题难度的做法提出了质疑，请参见：Roger Penrose (1989)*The Emperor's New Mind: Concerning Computers, Minds, and the Laws of Physics* (New York: Oxford University Press)。

7 Judea Pearl (2000)*Causality: Models, Reasoning, and Inference* (Cambridge: Cambridge University Press).

8 J. Denrell (2005) "Why Most People Disapprove of Me: Experience Sampling in Impression Formation," *Psychological Review* 112 (4): 951–78.

9 K. J. Holyoak and P. Thagard (1995)*Mental Leaps: Analogy in Creative Thought* (Cambridge, MA: MIT Press).

10 Edward Lazear (1999) "Culture and Language," *Journal of Political Economy* 107 (6):

S95–S126.

11 S. J. Ceci and A. Roazzi (1994) "The Effect of Context on Cognition: Postcards from Brazil," in *Mind in Context: Interactionist Perspectives on Human Intelligence*, ed. R. J. Sternberg and R. K.Wagner (New York: Cambridge University Press), pp. 213–47.

12 Richard Nisbett (2003)*The Geography of Thought: How Asians and Westerners Think Differently-and Why* (New York: Free Press).

13 Jared Diamond (2005)*Collapse: How Societies Choose to Fail or Succeed* (New York: Viking).

14 这里要感谢大卫 · 哈里斯（David Harris）让我注意到了这些区别。

15 Elizabeth Anderson (2005) "Feminist Epistemology and Philosophy of Science," *Stanford Encyclopedia of Philosophy* [CD-ROM] (Stanford, CA: Metaphysics Research Lab).

16 Evelyn Fox Keller (1983)*A Feeling for the Organism: The Life and Work of Barbara McClintock* (San Francisco: W. H. Freeman).

17 John Dewey (1907) "The School and the Life of the Child," chapter 2 of *The School and Society* (Chicago: University of Chicago Press).

18 A. Kimball Romney, Susan C. Weller, and William H. Batchelder (1986) "Culture as Consensus: A Theory of Culture and Informant Accuracy," *American Anthropologist* 88 (2): 313–38.

19 福特也上了耶鲁大学，读的是法学院。

20 Scott Atran and Douglas Medin (forthcoming)*The Native Mind: Cognition and Culture in Human Knowledge of Nature* (New York: Oxford University Press).

21 Robert K. Merton and Elinor Barber (2004)*The Travels and Adventures of Serendipity: A Study in Sociological Semantics and the Sociology of Science* (Princeton, NJ: Princeton University Press); Royston M. Roberts (1989)*Serendipity: Accidental Discoveries in Science* (New York: Wiley).

22 Marcie J. Tyre and Eric von Hippel (1997) "The Situated Nature of Adaptive

Learning in Organizations," *Organization Science* 8 (1): 71–83.

23 David Leonhardt, "What Price Loyalty? Something Free," *New York Times*, April 26, 2006.

24 W. Kaempffert (1924)*A Popular History of American Invention*, vol. 2 (New York: Charles Scribner's Sons), p. 385. Excerpted from Stephen LaBerge (1985) Lucid Dreaming (Los Angeles: Tarcher).

25 U. Wagner, S. Gais, H. Haider, R. Verlager, and J. Born (2004) "Sleep Inspires Insight," *Nature* 427 (6972): 352–55.

13

1 Jared Diamond (1997)*Guns, Germs, and Steel: The Fates of Human Societies* (New York: W. W. Norton).

2 Robert Wright (2000)*Nonzero: The Logic of Human Destiny*, New York: Vintage Books.

3 Joel Mokyr (2002)*The Gifts of Athena: Historical Origins of the Knowledge Economy* (Princeton, NJ: Princeton University Press).

4 Martin L. Weitzman (1998) "Recombinant Growth," *Quarterly Journal of Economics* 113 (2): 331–60.

5 Wright (2000).

6 Michael Kremer (1993) "Population Growth and Technological Change: One Million b.c. to 1990," *Quarterly Journal of Economics* 108 (3): 681–716.

7 T. Cox, S. Lobel, and P. McLeod (1991) "Effects of Ethnic Group Culture Differences on Cooperative and Competitive Behavior on a Group Task," *Academy of Management Journal* 34: 827–47.

8 请参见约翰·莱德亚德（John Ledyard）2005 年在"Nancy L. Schwartz 讲座"上所做的演讲。

9 Tom Reitz, Joyce Berg, Forrest Nelson, and Robert Forsythe (2003) "Results from a Dozen Years of Election Futures Markets Research," in *The Handbook of Experimental Economics Results*, ed. Charles Plott and Vernon Smith (Amsterdam: Elsevier Science).

10 这个发现并不像初看上去时那么令人惊异。博彩业也可以预测每一场平局的比赛，且没有任何偏差。

11 Emile Servan-Schreiber, Justin Wolfers, David M. Pennock, and Brian Galebach (2004) "Prediction Markets: Does Money Matter?" *Electronic Markets* 14 (3).

12 K. Y.Williams and C. A. O'Reilly III (1998) "Demography and Diversity in Organizations: A Review of 40 Years of Research," *Research in Organizational Behavior* 20: 77–140.

13 Keld Laursen, Volker Mahnke, and Per Vejrup-Hansen (2005) "Do Differences Make a Difference? The Impact of Human Capital Diversity, Experience, and Compensation on Firm Performance in Engineering Consulting," DRUID working paper.

14 L. R. Hoffman (1959) "Homogeneity of Member Personality and Its Effect on Group Problem-Solving," *Journal of Abnormal and Social Psychology* 58: 27–32; N. R. F. Maier (1930) "Reasoning in Humans: On Direction," *Journal of Comparative Psychology* 12: 144–55; T. Amabile (1983)*The Social Psychology of Creativity* (New York: Springer-Verlag).

15 Sydney Finkelstein and Donald C. Hambrick (1990) "Top Management Team Tenure and Organizational Outcomes: The Moderating Role of Managerial Discretion," *Administrative Science Quarterly* 35: 484 503; K. A. Bantel, and S. E. Jackson (1989) "Top Management and Innovations in Banking: Does the Demography of the Top Team Make a Difference?" *Strategic Management Journal* 10: 107–24.

16 Howard Gardner (1993)*Creating Minds: An Anatomy of Creativity Seen through the Lives of Freud, Einstein, Picasso, Stravinsky, Eliot, Graham, and Gandhi* (New York:

Basic Books); Rosabeth Moss Kanter (1983)*The Change Masters: Innovations for Productivity in the American Corporation* (New York: Simon and Schuster).

17 James Gleick (1993)*Genius: The Life and Science of Richard Feynman* (New York: Vintage Press).

18 Thomas Homer-Dixon (2000)*The Ingenuity Gap* (New York: Knopf).

19 感谢托马斯·威尔彻（Thomas Wilcher）提供了这个例子。

20 A. Blinder and J. Morgan (2005) "Are Two Heads Better Than One? An Experimental Analysis of Group versus Individual Decision Making," *Journal of Money, Credit and Banking* 37 (5): 789–811.

21 Clare Lombardelli, James Proudman, and James Talbot (2002) "Committees versus Individuals: An experimental Analysis of Monetary Policy Decision-Making," *Bank of England Quarterly Bulletin* (Autumn).

22 Martin Kilduff, Reinhard Angelmar, and Ajay Mehra (2000) "Top Management-Team Diversity and Firm Performance: Examining the Role of Cognitions," *Organization Science* 11: 21–34.

23 Susan E. Jackson, A. Joshi, and N. L. Erhardt (2003) "Recent Research on Team and Organizational Diversity: SWOT Analysis and Implications," *Journal of Management* 29 (6): 801–30; Susan E. Jackson (1992) "Consequences of Group Composition for the Interpersonal Dynamics of Strategic Issue Processing," in ed. P. Shrivastava, A. Huff, and J. Dutton, *Advances in Strategic Management, vol. 8*, (Greenwich, CT: JAI Press); Susan E. Jackson and A. Joshi (2004) "Diversity in Social Context: A Multi-Attribute, Multi-Level Analysis of Team Diversity and Performance," *Journal of Organizational Behavior* 25: 675–702; Deborah H. Gruenfeld, Elizabeth Mannix, Katherine Y. Williams, and Margaret A. Neale (1996) "Group Composition and Decision Making: How Member Familiarity and Information Distribution Affect Process and Performance," *Organizational Behavior and Human Decision Processes* 67: 1–15; Katherine W. Phillips, Elizabeth Mannix, Margaret Neale, and

Deborah Gruenfeld (2004) "Diverse Groups and Information Sharing: The Effects of Congruent Ties," *Journal of Experimental Social Psychology* 40: 497–510; T. Kochan, K. Bezrukova, R. Ely, S. Jackson, A. Joshi, K. Jehn, J. Leonard, D. Levine, and D. Thomas (2003) "The Effects of Diversity on Business Performance: Report of a Feasibility Study of the Diversity Research Network," *Human Resource Management Journal* 42 (1): 3–21.

24 Williams and O'Reilly (1998). Marian N. Ruderman, Martha W. Hughes-James, and Susan E. Jackson, eds. (1996)*Selected Research on Work Team Diversity* (Greensboro, NC: American Psychological Association and Center for Creative Leadership); K. A. Jehn, G. B. Northcraft, and M. A. Neale (1999) "Why Differences Make a Difference: A Field Study of Diversity, Conflict, and Performance inWork Groups," *Administrative Science Quarterly* 44: 741–63; H. Tajfel and J. C. Turner (1986) "The Social Identity Theory of Intergroup Behavior," in *Psychology of Intergroup Relations,* ed. S. Worchel and W. G. Austin (Chicago: Nelson-Hall).

25 Kochan et al. (2003).

26 Sarah Fisher Ellison, Jeffrey Greenbaum, and Wallace Mullin (2005) "Diversity, Social Goods Provision, and Performance in the Firm," MIT Department of Economics working paper (September).

27 A. C. Filley, R. J. House, and S. Kerr (1976)*Managerial Process and Organizational Behavior* (Glenview, IL: Scott, Foresman, and Co.); E. Hoffnan (1979) "Applying Experiential Research on Group Problem Solving to Organizations," *Journal of Applied Behavioral Science* 15: 375–91; Joseph E. McGrath (1984)*Groups: Interaction and Performance* (Englewood Cliffs, NJ: Prentice-Hall); R. A. Guzzo and M. W. Dickson (1996) "Teams in Organizations: Recent Research on Performance and Effectiveness , " *Annual Review of Psychology* 47: 307–38; F. J. Milliken and L. L. Martins (1996) "Searching for Common Threads: Understanding the Multiple Effects of Diversity in Organizational Groups," *Academy of Management Review* 21:

402–33.

28 D. A. Thomas and R. J. Ely (1996) "Making Differences Matter: A New Paradigm for Managing Diversity," *Harvard Business Review* 74 (5): 79–90.

29 C. Nemeth (1986) "Differential Contributions of Majority and Minority Influence," *Psychological Review* 93: 23–32.

30 N. Triandis, E. Hall, and R. Ewen (1965) "Member Heterogeneity and Dyadic Creativity," *Human Relations* 18: 33–55.

31 Samuel R. Sommers (forthcoming) "On Racial Diversity and Group Decision-Making: Informational and Motivational Effects of Racial Composition on Jury Deliberations," *Journal of Personality and Social Psychology*。结果是陪审团决定的。因此，我们不能说究竟是对还是错，但是陪审团确实可能在推理时或在逻辑上犯更多或更少的错误，而且他们的判断与法律的符合程度也可能不同。

32 Orlando C. Richard, Amy McMillan, Kenneth Chadwick, and Sean Dwyer (2003) "Employing an Innovation Strategy in Racial Diverse Workforces: Effects on Firm Performance," *Group and Organization Management* 28 (1): 107–26.

33 Williams and O'Reilly (1998).

34 W. E. Watson, K. Kumar, and L. K. Michaelsen (1993) "Cultural Diversity's Impact on Interaction Process and Performance: Comparing Homogeneous and Diverse Task Groups," *Academy of Management Journal* 36: 590–602; Warren E. Watson and Kamalesh Kumar (1992) "Factors Associated with Differences in Decision-Making Regarding Risk Taking: A Comparison of Culturally Homogeneous and Culturally Heterogeneous Groups," *International Journal of Intercultural Relations* 16: 53–65.

35 William B. Swann, Jeffrey T. Polzer, Daniel Conor Seyle, and Sei Jin Ko (2004) "Finding Value in Diversity: Verification of Personal and Social Self Views in Diverse Groups," *Academy of Management Review* 29 (1): 9–27; Robin J. Ely and David A. Thomas (2001) "Cultural Diversity at Work: The Effects of Diversity Perspectives on Work Group Processes and Outcomes," *Administrative Science*

Quarterly 46 (2): 229–73.

36 Ely and Thomas (2001).

37 John M. Quigley (1998) "Urban Diversity and Economic Growth," *Journal of Economic Perspectives* 12 (2): 127–38.

38 关于未来的资源，我在这里借用了詹姆斯·博伊德（James Boyd）的思路。

39 Quigley (1998).

40 这种偏向在企业的创新活动中比在大学的创新活动中更加明显。请参见：Adam B. Jaffe, Manuel Trajtenberg, and Rebecca Henderson (1993) "Geographic Localization of Knowledge Spillovers as Evidenced by Patent Citations," *Quarterly Journal of Economics* 108 (3): 577–98。

41 Jane Jacobs (1984)*Cities and the Wealth of Nations* (New York: Random House); Maryanne Feldman and David Audretsch (1999) "Innovation in Cities: Science — Based Diversity, Specialization and Localized Competition," *European Economic Review* 43: 409–29; John E. Wagner and Steven C. Deller (1998) "Measuring the Effects of Economic Diversity on Growth and Stability," *Land Economics* 74 (4): 541–56.

42 Barry Nalebuff and Ian Ayres (2003)*Why Not? How to Use Everyday Ingenuity to Solve Problems Big and Small* (Cambridge, MA: Harvard Business School Press).

43 J. Jacobs (1961)*The Death and Life of Great American Cities* (New York: Random House).

44 G.I.P. Ottaviano and G. Peri (2006) "The Economic Value of Cultural Diversity: Evidence from US Cities," *Journal of Economic Geography* 6 (1): 9–44; G.I.P. Ottaviano and G. Peri (2004) "Cities and Culture," *Journal of Urban Economics* 58 (2): 304–37.

45 William Easterly and Ross Levine (1997) "Economic Africa's Growth Tragedy: Policies and Ethnic Divisions," *Quarterly Journal of Economics* 112 (4): 1203–50。伊斯特利和莱文的模型依赖于一个度量种族语言分化的指标，它是在政治上

重要的族群划分的一个相当粗略的代理变量。丹尼尔·波斯纳（Daniel Posner）构建了一个政治意义更显著的衡量种族群体的指标，并取得了相似的结果，请参见：Daniel M. Posner (2004) "Measuring Ethnic Fractionalization in Africa," *American Journal of Political Science* 48 (4): 849–63。

46 Paul Collier (2005) "Ethnicity, Politics and Economic Performance," *Economics and Politics* 12 (3): 225–45.

47 Alberto Alesina, Reza Baqir, and William Easterly (1999) "Public Goods and Ethnic Divisions," *Quarterly Journal of Economics* 114 (4): 1243–84.

48 Richard Florida (2002)*The Rise of the Creative Class: And How It's Transforming Work, Leisure, Community and Everyday Life* (New York: Basic Books).

49 E. Glaeser, J. Scheinkman, and A. Shleifer (1995) "Economic Growth in a Cross-Section of Cities," *Journal of Monetary Economics* 36: 117–43.

50. Alberto Alesina and Eliana La Ferrara (2005) "Ethnic Diversity and Economic Performance," *Journal of Economic Literature* 43 (September): 762–800. Quotation from p. 794.

51 Jonathan Pool (1972) "National Development and Language Diversity," in *Advances in the Sociology of Language*, ed. Joshua A. Fishman (The Hague: Mouton), vol. 2, p. 222; Daniel Nettle (2000) "Linguistic Fragmentation and the Wealth of Nations: The Fishman-Pool Hypothesis Re-Examined," *Economic Development and Cultural Change* 48 (2): 335–48。使用经济增长率来衡量这种做法要回答的一个问题是，虽然在较短的时间段内，较穷的国家可以表现出较高的平均增长率，但是它们仍然很穷。如果基数为零，那么增长 20% 仍然是零。当然，长时段的增长率肯定应该与绩效相关，请参见：Brad Lian and John R. Oneal (1997) "Cultural Diversity and Economic Development: A Cross-National Study of 98 Countries, 1960–1985," *Economic Development and Cultural Change* 46 (1): 61–77。

52 如果我们忽视像圣马里昂、泽西岛、根西岛和卢森堡这样的小国，那么这三个国家的人均国内生产总值就都排在全世界前七位。其他两个国家，冰岛和挪威，则受益于天然能源储备。另外两个国家，丹麦和爱尔兰，则不太多样性。

53 联合国的统计数字省略了中国台湾地区和梵蒂冈。

54 Alberto Alesina and Enrico Spolaore (2003)*The Size of Nations* (Cambridge, MA: MIT Press). Alberto Alesina, Enrico Spolaore, and Romain Wacziarg (2000) “Economic Integration and Political Disintegration,” *American Economic Review* 90 (5): 1276–96.

55 Jenna Bednar (n.d.) “The Robust Federation,” manuscript.

14

1 例如，如果三个人中的每一个人都以概率 p 犯了一个错误，那么所有三个人都犯错的概率等于 p^3。

2 但是，当时哈密不知道，不久之前，即 1903 年，刚刚从意大利移民到纽约的伊塔洛·马尔吉奥尼（Italo Marchiony）已经申请到了甜筒冰激凌专利。

3 John Harte (1985)*Consider a Spherical Cow: A Course in Environmental Problem Solving* (Los Altos，CA: W. Kaufmann).

4 关于复杂系统中何时允许会出现多样性的详细分析，请参见：Robert Axelrod and Michael D. Cohen (1999)*Harnessing Complexity: Organizational Implications of a Scientific Frontier* (New York: Free Press)。

5 Cass R. Sunstein (2003)*Why Societies Need Dissent* (Cambridge, MA: Harvard University Press).

6 Arthur Lupia and Matthew D. McCubbins (1998)*The Democratic Dilemma: Can Citizens Learn What They Need to Know?* (New York: Cambridge University Press).

7 Garry Wills (1992)*Lincoln at Gettysburg: TheWords That Remade America* (New York: Simon and Schuster).

8 Lupia and McCubbins (1998).

9 John G. Matsusaka (1992) “Economics of Direct Legislation,” *Quarterly Journal of*

Economics 107: 541–71.

10 Christopher H. Achen and Larry M. Bartels (2002) "Blind Retrospection: Electoral Responses to Drought, Flu, and Shark Attacks". 这是提交给于波士顿举行的美国政治学协会年会的论文。

11 Kay-Yut Chen and Charles R. Plott (2002) "Information Aggregation Mechanisms: Concept, Design, and Implementation for a Sales Forecasting Problem," working paper, California Institute of Technology.

12 *Facilitating Interdisciplinary Research* Committee on Facilitating Interdisciplinary Research (2004) National Academy of Sciences, National Academy of Engineering, Institute of Medicine. 2004.

13 Roger Fisher and William Ury (1981)*Getting to Yes: Negotiating Agreement without Giving In* (Boston: Houghton Mifflin).

14 Michael D. Cohen (1984) "Conflict and Complexity: Goal Diversity and Organizational Search Effectiveness," *American Political Science Review* 78 (2): 435–51.

15 有些人反对多样性能增进福祉的观点，因为他们认为这是一种剥削的形式，其他学生因多样性的学生所拥有的独特经验而受益。这是实情。但是把这种情况称为剥削实在是不得要领的。这是互动带来的互利互惠。

16 大约为 8 100 篇比 6 100 篇。

17 J. Pfeffer (1983) "Organizational Demography," in *Research in Organizational Behavior*, vol. 5, ed. L. L. Cummings and B. M. Staw (Greenwich, CT: VAI Press).

18 这是杰克逊和弗赖尔的模型的简化版，请参见：Matthew O. Jackson and Roland G. Fryer Jr. (2002) "Categorical Cognition: A Psychological Model of Categories and Identification in Decision Making," Working Papers 1144, California Institute of Technology, Division of the Humanities and Social Sciences。

19 Glenn C. Loury (2000) "Lecture 1: Racial Stereotypes". 这是格伦·罗伊在哈佛大学杜布瓦讲座上的部分讲稿。也请参见：Glenn Loury (2002)*The Anatomy of*

Racial Inequality (Cambridge, MA: Harvard University Press)。

20 Kwame Anthony Appiah (2005)*The Ethics of Identity* (Princeton, NJ: Princeton University Press).

21 引用自互联网。

22 M. B. Brewer and R. J. Brown (1998) "Intergroup Relations," in *The Handbook of Social Psychology*, ed. D. T. Gilbert, S. T. Fiske, and G. Lindzey (Boston, MA: McGraw Hill); J. E. McGrath, H. Arrow, and J. L. Berdahl (2000) "The Study of Groups: Past, Present, and Future," *Personality and Social Psychology Review* 4 (1): 95–105; H. Tafjel and J. C. Turner (1986) "The Social Identity Theory of Intergroup Behavior," in *Psychology of Intergroup Relations*, ed. S. Austin and W. G. Austin (Chicago: Nelson Hall).

23 Thomas Schelling (1978)*Micromotives and Macrobehavior* (New York: W. W. Norton and Company).

24 Heather K. Gerken (2005) "Second-Order Diversity and Disaggregated Democracy," 118 *Harvard Law Review* 1099.

25 "臭鼬工厂"这个词专门指一群以一种不同寻常的方式去寻找解决问题方案的人。有人说，艾尔·凯普（Al Capp）的漫画作品《L' il Abner》中那个利用月光做手术的场景，是这个术语的起源。也许是由于"嗅觉"方面的原因，现代商业文献用"臭鼬工厂"一词来指代未开发的领域。

26 J. G. March (1991). "Exploration and Exploitation in Organizational Learning," *Organization Science* 2 (1): 71–87.

结语

1 在学术文献中，与人相处融洽的愿望有许多名字：趋同性、同侪压力、遵从性、从众行为（羊群行为），等等。请参见：M. Kandori, G. Mailath, and R. Rob (1993) "Learning, Mutation, and Long-Run Equilibria in Games," *Econometrica*

61: 29–56; Glenn Ellison (1993) "Learning, Local Interaction, and Coordination," *Econometrica* 61 (5): 1047–71; 以及 H. Peyton Young (1998)*Individual Strategy and Social Structure: An Evolutionary Theory of Institutions* (Princeton, NJ: Princeton University Press)。

2 J. Bendor and P. Swistak (1997) "The Evolutionary Stability of Cooperation," *American Political Science Review* 91: 290–306.

3 引用自互联网。

译者后记

这是一本讨论多样性的书，作者斯科特·佩奇拥有多重身份：密歇根大学复杂系统科学、政治学和经济学教授，以及圣塔菲研究所的外聘研究员。由这样一个人来写这样一本书，应该是再合适不过的了。

在复杂的多人世界中，最核心的问题说到底其实只有一个：人与人之间如何实现高效率的合作。可叹的是，总是有一种强制力量，拼命要把多人世界压缩、折叠为一人世界。对于这个问题，有人习惯从道德制高点发问，“为什么人类就是不能和睦相处呢？”然后是无限的纷争。人性的弱点啊，搭便车的倾向啊……很多时候，这种争论的最终结果很不妙——自由人的合作可能会蜕变为强制下的团结。

斯科特·佩奇避开了这个陷阱，他问的是一个非常实际的问题，“我们在一起怎样才能更有效率地解决问题？”他给出的答案是，要保持人们的多样性。在解决复杂问题和进行预测时，多样性的群体比同质性的专家或由能力虽强但不具备多样性的成员所组成的群体更有优势、更有效率，而且，在特别需要创造力的组织和任务中，多样性尤其重要。

值得指出的是，这本书是佩奇在自己前沿研究成果的基础上写成的，因此它的一个很大的优点是论题非常明确，而且难得的是，它同时也非常广博，并且提供了有实际操作价值的建议。

感谢简学兄邀请我翻译此书。他和他所在的湛庐文化，所选的书似乎越来越符合我的口味了，好像同时也都很畅销，对于译者来说，这实在是一件非常美妙的事情。

但是译事艰难，尤其是在人工智能站在风口浪尖的今天，还有可能吃力不讨好。因此更要感谢所有支持我的人。首先要感谢的是我的妻子傅瑞蓉，我的每一本译著，她都有一大半的功劳。感谢儿子贾岚晴，他是我热心的支持者和严厉的监督者，当然更是我的快乐之源。感谢岳父傅美峰、岳母蒋仁娟对贾岚晴的悉心照料。

借此机会，还要感谢汪丁丁教授、叶航教授和罗卫东教授的教诲。感谢何永勤、虞伟华、余仲望、鲍玮玮、傅晓燕、傅锐飞、陈叶烽、罗俊、邓昊力、陈姝、黄达强、李燕、李欢、丁玫、何志星、陈贞芳、楼霞、郑文英、商瑜、李晓玲等好友的帮助。

书中错漏之处在所难免，敬请专家和读者批评指正。

贾拥民

于杭州耑谷阁

未来，属于终身学习者

我这辈子遇到的聪明人（来自各行各业的聪明人）没有不每天阅读的——没有，一个都没有。巴菲特读书之多，我读书之多，可能会让你感到吃惊。孩子们都笑话我。他们觉得我是一本长了两条腿的书。

——查理·芒格

互联网改变了信息连接的方式；指数型技术在迅速颠覆着现有的商业世界；人工智能已经开始抢占人类的工作岗位……

未来，到底需要什么样的人才？

改变命运唯一的策略是你要变成终身学习者。未来世界将不再需要单一的技能型人才，而是需要具备完善的知识结构、极强逻辑思考力和高感知力的复合型人才。优秀的人往往通过阅读建立足够强大的抽象思维能力，获得异于众人的思考和整合能力。未来，将属于终身学习者！而阅读必定和终身学习形影不离。

很多人读书，追求的是干货，寻求的是立刻行之有效的解决方案。其实这是一种留在舒适区的阅读方法。在这个充满不确定性的年代，答案不会简单地出现在书里，因为生活根本就没有标准确切的答案，你也不能期望过去的经验能解决未来的问题。

湛庐阅读APP：与最聪明的人共同进化

有人常常把成本支出的焦点放在书价上，把读完一本书当做阅读的终结。其实不然。

时间是读者付出的最大阅读成本
怎么读是读者面临的最大阅读障碍
“读书破万卷”不仅仅在“万”，更重要的是在“破”！

现在，我们构建了全新的“湛庐阅读”APP。它将成为你“破万卷”的新居所。在这里：

- 不用考虑读什么，你可以便捷找到纸书、有声书和各种声音产品；
- 你可以学会怎么读，你将发现集泛读、通读、精读于一体的阅读解决方案；
- 你会与作者、译者、专家、推荐人和阅读教练相遇，他们是优质思想的发源地；
- 你会与优秀的读者和终身学习者为伍，他们对阅读和学习有着持久的热情和源源不绝的内驱力。

从单一到复合，从知道到精通，从理解到创造，湛庐希望建立一个“与最聪明的人共同进化”的社区，成为人类先进思想交汇的聚集地，共同迎接未来。

与此同时，我们希望能够重新定义你的学习场景，让你随时随地收获有内容、有价值的思想，通过阅读实现终身学习。这是我们的使命和价值。

湛庐阅读APP玩转指南

湛庐阅读APP结构图：

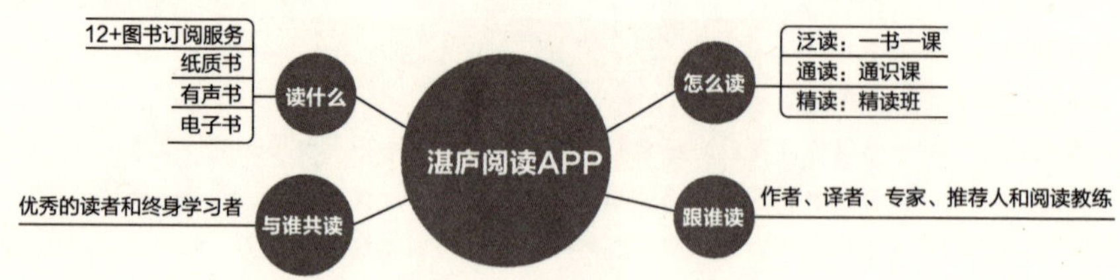

三步玩转湛庐阅读APP：

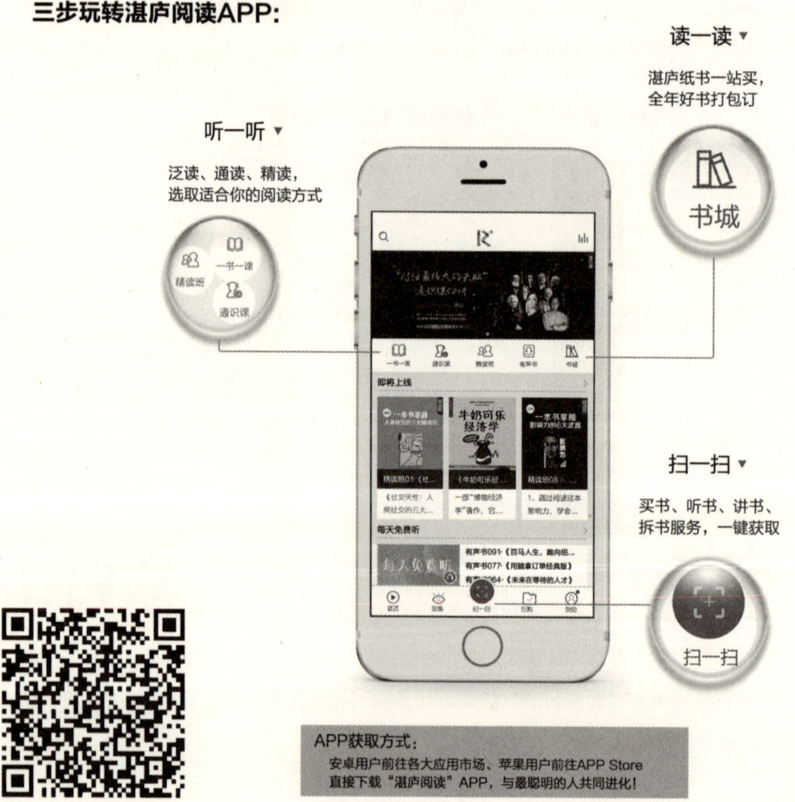

APP获取方式：

安卓用户前往各大应用市场、苹果用户前往APP Store
直接下载“湛庐阅读”APP，与最聪明的人共同进化！

使用APP扫一扫功能，遇见书里书外更大的世界！

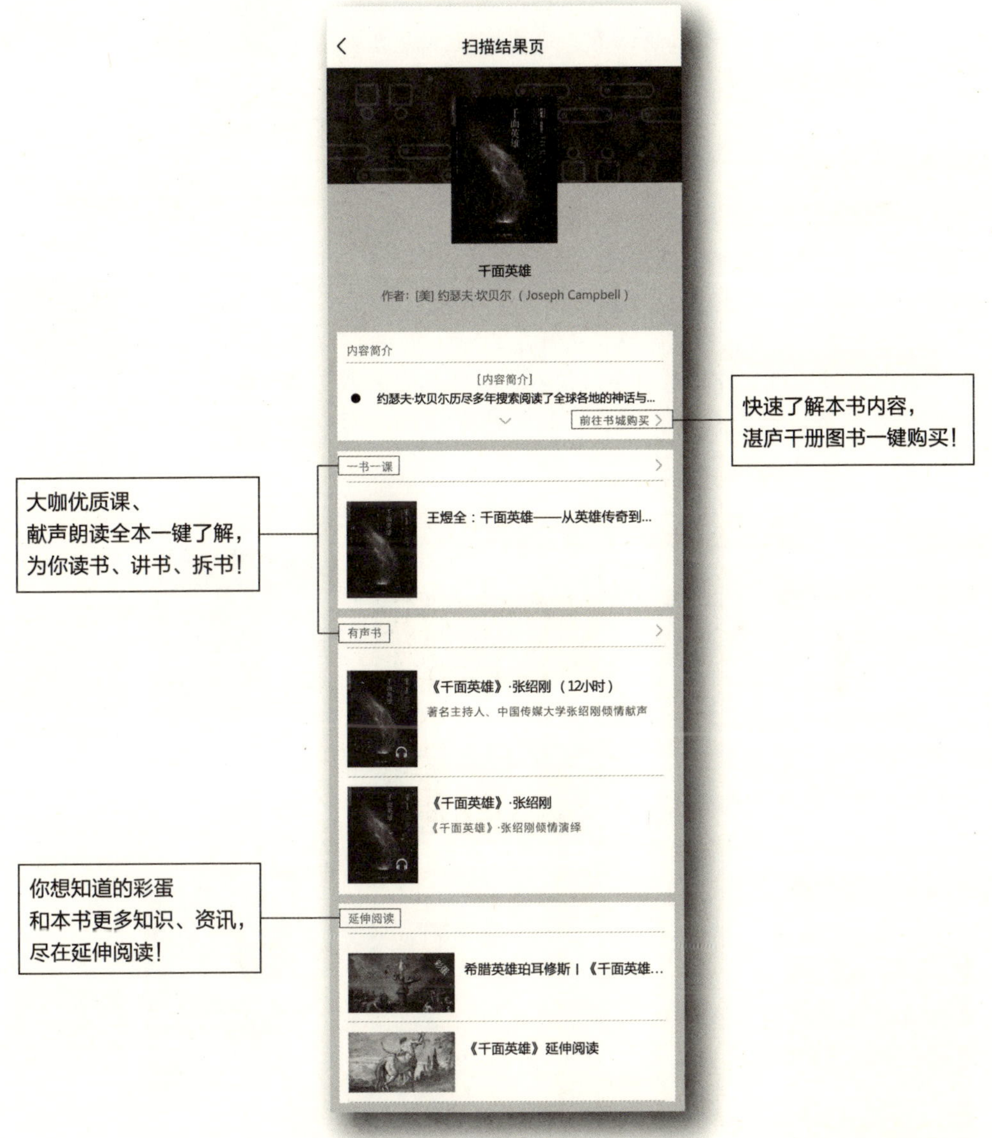

湛庐CHEERS

延伸阅读

《复杂经济学》

◎ 湛庐文化圣塔菲书系首部著作！

◎ 复杂性科学奠基者、著名技术思想家、"熊彼特奖"得主布莱恩·阿瑟重磅作品！

◎ 经济学的新古典主义时代已经结束，这本书是"复杂经济学"的奠基之作！

《技术的本质》经典版

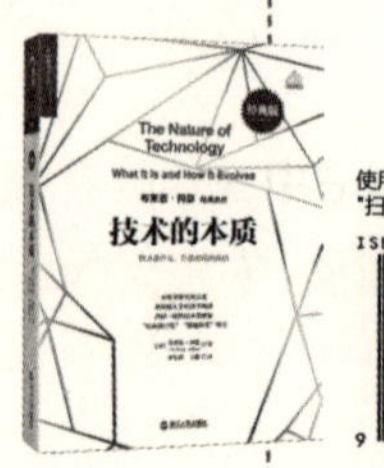

◎ 复杂性科学的奠基者、复杂性科学奠基者、著名技术思想家、"熊彼特奖"得主布莱恩·阿瑟重磅作品！

◎ 谷歌董事长埃里克·施密特、硅谷精神教父凯文·凯利、汪丁丁、段永朝、陈劲、包光国等联袂推荐。

◎ 技术理论体系的先河之作，对科学、技术、经济三者关系提出了全新见解，一次打开"技术黑箱"的尝试性创新探索。

《心智探奇》

◎ 当代最伟大的思想家、TED 演讲人、世界语言学家和认知心理学家史蒂芬·平克经典作品。

◎ 史蒂芬·平克"语言与人性"四部曲《语言本能》《思想本质》《心智探奇》《白板》之一。

◎ 认知神经科学领域颠覆性著作，凝聚认知神经学、人工智能和进化心理学等多项研究成果。

《智能的结构》经典版

◎ 全球具影响力思想家、心理学家、多元智能理论创始人霍华德·加德纳开山之作。

◎ 多元智能理论的奠基之作，标志着多元智能的诞生，被心理学界誉为"哥白尼式的革命"，使加德纳在世界上一举成名。

The difference : how the power of diversity creates better groups, firms, schools, and societies by Scott E. Page.

图书在版编目（CIP）数据

多样性红利 /（美）斯科特·佩奇（Scott Page）著；贾拥民译 .——杭州：浙江教育出版社，2018.10
ISBN 978-7-5536-7385-1

Ⅰ．①多… Ⅱ．①斯… ②贾… Ⅲ．①人际关系学 Ⅳ．①C912.11

中国版本图书馆 CIP 数据核字（2018）第 191438 号

浙江省版权局
著作权合同登记号
图字:11-2018-320

上架指导：经济 / 认知科学

多样性红利
DUOYANGXING HONGLI
［美］斯科特·佩奇（Scott Page） 著
贾拥民 译

责任编辑：罗 曼
美术编辑：韩 波
封面设计：门乃婷工作室 Tel:010-64822410
责任校对：马立改
责任印务：时小娟
出版发行：浙江教育出版社（杭州市天目山路40号 邮编：310013）
电话：（0571）85170300-80928 网址：www.zjeph.com
印 刷：北京盛通印刷股份有限公司
开 本：720mm × 965mm 1/16 成品尺寸：170mm × 230mm
印 张：30.25 字 数：434千字
插 页：1 版 次：2018年10月第1版
印 次：2019年12月第4次印刷 书 号：ISBN 978-7-5536-7385-1
定 价：99.90元

如发现印装质量问题，影响阅读，请致电010-56676359联系调换。